江苏电镀史

Electroplating History of Jiangsu

江苏省表面工程行业协会 / 编

林益庭 / 主编

上海科学技术出版社

内 容 提 要

《江苏电镀史》设有“概况篇”“地区篇”“协会篇”及“附录”，从不同角度回顾、记载了江苏地区电镀行业不同时期的发展成就，展示了相关企业、人物的风貌，再现了江苏电镀人自强不息、艰苦创业的精神。

“概况篇”从江苏省电镀行业的整体发展脉络着眼，讲述了江苏电镀行业的历史沿革、发展现状与展望，并就电镀园区的发展情况做了介绍。

“地区篇”就江苏省各地区的电镀行业发展历程做了详细介绍，分为“南京地区”“常州、镇江地区”“无锡地区”“苏州地区”“其他地区”(其他地区包括南通、扬泰、淮安、盐城等地)。主要介绍了各地区电镀行业的发端、历程、近况和近期热点问题。

“协会篇”介绍了江苏省七家比较有代表性的电镀行业相关组织。希望通过对协会发展情况的介绍使读者了解电镀行业组织的发展历程。

“附录”分别介绍了江苏电镀发展史上比较有代表性的企业和做出过贡献的人物。

图书在版编目（CIP）数据

江苏电镀史 / 江苏省表面工程行业协会编 ； 林益庭主编. -- 上海 : 上海科学技术出版社, 2021.4
ISBN 978-7-5478-5321-4

Ⅰ. ①江… Ⅱ. ①江… ②林… Ⅲ. ①电镀－工业史－江苏 Ⅳ. ①F426.7

中国版本图书馆CIP数据核字(2021)第069249号

江苏电镀史
江苏省表面工程行业协会　编
林益庭　主编

上海世纪出版(集团)有限公司
上海科学技术出版社　出版、发行
(上海钦州南路71号　邮政编码200235　www.sstp.cn)
上海雅昌艺术印刷有限公司印刷
开本787×1092　1/16　印张29.5
字数500千字
2021年4月第1版　2021年4月第1次印刷
ISBN 978-7-5478-5321-4/TQ·13
定价：180.00元

《江苏电镀史》编委会

顾　问　余彧强　秦宝兴　马　捷　袁　华　胡如南　蔡建宏
王国祥　王龙基

主　任　林益庭

副主任　桑保华　陶子鹏　匡优新　杭冬良　吴　欲　杜庆新
秦勇飞　张临苏　余　波　王洪明　王建刚　王浩铭

委　员　（含供稿执笔人，按姓氏笔画排序）
丁国柱　万云生　王　万　王建刚　王洪明　王浩铭
王维明　卢俊进　印国林　匡优新　安继红　祁瑞听
杜庆新　吴　欲　吴忻刚　余　波　余良才　张临苏
陆文华　陈智栋　林益庭　杭冬良　金品充　胡振国
秦勇飞　顾福林　陶子鹏　桑保华　曹金喜　章伟国
储荣邦　戴昭文

本书编写工作组

主　　编　林益庭

执行主编　桑保华

副 主 编　储荣邦　顾福林　王浩铭

秘　　书　杨　萍　张冠军

序 一

《江苏电镀史》即将出版，这是中国电镀行业的一件大事、喜事，作为江苏老乡的我受邀作序，感到特别高兴。

江苏是中国电镀生产发源地之一，其电镀历史可以追溯到清朝末年洋务运动时期。辛亥革命后的民国初、中期，一批有为的实业家本着“实业救国”的初心，建立了一批轻纺工业及机械修造企业，就是中国工业“1.0”的开始。随着机械工业的发展，承担功能性与装饰性的电镀工艺工序的电镀企业随之兴起，南京、无锡、苏州等地出现了不少小型电镀企业。解放以后，特别是改革开放以来，随着制造业的高速发展，中国逐渐成为世界制造业中心之一，电镀行业也得到了充分的发展，这其中江苏电镀行业发展尤为迅猛，不光在企业数量、加工规模上位居全国前列，其电镀工艺技术水平、相应配套服务体系规模也是行业排头兵。江苏是当之无愧的电镀大省。

江苏电镀行业能有今天的水平、规模与地位，是江苏电镀同仁几代人共同努力拼搏的结果，其中既有在科研一线成果卓著的学者、专家，也有奋斗在企业一线、成绩骄人的企业家，还有不计报酬在电镀协会默默奉献的协会工作者，更有成千上万不辞辛劳的员工。不少前辈将一生献给了他们钟爱的电镀事业，他们是推动行业进步的主要动力。

《江苏电镀史》的内容在空间上遍及全省，时间跨越百年，在没有基础资料的情况下，从头编写，实非易事。从酝酿思考到着手写作，时隔 12 年；收集资料、整理修改，又用了 4 年多，可谓来之不易。所幸在省内各协会大力配合下，在业内广大同仁的支持下，在编者们的辛苦工作下，《江苏电镀史》终于问世，值得祝贺，我也要向他们致以敬意。

以史励志，相信江苏电镀同仁必能不断以老一辈电镀人的拼搏精神激励自己，不忘初衷，砥砺前行，在新时代的进程中，以新工艺为核心，新材料为基础，新装备为载体，并以清洁生产为中心，建立绿色产业链；以用户导向、市场导向、目标导向为指针，从企业实际出发，积极选用先进适用的高新技术，即数字化、网络化、智能化技术，为江苏由电镀大省向电镀强省转型而奋斗，为实现“两个一百年”奋斗目标和中华民族伟大复兴的中国梦，做出新的卓越贡献！

原 机 械 工 业 部 副 部 长
中国表面工程协会前理事长

2021 年 1 月

序 二

江苏省表面工程行业协会自成立以来已有三十四年历史了,此次组织编写的《江苏电镀史》一书充分体现了江苏省作为电镀大省与时俱进的气魄和态度,我谨代表中国表面工程协会致以最热烈的祝贺。

江苏省是经济大省,2018 年省内 GDP 总量突破 9 万亿,紧随广东省之后,居于全国第二;江苏省也是制造大省,2018 年高技术产业、装备制造业对规模以上工业增加值增长贡献率达 43.4%和 74.2%,电子、医药、汽车、专用设备等先进制造业实现较快增长,代表智能制造、新型材料、新型交通运输设备和高端电子信息产品的新产品产量大幅度增长;江苏省还是民营经济的大省,2018 年民营经济增加值占省内 GDP 比重达 55.6%,民间投资占全部投资比重达 71.0%。

江苏省的电镀发展已有百年历史。改革开放以来,众多国际著名制造企业进驻江苏,涉及五金、家电、电子、仪表、汽车、PCB、半导体、太阳能等众多行业,其中多为高科技领域。依托制造企业和民营经济的强势发展,作为重要配套行业的电镀行业也随之蓬勃发展起来,其间更是出现了一大批优秀电镀企业和个人,这些企业和个人在江苏省制造业发展过程中是功不可没的。这次《江苏电镀史》对江苏电镀行业的历史进行记录和总结,形式非常新颖,内容非常充实,相信无论是对我们电镀行业内人士还是普通读者,都能产生深远的影响。

此次编撰工作由江苏省表面工程行业协会主导,协会会长林益庭及秘书长桑保华等编委会成员为此辛勤付出,进行了多方调研,亲自拜访许多企业和个人,收集和整理了许多历史资料,悉心编写,认真校对,最终完成了此书。对此,向每个帮助此书编撰和出版及为行业发展做出过贡献的企业和个人致以衷心的感谢和真挚的敬意!

目前，中国经济已经由高速增长阶段转向高质量发展阶段，国家在推进工业强基、智能制造、绿色制造等重大工程，加快发展先进制造业的同时，要求激发和保护企业家精神，壮大企业家队伍，增强企业家信心。江苏电镀行业的发展也正在从高速转变为高质量，我们一方面要大力发展电镀智能化改造，向产业链高端延伸，另一方面要增加环保投入，推进绿色制造。我希望江苏电镀行业能够一如既往遵循党和国家的路线，不断进取，在建设中国特色社会主义的伟大征程中创造下一个百年辉煌。

中国表面工程协会理事长

2021 年 1 月

前　言

江苏省是经济大省，省内GDP长期位于国内前列。江苏电镀行业是表面工程行业的重要组成部分，历史悠久。早在清末民初，江苏已有专业电镀厂；改革开放以来，随着经济的发展，江苏电镀行业发展迅猛，企业数量多、镀种齐备、技术水平高，是不少电镀新工艺、新技术的发源地；后来又涌现出一批为电镀行业服务的相关企业、机构。可以说，无论是行业规模、镀种门类、技术水平，还是行业发展的齐套性，江苏电镀行业在全国都处于领先地位，近年来更是在向高科技转型发展的道路上取得了一个又一个骄人的业绩，是名副其实的电镀大省。江苏电镀行业的发展是中国电镀工业发展史上不可缺少的组成部分，是其中灿烂的一页。

编写一本记录江苏电镀行业发展历史的书，展现江苏电镀行业的昔日辉煌，缅怀老一辈电镀工作者，留下可供后人借鉴的史料，对于今后江苏电镀行业的发展具有重要的指导意义，也是作为江苏省电镀行业组织——江苏省表面工程行业协会应尽的职责与义务。作为江苏电镀发展重要见证人的一批老电镀工作者大都已年过古稀，不少已是耄耋之年，江苏电镀发展的珍贵资料，相当一部分保存在他们的记忆之中，若不记录下来，随着时间的流逝，很可能造成难以弥补的损失。因此，编写本书是一项十分迫切的工作，也是一项抢救性的工作。

在南通菲希尔测试仪器有限公司等会员单位的大力支持下，在业内热心人士的共同努力下，经过近5年的工作，克服了许多困难，《江苏电镀史》已编写完毕，即将与广大同仁见面，这是一件值得高兴的事情。在此，我谨向参与《江苏电镀史》编写工作的各协会、全体编纂人员及关心支持该项工作的广大会员单位领导及业内人士表示衷心的感谢。

《江苏电镀史》设有“概况篇”“地区篇”“协会篇”3个篇章及附录部分（企业和

人物），从不同角度记录江苏地区电镀行业不同时期的发展成就，展示了相关企业、人物的风貌，再现了江苏电镀人自强不息、艰苦创业的精神。相信本书的出版一定会激发江苏电镀人的爱国敬业的热情和改革创新的新时代精神，由此实现江苏成为电镀强省的伟大目标。

由于书中涉及众多企业、机构名称，为阅读方便，个别沿用了业内俗称或常用叫法。限于多方原因，在本书中部分地区、部分领域未能叙述到位，再加上编者水平有限，还望读者和业内同仁批评指正，我谨代表编委会表示真挚的感谢。

江苏省表面工程行业协会理事长
中 国 表 面 工 程 协 会 副 会 长

2020 年 12 月

目 录

第一篇 概况篇

第二篇 地区篇

第三篇 协会篇

附　录

第一篇

概况篇

第一章
江苏电镀行业的历史沿革

江苏省位于中国东部沿海。据记载，江苏建省始于清康熙六年（公元1667年），取江宁（今南京市）、苏州两府首字而得名，简称“苏”，下辖江宁府、镇江府、常州府、苏州府、松江府、扬州府、淮安府、徐州府及通州、海州、太仓直隶州；两江总督署驻江宁，江苏巡抚衙门驻苏州；解放后，设苏南、苏北两个行政公署区，南京为中央人民政府直辖市；1952年合并，成立江苏省，省会南京。

江苏自古人文荟萃，文化发达，经济昌盛，各项制造工艺水平也多走在时代前列，或能引领潮流，或能发扬光大，或能厚积薄发、后来居上。表面处理工艺在江苏地区也早有发端。电镀是近代发展起来的新工艺，最早始于19世纪初电能被开发出来之后。电镀技术涉及化学、电学、电化学等多个学科领域，是一种利用直流电在阴极上形成金属镀层的技术，可以使零件或制品具有不同的物理、化学和力学性能，以发挥不同的功能。电镀的发展史，实际上就是金属表面涂饰的发展史。从广义上讲，电镀包括金属表面的“氧化（着色）”“铬酸盐处理（钝化）”“化学镀”“热浸镀（热搪）”，以及非导体的“表面金属化”等，它们的共同作用/目的是防蚀或装饰；现在，电镀的作用更多地体现在它能改变和提升原材料的性能。

作为表面处理的重要工艺，电镀是一种通用性强、使用面广、跨行业、跨部门的重要加工手段，其应用涉及许多领域，如航空、航天、机械、仪表、轻工、军工、电子通信等。随着中国经济高速发展，电镀行业经历了一个较大的变化发展过程。

第一节 中国古代的表面处理工艺

表面处理属于最古老的技术之一，自从地球上有人类开始，表面处理就是人类最早掌握的一种技术。最初是源于人类对美的追求（近代电镀行业也被称为制造业的“化妆师”），后来则是兼顾了实用功能——使材料耐腐蚀和提升材料其他性能。

电镀的前身——镀覆工艺，在中国有着千年的历史。我们的祖先在全凭摸索取得经验的条件下，仍然发明创造了多种表面涂饰方法。在漫长的历史进程中，很多工艺与实物早已失传和散失，但从仅存的一些历史记载、出土文物中，可以看出我们中华民族在表面涂饰方面对世界的贡献，不少方法历经千年至今仍在应用。公元前2世纪，西汉刘安编撰的《淮南万毕术》，就已经记载了在铁的表面镀覆一层铜的工艺。

最早明确提出“镀”的概念的文字是在南朝陶弘景的著作中。陶弘景（456—536），字通明，南朝梁丹阳秣陵（今江苏南京）人。他掌握许多化学知识，例如：汞可与某些金属形成汞齐，汞齐可以镀物，他指出水银“能消化金、银成泥，人以镀物是也”。汉代道家著作《三十六水法》里提到“矾石水法”，进一步明确说明化学置换镀铜的方法：“鸡屎矾不入药用，惟堪镀作，以合熟铜；投苦酒中涂铁，皆作铜色，外虽铜色，内质不变。”这里出现了“镀物”“镀作”的词，是目前已有文字记载中最早使用“镀”来描述金属表面处理的方法。

以下是中国历史上曾出现过的几种表面处理技术。

一、原始研磨技术和涂装技术

原始人类过着群居生活，为了生存，他们制造石器工具，应用研磨技术使石器具有锋利刃口，产生“尖劈”效果。在原始社会里，与研磨石器同等重要的是原始涂装技术。原始人类已具有审美意识，在旧石器时代晚期，他们就利用矿石染料对个人自娱小物品进行彩绘涂装。到了新石器时期，陶器的发明使原始彩涂技术发展到顶峰，形成历史上有名的彩陶艺术，揭开了表面处理涂装技术的序幕。

原始人类的研磨技术和原始涂装技术是表面处理工艺的最早起源。

二、鎏镀

鎏镀是一种熔融浸镀工艺，以青铜器浸镀锡最多，也有浸镀金、银、铜、铅和铅锡合金的其他金属器具。距今 3 000 多年的商代(公元前 16—前 11 世纪),随着经济文化的发展,中国进入青铜器时代,各种礼器、乐器、盛器和工具等都被大量制造出来。青铜器在铸造之后,要经过磨刮修整,使表面平整光洁,然后用木柴树枝焚烧(氧化着色工艺),促使表面光亮的青铜氧化生成绿褐色的氧化膜。这样处理后,既能生成美丽的古铜色装饰表面,又可以使表面不会继续氧化而提高其抗蚀性,还有一个重要作用是盛食物或煮食物时不会使有毒的铜锈溶解到食物中,一举三得。幸亏有了这样的氧化着色工艺,珍贵的青铜器才得以保存至今。中国出土的最大青铜器——商后母戊鼎(重 875 千克,现存于中国历史博物馆)、汉代透光镜和编钟等(图 1-1),都经过着色,保存至今表面仍很完美,是世界上现存最早的镀覆工艺产品。

图 1-1　商后母戊鼎和西汉"见日之光"透光镜

三、鎏金(汞齐化)

汞齐化是提取金、银、铂等贵金属的一种方法。含贵金属的矿石和汞、水一起研磨,贵金属与汞成汞齐而分出,汞齐经加热蒸出汞后得贵金属。在食盐水溶液电解过程中,钠离子在汞阴极放电而生成钠汞齐,这是古代一种获取金属镀层的化学方法,用这种汞齐化的液体,可以在铜器上覆盖一层贵金属,这种方法称为"鎏金",又称镏金或火镀金,是中国的一项传统表面处理工艺,大约有 2 500 多年的历史。鎏金常常被用在黄金装饰佛像和工艺品器件表面处理上,这种工艺方法可简单解释为将黄金溶解在水银中,然后用刷子将其涂覆在要装饰的佛像或工艺品器件表面,晾干后用炭火烘烤,再用玛瑙轧光。一般情况下,全部工序需要重复 3 次或 3 次以上。

在中国,鎏金最早应用在佛像上。现存较早的有南北朝(420—581)时期的鎏金佛像、苏州东山紫金庵内分置的十六罗汉像等。塑像的装饰采用的是传统的沥线泥金工艺，其做法是将花纹以沥粉堆线勾勒轮廓，然后粉上补金线。

鎏金技术在春秋时期已被发明和应用，到明、清两代达到鼎盛。明、清两代的鎏金工艺金属厚而密实，结合牢固，应用更加广泛。鎏金工艺实际上是非导体的“表面金属化”，现在有些大楼的金顶、商店的招牌及工艺品、装饰品都还采用鎏金工艺。

四、错磨

错磨源于春秋时期，盛行于战国中晚期至西汉。一般认为其工艺程序如下：铸造器物时先在青铜器表面预铸出浅凹的纹饰或字形，底面需制成凹凸不平状，然后在呈梯形的槽内嵌入金属细丝或片，最后用错石磨锉平滑。根据嵌入的金属不同，分为错铜、错金、错银等(图 1-2)。

图 1-2　江苏盱眙县大云山汉墓：错金银鸠饰、错金银俑镇、错金银虎

五、汉代漆文化

漆源于中国，是用漆树皮里的黏汁制成的用以装饰和保护物器的涂料。中国漆文化源远流长，是世界上最早熟练用漆的国家。据已有的考古证据表明，早在8 000 年前，跨湖桥的先民已经对漆的性能有所了解并开始使用，该遗址出土的“漆弓”被专家称为中国的“漆之源”。到了汉代，漆文化达到一个高峰，漆器最为精美，朝廷有专门的机构监督生产。这一时期生产的金银扣器是油漆工艺与鎏金、鎏银工艺的完美结合。

第二节　近代江苏电镀行业的兴起(1840—1949)

表面处理工艺随着人类文明的进步不断演变和延伸，从传统的手工制作到机械化、自动化，从包镀、鋈镀、鎏镀、错磨到现代电镀工艺，其中不变的是人们对美的追求和匠心的传承。随着西方电镀工艺传播到中国，江苏的电镀行业也在逐步兴起，并因为有良好的行业基础而得以走在中国乃至世界的前列。

一、西方电镀工艺的引入

1807年，Humphry Davy利用电解技术发现许多新元素，从而成为了电镀的鼻祖。英国等西方国家，在1837年左右开始出现现代电镀，随着工业革命的推进，电镀发生了根本性的变化，开始应用于工业；1841年开始出现镀镍和电铸技术，并且在这一时期电镀技术开始向世界各地传播。

1855年，上海墨海书馆出版《博物新编》，书内第一集“电气论”中初次用中文介绍电镀知识——这标志着西方的电镀技术开始进入中国。洋务运动时期，清政府认为鸦片战争失败的主要原因是我们不敌西方国家的坚船利炮，于是兴办洋务一时间在全国成为了热潮，即除了外交，还要练新兵、办工厂、办学堂，在此期间还大量设立翻译馆，引进西方近代科学技术知识。

二、电镀知识在江苏的传播

电镀知识的书面传播是中国电镀行业起步、发展的重要因素。

江南机器制造总局附设的机器学堂，为给学员提供课本和参考书，又增设翻译馆，该馆由英国人傅兰雅及中国近代著名化学家徐寿共同主持，译者近60人。自1871年起，译馆翻译了22类220余种书籍，对引进西方先进科学技术，促进中国工业技术发展起到了推动作用。

译作中，化学类占有重要位置。曾被曾国藩下了“研精器数，博学多通”的考语且誉为“天下第一奇士”的无锡人徐寿(1818—1884)于1866年携两子徐建寅、徐华封加入译馆，翻译了一套化学丛书，奠定了中国近代化学的基础。这些书对有机化合物、原子论、物质三态、化合作用、金属和非金属元素及化合物进行了到位的介绍，特别是对化学元素的汉语命名规范化做出了重要贡献，也为电镀工艺知识的引入、传播、学习提供了不可或缺的条件。其中《电气镀金略法》《电气镀金》《电气镀镍》三本译作是中国最早翻译出版的有关电镀的书籍。

《电气镀金略法》出版于1880年，是国内最早出版的有关电镀的图书，由傅兰雅口译、周郇笔述。该书几乎包括了现有的所有镀种，共有13种金属层和4种合金镀层的电镀工艺，受镀的基体材料有金属和非金属，甚至包含了人体。书中侧重介绍了电镀溶液配方及工艺操作。书后附录92条全都是工艺实践的总结，其中包括工艺操作39条、质量控制16条、材料设备28条、金银回收6条、安全保护3条，对电镀用水及氰化物危害等都有详细叙述。这是一本注重实践的书，完全实现了作者"做此书之意，欲令专业取乐者，皆可取用""此书非详镀金之理，指明镀金之法，只令未精化学者，皆可使用"的出书宗旨。

《电气镀金》出版于1884年，全书四册，由金楷里口译、徐华封笔述。该书未出过单行本，而以《电气镀金》《电学镀金》书名收录于《西艺知新》等多部丛书中。该书有电镀理法、器具、各种流质及杂项4个部分，共包括15种金属和合金镀层的电镀工艺，还涉及光亮镀银和光亮剂的选用、非导体电镀、局部电镀、金银贵金属回收及使镀层厚度均匀的方法等内容。另外，该书比较全面地论述了电镀理论，强调"是书原意，专论理法""理先而法后，苟明其理，则可循理而用法"，提出"七法"和"七理"。所谓"七法"即7种实验方法，而"七理"则是对实验现象的理论解释。书中首次出现"电镀"一词，是当时世界上仅有全面介绍电镀的几部专著之一。

《电气镀镍》出版于1886年，由傅兰雅口述、徐华封笔述。该书是我国最早出版的镀镍书籍，48年后的1943年，才有丁壮猷的《镀镍法》出版。《电气镀镍》述道，镀镍"原为美国先兴而大做，从此别国皆效仿之"。当时镀镍兴盛主要是因为直流发电机、纯镍的阳极板及镍盐新制法的出现。该书对这3种技术进行了介绍，还介绍了槽子和工装夹具、抛光机械和材料、钢铁与黄铜及铸件的镀前处理、槽液的杂质处理、不合格镀层的退除等技术及无槽镀镍（接触镀镍）、局部镀镍、化学抛光等新工艺，其中尤以化学抛光使当时的读者耳目一新。

三、电镀知识的初步应用

1859年，西方人姜别利将原在宁波的花华圣经书房迁至时属江苏省松江府的上海县四川北路横浜桥北，将其改名为美华书馆，成为当时颇有名气的外资出版企业，并于1860—1861年间，正式开始了汉文字模镀铜生产。1868年初版于北京的

《格物入门》在关于"电铸制印版"一条中记述"迩来中华上海，亦仿此法(即电镀法制造铜版)，以木化铜，可垂久远矣，永无模糊槽朽之虞也"。1880 年出版的《电气镀金序》也记载："如十余年前上海小东门外开设美华书馆，用此法(即电镀法制造字模)作书铅一套。……此后上海华人仿造者多。"这些文献证明，1861 年始，江苏即有电镀生产应用，并已逐步为中国人所掌握。

至 1880 年左右，上海已有镀铜、镀金、镀银三个镀种，而到 1890 年，镀镍及相应的化学分析已应用于 1865 年李鸿章在上海创办的江南机器制造总局的机器制造与船舶制造的配套生产中。电镀早期采用蓄电池且和镀槽连用，直到 1912 年先进的发电机作为电源才最早在资金雄厚、设备精良的上海商务印书馆"电气制版组"得以应用。

最早期，成立于 1866 年的发昌号是当时上海最早的民族资本企业，制造车床汽锤、轮船机器等。据记载，从 1870 年起，发昌号的电镀工场即开设经营电镀金银器皿、镌刻铜版等业务。

1903—1906 年，英籍犹太人发莱根斯在上海南京路开设上海电镀公司，专业从事电镀加工业务。为对电镀技术进行保密，开始只雇佣英国人，后为降低成本才雇佣中国人，电镀先人张小弟、张开金、沈诚顺、李士庭等人由此得以入行。1907 年，因发莱斯根转向重庆发展，公司转租给张小弟，不久即关闭。1908 年，张小弟在牛庄路开设同兴抛铜作，与其同期开设的有：张炳富的振益抛铜作、王协兴抛铜作、张林生的震锠电镀行、何山发的何永锠电镀厂。至 1915 年左右，又有沈阿梅厂、大成电镀行、双林电镀厂、毛锦记电镀金银厂、诚锠电镀行、鸿昌抛铜作等一批电镀厂(坊、行)问世。这些厂(坊、行)普遍规模较小，使用电动机经皮带传动的抛光机、电动直流发电机和木质内涂柏油的电镀槽，产品主要是各类民用品，虽然很原始，但却是我国电镀行业的起步。

电镀于工业上的应用，据 1905 年出版的魏允恭的《江南制造局记》记载，1890 年江南机器制造总局开始建设炼钢厂。在引进炼钢及压铸设备的同期即引进了"钢盂镀镍房"(一条当时先进的电镀生产线)，配有发电机、分槽使用的电流显示表及电流调节装置，用于对各种直径的钢盂头及毛瑟小口径枪用子弹头进行镀镍。

四、清末江苏电镀行业的起步

清朝末年到民国前这段时间，江苏已出现电镀的萌芽，既有官办的工厂，也有私立的作坊。这是江苏省电镀行业"懵懂新奇""步履蹒跚"的起步阶段，工艺和操作简单，设备和环境都比较简陋。但是，这段时期对后来的电镀行业兴起有着极其重要的作用，是对表面处理工艺的一个承前启后的阶段。此后，经过电镀先辈的艰苦努力和不断探索创新，才有了后期的迅速发展和走向辉煌。

南京是中国现代工业的发祥地之一，从洋务派李鸿章于清同治四年（1865 年）创办金陵机器制造局（原晨光机器厂、今晨光集团的前身）开始，已有 150 多年的历史。1909 年，两江总督拨款兴办金陵电灯官厂。1911 年冬，工程告竣，正式发电，为后来南京电镀行业的发展奠定了基础。

据苏州市方志馆提供的资料显示，苏州电镀行业肇始于 19 世纪末。1910 年，经营苏州阊门外南潼子门水烟筒铺子的南京人张启武创办了苏州市第一家抛铜作坊，店号“公益”。苏州烟民多用水烟，抽水烟的水烟筒系铜制，时间一长，外表黯然失色。张启武发现水烟筒外表经木车抛擦后，光洁度提高，于是积极施行。抛光后的水烟筒销量大增。当时苏州还没有“电镀”的概念，公益号发明抛铜，形成了电镀工艺的前身。

五、民国时期的江苏电镀行业

民国时期的江苏电镀行业较清朝末期有了一些进展，南京有了专业的电镀场所，从那时起，江苏电镀企业增多，但多集中在南京、苏州地区。

当时随着第一次世界大战的爆发，外国商品减少，国内民族轻工业（包括手工业）有了较快的发展。1923 年，无锡有电镀抛铜两家设于光复门露华弄内，但是条件十分艰苦：“专以代客抛铜为营业，但是资本极薄，全年营业额极难统计，工厂范围狭小，设备简陋，工作场所也是饮食起居之所。”

1929 年，国民革命军陆海空军总司令部所属南京军事交通机械修造厂内设置了电信工场，此工场即为南京电子工业的萌芽。到抗日战争前夕，南京已有五金制品、玻璃、电池等 300 多个私营轻工业和一大批个体手工作坊，电镀行业规模初显。这个时期的南京有星光电镀厂、正大电镀厂等 7 家电镀企业，工人大多不超过 20 人，镀种有镀铜、镀镍和镀铬，最小的工厂只有 1 个镀缸。

到了 1949 年解放前夕，南京电镀行业也仅是十几家私营小厂这样的规模，生产方式基本是手工作坊式加工。这些电镀厂的镀种比较简单，80%以上的厂有镀铜和镀镍；约 60%左右的厂有镀铬；约 50%左右的厂会加工古铜色；还有部分小厂没有镀槽，只有几台抛光机。

民国期间的苏州地区，经济较之前有了较大的发展。苏州地区金属加工行业主要集中在日用品方面，比如小五金、钟表、眼镜、缝纫机、针灸针等，这些产品的零件大多需要进行电镀，因此这些产品产业的发展为接下来电镀行业的兴盛奠定了基础。

当时，电镀厂的电镀溶液配方和电镀工艺都是由国外专业生产电镀材料的公司随着购买的电镀材料一起提供或间接提供的。镀液的成分无法通过分析测试得到，只有 pH 可以通过试纸测得，主盐浓度用波美度计通过测量比重来控制，一些有经验的师傅会通过目视溶液的颜色深浅来判断浓度，或用舌尝镀镍溶液的酸味来调整镀镍溶液的 pH。电镀所用的主盐和辅助药品都是从经销国外专业生产电镀材料的"洋行"中购买或间接购买的。

第三节　当代江苏电镀行业的发展（1949—1978）

解放前的江苏电镀行业"少而小"——企业少、镀种少、规模小、产量小。省内仅在经济比较发达的地区有电镀厂，多数地区尚未有电镀的萌芽。已存在的电镀企业，多数也规模不大、设备简陋、工艺落后、工作环境恶劣，工人更无环保意识。

解放后，由于国家重视，电镀行业经历了一个大发展时期。1958 年 1 月在上海召开了"第一次全国表面处理工艺会议"；1960 年 3 月在汉口召开了"第二次全国表面处理工艺会议"，组织了两次全国性的大交流；1966 年开始，全国掀起了"无氰电镀"的热潮，在这期间开发了不少新配方，锻炼和培养了一批"中流砥柱"，推动了电镀技术和科研工作的发展。

在此之后，江苏电镀行业规模迅速扩大，全省各地都开始筹建电镀厂或车间，电镀可加工产品种类增加，镀种增加到了几十种，有些地方还有了生产电镀助剂的化工配套企业。同时，与其他工业一样，电镀厂也经历了改组合并、公私合营等阶段，厂房、设备都做了整顿和添置，并建立了化验室，结束了"眼看舌舔"的原始处理方法，新一代的技术人才也随之成长起来。

一、电镀生产企业迅速崛起

1. 社会主义改造带来的机遇与挑战

1954 年，国家开始对私营工商业进行社会主义改造，各地区都对大大小小的私营电镀厂进行公私合营的改造，有些大企业转为国营企业。

按照当时工业布局的需要，南京于1955年12月将10多个公私合营的电镀厂进行合并，正式成立南京电镀厂，共有员工108人，当时规模居江苏省第一，位于全国前列，与上海的毛锦记电镀厂、广州的红阳电镀厂、苏州的公益电镀厂等少数几家大电镀厂齐名。南京电镀厂成为解放后南京制造产业链中不可缺少的组成部分，为促进南京市的机械、轻工业产品的生产发展，推动解放初期在南京的中央、省、市所属企业中的电镀车间的建设和技术发展，促进南京地区电镀技术交流活动做出过重要的贡献。并且电镀工艺与铸造、锻造、热处理、焊接等工艺一起被市委、市政府评定为南京市制造业的五大基础工艺。

苏州历来是手工业发达地区，因为有良好的基础，后来逐渐成为现代轻工业发达地区之一。张仲清和汤景山两人于1951年在阊门南浩街接手了一家关闭的米厂，开办了“恒茂滚镀工场”，镀种有铜和镍，由此建成了苏州第一条电镀滚镀线，该工厂于1956年改为公私合营。同年，苏州的“新益兴”等9家抛铜作坊、店铺合并成为公私合营苏州五金制造厂的电镀工场；9月，电镀工场又从五金制造厂中剥离出来，独立为公私合营公益电镀厂。

1953—1957年，第一个五年计划对苏州地区的手工业影响深远。社会主义改造解放了社会生产力，推动了苏州工业的复苏和兴盛，众多由手工业户组建的集体所有制企业开始大跨步地向机械化迈进，成为骨干企业，为苏州成为工业发达的城市奠定了基础。

2. 军工企业大量出现

“大跃进”运动伊始，1958年无锡有2家专业电镀厂先后成立，即地方国营无锡电镀厂和大集体的无锡东风电镀厂（其前身是无锡市新生五金电镀厂）。这一年，无锡的军工企业大量涌现，包括“721厂”“559厂”“702所”“742厂”等，以及大型国有企业如无锡柴油机厂、无锡油嘴油泵厂、无锡机床厂、无锡叶片厂、无锡压缩机厂等，这些大企业都设有电镀车间。由于国家投入多，因此这些企业的电镀厂房较规范，设备、工艺较先进，镀种多，镀液分析测试齐全，检测设备完备，环保设备较先进，管理水平较高。

3. 县、市、乡镇政府地方兴业

20世纪50年代初，由于盐城地方工业的兴起，逐渐推动了当地电镀行业的发展。盐城市拖拉机厂首先筹建电镀车间，设有电镀铜、镍、铬、锌及滚镀等工艺来满足本厂生产需要。在20世纪70年代，各县、市、乡镇均大办电镀厂，整个地区电镀厂达百余家之多。

在常州，当时的磨剪刀师傅顾家两兄弟由街道组织开设抛铜作坊，打破了常州地区无电镀的局面。1959 年常州第一所高等学校——常州工业专科学校的电化学专业学生到该作坊实习，并开展了亮锌铜(仿金)的工艺试验；1968 年徐金玉、黄梅珍夫妇受陈渡村的委托，开办永红陈渡氧化加工厂，该厂属村办企业。后来该企业为开发自行车、纺机配件的电镀，增加了氧化、铜锡、暗镍、亮镍、亮铜等电镀工艺，并从吊镀发展到滚镀工艺，首创滚镀铬工艺。20 世纪 70 年代初期，随着常州市工业的不断壮大，许多厂点都增设电镀车间，周围农村也纷纷开办电镀厂点，先后开办了 60 余家电镀企业。

镇江扬中地区第一家电镀厂创办于 1963 年，由幸福公社(现西来镇)的红星大队和胜利大队合办，为上海医疗器械厂进行配套加工。1968 年，王佩仁与从上海下放的工人在埤城镇开设了丹阳第一家电镀厂，为上海一些家具厂加工抽屉拉手电镀铜镍铬。随着国家大力发展乡镇企业，丹阳其他地方陆陆续续新增了许多电镀厂，如丹阳五金拉丝厂(城镇电镀厂)和丹阳金属制品厂(东门电镀厂)。

20 世纪 70 年代初，村办企业无锡市电镀二厂建厂，其后来成为无锡市最大的民营电镀配套厂。20 世纪 80 年代，随着苏南模式的乡镇企业在无锡蓬勃发展，小电镀企业迅速建成，无锡各区及江阴市、宜兴市的小电镀厂有近百家之多。

4. 生产电镀助剂的化工企业出现

1958 年，太仓城厢镇创办了红旗化工厂，太仓的九曲公社创办了超美电镀厂。这两家工厂专业生产氯化碱、合成盐酸、泡沫灭火剂和绿、黄电镀抛光膏等电镀材料、助剂。后来太仓县、社、镇又增办了一批电镀助剂厂。1961 年，苏州金阊化工厂开发投产电镀用镍盐，并首次出口 50 吨，出口货值 27.4 万元。当时，苏州不仅有专业电镀厂，还有了生产电镀材料、助剂的化工配套企业。

丹阳的助剂发展起步也比较早，20 世纪 80 年代，延南大队的唐国珠引进苏州的生产的技术，成立延中助剂有限公司，生产 1,3 丙烷磺酸内酯和镀铜用的中间体 SP，年产量 200～300 千克，企业为队办企业，20 世纪 90 年代改制为民营企业。后来陆陆续续又诞生了四五家助剂公司生产镀铜的中间体 SP、M、N 和 P。

二、电镀行业逐步向乡村转移

由于当时电镀行业整体生产工艺落后，设备条件较差，环境保护意识淡薄，逐年积累下来，严重污染了工厂的周边环境，影响了周围居民的正常生活。因此从

20世纪60年代后期开始，电镀的规模开始逐步压缩并向乡村转移。

1968年，当时的南京机械局革命委员会决定将南京电解电容器厂的电镀设备连同业务一并搬迁到江宁县秣陵乡，与大队合作兴办秣陵电镀厂，于是秣陵电镀厂成为了南京早期建立的乡镇电镀厂之一，就此开启了南京城市内的电镀行业逐步向乡村转移之路。同期，南京电声器材厂的生产发展因受到市区厂房面积所限，以及出于降低生产成本、减少排污收费、搞活工业生产、支持乡镇工业发展等诸多目的，该厂于1968年前后应东郊马群乡干部和农民的要求，决定与农村共同建设电镀厂。

三、电镀行业向现代化过渡

新中国成立以来，江苏制造业迅速发展，电镀行业由手工作坊向现代化电镀设备和工艺过渡。在此期间，江苏电镀行业规模迅速壮大，加工的产品开始向家用电器、汽车附件、机械零部件、电子产品等多品种发展；镀种也由原来的不足十种发展到了几十种。与此同时，电镀行业开始逐步意识到环保的重要性，"三废"治理的要求更高了，江苏电镀走到了全国的前列。

1956年，苏州电镀行业各级领导和广大员工，通过开展群众性的技术革新活动和"自我武装"，以自制的"土设备"替代手工作业，开始使用直流发电机作为电镀电源设备，还形成了数条电镀手动生产线，这些生产线虽然十分简陋，但和解放前的电镀作坊相比，已经有了明显的进步。同时，电镀行业的工厂和电镀作业点，都已经开始重视治理"三废"。电镀车间和抛光车间内，增加有效的抽排风设施和吸毒装置，分别建立了酸碱、含铬、含氰污水排放池，用中和法、钡盐法等进行处理，污水池里的污泥定期或不定期取出干化后送有关部门处理和利用，开始了电镀废水经过处理、化验达标后再排放的进程。

1980年，常熟建立了环境保护监测站，开展各项常规检测，为环境管理提供检测数据。1983年，全市开展了工业污染调查，共调查2 396家企业，建立污染源档案778个单位，初步完成了污染现状的调查报告；针对电镀、染色这两个重污染行业情况，制定了《常熟市电镀行业环境保护管理暂行办法》。1985年，再次在全市开展污染源调查，建立污染源档案1 430个单位。这样为全市的环境综合管理提供了依据。

四、电镀行业技术交流日益活跃

20世纪50年代中期，中国开始实施第一个五年计划，经济建设呈现一片欣欣向荣的景象。当时的江苏是中国现代制造业比较发达的省份之一，有一大批正在建设中的中央、省、市所属大中型企业。这些工厂产品零部件的加工离不开电镀、转化膜处理等表面处理工艺，因而都在建设自己的表面处理车间。但由于各个企业的电镀技术队伍组建的时间不长，本地企业的电镀工艺水平普遍不高，不能满足新产品试制生产的质量和稳定生产的要求，电镀工艺亟需提高。

在这种形势下，一些单位和组织开始沟通交流和学习以寻找新的突破，在这个过程中逐渐形成了专业的行业性组织。

南京市在市总工会的牵头下，选择在企业生产过程中技术薄弱环节普遍比较突出的机械加工、电镀、焊接、热处理等几个技术专业领域，发动企业职工分专业进行技术交流和协作，帮助企业攻克技术难关。通过自由配对交流、技术难题会诊、专题讲座等多种形式的技术交流活动，在不到 2 年的时间里，形成了一支人员来自全市 30 多家企业、活动人数比较稳定的南京市职工技协电镀技术交流队。

20 世纪 50 年代末，江苏及南京市的机械工程学会也筹组了电镀学组，组织本地区电镀科技工作者参加技术交流活动。同时，南京地区高校中相关专业的老师们，如南京航空学院金属腐蚀与防护专业、南京大学络合物专业和高分子专业的李士嘉、钱达人、顾寅生等，也积极走出校门加入技术交流队伍中来，对推动电镀技术广度和深度的发展发挥了重要的作用。

第二章
江苏电镀行业的大发展时期

1978年党的十一届三中全会以后，中国步入改革开放新时期，随着中国制造业的迅猛发展，电镀行业的发展也揭开了崭新的一页。

第一节　行业稳步发展阶段
(1978—1989)

一、国有及集体经济占主导地位

这个阶段起始于20世纪70年代末至80年代中后期，其特点表现为国有及集体所有制企业在行业中占主导地位，是行业的中坚力量。由于改革开放刚刚起步，许多新观念还在酝酿阶段，有些则处于试点阶段，因此对于电镀这个小行业，计划经济仍处于主导地位。

据80年代中期江苏省环保局的一次全面调查显示，当时江苏的13个地级市共计有电镀厂点1 568家，其中苏南地区5市为833家，当时电镀企业主要分为3类。

第一类是军工、机械、轻工等传统行业的、有一定规模的企业的内设配套车间或工段，例如南京无线电厂(714厂)、南京晨光机器厂(307厂)、南京长江机器厂(720厂)、南京宏光空降装备厂(513厂)、南京机床厂、南京第二机床厂、南京电影机械厂、南京江南光学仪器厂、南京自行车总厂、南京电力自动化设备厂、南京电声器材厂等，还有如常州自行车厂、常州电子仪器厂、常州航海仪器厂、常州组合工具厂、戚墅堰机车车辆厂、无锡仪表二厂、苏州缝纫机厂、苏州刀厂、苏州长风机械总厂、南通制锁厂、海安县自行车辐条厂、南通电表二厂、扬州理发工具厂、江都县车轮厂、淮阴市光学仪器厂、清江拖拉机厂、徐州矿务局液压支架厂等。此类企业在1986年江苏省电镀行业协作组成立时，占了首批会员的40%左右。

第二类是按照国家政策，实行了电镀加工专业化的各大城市的专业化加工中心，其中南京电镀厂、苏州电镀厂、苏州市机械仪表厂、镇江市电镀厂、常州市电镀厂、无锡市电镀厂、无锡市东风电镀厂、南通市电镀厂、南通申海特种镀饰厂、扬州市电镀厂、盐城市电镀厂、徐州市五金电镀厂、连云港市电镀厂等13家企业是江苏省电镀企业的代表，也分别是各市当地电镀企业的排头兵。这些企业中，如南京电镀厂、苏州电镀厂等，都是列入国家工艺专业办公室规划中的，由所在地级市负责组建，镀种比较齐全，工艺相对先进，装备也较领先。

徐州五金电镀厂始建于1959年，是80年代初徐州电镀协会的挂靠单位及培训中心，也是1987年江苏省电镀协会7个常务理事单位之一及第三届常务委员单位，当时有2条自动电镀生产线。

盐城市电镀厂由原盐城市拖拉机电镀分厂独立而成，在1987年时采用锡钸合金代银、镍铁及光亮铜锡，取得良好效果，并在厂长曹金喜带领下，工厂资金创税率、人均创利税及净产值、全员劳动生产率均达到或高于省二级企业标准，居当时全省电镀行业前列。

淮阴市电镀中心厂（淮阴车圈厂）作为淮阴电镀工艺协作专业化工厂，也是江苏省自行车公司车圈定点厂，在1988年省自行车行业评比中获26寸、28寸车圈质量第一，在1989年省车圈行业评比中产品全项第二名、电镀质量单项第一名，是江苏省电镀协会第二届理事单位。

无锡市电镀总厂（原东风电镀厂），1979年改为无锡电镀专业化协作中心。1986年后，该厂投资400万元新建厂房近万平方米，有20多个镀种，服务于全市100多家企业，是江苏省电镀协会第二届、第三届常务理事（委员）单位。

连云港市电镀厂建于1964年，1973年改名为连云港拔丝制钉厂，后又恢复为连云港市电镀厂，主要从事钢丝连续镀锌业务，是当时该市较大的电镀专业厂。

南京电镀厂，1979年被列为南京工艺专业化电镀中心，在市政府支持下进行了大规模升级改造，1984年建成投产，有3.3万平方米的厂房，镀种齐全，是当时南京最大的专业电镀加工厂。工厂的光亮镀铜锡、常温阳极化电解着色、特大型工件化学镀镍是其工艺特色。

第三类是以对外承接业务为主的专业电镀加工企业，这批企业约占当时江苏省电镀协会首批会员的50%左右，基本上当时多数县级单位都有一家或几家国有或大集体的专业电镀厂，亦有不少是当时乡镇办的集体所有制企业，如南京江宁方山电镀厂、扬中县电镀厂、无锡县电镀厂、江阴市电镀厂、吴县电镀厂、太仓电镀厂、吴江电镀厂、张家港市电镀厂、海门县电镀厂、如皋县镀塑厂、仪征市电镀厂、泰兴县电镀厂、兴化市电镀厂、建湖县电镀厂、如东县电镀厂等。

二、电镀加工相关配套企业崭露头角

由于江苏电镀企业众多，对于设备、原辅材料需求很大，因而一批为电镀加工企业服务的相关企业应运而生，并形成了较高的配套能力。

南京轻工业机械厂作为我国最早从事电镀工程配套的企业，他们开发的铝型材阳极氧化生产线填补了国内该项目的空白，这项国内首创的新技术使生产的液压环形电镀自动线上了一个新台阶。20 世纪 90 年代初该厂人均产值达 50 多万元，成为电镀生产线及环保装置生产的佼佼者。

创建于 1974 年的盐城市电镀机械厂，把握市场脉搏、积极寻找商机，实行“定人员、定岗位、定职责、定指标、定措施、确保产品合格率”的“五定一保”，其抛光、过滤设备在国内市场享有很好的声誉，并配合上海核工程研究设计院等主机单位的产品出口越南、马来西亚等国，为国创汇近百万元，1995 年产值达 1 880 万元。

江阴市整流器二厂是专业生产电镀电源设备的企业。20 世纪 90 年代初，工厂为中国第一汽车集团(简称“一汽”)、第二汽车制造厂(简称“二汽”)、鞍山钢铁公司、沈阳飞机制造厂及上海自行车厂等名企配套生产的各种规格的整流器，成为同类产品国内销量最大的企业，当时也是国家大型企业上海整流器总厂认定的国内第一家协作厂，连续多年人均利税过万元，最高达 2.3 万元。

成立于 20 世纪 80 年代中期的江苏省首家中外合资的电镀添加剂企业南京南安电镀技术工程有限公司，引进了美国添加剂技术，其种类和质量不但在江苏引领技术潮流，在全国业内也产生了很大的影响。

同期的类似企业还有无锡市电镀设备厂、无锡出新环保设备厂及其周边小产业群、张家港市过滤设备制造厂、江苏益民环保电镀涂装设备公司、常熟市兴隆电镀材料、武进市华美电镀材料厂、徐州电镀机械厂、太仓市武兵化工厂、丹阳市延中助剂有限公司等一批企业，他们是电镀行业发展的助推器，对电镀行业发展起到了不可忽视的作用。

三、行业组织应运而生

随着行业发展、企业增多，对交流沟通平台的需求也变得越来越迫切，对加强行业自律和管理的呼声越来越大。由此各级电镀(表面工程)行业协会和研究会应运而生。江苏电镀行业的行业组织大多成立于20世纪80年代初。

其中，无锡电镀协会成立于1984年10月8日，主要推动者及领导人是当时无锡市经济委员会及工艺专业化办公室的负责人。当时有团体会员43个、个人会员31名。

到1985年，由苏州市经济委员会及工艺专业化办公室牵头，由苏州市总工会、苏州市科学技术协会(简称"科协")和市科学技术委员会、有关的电镀厂，以及工厂电镀车间的电镀专业组织和人员，于12月20日建成苏州市电镀协会。协会主要领导人由苏州市经委及工艺专业化办公室负责人担任，首批会员单位为58个电镀厂(点)，还有特邀顾问单位。

由江苏省经济委员会委托江苏省机械工业厅筹组的江苏省电镀行业协作组成立于1986年5月，由江苏省机械工业厅技术质量处负责人余彧强担任协作组领导。首批会员单位91个成员，包括省内主要专业电镀厂、全能厂的电镀车间工段、设备、原辅材料厂所、相关的行政部门及科研单位。

常州市电镀研究会前身是常州市科学技术协会轻工学会下面的一个电镀学组，成立于20世纪70年代初，当时的会员有20余人，活动地点在常州市科学技术协会。1979年经常州市科学技术协会批准，在常州兰陵会堂召开常州市电镀研究会成立大会，选举徐金玉担任理事长、严怀友任秘书长，挂靠单位是常州电镀厂。理事会基本上每3个月活动一次，每年召开一次会员大会，每4年换届选举一次。

1982年，苏州市科学技术协会下属苏州市电镀技术协会成立，当时的会员有26人，协会的主要工作是在苏州市范围内开展电镀技术的培训、咨询和交流等活动。协会成立以后积极发挥作用，举办技术培训班、推广新工艺。1981年8月，苏州市总工会职工技术交流站建立，同时先后建立了金属切削、电镀、防尘防毒、锅炉节能等8个专业技术交流队。这些队建立的目的是以技术交流的方式，组织技术力量，下基层帮助解决技术难题。

在南京市科学技术协会学会部的支持下，南京市科学技术协会于1983年3月正式批准成立南京表面处理研究会，由电镀、涂装、金属防锈3个专业组成。经过近1年的筹备，1984年4月召开成立大会暨第一届南京表面处理学术交流会。该会多次牵头组织“南京地区表面处理学术交流会”，每次都有百人以上参加，不仅有南京地区的、江苏省内的表面处理科技工作人员及企业领导参加，国内其他城市的专家学者及设备、化学药品产销商也慕名而来，使交流更加广泛深入。研究会联合省内苏州、无锡、扬州等城市的业内组织，组织的3次电镀技术交流及材料设备展销会，每次参会人数都超过200人，并将论文打印成集、传播，受到业界好评。研究会还对科技人才培训、内部刊物筹办、技术咨询、难题攻关及“四新”推广起到了不可忽视的作用。

第二节　乡镇企业异军突起阶段（20世纪80年代中后期至90年代中后期）

一、电镀行业规模随工业发展不断扩大

电镀不但是机械、轻工、五金、汽车等传统行业的重要加工环节，也是航空、航天高端装备制造业、先进信息技术行业等的重要配套环节，电镀的工艺水平和发展程度直接或间接决定着其他工业行业水平的高低。从产业配套服务的行业来看，江苏电镀行业约35%服务于机械制造行业，20%服务于轻工业，10%为电子工业配套，其余部分主要服务于航空航天、汽车、仪器仪表等行业。从镀种所占比例来看，镀锌占约50%，镀铜、镀镍、镀铬占30%；转化膜占15%；镀铅、锡、金、银约占5%。

20世纪90年代，江苏省内电镀行业规模得到了空前的壮大。苏州电镀行业加工的产品由原来的小五金向家用电器、汽车附件、机械零部件、电子产品等多品种发展；电镀镀种也由原来的不足十种发展到了几十种。无锡的电镀行业随着无锡机械制造业和集成电路、汽车制造业等的发展而快速增长。

同样，常州市工业规模的不断扩大也带动了电镀需求的大幅增长，电镀行业迅速壮大起来的。一方面许多工厂都增设了电镀车间，如常州自行车厂、常州戚墅堰机车车辆厂、常州市第一电子仪表厂、常州无线电厂、常州纺织仪器厂、常州钟表厂和常州航海仪表厂等；另一方面，常州市郊县农村在“若要富、搞电镀”的思想指导下，纷纷开办电镀厂点。据统计，1982年常州市电镀厂点有130多家，仅武进县就有112家。

二、乡镇企业快速崛起

20世纪80年代初，苏州的常熟、吴县、吴江、太仓、昆山、沙洲（今张家港市）六

县(市),兴办了一批电镀专业厂。这就是早期的社队电镀企业和电镀作业点,也是后来民营电镀企业的先行者和领头羊。昆山、太仓、吴江的电镀企业还充分利用紧邻上海的地理优势,走上了依托上海发展自我的道路。

20 世纪 80 年代中后期,随着改革开放的逐步深入,电镀行业和各行各业一样面临着如何前进的问题。国有企业和集体企业由于长期在传统计划经济体制下运转,思想观念难以一下子适应市场经济的新形势,又因为国有企业大多职工人数多、负债率高、社会负担较重,同时有些国有集体企业受行政干预多、改革无配套、机制不灵活,在竞争中处于不利地位。而乡镇(社队)企业以其与生俱来的“找米下锅”的市场意识、灵活多样的用工形式、按劳付酬的激励机制及员工吃苦耐劳的工作态度得以快速崛起,在市场竞争中站稳了脚跟并逐步取得优势,渐渐成为电镀行业的主力军。这就形成了 10 年左右的乡镇企业异军突起。

20 世纪 70 年代,在苏州的社队企业给后来的乡镇企业异军突起奠定了基础。1972 年,为贯彻北方地区农业会议精神,掀起了农田水利基本建设热潮。为解决农业资金不足的困难,中央提出“三就地”发展社队工业方针,即就地取材、就地加工、就地销售。这个时候,广大农村通过创办社队企业找到了出路,也从中得到了真正的实惠。1978 年,苏州 6 县市社队两级集体工业企业已发展到 7 508 家,拥有固定资产 3.35 亿元,职工 40.91 万人、占农村总劳动力的 17%,工业产值 9.92 亿元,占农村工农业总产值的 26.55 亿元的 37.36%。在这期间,苏州社队工业企业中,已涌现了同心电镀厂、陈墨电镀厂、昆山线路板厂、乐余电镀厂、塘市电镀厂、凤凰电镀厂、杨舍电镀厂、陆渡电镀厂、九曲电镀厂、新塘电镀厂等 20 多家社队电镀企业,这些电镀企业堪称苏州乡镇电镀企业的排头兵。20 世纪 80 年代,苏州乡镇电镀企业已由原来不到 30 家发展到 100 多家。

20 世纪 80 年代,丹阳城区开始关注环保问题,一些高污染的电镀厂开始搬迁,电镀厂开始往各乡村发展。至 20 世纪 90 年代初,在国家改革开放的大潮下,丹阳大大小小的电镀厂已有数百家,各有各的特色,规模较大的厂有练湖电镀厂、司徒美乐钢圈、运河的星杨电镀厂、界牌的轻工电镀厂(现属丹阳振宇集团)、河阳电镀厂等。

丹阳市轻工电镀厂为自行车零配件电镀长达 16 年之久。随着省内外摩托车生产大发展,电镀件量大且附加值高,企业抓住机遇,果断及时调整产品结构,转向电镀挡泥板、消音器等摩托车配件生产,企业生产突飞猛进,一年产值增加 156%,成为江苏省首批电镀年加工值超 3 000 万的企业之一。

村办企业常州市电镀厂坚持改革开放，加快外向型经济发展，立足电镀，横向拓展。在兴办中外合资常州兰港电化有限公司的同时又兴办了常州市兰港自行车厂，形成了各具特色、优势互补的多元经营体制，实现了 3 年总产值及全员劳动生产率双翻番的高速飞跃。后来该厂又上马自行车零件镀后涂装生产线，到 1995 年工业产值高达 5 271 万元、利税超过 300 万元，成为了江苏省电镀行业的“龙头企业”。

武进市万绥五金电镀厂从单一电镀转向为金狮自行车厂配套供应电镀自行车辐条，年产 1 亿支以上，产值达 3 300 多万元，人均利税超万元。

丹阳市埤城电镀厂是镇办企业，在厂长邵腊荀的带领下，发挥党支部战斗堡垒作用，实行厂长负责制和“三定奖”承包责任制，充分调动了职工的积极性，1995 年就完成销售额 500 多万元。

张中协任厂长的武进市南勤电镀厂，专业从事各种拉杆、天线、铁线制品及电子产品电镀加工，有铜、镍、铬、铈及黑铬 5 个镀种。由于质量意识强，该厂的“非优良品率”低于 0.5%，1994 年成为国内通过质量认证的唯一天线厂，70%产品出口美国。1995 年产值近千万元，年增长 7.5%，利税为上年的 3 倍。

1977 年建厂的武进市五金电镀厂有职工 260 人，主要为常州拖拉机厂、常州低压电器厂等大中型企业电镀加工配套。工厂领导一班人发扬“团结奋进、勇于开拓、实干兴业、争创一流”的精神，在原有银、铜、镍、铬等镀种基础上开发圆筒印花镍网等新产品，开拓了市场，至 1995 年工业产值猛增至 4 000 余万元。

扬中市永兴电镀材料厂建于 1980 年，在建厂初始 12 年中，工厂年产值始终没有超过 75 万元，最后造成累计亏损 80 万元的资不抵债局面。随着改革开放搞活经济的观念不断深入人心，工厂按车间、镀种实行承包经营，调动了职工积极性，1993 年实现产值 225 万元，到 1995 年产值 1 000 余万元，3 年翻两番，实现了腾飞。

宿迁市楚霸体育器械有限公司创立于 1950 年，以生产铸铁电镀力量型健身产品为特色。虽然铸铁电镀难度大，企业大胆采用酸性镀光亮铜新工艺，并针对性地用镀液多次循环过滤、搅拌等方法，保证了产品质量居于国内前列。其产品畅销北美、西欧、澳大利亚及东亚几十个国家和地区，是国际健美协会主席单位威德公司和超市巨头沃尔玛的专业供货商。2001 年产值近 1 500 万元，成为当时宿迁乃至整个苏北地区的行业标杆。

1992 年，时任村委主任的王友林接手分管资金短缺、技术落后、设备老化、厂房破旧的一个电镀小厂，他发挥勤学探索精神、吃苦耐劳实干作风和遵循市场的观念，使工厂从镀“合金”“铜镍铬”“多层镀”“硬铬”“镍网”不断上台阶，规模越做越大。20世纪末，该厂审时度势，大胆决策，投资3 000多万元，新建4条铝合金轮毂电镀线，占领了我国铝轮毂电镀的市场，加工产值近亿元，姜堰龙沟电镀公司便成了周边村办企业的明星。

位于常州小河镇的太平洋电镀公司创建于1983年，先后开发了全光亮铜镍铬、仿金电镀、锌合金电镀、ABS塑料镀等工艺，特别是用于国内迅速发展的摩托车配件电镀的三层镍/镍封/微孔铬工艺，满足了市场需求，使企业成为产值上千万、利税达百万的优秀企业。

在这一时期，电镀装备企业的发展也有了长足进步。

南京四方表面技术有限公司由原南京四方表面处理设备厂在21世纪初改制建成。在袁华总经理带领下，勇于开拓，研发出国内首条碱性连续电镀锌、磷化、耐指纹卷板自动化生产线技术并获国家发明专利，该项目获2009年中国建材集团“北新杯”技术革新二等奖和江苏省科技厅1 500万元资金奖励。2008—2009年年均产值达5 000万元，较2006—2007年年均增长25%。

始建于1973年的无锡市电镀设备厂是江苏省最早一批从事电镀设备的专业企业，20世纪80年代研制成功微机控制电镀自动生产线，参与机械部计划，项目“电镀工艺无污染排放和贵金属回收利用”的设备制造获湖北省科技进步二等奖。90年代末期，年均销售额达1 700万元，在市场上赢得了很高的声誉。其客户多为如重庆嘉陵、长安汽车、温州东方集团及上海飞机制造公司等大型企业。

无锡出新环保设备厂，借助上海机电设计院、航天航空四院、一汽九院、同济大学、上海轻专等院所的技术实力，同时与香港企业合资，引进先进技术设备，大大提高了工厂技术实力和产品质量，不但在国内市场拥有了份额，还出口东南亚地区和非洲地区，并为日本、德国、新加坡、比利时、我国台湾地区在境内的企业进行配套。

第三章
21 世纪的江苏电镀行业

进入 21 世纪，随着改革开放的逐步深入和扩展，中国经济与科技高速发展，世界制造业重心开始逐步向中国转移，中国已成为世界制造业第一大国。江苏省工业生产平稳运行，经济运行保持在合理区间和中高速增长，综合实力持续增强，先进制造业发展较快。总体上，江苏省 2019 年制造业运行稳中提质，高技术制造业增速较快。作为制造业强省，受上游市场需求推动，江苏电镀行业伴随着航天航空、信息技术、环保、轨道交通、汽车生产、高端制造、新能源等新兴产业的迅速崛起，得到了快速发展。

20 世纪 80、90 年代，电镀行业大发展时期带来的不利影响开始凸显，从国家到地方都逐渐认识到电镀行业带来的环境污染和生产安全问题。国家和地方因此都制定了很多相关的法律法规，环保部门也对电镀企业加强了监管。为控制电镀污染物排放、保护生态环境，2008 年 6 月环境保护部发布了《电镀污染物排放标准》(GB 21900—2008)，于 2008 年 8 月 1 日起正式实施。同时由于技术的革新、管理水平的提升和企业自身发展的需求，电镀行业开始走上了管理规范化、操作规范化、发展规范化的道路。

第一节　民营经济迅猛发展阶段(20 世纪 90 年代末至 21 世纪初)

一、大转制促进了民营企业大发展

在党的十一届三中全会后，特别是 20 世纪 90 年代后，随着中国市场经济越来越成熟,商品经济得到了空前的繁荣发展。商品市场开始由卖方市场转向买方市场,民营、乡镇电镀企业日益壮大,竞争日渐激烈,国有及集体企业在计划经济时代的优势逐步减退。集体企业纷纷改制,一轮企业大转制的浪潮席卷全国,电镀行业进入了一个民营企业迅猛发展的阶段。

苏州市委、市政府根据中央精神,出台了一系列助推乡镇企业进一步发展壮大的新举措:乡镇企业进行全面转制,引导乡镇企业发展外向型经济,民营企业要建立健全现代企业制度等。苏州的乡镇电镀企业普遍改制成为民营有限责任公司、股份合作公司、中外合资公司等,形成了国营、民营、港资、台资、外资、中外合资等多种经济成分并存的多元新格局。苏州机械仪表电镀厂为了走出困境,充分利用了存量资产进行招商引资,于1991年8月与日本针佐株式会社合资,建立了中日合资企业针佐机械(苏州)有限公司,主要生产及销售"针佐"(HARISA)牌手编机针及"银笛"(SILVER REED)牌手编织机、办公机械及部件。

常州现代金属表面处理有限公司2000年由常州市电镀厂改制重组而成,改制后主要转向为外资企业配套,在王国建总经理带领下,根据客户需求,加大对环保性产品的研发和投入。其新建的滚镀生产线产量增加60%,而进入废水站的废水浓度却下降70%,产品合格率高于99%,销售收入近1 500万元,连续8年递增10%以上。

无锡市电镀二厂原是无锡电镀协作中心,1998年由陈国兴改制为股份制企业,他对外大力拓展市场,对内实行多劳多得的分配制度,加强了企业管理,并推行无毒工艺。在2005年电镀原材料持续上涨、电镀加工价格不断下降的困难条件下,工厂效益却持续上升,职工315人实现了产值4 500万元,上缴税金338万元。

宜兴吉泰电子有限公司是原宜兴电子器件总厂下属分厂,2000年改制时,仅有员工30多人,资产30多万元,产值不足百万元。在总经理马军带领下,该厂仅用了5年时间,员工就增至80多人,固定资产增至300万元,总产值达1 800万元,实现了产值连续翻番。公司生产的,为神舟六号飞船及运输火箭项目等多种新型武器装备及国家重点工程项目配套的混合集成电路、微波器件、光电器件及传感器件的金属外壳,得到相关部门的关注和好评。

江阴市镍网厂有限公司,在负责人孙兴焕带领下,与南京理工大学、国家粉体中心合作开展废旧镍网资源回收,进行综合循环开发利用。生产出的高纯超细系列镍粉填补了国内空白,该技术成为国家环保总局2003年国家重点环境保护实用技术(A)类,并得到科技部技术创新基金的资助。企业快速发展,已成为拥有镍网生产线 31 条、年产镍网 52 万套、销售额超亿元的镍网生产基地。

青年企业家匡优新于 1988 年创立的无锡市星亿涂装环保设备有限公司，本着"以质量求生存、以品种求发展、以服务求信誉、以诚意留客户"的宗旨，推行科学管理模式，服务于数百家企业。在 21 世纪该公司迎来快速发展，在 2002—2003 年年均销售额达到 1 150 万元的基础上，2004—2005 年年均销售额达到 2 250 万元，翻了近一番，成了业内后起之秀。

洪泽县云飞电镀厂创建于 1984 年，1997 年 12 月实行改制，在厂长梁学云带领下，从原先只能进行低档镀锌的小厂，到 2005 年发展为员工 180 余人、生产线 8 条的大厂，拥有镀锌、铜、铬、镍氧化及铝合金轮毂电镀工艺，总资产 1 200 万元，成为当时苏北规模较大、技术较先进、知名度较高的专业电镀加工企业。2005 年销售收入较 2003 年增长了 60%以上，达 1 100 万元。

南通市申海特种镀饰有限公司原是海门中学的校办工厂，2003 年改制，在法人代表仇士学的带领下，发展大提速，至 2006 年已有员工近千人，占地 5 万平方米，固定资产 3 200 万元，成为镀种齐全、规模较大的专业电镀厂，拥有金、银、钯、铑、铬、玫瑰金、锌铁、锌镍、古铜等众多镀种，服务于轻工、电子、机械、建材、汽车等多个行业，产品远销美国、德国、日本、法国等国家。2004—2005 年均加工产值 9 600 万元，较 2002—2003 年均翻了一番多，成为行业样板。

丹阳东江医疗康复器械厂，前身是 20 世纪 80 年代初长江渔场场办小五金厂，企业年产值一直在 30 万～100 万元之间徘徊。2003 年，负责人王礼生痛下决心，要改变生产设备陈旧老化、工艺落后的情况，接着投入 1 000 万元进行技改。半年后，1 条国内先进的自动化电镀流水线及配套高水准污水处理站投产，工厂进入全市电镀行业前列，电镀的摩托车消声器先后配套广东大长江、五羊本田、海南新大洲、南京金城铃木、济南轻骑等名企，产品远销日本、荷兰、意大利、印度尼西亚、中东等国家和地区，成为了摩托车消声器电镀的"领头羊"。加上医用轮椅，1995 年销售额达 4 560 万元，人均利税每年高达 12.9 万元。

江苏梦得电镀化学品有限公司，产品为电镀中间体及光亮剂，因其多方引进人才和技术，使镀铜、镀镍及镀铬的中间体都有独到之处，成为国内知名中间体供应商之一，"梦得"被评为镇江市著名商标。2005 年企业产值达 2 000 万元，人均利税 3 万元，为后续发展打下了坚实的基础。

到了 21 世纪 10 年代末，江苏省电镀企业中，民营企业已经占据了绝大多数，这些企业在今后的电镀行业发展中持续发挥着十分重要的作用。

二、本时期几个特点

（一）配套电镀的外资企业大量进入

20 世纪末—21 世纪初期，随着我国改革开放的不断深化，“请进来、走出去”成为常态，巨大的市场、比较廉价的劳动力、相对完善的配套以及各种政策，吸引着大批配套有电镀加工的国外制造企业进入我国。在经济较发达的东部地区，特别是长三角地区尤为集中，其中江苏便有大量外资企业纷纷落户。苏州市毗邻上海，交通便利，更是成了外资企业投资建厂的热土。到 2010 年前后，外资企业几乎占据了苏州制造业的半壁江山。由于表面处理对现代制造业的不可或缺，这些外资企业在带来先进加工技术、企业管理理念的同时，也将当时比较先进的电镀工艺、设备及管理方法带了进来。

（二）中外合资企业纷纷设立

民营电镀企业崛起初期，资金不足及技术落后是制约其发展的两个主要问题，因而不少民营企业将目光转向外资，纷纷成立中外合资企业。

南京海波电镀器材有限公司是一家服务于电镀加工企业的专业公司，2006 年与德国科兹公司合资成立了南京海波科兹表面技术有限公司。公司采用大型电镀材料设备超市的营销方式，大大扩展了市场，尤其是无氰镀铜工艺的推广，在为电镀行业做出贡献的同时，也使企业得以快速发展。

仪征双环活塞环有限公司系中美合资企业，专业生产内燃机用活塞环。21 世纪初期，公司年产活塞环片即达 1.5 亿片以上，产值 3 亿多元，连续 17 年居国内同行之首，市场占有率 25%以上，覆盖率超 80%，其中电镀加工产值达 1.2 亿元。

常州市电镀厂向上游拓展，通过与港资合资成立兰港电化学有限公司，提高了电镀加工技术水平，使企业得到新的发展。

无锡出新环保设备厂是专业生产电镀设备、环保设备及涂装设备的企业，在 20 世纪 90 年代初就与香港路华集团有限公司合资，成立了锡山市电镀环保技术研究所，利用国外先进技术和优质配套设备提高了企业技术水平，扩大了市场占有率。

与外资的合作带来的好处，一是吸收了境外资金，缓解了当时不少企业资金短缺的困境；二是引进了国外较先进的工艺技术与装备，使我们的生产水平向国际水平靠拢；三是引进了新的管理机制，推动我们的企业向现代化企业迈进；四是利用外方更熟悉国际市场的条件,可以更好地开拓国际市场,提高我们企业的市场应变能力,为我们的企业走出去、走向世界提供经验。因此,在相当长的一段时间内,合资成了推动国内电镀行业进步的重要手段,也取得了相应的效果。

(三) 电子电镀企业所占比例不断加大

在20世纪,我们所说的“电镀”实际上是指常规五金电镀,适用范围很广;到了20世纪90年代,随着电子工业的快速发展,用于半导体、电子器件上的功能性电镀也异军突起,其绝大多数是用于金银等贵金属的连续镀;进入新世纪后,电子电镀发展势头更为迅猛。

(四) 环境保护日益引起关注

电镀行业的发展与一般工业化发展进程一样,经历了高污染、高能耗的阶段。尤其是20世纪80年代,小电镀厂由于疏于“三废”治理,对环境产生了相当大的不良影响。随着经济的发展和公共管理能力的增强,政府开始从不同方面解决发展中出现的环境问题。自20世纪90年代起,通过污染减排、综合整治、典型示范、严格执法等手段,江苏省电镀企业为实现生态城市建设、循环经济发展、太湖水污染防治、阳澄湖水污染防治、沿河地区综合开发、生态环境保护等,以清洁生产为抓手,实现科学发展、环保优先。至此,江苏电镀行业步入了良性发展的快车道,开创了新世纪快速发展的新局面。

第二节　规范发展阶段(21世纪初至今)

2000年以来,江苏省的电镀企业,特别是苏南、苏中企业大量引进、消化和吸收国内外先进的技术及设备,全行业电镀工艺水平处于全国领先地位,部分企业工艺装备已具有国际同等水平。行业呈现出向高附加值、高技术含量转型发展的新趋势,逐步显示出特种制造的产业魅力,江苏电镀行业加快了由传统型行业向高科技型发展的步伐。

一、江苏电镀行业发展全国领先

据不完全统计数据,目前全国有电镀企业(含企业设置车间)约为15 000家,另有产销电镀原材料企业、生产电镀设备设施企业、产销电镀助剂企业等相关单位约15 000家，电镀专业园区(集中区)超过200个，电镀加工从业人员超过60万人，2017年加工值近1 500亿元，2018年则达到1 600亿元，全国电镀工业生产每年消耗铜、锌、镍等金属在7万吨以上，年消耗各种化工原料40万吨以上。

江苏省现有电镀企业约640家，其中527家企业分布在全省18个园区中，园区外电镀企业共有113家，省内电镀企业主要集中在苏州、无锡、镇江及泰州四市，四地电镀企业约占到全省总数的50%。全省2018年有统计的电镀生产总值为337亿元，占全国电镀年生产总值的21%。

二、《电镀污染物排放标准》发布

经济的快速增长对环境产生了巨大的压力，与其他众多行业一样，迅猛发展的电镀行业对环境的污染不可忽视。为促进地区经济与环境协调发展，推动经济结构的调整和经济增长方式的转变，引导工业生产工艺和污染治理技术的发展方向，国家环保总局与国家质量监督检验检疫总局于2008年6月25日联合发布了国家标准《电镀污染物排放标准》(GB 21900—2008)，并于2008年8月1日实施。该标准明确规定了我国电镀设施的水和大气污染物的新排放浓度限值，特别是水污染物特别排放限值远高于原《污水综合排放标准》(GB 8978—1996)的指标，有些指标也高于国际上一般标准。要达到新标准的要求，企业需付出更大的努力和经济代价。

江苏省表面工程行业协会2008年10月做的一次行业调查显示，由于美国次贷危机造成的经济动荡已致不少企业订单减少，资金回笼困难。而电镀用金属材料、原辅化工材料价格上涨及能源价格不断抬高，更增加了企业的压力。这次新标准的出台，使企业环保治理成本又极大提高，这成了电镀行业大调整的推手。

三、环保整治，行业大洗牌

为实施2008排污标准，江苏从省到市到县(区)多次开展环保整治自查、互查、大督查，江苏电镀行业经历了一次大洗牌：部分企业因规模太小，技术上难以达到新标准要求，经济上无法承受达标的高额成本，只能自动退出；有个别企业无视环保要求，不但不能执行新标准，竟走上偷排或不达标排放的违法道路，因此被强行关停；部分企业所在地不在规划范围因而被强行关闭；部分企业为避免直面环保压力，选择放弃法人地位，进入园区或“准园区”。

随着人们对环境保护认识的提高和政府对水污染治理力度的加大,常州市决定在市区成立3个电镀中心、一个电镀厂点,其他厂的电镀车间一律撤并。1995年以后,所有电镀厂开始转制,进行技术改造,特别加强对废水、废气、废渣的处理,建立新的废水处理站,将各车间的废水分类,分管道流向废水站进行处理,达标排放。各车间的废气分类处理,三级喷淋,达标排放。全市各区的环境监测站加强对各电镀厂点的环境监测,坚决杜绝偷排和不达标排放的现象。

2012年,丹阳政府认真落实省环保局和省经济和信息化委员会的《太湖流域电镀企业环保整治计划》,开始对电镀企业进行严格的环保整治,一批环保不达标、高污染的电镀厂被强制关停整改。2015年,改造升级后的一批企业进入了在埤城工业集中区兴建的占地250亩(1亩≈667平方米)的电镀园区,在园区外仅仅保留了7家自行配套电镀的企业。

经过几轮多级整治,电镀企业数量有较大幅度减少。2008年时,据有关统计,全省有电镀企业近1 500家,到2018年时,全省尚有电镀企业640家,但整体能力反而有所加强,2016—2018年,江苏省电镀加工产值年均增长在7%以上。

四、电镀行业区域性转移

由于江苏特别是苏南地区执行较高的排污限值,加之有些地区又附加若干行政限制,使电镀企业难以承受,行业区域性转移不可避免。

转移总体呈本省苏南向苏中、苏北地区转移,省外从江苏向安徽或山东甚至更远的省份转移。

转移的方式,一是整体转移,即将整个电镀企业实施异地搬迁;二是部分转移,即公司主体仍在原处,仅将电镀加工部分迁至新址。

据不完全统计,江苏省电镀企业涉及搬迁大约占总数的10%~15%。随着各地产业结构调整,这类转移趋势仍将继续存在。

五、电镀园区建设步入快车道

2008年以来,随着《电镀污染物排放标准》的颁发实施,给电镀企业的污染排放带来新的压力,集中治污、排污的电镀园区建设在政府支持、社会认可的同时,也逐步成了不少电镀企业的希望。电镀园区建设步入快车道,江苏的电镀园区建设呈现了以下特点。

（一）电镀园区建设加速

2008年以前，江苏地区的规范电镀园仅有无锡金属表面处理科技园一家。

2008年，由港资全资的镇江华科生态电镀科技发展有限公司投资建设的镇江环保电镀专业区在镇江大港新区开工，该园区占地273亩，计划入驻企业50～60家。

2010年7月，南京红山表面处理中心完成《环境影响报告书》的编制，2010年开工建设，是由南京市政府批准的南京地区唯一电镀园区（集中区）。

靖江电镀集中区（靖江市华晟重金属防控有限公司）成立于2011年，占地100亩，建有生产线百余条。引导当地小型电镀企业进入集中区，初步解决了当地电镀点多面广、污染分散、环境落后的困境。

2010年11月，江苏安泰金属表面处理有限公司成立。该公司投资建设的盐城大丰电镀园区占地300亩，总投资10亿元，规划建设电镀生产线100余条。其中一期占地80亩，2017年3月开工，建设厂房5.2万平方米，新上生产线55条。

如东表面处理中心位于南通如东经济开发区，规划面积500亩，规划厂房35万平方米。日处理1 500吨的污水处理厂一期于2016年7月正式投入运营，9家入驻企业已投入生产。

海安润泽表面处理中心（海安润泽表面处理有限公司）项目是原海安润邦表面处理中心搬迁改建项目，于2018年启动，计划用地350亩，建筑面积20万平方米，建设生产线近500条，总投资25亿元。一期占地110亩，建厂房13.5万平方米、日处理污水5 000吨的污水处理车间及1.5万平方米的研发中心。

其他在建或拟建的电镀园区有：位于盐城建湖经济开发区的江苏盐海电镀中心，位于南通如皋的如皋电镀园区，位于宿迁化工园区的宿迁市表面处理中心，位于盐城阜宁的阜宁电镀集中区。

（二）新园区提标，老园区升级

2008年新国标的实施对园区建设也产生了很大影响。

早期的园区建设时2008年新国标尚未出台，依据的还是1996年老国标，致使有的园区的污水排放限值与新国标差距很大，原先的设计难以满足新国标的需求，如无锡金属表面处理科技园等园区建立早，限于当时的技术水平和认识，到了2008年已处于落后状态。所以不少园区都以“深度处理”的模式升级了园区污水处理的技术和设备，后续建立的园区在采用新国标时，不仅要达到排放标准，而且有园区在涉及污水处理设施时，都以更高标准进行自我升级。

（三）电镀厂房上楼，入园条件提高

由于电镀技术水平、管理水平及设备水平的提高，在全面推行清洁生产以后，电镀生产已基本告别了场地污水横流、空中酸雾弥漫的状况。由于土地资源的日趋宝贵，不少园区都将厂房盖成楼房，出现了不少一楼三四层、每层一个厂的场面。

为了杜绝“跑、冒、滴、漏”现象，防止污水渗入地下造成土地污染，园区普遍对生产线实行“架空”，排污管道也予以架空设置，切实做到了“可视可控”。

同时，对入园企业也制定了严格的要求，手工生产线杜绝入园。

（四）电镀污水、固废第三方运营

21 世纪第一个十年中后期，电镀园区污水处理委托第三方运营的局面已逐步扩大，主要原因是电镀园区镀种众多，企业素质参差不齐，排放的污水成分复杂且波动度大，运营方不但要有很高的废水处理技术水平，还要有较高的管理能力，特别是智能化水平，这往往是园区建设方难以达到的。一些废水处理工艺、设备经营商发挥自己的专业优势，不但负责园区废水工程的设计及设施的施工，也承接了后续的运营管理，按处理达标的污水量收取费用，大大减少企业与园区方的“扯皮”，也使污水排放及固废处置符合了标准。

（五）园区建设“回头望”，交流沟通

21 世纪第一个十年初，我国电镀园区已走过了 10 多年的历程，既有成功的经验，更有失败的教训。“电镀园区要不要建”的问题似乎已解决，但建什么样的园区、如何建还困扰着电镀人，是时候“回头看”了。2011 年，江苏省表面工程行业协会与镇江华科生态电镀科技发展有限公司联手推动并承办了全国首届电镀园区（集中区）建设、运营研讨会，回顾了十来年所走过的路，探讨园区建设下一步的方向。大会收获满满，并决定定期召开园区工作研讨会。研讨会成了园区建设良性发展的助推器。

（六）“准园区”的存在与发展

鉴于电镀园区建设审批的高难度，一种“准园区”的电镀“厂中厂”诞生并顽强地生存了下来。所谓“厂中厂”，即以某个有电镀资质的企业为基地，相关电镀老板

以作为对方车间的形式承租厂房，独立经营生产，统一开票纳税，统一治污，按排污量承担相应费用。“厂中厂”基本参照园区管理，所不同的仅仅是“厂中厂”入驻的“小老板”没有独立法人资质而已，故称“准园区”。江苏省“准园区”的数量远超过正规园区，其中不乏年加工值超亿元的大户，如常州市一地就有“准园区”20 余个。21 世纪初，常州市曾拟通过行政手段改变这一状况而未果。

“准园区”的建设经营管理者多数以“准园区”管理模式为主，但有部分经营者尚有自己的电镀加工业务。

“准园区”在减少电镀的分散污染、提高排污标准方面起到了较好的作用，对电镀加工水平的提高也有一定的促进作用。

六、行业协会工作再上新台阶

江苏是电镀大省，无论是规模还是技术水平，都居于全国前列，江苏电镀（表面工程）行业协会建设也走在前沿。21 世纪 10 年代起，协会工作进入新阶段。

（一）江苏省表面工程行业协会成立

江苏省电镀行业协作组由原江苏省经济委员会授权，由原江苏省机械工业厅于 1986 年牵头成立，成立后 30 年中做了大量工作，对推动行业进步起了很大作用。但由于原隶属行政部门的频繁变更，使协会工作的连续性、自主性受到一定影响，因此业内一直希望成立一级法人组织。于是，2015 年，由南通恒瑞电镀有限公司、南京四方表面技术有限公司、中海油常州涂料化工研究院有限公司、无锡市星亿涂装环保设备有限公司、南通市申海工业技术有限公司及江苏增钬云表面处理有限公司等 6 家企业发起，由原江苏省机械行业协会表面工程分会升格重组的江苏省表面工程行业协会经省民政厅批准成立。

（二）协会管理规范化

为了更好地服务于行业，国家对社会团体的规范化提出了新要求，其中一项就是对社团进行评估和确定等级，以此对应社团相应可以承担的义务。评估对协会的党建工作、从业人员的年龄、资质、内部管理制度、财务收支等都有了相对严格的要求。在江苏省电镀行业协会中，继无锡表面工程协会在 2019 年取得 4A 级资质后，江苏省表面工程行业协会也于 2020 年通过了省级社团组织评估，取得了江苏省民政部门批准的 3A 级资质。

（三）“两服务”工作有了实质性的进展

“为政府服务、为企业服务，当好政府与企业之间的桥梁”，这是江苏省表面工程行业协会的基本工作任务，但长期以来，由于种种原因，“两服务”工作难以深入。随着改革开放的不断深化，行业协会这个第三方逐渐被政府和企业认识，其作用也逐渐被政府和企业认可。行业协会在宣传环保政策和行业政策、加强行业自律、开展技术创新方面的作用日益增强。2017 年起，江苏省表面工程行业协会先后接受省、市、县（区）级有关政府部门及相关企业委托完成评估、咨询等项目达 30 余项（次），充分发挥了行业协会专业性的优势，维护了企业的权益，也弥补了相关部门在专业上的不足。

江苏省机械行业协会表面工程分会于 2015 年 6 月 24 日升格为江苏省表面工程行业协会以来，在政府行政部门及中国表面工程协会的领导和指导下，在表面工程行业各相关单位的大力支持和全体理事及广大会员的共同努力下，做到协会活动与经济建设相结合，在承接政府职能方面发挥了一定作用。2016 年，完成江苏省经济与信息化委员会《江苏省太湖水污染防治条例》，并作为唯一的协办单位，参加了由江苏省环保厅举办的“2016 环保新技术交流会”及展览会工作，得到省环保部门的肯定。2018 年，江苏省工业和信息产业结构调整限制、淘汰和禁止目录里曾将“手工电镀工艺”列入淘汰类，该会根据中国电镀行业现状及发展趋势，提出将“手工电镀工艺”列入目录的限制类，以利于目录指导性政策意见的贯彻落实。省工信厅有关部门采纳了此建议，将原列入淘汰类的“手工电镀工艺”调整为限制类。

南京表面处理行业协会成立于 1998 年底。作为中国表面工程协会电镀分会的常务理事单位，南京表面处理行业协会还是长三角地区表面处理联席会议的发起单位之一，多年来在市政府部门的督促和支持下发挥了政府和企业之间的桥梁作用，也开展了为企业排忧解难、协调企业间的关系及推进南京红山表面处理中心建设等为行业服务的活动，受到各企业的欢迎。

苏州市电镀协会从 1986 年开始协助苏州市经济委员会工艺专业化办公室对全市电镀厂实行发放电镀生产许可证工作。当时由苏州市经济委员会牵头，苏州市环保局、工商局、乡镇局、物资局、劳动局、公安局和中国人民银行苏州分行等有关部门联合组成了电镀工艺专业化调整协调领导小组。并从苏州市电镀协会各副理事长单位抽调技术管理人员组成发放电镀生产许可证工作小组，对全市电镀厂点进行调整、检查、验收和发放电镀生产许可证。从 2006 年开始由行业协会发放苏州市电镀企业达标证。开展电镀企业达标发证活动，是衡量苏州市企业是否具备电镀生产条件的基本条件，也是为苏州电镀行业开展清洁生产审核工作打基础。

（四）为企业提供咨询服务、教育培训

行业协会在汇聚行业专家方面具有天然优势，为行业企业提供技术咨询和教育培训服务可以帮助企业加强自身建设、提升管理水平和员工素质。几十年来，江苏省的行业协会在这方面做了诸多努力。

近年来，江苏省表面工程行业协会积极扩展为会员服务的深度和广度，其中咨询服务工作为多家会员单位提供了很大帮助，为企业解决了安全生产、环保整治等方面遇到的一些难题。例如，2018年10—11月，江苏省表面工程行业协会组织的评审专家小组应扬中市环保局要求对扬中市永新镀业有限公司、扬中市宏飞镀业有限公司、扬中市锦程电镀中心、扬中市胜利电镀有限公司等企业的环保整治方案进行了评定，还就环保整治方面的问题召开企业负责人座谈会，集中收集企业遇到的问题，为他们答疑解难。同时了解了企业的实际情况，也为今后向政府部门建言献策收集了一手资料。

1985年4月2日，东湖塘助剂二厂委托无锡表面工程协会[①]（简称"无锡表协"）研制BE-853镀镍光亮剂。该项目是无锡表协第一个技术咨询项目。2000年7月6—7日，无锡表协举办了表面覆盖层技术培训班，采取函授和面授相结合的方式，培训时间为52小时，有33个企业代表参加了学习，其中28人考试及格，由顾福林副理事长等组成的教师队伍和秘书处在培训中做了大量工作。

苏州市电镀协会经常开展一些有关电镀工艺、环保治理、安全生产、质量管理、测试仪器等方面的技术培训及讲座。其中影响较大有协会于2013年12月13日联合江苏天瑞仪器股份有限公司和中国移动通信集团苏州分公司在苏州南亚宾馆举办的电镀环保免费培训，参加培训的主要是电镀协会的会员单位、电镀厂商和部分设备厂商，共有50多人，培训的教师分别是苏州市环保局污防处副处长王志斌、电镀协会顾问专家孙承根及副秘书长清洁生产审核师王万。

（五）创办行业刊物和信息交流平台

《江苏表面工程》杂志于1986年创刊，最早是由江苏省电镀行业协作组编辑的

---

① 无锡表面工程协会是无锡市从事表面工程（电镀、涂装、热喷涂、防锈、刷镀、转化膜、真空沉积）的企业及相关的设计、科研、教育、设备与原辅材料制造和经营单位自愿组成的全市性团体法人。

行业简报《江苏电镀》，1997 年改版为一年四期的季刊，迄今已有 30 多年的历史，作为行业内刊，长期坚持不懈记录着行业发展的历程和技术工艺的发展，也成为及时宣传、报道党和国家有关方针政策，特别是行业相关法律法规的阵地。杂志是介绍推广省内外新工艺、新技术、新材料、新装备，电镀同行交流经验、切磋技艺的园地，同时也是传播产业链各类产供销动态及技术工艺信息的窗口。到 2019 年底，该刊已编发 150 期，现已发展成江苏省表面处理行业信息共享的重要平台之一。

南京表面处理行业协会在原南京表面处理研究会主办《南京表面处理通讯》的基础上，同研究会合办了新的《南京表面处理通讯》。该刊先后两次改版，更名后的《南京表面处理》已办成了有一定地方影响力和技术水平的综合性内部刊物。

1986 年 2 月 20 日，由苏州市电镀协会秘书组编辑的《苏州市电镀协会通讯》正式出刊，它为会员单位提供了一块信息交流的园地。作为电镀行业内部发行的刊物，其办刊的宗旨是：为会员服务，为行业服务，开展信息交流和技术交流，提供电镀行业资讯和交流沟通平台，发挥桥梁和纽带作用。

《无锡表面工程通讯》是无锡表协主办的专业杂志，它不仅为无锡市电镀与涂装企业的生产经营服务，还与全国电镀、涂装协会和企业有良好的交流和协作。2003 年 5 月 1 日改版为《无锡电镀与涂装》彩色季刊。1984—2015 年出版了 100 期，刊登各类文章 1 500 余篇，累计 300 多万字。该期刊在宣传国家政策法规与环保、清洁生产、交流市场和技术信息、推介企业产品和四新成果、交流协会工作等方面起到了积极的作用。

（六）积极促进交流合作

2011 年 6 月 11—12 日，首届全国电镀园区（集中区）建设、交流运营研讨会在江苏镇江召开，此次研讨会是由江苏省机械工业联合会表面工程分会与镇江华科环保电镀专业区联合发起并承办、由中国表面工程协会①电镀分会与中国表面工程协会清洁生产指导委员会共同主办的。来自全国各地电镀园区、行业协会、相关企业及科研单位代表 300 余人到会，原机械部老部长沈烈初、中国表面工程协会会长黄小鸥、中国环保产业协会副会长祝兴祥、镇江市政府副秘书长桂祁亮等出席。

① 中国表面工程协会是从事表面处理工程的企业及相关的设计、科研、教学、设备与原辅材料制造和经营等有关的单位自愿结成的行业性全国非营利性社会组织。

来自苏、粤、渝、浙，闽及新加坡等地代表发表了 5 篇特邀报告及 5 份技术交流。最后，会议围绕园区建设运营、废水处理及政府、协会和其他社会组织提供支持与服务等方面达成了 6 项共识。该次会议成功地为后续该活动成为持续交流平台打下了基础。

同期，福建省表面工程行业协会以会长陈贞坤为团长组团来苏拜访，客人们参加了首届电镀园区研讨会、参观了南京宁联表面处理有限公司及南京紫金电子集团表面处理有限公司。江苏省机械工业联合会表面工程分会、南京表面处理行业协会的领导袁华、李玉文、余波、桑保华、许建伟等与福建客人进行了交流联谊活动。

南京表面处理行业协会也十分重视同行间的交流和合作，目前已同全国 20 多个兄弟城市协会建立了经常性的联系，进行城市间的互访和出国（出境）交流，帮助企业开阔视野，为吸取国内外先进技术和管理模式起到了至关重要的作用。2001 年 9 月在上海召开的由 11 个城市的行业代表参加的"两省一市联席会议"上，南京表面处理行业协会承办了以"电镀清洁生产"为主题的江浙沪两省一市首届城市技术交流会，这在当时引起了很大反响，交流会取得了很大成功。

第三节　江苏电镀园区的发展

当前，以产业园区为主要载体的产业集聚发展已经成为世界范围内产业发展的基本趋势。随着经济发展，中国各行业的园区建设取得了长足的发展，各地积极创建了一批国家级和地方产业园区，包括各种形式的工业集聚区、高新技术区、科技设计园区、循环经济区等，这些园区已成为中国现代制造业集约发展的重要载体，是统筹经济发展、资源节约和环境保护三者关系的有效途径，也成为了一些地区经济发展的支撑力量。积极推进工业园区健康发展，有利于提升制造业核心竞争力，加快转变经济发展方式；有利于集约使用土地资源，集中进行环境治理；有利于推动工业化、信息化和城镇化协调发展，对于加快走中国特色新型工业化道路具有十分重要的意义。

面对环境污染日趋严重的严峻状况，各级政府和各行各业都在寻求合理、有效的发展模式，以从根本上解决环境问题。电镀行业作为污染重、物耗能耗大的重点行业，面临着巨大的挑战。据不完全统计，全国现有各类电镀园区（集中区）超过

200 家，占地面积从数百亩到 2 000 亩不等，其中 70%集中在广东、江苏、浙江等经济发达地区。

江苏省是中国电镀行业起步最早、最发达的省份之一。经过 20 多年的探索努力，全省已建成镀种齐全、工艺领先、功能完备、产业链完整的工业体系，专业园区(集中区)数量近 20 个。

一、电镀园区建设的背景

近年来，经济园区化、园区产业化、产业集群化和产业小镇成为经济发展的新趋势，中国各行各业的园区建设均取得了长足的进展，包括各种形式的高新技术区、科技示范园、循环经济区等。与此同时，电镀园区建设得到了迅速发展，成为中国现代制造业发展的重要一环。

(一) 电镀园区的概念

由于电镀企业的快速发展，其规模较小、工艺落后、布局分散所带来的环境污染逐步引起了政府和社会的关注。由此，部分有识之士提出了建设“统一规划、集中治污”的电镀园区这一设想。

所谓的电镀园区，就是按照一定要求，遵守统一规划、统一设计、统一建设、分类排污、集中治理、集中管理的建设原则，符合要求或有条件改造而达到要求的电镀厂点可以迁入其中的工业园区。

(二) 建立电镀园区的目标

从污染控制和企业经营方面来讲，电镀生产的集中化、园区化是解决中国电镀行业的必由之路。一般建立电镀园区有 3 个目标。

第一，通过高标准的污染处理硬件、严格规范的管理及环保部门的全程监测，从根本上杜绝不良经营者偷排污水的可能，确保污水达标排放，从而改变区域内电镀企业对环境的污染。电镀企业集中，废水专业化治理，给传统行业赋予了无污染的新概念，是遏制污染企业偷排、暗排、超标排污的有效手段，有利于实施清洁生产、节能减排，有利于发展循环经济，实现可持续发展。

第二，通过设置一定的入园条件，引导或强制部分企业进行一次“脱胎换骨”的技术升级改造，贯彻清洁生产理念，在降耗减排的同时，加强企业生产的集约度，提高企业的综合竞争力。

第三，在原有电镀企业减排而排污总量允许的情况下，可作为对有电镀加工工序要求的大企业的引资条件，接纳特定的电镀生产。

同时，电镀企业集中还有利于提高企业管理水平，提升产品品质。园区通过企业集聚效应，可以吸引海内外电镀行业先进的技术和优秀人才。目前，很多园区充分利用园区的规模大，产值、产量高的优势开展国际技术交流、商务交流，提高总体技术水平，形成新型电镀行业基地，从而带动相关产业的产品升级换代，使电镀企业的发展实现了新的飞跃。

（三）电镀园区的模式

电镀园区的模式主要有 3 种：一是由政府引导，就地改造。这类园区是在政府监管下，以某个大企业的电镀车间就地扩建形成，污水集中处理，即所谓的电镀集中区，如温州后京园区等。二是由政府、企业联合建设。这类园区一般是污水处理等基础设施建设、企业管理由政府投资和主导，厂房由企业或第三方建设，如无锡杨市园区、苏州黄桥园区、广东高平电镀集中区、安徽芜湖园区等。三是专业投资单位建设营运。这类园区是在政府的统一规划下，由第三方全面负责园区的建设、营运和管理，如江苏镇江华科电镀专业区、广东崖门电镀基地等。

在政府对电镀企业集中管理的大力支持下，越来越多电镀企业已搬进电镀园区。据东方财富网报道，电镀园区预计到 2023 年将达到 161 个。

二、江苏电镀园区的起步

（一）江苏电镀园区的兴建

2002 年 8 月 26 日，无锡市惠山区人民政府批复同意杨市镇政府建立表面技术中心工业园的报告，并向江苏省环保厅申报成立无锡金属表面处理科技工业园。杨市镇政府委托环保部南京环境科学研究所进行的该项目的环境影响评价工作于当年 12 月完成并形成报告书。项目于 2003 年启动建设，这是中国最早建设的、当时最大的一个电镀园区，也是江苏省首家专门针对电镀行业特点规划布局、以表面处理及相关产业为重点的专业园区。其目的一是利于环保，将电镀企业从点源处理向集中处理转型，实行电镀废水、废气达标排放，实现电镀产业健康可持续发展；二是通过建立园区，引进日本、我国台湾地区等电镀企业，提升电镀产业层次，实现产业升级换代，拓宽发展空间；三是形成自身特色，实现差别化竞争力，吸引相关产业外资企业落户。

该园区规划面积 700 亩，首期启动建设 300 亩，在统一规划、分步实施、政府组织、市场运作的思路下进行。园区企业镀种齐全、工艺装备先进，主要面向半导体电子接插件、车辆五金、灯饰、塑料件等高端产品的表面处理，并于 2013 年起向相关的电子产品制造、精密冲压、注塑成型、电镀材料生产、电镀设备制造与技术研发等上下游产业延伸，在国内外行业内形成了较高的知名度和影响力。2013 年，无锡表面处理园区实现加工销售收入 15.02 亿元，财政收入 1.18 亿元。在长三角地区现代制造业发展中，无锡表面处理园区产业配套功能不可或缺，而在全国各地电镀园区建设中，无锡表面处理园区的示范榜样作用也日益显现。

吴江市（现为苏州市吴江区）为了创建全国模范城市，于 2003 年开始筹建电镀工业区，将市内分散在各镇的几家电镀企业全部集中在同里邱舍开发区。2007 年，8 家电镀企业全部入住邱舍电镀区，并全部实行无氰电镀、三废集中管理。

按照苏州市政府对姑苏区工业布局调整的精神，姑苏区的电镀厂（点）在 2005 年以前全部迁出古城区进入苏州工业园区和苏州高新区等地区，由于苏州工业园区和苏州高新区均为国家首批国家级生态工业园区，且苏州高新区还拥有 25 公里长的太湖沿岸线，为更好保护好作为区域饮用水唯一来源的太湖水、真正实现循环经济，迁出姑苏区进入园区、高新区的电镀厂（点）以清洁生产为抓手，加大节能减排技术改造的力度，从源头减少“三废”的产生，实现电镀企业的可持续发展。

苏州最早创办的是昆山经济技术开发区，苏州工业园区是中国和新加坡两国政府间重要的合作项目，苏州高新技术产业开发区是中国首批向 APEC 成员开放的亚太科技工业园和国内首家（批）ISO 14000 国家示范区、高新技术产品出口基地、国家生态工业示范园区，所有经济技术开发区均成为科技成果的转化产业示范区和电子信息、精密机械、汽车、光电、软件等产业基地，这也为电镀企业共用“三废”处理设施、统筹污水处理、中水回用、固体废物处理等提供了有利的条件。加上开发区提供的一系列投资的优惠政策和周到的服务，吸引了较多电镀企业落户。这些企业有从事电镀、涂装等表面处理加工业务，也有从事电镀添加剂、废水处理剂等原辅材料生产业务的企业，还有为电镀企业提供公共“三废”治理设备、检测仪器的企业。台资、外资电镀企业的涌入，为苏州电镀企业提供了在家门口了解和学习先进电镀工艺、设备和新材料的机会，推动了苏州电镀行业的发展。

进入 21 世纪，镇江地区的注册电镀企业达到 100 多家，企业内配电镀车间达到 100 多户。而随着国家环保要求日趋严格，镇江地区开始筹建和规划电镀园区。

2007年，由港资镇江华科生态电镀科技发展有限公司投资的镇江环保电镀专业区开始建设。该区占地面积达273亩，目前已有47家专业电镀企业入驻，其中外资企业8家，多数企业具有较高的装备水平、技术水平和管理水平，配套服务于通用汽车、大众汽车、三星手机、夏普电器、博世工具等。入园企业中，70%为镇江市企业，主要服务本地区的特色或者新兴产业，例如，IT接插件、眼镜、航空等。

（二）首届全国电镀园区（集中区）建设、运营交流研讨会

21世纪初，随着相关制造产业的迅速发展，电镀行业获得了良好的市场前景和发展机遇，已经发展壮大为一个具有广泛产业关联度和先进技术集成度的重要行业。随着资源环境约束的强化和产业的优化升级，中国电镀行业已经进入了“节能环保，行业整合”的阶段，全国各地区的电镀园区（集中区）建设热度不减，除了西藏、海南等少数地区，其他省份都有为数不少的电镀集中区，而与园区建设配套的法律法规与技术标准并未完善，给园区建设和实际运营带来很多隐患，也给监管带来难度。因此，迫切需要开展已建、在建和拟建电镀园区（集中区）的经验交流，也迫切需要有关部门的政策指导和正确引导。

正是在这样的背景下，在江苏省机械工业联合会表面工程分会的积极推动下，首届全国电镀园区（集中区）建设、运营交流研讨会于2011年6月11日在南京镇江碧榆园宾馆隆重召开。会议由中国表面工程协会电镀分会及中国表面工程协会清洁生产指导工作委员会主办，江苏省机械工业联合会表面工程分会和镇江华科环保电镀专业区承办。中国表面工程协会黄小欧理事长，原机械工业部沈烈初副部长，中国环保产业协会祝兴祥副会长，江苏省机械工业联合会解缙秘书长，江苏省环保产业协会副会长黄友璋，镇江市副市长、新区党工委书记李平，江苏省机械工业联合会，全国电镀行业园区代表、协会代表及企业代表约300余人参加了会议（图1-3）。

中国表面工程协会电镀分会马捷秘书长代表中国表面工程协会电镀分会向莅会的领导和参会的全体代表表示欢迎并主持了会议。中国表面工程协会黄小欧理事长、江苏省机械工业联合会表面工程分会袁华会长、原机械工业部沈烈初副部长、中国环保产业协会祝兴祥副会长、江苏省机械工业联合会解缙秘书长、镇江市副市长、新区工委书记李小平先后在会上致辞。马捷秘书长、江苏镇江华科环保电镀专业区王文慧总经理、广东省新财富控股有限公司朱英杰执行董事、新加坡电镀协会副会长方书农博士分别就电镀园区发展方面做了主题报告。会上，与会代表

图 1-3　第一次园区研讨会期间省环保厅黄友璋副厅长等考察华科公司

就园区发展工作提出问题和进行共同探讨。

本次活动是在顺应全国重金属污染防治工作大形势下开展的，马捷秘书长在报告中指出，在即将出台的《重金属污染综合防治“十二五”规划》中明确提出的电镀行业重金属污染防治措施中，表面处理与热处理加工业推行园区管理、集中治污；广东珠三角地区的电镀行业实行统一规划、统一定点基地建设，推进电镀行业入园管理、集中治污工作了……在电镀园区建设步入高潮之际，提出并承办此次研讨会共同讨论园区建设运营的各种问题，十分有益。沈烈初部长认为“本次会议很必要、很及时、很成功，是电镀行业的一件大事，是一次盛会，你们办了一件好事”。与会代表一致同意将此次会议作为开端，使园区工作研讨会成为一个交流园区工作经验、指导园区建设运营的平台。在广东崖门园区召开了二届会议。

三、江苏电镀园区发展现状

我国在 20 世纪末就已经开始了电镀园区的探索和实践，江苏省的南京、无锡、苏州等地是较早开始电镀园区建设的。自 2003 年无锡杨市金属表面处理园区建设开始，经过近 20 年的探索努力，江苏全省已建成镀种齐全、工艺领先、功能完备、产业链完整的工业体系，专业园区（集中区）数量近20个，其中苏南有南京红山、镇江华科、丹阳埤城、无锡杨市，苏中地区有靖江华晟、仪征润菱、如皋园区、海安润泽和如东园区，苏北有盐城大丰、建湖盐海、宿迁龙悦等电镀园区。各电镀园区占地面积从几十亩到五百亩不等，大多在百亩以上；废水处理量在800～10 000吨/天；入驻企业少则十几家，多则四五十家，还有的正在招商中；约有75%的园区处于在产状态。

从园区布局看，约75%的园区集中在苏南及苏中；从规划建设看，新建园区起点都较高，江南江北差异并不明显，但部分老园区面临着改造升级任务；从工艺装备看，苏南地区生产线自动化、环保技术先进程度较高，苏中与苏北地区略低。但随着环保新政实施，环太湖流域环境整治的贯彻落实，苏南地区的产业转移和淘汰落后产能及当地新兴产业的快速发展，苏中与苏北电镀园区（集中区）建设及行业发展获得了良好契机。

（一）多体制多运营模式并存

企业资本多元化造就了经营体制和运营模式的多样化，多体制多运营模式并存将是现在和未来发展的趋势。多种不同运营模式共存的局面是电镀行业发展势头良好、广受重视的结果，这也将促使未来电镀行业在这种态势下持续实现全面发展。从江苏省电镀园区的情况来看，有国有、民营、地方政府投资和港资等模式。相比单一体制，多体制多运营模式更能符合不同地区、不同企业的个性化需求，可以优势互补、扬长避短。

（二）智能化、一体化管理

电镀园区建设，是通过合理的规划与选址，集中建设基础设施，例如厂房、供电、供水、供汽等，资源共享，系统集成，使电镀企业的“三废”统一处理、统一检测、统一排放。园区设立规范的入园程序与标准，将本地符合条件的企业迁入园内，消灭分散的污染源，同时，还可以筑巢引凤，吸引外来投资和先进技术。

发挥集中的区域优势和集约优势，园区企业实现工艺、装备、材料、环保一体化运作，达到各方面配套整体运营是一种又快又好的发展方向。同时，随着信息技术的发展，人工智能、云计算等逐渐渗透入各行各业的运营，电镀园区正在从传统的工业园区向新型园区过渡，呈现从低级向高级、由单一向综合发展的趋势。

（三）绿色可持续化发展

电镀园区是随着区域经济的高速发展及国家对清洁化生产越来越高的要求应运而生的，结合城市的改造和新城的规划，电镀行业的集成度不断提高。建成大型园区可以根据电镀行业的内在规律和客观条件，按照产业链的上下游关系，优化配置资源，集约化布局，突出功能和特色。

（四）科技创新不断深入

科技兴园，创新发展是园区发展的不竭动力。在电镀园区建设和发展中，同样离不开科学探索与研究创新。很多园区都引入或建设了专门的环境监测企业/部门、污水处理企业，未来还将建立电镀技术研究部门和交流机制，开放格局，着眼区域经济发展，帮助园区和各企业实现集中处理、统一管理、共同进步。

电镀园区的建设不是一蹴而就，建成后也不是一劳永逸，如果缺乏统筹协调，缺乏有效监管，园区就可能会出现偷排和超标排放现象，甚至可能造成集中污染。只有建设可持续发展的电镀园区，才是电镀行业由大变强的途径。园区作为承接产业转移、加速产业集聚、培育产业集群的重要载体和平台，未来一定能发挥更大的作用，电镀园区在整合发展的过程中，借助各方优势，继续向着科学化、智慧化、可持续化的方向发展，增强自身建设和科技进步的同时，必将推动中国制造业水平不断创新、不断提高，最终在增强中国综合实力的道路上留下浓墨重彩的一笔。

四、江苏主要电镀园区介绍

（一）南京红山表面处理中心

南京红山表面处理中心位于长江北岸，在南京化学工业园、南京红山精细化工园内，经南京二桥高速—宁通高速瓜埠出口向南 3 千米就可到达园区，园区距南京市中心 30 千米，通过雍六高速公路可与全国高速公路网络连接，南京市的航空业、高速铁路发展快速，交通十分便利。

南京红山表面处理中心建设项目，是根据南京市政府发布的《市政府关于落实科学发展观加快工业产业发展的指导意见》（宁政发[2004]153 号）文件提出的“要筹建市电镀企业集中区，加快电镀企业向电镀集中区搬迁”的设想组建起来的大型工业建设项目，也是打造和提升南京市先进制造业基地必不可少的建设项目。项目规划占地 500 亩，总投资 15 亿元，新建标准厂房及辅助用房 56 幢，建筑面积 22 万平方米，建设电镀废水处理厂一座，危化品仓库一座，引进电镀企业 200 余家。

南京红山表面处理中心建设项目从调研、选址、立项到开工建设都受到南京市经信委、六合区人民政府各职能部门及南京表面处理行业协会的大力支持与强力推进。第一期标准电镀厂房已全面竣工，6根架空污水管道安装完成，并与电镀废水处理厂直接连接，日处理电镀废水2 000吨处理厂建设完成，已具备接收电镀废水处理的能力，危化品仓库完成报建设计，正在建设当中。项目已初具规模，现已完全具备电镀企业搬迁、转移、入园的条件，项目的建成有助于南京市建设先进制造业基地的提升与发展。

1. 政府强力推进

2004年南京市人民政府(宁政发[2004]153号)文件提出“筹建市电镀集中区，加快电镀企业向电镀集中区搬迁”的构想。

2007年8月，南京市表面处理行业协会对项目的规划、选址等进行可行性论证，项目获得通过。

2008年3月，项目在六合区发展和改革局进行企业投资备案工作。

2008年5月，项目土建开工。

2009年7月，项目获得南京市安监局生产项目安全评价报告备案。

2010年7月，项目《环境影响评价报告》编制完成，由南京市环保局在政府网站上进行了批前公示。

项目的国有工业用地指标已经落实到位。电镀企业签约入园即可办理立项、工商注册、税务登记、国有工业用地土地使用证、工业厂房房屋产权证及产品生产许可证等行政审批事项。

2. 电镀废水零排放

南京表面处理中心项目的电镀废水处理厂，是由南京源泉环保科技股份有限公司投资兴建和技术管理运营。电镀废水处理厂占地40亩，现已建设完成日处理电镀废水2 000吨处理池一座，仪器仪表设备主控制室一间，管理办公楼一座，具备接收电镀废水处理的能力，还预留有后续二期废水池的建设用地。

南京表面处理中心建设项目采用南京源泉环保科技股份有限公司自主研发的电镀废水零排放在线循环系统，解决了电镀废水的处理难题，提升了项目的科技优势，实现了节能减排、清洁生产的目的。

3. 配套危化品仓库

南京表面处理中心建设项目作为大型电镀企业集中区，建成以后电镀用危化品原材料用量将会很大。为了便于入园企业采购、使用和管理危化品材料，项目内配套危化品仓库一座，零距离地为入园企业服务。

危化品仓库占地22亩，建有甲类仓库1 000平方米、乙类仓库2 000平方米，并配有办公管理用房。危化品仓库由江苏省化建贸易有限公司投资兴建和管理运营。该公司是华东地区经营无机化工、有机化工、剧毒化学品的知名企业，是集销售、代理、仓储、运输、配送于一体的省级流通企业。危化品仓库为入园的电镀企业提供了品质齐全、优质规范的保障服务，也提升了园区的整体形象。

4. 厂房的建筑质量与规格

已经建成完工的第一期标准厂房全部是钢筋混凝土框架结构、混凝土屋面，厂房高6米，厂房两端为办公楼，楼高10米。根据厂房长度不同，分别建成D型、E型、F型3种规格厂房，供商家选择。

5. 职工生活配套

南京表面处理中心建设项目完全建成以后，总入园的电镀企业可达200家，可供近万名企业员工入园工作、学习和生活。为了保障和满足入园企业、专业技术人员和其他员工的工作和生活需要，解决他们的生活住宿配套、商业购物配套、出行公交配套等问题，园内规划建有完善的企业职工宿舍区、商业休闲服务区，以及宾馆、会所等商务活动场所。

6. 入园企业条件

南京表面处理中心是南京市第一个电镀园区，以高标准进行建设使这个园区最终建成为一个镀种齐全、结构合理、技术领先、设备先进、质量一流及企业总量适度的工业集中区，成为集科研、培训、商务、信息、物流为一体，在节约资源、降低能耗、污染治理方面均取得明显成效的可持续发展的表面处理加工基地。入园企业必须严格遵守或执行《中华人民共和国清洁生产促进法》《电镀污染物排放标准》(GB 21900—2008)等法律法规及标准。

入园企业要充分利用入园这一推动和实施清洁生产的绝好时机，采用、改造或升级清洁生产工艺，做好前期工作，对原材料使用、资源消耗、资源综合利用以及污染物产生与处置等进行分析论证，优先采用资源利用率高、污染物产生量少的清洁生产技术、工艺和设备。

入园企业涉及的含氰电镀镀种中，含氰镀锌必须被无条件淘汰。在目前国内外尚无成熟工艺的前提下，允许保留含氰镀金、镀银及含氰预镀铜工艺。一旦国内外有成熟的相关无氰替代工艺，则入园企业必须无条件替代含氰电镀工艺。

（二）无锡金属表面处理科技工业园区

无锡金属表面处理科技工业园区(简称“无锡表面处理园区”)位于无锡市惠山区洛社镇杨市地区，于2003年经江苏省环保厅批准设立，是江苏省首家专门针对电镀行业特点规划布局、以表面处理及相关产业为重点的专业园区。园区总占地面积1 200亩，首期用地500亩。2015年，入园企业33家，其中外资企业19家，世界500强投资企业1家。园区废水排放执行最严格的GB 21900—2008排放标准，园区镀种齐全、工艺装备先进，主要面向半导体电子接插件、车辆五金、灯饰、塑料件等高端产品的表面处理，并于2013年起向相关的电子产品制造、精密冲压、注塑成型、电镀材料生产、电镀设备制造与技术研发等上下游产业延伸，在国内外行业内有较高的知名度和影响力。2013年无锡表面处理园区实现加工销售收入15.02亿元，财政收入1.18亿元。在长三角地区现代制造业发展中，无锡表面处理园区产业配套功能不可或缺，而在全国各地电镀园区建设中，无锡表面处理园区的榜样示范作用也日益显现。

1. 三个发展阶段

无锡表面处理园区是全国较早规划建设的电镀专业园区之一。建园的起因，是惠山区政府率先从2002年起开展了电镀行业的专项整治，而原杨市镇(2004年并入洛社镇)当时分散的电镀企业和加工作业点有160多家，为了解决分散的电镀企业规模小、层次低、污染源点多、难以管理等诸多问题，原杨市镇人民政府提出规划建设表面处理园区，通过集中归并、集中治污、集中管理，整体提升表面处理行业水平。经过专家规划论证，逐级上报区、市、省环保部门批准，2003年3月，无锡表面处理园区在各界关注中正式启动建设，成为全省第一家由政府设立的以表面处理和相关企业为重点的主题园区。

然而，无锡表面处理园区虽然在前期规划布局、治污控污等方面结合电镀特点进行了多次研究论证，并在总体上按照污水分质排放、污水集中处理、集中供热、集中抛光、集中退镀、危化品集中配供等思路，采取了许多针对性的环保措施，但在当时的政策和技术背景，以及缺少成功经验参照和一些未预见的情况下，园区早期在基础设施建设、污染总量控制、环境管理方面存在的不足随着企业规模的扩大开始逐步暴露。在各级政府、环保部门和社会各界关心支持下，园区包括所有入驻企业在软硬件建设、工艺技术方面一直在不断总结、不断改进、不断完善，投入了大量精力和资金，逐步走上了一条适合区域实际、可持续发展的道路。回顾无锡表面处理园区三个阶段的发展历程，可以用“摸爬滚打”来形容。

(1) 起步阶段(2003 年前后)

这一阶段是园区基础性的阶段,也是最重要和具决定性的阶段。

在这一阶段中,首先确立了园区的发展定位,提出了“四个不搞”:不搞大众化的园区、不搞低水平重复、不搞为了电镀而建园、不搞短期行为。

其次,针对表面处理行业特点及治污、控污各项要求,园区确立了“政府主办、统一规划、市场运作、严格审批、集中服务”的建办原则。

然后,确定了园区的治污控污方案,分质排放、集中处理,采用了当时比较先进的CHA 生化法处理新工艺,统一了企业接管标准,每个企业只设一个进水口和一个排放口,并实行上水(进水口)计量。同时规定企业车间内部生产线、管线设置必须严格按照环评铺设,按规定安装废气处理设施,并统一由园区物业部门监管运行。

最后,企业设备安装调试、试生产都必须按程序办理相关手续。

(2) 快速发展阶段(2004—2006)

这一阶段,园区建设快速推进,招商引资不断突破,园区规模不断扩大,产出快速增长。

专业厂房和基础配套建设快速推进,采取了“四个同步”:规划与审批同步;征地与拆迁同步;基础设施与配套工程建设同步;统一建设标准厂房与自建标准厂房同步。

海内外招商连续突破。由于园区的唯一性及长三角地区广阔的制造业市场,来自中国、美国及日本的一批工艺装备先进的新型表面处理企业先后入园,其中神户制钢、富士电子两个世界 500 强企业投资项目的入园,使园区成为地方政府招商引资的一大亮点。

但由于软硬件没有及时跟上,环保问题也逐步暴露。

水、电、热等生产要素的保障矛盾开始显现,园区地处无锡与常州交界边缘,受当时国情及地域条件的限制,水、电的供应时常受到季节、工程建设、上游突发事件的影响。

供电方面,夏季、冬季用电高峰时供电部门采取限电措施,因园区本身的工程建设及上游线路检修停电也较多,且停电的计划性不强,需要停电时通知的提前时间较短。

供水方面,园区处于供水管网末端,水压经常不足,而且同样经常遇到上游工程建设或水管爆裂等问题需要停水。

供热方面,自备的供热中心供汽的可靠性和供热成本无法与热电厂商业蒸汽相提并论。

随着各类表面处理企业集中入园，园区的环境压力不断提高，废水排放总量不断上升、废水成分复杂，而污水厂中心二期工程未能及时启动，特别是部分本地搬迁入园企业环保认识和管理水平低，废水混排、超接管标准排放行为多发，使污水处理长期处于超负荷、不健康运行状态。与此同时，电镀项目环保审批要求和污水排放标准不断提高，在核定排放总量用罄、企业管理问题多、污水处理能力不足的情况下，园区环保问题成为各级政府和社会各界高度关注的焦点。

(3) 完善提高阶段(2006—2014)

这一阶段园区及相关方面科学全面地审视前两阶段园区的成功和不足，围绕"政府要达标、园区要发展、企业要盈利、百姓要健康"，一手抓发展一手抓整治，动真碰硬、与时俱进、加大投入、系统推进。

深入分析环保存在问题的根源：对各企业镀种和工艺的复杂性，企业生产的波动性、个别企业恶意排放的随意性，雨污管网、污水处理设施的局限性，以及园区自身管理的不足等方面进行了深入排查，并及时提高了入园门槛，停止了纯电镀新项目的引进。

不断建立和完善园区各项规章制度：按照ISO 14001标准要求，建立健全园区环境管理体系，形成文件化、程序化、制度化的管理规范，做到有效推行并持续改进。

不断提高生产要素的保障能力和污水处理能力：实行双回路供电、双回路供水，接通邻近热电厂商业蒸汽，先后实施污水处理中心提标改造和化学需氧量(COD)、氮、磷的深度处理，以及雨污总管网改建和重金属废水应急处理四大工程，基本实现了废水稳定按新标准排放，保障了企业正常生产。

持续开展企业环保整治：全面推进企业强制清洁生产审核，清理整顿挂靠企业和违规生产线，淘汰手工生产线，强化企业污水接管标准、分质排放、流量控制和水质监测，实现了园区废水排放无氰化。

努力拓展园区发展空间：围绕节能减排，通过政产学研合作，开展循环经济科技示范建设，建立企业各具特点的槽边回用系统，平均中水回用率达到50%以上，最高的超过80%，主要贵金属(金、银)、镍、铬等资源化率提高20%。企业经营权和废水排放指标的有偿交易转让机制，为后续优质入园企业腾出了发展空间。

2. 发展策略

在无锡表面处理园区建园以来的10多年里，园区从无到有、从小到大、从不完善到完善。园区上下在监管与被监管的碰撞中，理念不断升华、认识不断提高、关系不断磨合，实现了对环保整治被动消极应付到主动积极改造的根本转变，不仅经受了太湖水危机后的环保严管和历次环保检查考验，经济效益、社会效益、园区和企业形象等方面也得到了很大提升。同时，无锡表面处理园区在园区规划建设、招商引资、管理服务及科技创新等方面的成功探索和丰富经验的积累，以及管理机制的日趋规范完善，为国内各地表面处理行业的科学发展提供了很有价值的参考。在全国表面处理行业综合整治中，无锡表面处理园区的示范样板作用正不断加强。园区管委会和入园企业深知，在区域经济、社会发展中，无锡表面处理园区目前的产业配套功能和行业影响力不可或缺也不可替代，但身处对环境高度敏感、执行排放标准最严格的太湖流域，园区要持续生存发展，不断加强和改进园区环境管理，必须围绕工艺装备创新升级和产业链的延伸，不断提高发展水平，确保未来继续领先和不断突破。

（1）围绕区域经济发展战略，不断优化发展思路和产品结构

根据国内外表面处理加工市场需求结构出现的明显变化，重点以配套服务无锡及长三角高科技重点新兴产业作为着力点，在巩固提升汽车、家电等传统制造业配套服务的基础上，积极发展高端装备制造、物联网、新能源、新材料等新兴高科技产业的表面处理配套加工，推进产业高新化、基地化、集群化发展。在符合政策法规及污染物总量控制、达标排放的前提下，持续清理和淘汰市场不对路、技术装备差、效益低下的企业，腾出空间和资源确保优质项目发展。2014 年，园区在汽车喷油嘴、汽车塑料模具、智能洁具制造、电镀技术研发产业链项目引进上取得了重大突破。

（2）围绕市场争先占优，不断提高园区核心竞争力

无锡表面处理园区不仅要做国内表面处理行业的标杆，还要争取做国际先进表面处理工艺、设备和标准的引领者、主导者；要发挥园区企业对市场动态反应的敏捷性和投入机制的灵活性，加强与国家表面工程协会和有关专业院所的合作，在表面处理新工艺、新材料、新装备，包括环保替代技术的研发和应用上，加大投入并取得突破；同时加强表面处理专业人才的培养、引进、储备，在专利申报、自有知识产权保护、标准化论证等方面争先抢优。

（3）坚持环境优先理念，不断提升园区生态环保水平

巩固前期园区环保整治成果，紧紧围绕国家出台的一系列环保新法规、新要求，进一步完善园区环境管理体系，更加科学有针对性地推进园区和企业的技术改造；深入推进生产线上槽边回用和园区中水回用工程，通过强化日常环境监测、污水处理阶梯收费、环境资源有偿使用等，进一步促进企业升级工艺装备，提高资源的利用率，减少排放总量，在 3～5 年内实现排污量再削减 50%；针对化学镍等一些

特殊镀种，优化污水处理工艺，提高污水处理的调蓄能力，确保各项指标的稳定达标排放；按照生态产业园的理念，实施园区景观提升工程和生态修复工程，利用企业标准厂房丰富的屋顶资源，加快分布式屋顶光伏电站项目的实施，大幅降低园区对石化能源的依赖和消耗，减少 PM2.5 的排放，使园区成为真正意义上的生态型示范园区。

3. 发展方向

园区曾委托专业单位编制了《循环经济规划》《产业集群规划》《生态园区建设规划》《重金属污染防治规划》等系列规划，对未来园区循环经济、产业发展、生态建设等提出了一系列调控目标和针对性措施，并开展了很多有效的尝试。这些为园区在新的形势和起点下进行升级打下了良好的基础。然而，区域竞争前有标兵，后有追兵，中间还有"空降兵"，在新一轮发展中，无锡表面处理园区正以更高的眼界、更广的思路、更宽的胸怀、更实的举措，在巩固提升现有行业领域发展水平的同时，在一些新的领域抢抓机遇、创造机遇，以打造"升级版"的园区。

(1) 进一步提升功能服务

要利用表面园区的规模优势和行业关联广的优势，推进物流配供、产品检测鉴定、环境监测服务、固废安全处置等专业化、集约化服务体系建设，并取得相应的资质许可，增强园区的行业功能，提升园区的层次；要大力推进电子商务平台建设，借电子商务革新营运模式，把商流、物流、信息流、技术流、资金流汇集起来，拓展商机、赢得市场。

(2) 积极拓展新的发展渠道

利用园区的品牌地位和内在价值，针对当前国内各省市开展电镀行业综合整治需要，以及发展中国家制造业配套需要，建立表面处理行业协会或组建股份合作公司，将表面处理企业组织起来，集聚人力、财力和物力，搭建国际表面处理工艺综合解决方案平台和服务型制造中心，开展园区规划、建设、投资、管理、污水处理、企业生产设备设计加工制造、安装调试、工艺技术、原辅材料配套总包及售后一条龙服务，并与企业内部生产管理、安全管理、标准化论证、职工培训等服务有机整合起来，从单纯的产品加工配套赚取加工费向更多地提供技术服务获得可观的经济收入转变，走服务型表面处理行业道路。

(3) 不断丰富特色内涵

要积极参与或组织区域性行业论坛组织，通过学术交流、专题研讨、举办讲座等形式，加强与国内外表面处理行业协会、企业、科研院所、专业机构、服务配套企业等的联系交流，在政府有关政策、标准制定、行业管理等方面提高园区话语权；进一步提升园区景观风貌，筹建生态表面公园，通过挖掘电镀的历史文化，展示先进电镀技术，建立区域环保教育实践基地，让社会各界认识电镀对制造业的重要性、必要性，了解现代电镀的环保状况和发展方向，进而支持园区的发展，为表面处理企业营造更好的发展环境；以无锡苏南现代化示范区建设为契机，创建华东先进制造业精细表面处理配套基地和国家级表面处理生态示范园区，进一步提升园区发展平台。

作为国内成立的首批电镀园区之一，在没有任何经验可以借鉴的情况下，园区通过不断探索和实践，走出了一条有自己特色的可持续发展道路。目前，园区不论在工艺装备技术水平还是在环境污染治理技术方面都位于国内先进行列。每年来园区进行生态环保考察和学习交流的人员超过 1 000 人次，在环境保护方面对外具有良好宣传教育作用和示范引领作用。

（三）镇江环保电镀专业区（镇江华科生态电镀科技发展有限公司）

镇江华科生态电镀科技发展有限公司成立于 2007 年 9 月，是香港主板上市企业新宇环保集团有限公司旗下的全资子公司之一。公司投资 5 090 万美元建设了镇江环保电镀专业区（图 1－4），区域占地面积 273 亩，建筑面积 15 万平方米，电镀

图 1－4　镇江环保电镀专业区

废水处理设计处理能力 1 万吨/天，现已建成电镀废水处理项目(5 000 吨/天)、重金属污泥处理项目(5 000 吨/年)和废液处理项目(5 000 吨/年)。

电镀专业区可提供标准厂房或定制厂房，并为入区企业提供金融、代维、安保、物流、餐饮等公共服务。公司是中国电镀协会(简称“中镀协”)常务理事单位、江苏省环保产业协会副会长单位、江苏省表面处理行业实训基地，并聘请了业内著名专家担任顾问，同时与江苏大学合作共建了“中小企业发展研究中心”，为入区企业的人才培训、管理机构、科技成果转化等搭建公共服务平台。

电镀专业区选址符合规划及环保要求，具备规范的审批手续、健全的企业管理制度、完善的监测化验能力和强有力的监控水平，始终把提升环保工作能力放在首位，通过不断的内部整改强化公司环保管理水平。专业区废水和废气排放由环保部门 24 小时在线联网监测，保证电镀废水排放符合《电镀污染物排放标准》，并通过了 ISO 14001:2004 环境管理体系认证、清洁生产审核。

电镀专业区内目前入驻企业有爱普生表面工程技术(镇江)有限公司、镇江同和金属表面处理有限公司、江苏山和电镀有限公司、镇江银山电镀有限公司、镇江华泰电镀科技发展有限公司等 47 家(其中外资企业 8 家)，年产值 8 亿元左右，主要镀种包括镀锌、镀铜、镀镍、镀铬、镀金、镀银、铝氧化等多种表面处理及热处理加工。电镀专业区多数企业具有较高的装备技术和管理水平，配套服务于通用、大众、诺基亚、三星、夏普、博世等众多知名品牌。入区企业中，70%为镇江本土企业，主要服务本地区的特色及新兴产业。电镀专业区已成为镇江市电子、机械制造、航空等产业的配套基地和基础设施，为经济转型和提升提供了保证。

镇江环保电镀专业区对入区企业的镀种、工艺及生产设备等设立合理门槛，监督入区企业环保措施的贯彻执行；入区企业须符合国家相关产业政策、环保政策，遵守专业区的相关管理规定，具体包括：

① 起租面积不少于 1 000 平方米；

② 采用先进的电镀工艺，禁用单级水漂洗工艺，除了镀银、镀金、多元合金电镀打底外，其他电镀工艺禁用氰化物；

③ 采用先进的生产装备，简单手动生产线禁止进入；

④ 装有排气、废气净化处理装置，符合国家和专业区的排放标准；

⑤ 抛光工艺配有粉尘处理装置；

⑥ 废水管道服从专业区统一布置，分类分质收集，不得乱排、混排。

公司采用租赁的形式与入区企业进行合作，与入区企业协商租赁周期并签订租赁合同，合同到期时，在等同条件下原租赁企业有优先续租权；公司集中进行废水、污泥处置；公司为入区企业提供便捷的“保姆式”综合服务。

（四）靖江市电镀集中区（靖江市华晟重金属防控有限公司）

为彻底解决靖江市电镀行业点多面广、污染分散、环境问题突出的现状，实现重金属污染减排目标，完成国家“十二五”重金属综合污染防治规划中的重点工程项目，靖江市将电镀集中区（靖江市金属表面处理业重金属污染控制工程）项目列为市“四城同创”和政府为民办实事项目。通过设立电镀集中区，全面调整电镀行业布局，引导小型电镀企业进入集中区，集中清洁生产、统一管理治污，以满足当地主导产业配套电镀需要。

为推进项目的投资、建设和运营，靖江市于2012年成立国有资本为主体的靖江市华晟重金属防控有限公司作为项目平台，注册资金6 000万元。集中区占地面积100亩，规划建设100条年产500万平方米电镀生产线，涉及镀种包括锌、铜、镍、铬、金、银等。规划建设主要内容为4幢共70 000平方米的电镀车间、1幢7 000平方米综合服务楼、日处理能力6 000吨污水处理中心（回用率50%）及配套供水、供电、供气、供汽、废水收集管网等设施。电镀集中区的设立得到泰州市人民政府和省环保厅批准，集中区规划环评通过了省环保厅审查，集中区污水处理中心入河排污口设置得到了省水利厅批准，集中区金属表面处理业重金属污染控制工程项目环评通过了泰州市环保局审批，并于2015年12月通过了泰州市环保局组织的环保“三同时”验收。

在电镀行业整治过程中，对搬迁入驻电镀集中区企业提出了一定的门槛和要求，制定了《入驻电镀集中区企业标准化建设要点》，对其产能规模、生产工艺技术、清洁生产水平、污染防控措施、审批管理要求等方面提出了规范要求，对每家企业入驻方案均邀请专家进行评审完善；并委托环境监理单位根据制定的《入驻靖江市电镀集中区电镀企业环境监理要点》实施环境监理，加强对入驻企业全过程监督管理。截至目前集中区累计投资2.8亿元，入驻的32家电镀企业全部进场施工完毕，有60余条生产线已投入试运行。

电镀集中区对入驻的电镀企业所排放废水、废液进行分类收集、分质处理（分为含铬、含镍、含氰、综合、前处理、混排6类污水管与废液管、应急管）；对一类污染物含铬、镍废水分别进行还原中和沉淀、破络中和沉淀，含氰废水进行破氰中和沉淀，综合废水进行破络中和沉淀预处理。此4类废水预处理后再经砂滤、碳滤、超滤、反渗透处理回用，混排废水经破氰、还原与气浮后的前处理水、反渗透浓缩液一起作为外排废水，外排废水采用微电解＋二级沉淀＋A2O生化＋臭氧＋生物滤池处理工艺，在排污口设置在线监测仪并与环保部门联网。

围绕打造一流重金属防控园区的目标，园区对入驻企业清洁生产、园区全面管理、环保安全管控等方面进一步规范和加强。电镀废水方面将对照电镀行业排放标准要求，与省环科院等单位合作，开展试验研究、设计论证，逐步推进深度处理设施、人工湿地处理、应急处理系统、控制涵闸等的建设，进一步降低排放总量、防范环境风险。对各入驻企业废气进一步完善监控设施、创新管理手段，减少对周边环境影响。对电镀生产过程中产生的废液、电镀污泥等危险废物将在电镀集中区东侧征地126亩建设固废处置利用项目，建成后可就近处置电镀集中区产生的各类危险废物。

（五）海安润泽表面处理中心（海安润泽表面处理有限公司）

海安电子信息产业园表面处理中心由海安润泽表面处理有限公司投资建设，总投资25亿元，用地350亩，建设面积20万平方米，新建488条表面处理生产线。其中一期占地110亩，新建13.5万平方米标准厂房、日处理5 000吨的污水处理车间和1.5万平方米的研发中心，形成了年表面处理能力3 000万平方米，新增开票销售50亿元。

新建成的表面处理中心是苏中地区规模最大、镀种最全、自动化程度最高的规范化表面处理产业中心。该项目建设紧跟国家环保产业政策的发展方向，依据海安市市委、市政府电子信息产业总体部署采用统一规划、统一建设、统一运营管理的模式，对园区内企业以废水集中治理、废气集中监控、废渣集中管控的管理模式进行运营；产污和治污分开，形成有效的相互制约机制，从根本上堵住了电镀废水偷排、漏排的漏洞，最大限度减少或避免了电镀行业对环境的污染。这也让电镀企业解决了污染治理不到位的后顾之忧，避免了电镀行业的恶性循环，有利于电镀行业的可持续性发展。同时，让分散各地的电镀企业集中生产经营，大大缩小了污染面，改善了当地整体环境，有利于环保等主管部门的监督、管理，具有良好的环保效益和社会效益。

海安润泽表面处理中心的服务内容有：园区24小时封闭管理，门岗、巡逻、监控、消防安全、车辆放行；园区内公共环境清洁、垃圾清运、消毒杀虫服务、绿化养护；代收、代交水电气费用，代办电话、宽带、闭路电视等安装及缴费；商务招待、会议室安排等;为员工提供住宿和全天候食堂服务;代办员工招聘、培训,提供培训场所;协助企业办理注册登记、行政审批事项,以及各种证件、牌照申办。

(六) 大丰电镀产业园区(江苏安泰金属表面处理科技发展有限公司)

江苏安泰金属表面处理科技发展有限公司成立于2010年11月。项目距离国家一类口岸大丰港28千米,地理位置十分优越,交通便利,沿海高速、徐大高速穿境而过,10分钟可驶入全国高速公路网,距离盐城机场仅20分钟车程,距离上海虹桥机场2小时车程,新长铁路贯通大丰全境,北与欧亚动脉陇海线接轨,南与沪宁、宜杭线相连。

公司占地300亩,规划建设厂房附属用房共16万平方米、162条金属表面生产线和配套污水处理中心,总投资10亿元。其中一期占地86亩,于2017年3月份开工建设厂房及附属用房5.2万平方米,可接纳镀金、银、铜、镍、铬、锌、铝氧化、蚀刻等各类表面处理生产线。

公司严格按照国家环保要求,实行“清污分流、雨污分流、分质处理、一水多用”的原则规划建设厂区和污水处理中心。污水处理按照国家《电镀污染物排放标准》指标,实行全指标达标排放,处理工艺被江苏省环保厅评为示范工程项目。园区一期共建16幢标准厂房,1座日处理2 500吨的污水处理中心,8 500千伏安电力,天然气、蒸汽、化学品仓库、食堂等等配套设施。大丰电镀产业园区厂房情况见表1-1。

表1-1 大丰电镀产业园区厂房情况表

序号	车间面积	车间数量	规 格	层数	一层高	二层高
1	2 624	11	62.5×20	2	8米	4.5米
2	3 838	1	62.5×32	2	8米	4.5米
3	2 465	1	60×20	2	8米	4.5米
4	2 746	2	70×20	2	8米	4.5米
5	4 365	1	75×32	2	8米	4.5米

(七) 丹阳市电镀整治环保园区

丹阳市电镀整治环保园区位于丹北镇常麓工业集中区内,属于镇江市主体功能区规划规定的重点开发区域。该项目是丹阳市委、市政府“十大重点工作”之一,是太湖流域电镀企业环保整治计划的重要载体，也是丹阳市苏南现代化建设及规划纲要的重要内容。

丹阳市沿江表面处理科技有限公司为电镀环保整治区基础建设项目的投资主体，项目建设用地约 200 亩，总投资近 2 亿元；建设标准化厂房 16 幢，建筑面积约 10 万平方米，于 2012 年 10 月正式开工建设，项目建成后容纳丹阳市 40 余家电镀企业入驻；园区另有 5 幢特殊厂房，由 7 家电镀企业自筹资金建设，投资 8 000 余万元，建筑面积约 3.6 万余平方米。

园区企业产生的电镀废水由镇江市和云工业废水处置有限公司处置，该公司成立于 2012 年 11 月，项目建设用地 50 亩，投资 1.4 亿元，公司具备日处理 9 200 吨工业废水和 800 吨工业废液的能力，该项目已于 2013 年 9 月建成并投入使用。园区所有企业废气排放采用自动加药和 PLC 中央控制系统，实施全程监控。

园区基础设施已建设到位，绿化、初级雨水收集池、生活污水池均已建设完成；园区的废水收集管网系统已按设计要求安装，企业排放的电镀废水按分质、分流的要求，通过空中管架，统一输送到镇江市和云工业废水处置有限公司进行废水处置，保证废水不外泄、渗漏，处置后的水质达到太湖流域排放标准；企业生产过程中产生的废气，均由管道收集，经废气净化装置实施处置，园区对废气净化装置实施在线监控，实时监控净化设施的运行情况，确保达到净化空气的效果；园区已按照公安部门的具体要求，对整个园区危化品监管及安全保卫工作进行系统监控；园区采用集中统一供热，并建立了专职消防队伍，有效保证园区企业消防安全；企业员工集中就餐，确保园区企业员工的健康安全；园区设置车辆停车场，对停车进行具体要求，有效地保证了园区企业车辆通行通畅。

（八）如东表面处理中心

如东表面处理中心（图 1－5）位于江苏省如东经济开发区牡丹江路以北、松花江路以南、昆仑山路以东，规划总面积 500 亩，一期 240 亩。按照“高门槛、高技术、高投入、高回报”的建设要求，高标准实现了“八通一平”。中心内从北向南建筑布置依次为生产配套区、电镀厂房区及综合服务区三大功能区。各区域采用绿化布置做景观轴线及景观点，有效区分各功能区，减少干扰，消除工业化的生硬隔阂，分隔而不分离。规划电镀生产厂房 35 万平方米，已建成厂房 15 万平方米，9 家企业已进区投产。

中心电镀废水采取分质分流，集中收集，统一处理，污水处理厂一期于 2016 年

图 1-5　如东表面处理中心俯瞰图

7 月正式投入运营，处理规模达 1 500 吨/天，主要接收前端镀铜、镀镍(含化学镍)、锌镍合金、镀锌、镀锡、镀金、镀银工段产生的各类废水，目前委托浙江海拓环境技术有限公司运营管理，全指标达到排放标准。二期污水处理工程设计规模 10 000 吨/天，计划今年底启动建设。

如东表面处理中心重点招引高端机械电子行业中需要电镀环节或工艺的制造业企业，并规划了 2 000 亩的机械装备产业园，努力打造生态环保型表面处理示范园区。

第四节　江苏电镀行业的主要贡献

电镀是制造业的基础工艺之一，电镀行业是现代工业体系中不可缺少的组成部分，小到一个螺丝钉，大到汽车、飞机、船舶等都离不开电镀。世界上工业发达的国家电镀行业一般也都很发达，而且电镀行业在国民经济中占有重要地位。区域经济的发展带动了区域电镀行业的发展。在长三角地区，2002 年上海电镀产值 181 亿元、江苏 300 亿元、浙江 250 亿元，共 731 亿元。同年长三角 GDP 总值为 18 141.9 亿元，电镀行业占 4%，全国的电镀行业占比平均水平为 2%。

一、电镀技术成果

1. 电刷镀

中国最早研发电刷镀技术的单位是中车戚墅堰机车车辆工艺研究所有限公司。该技术于 1979 年开发成功，1980 年 11 月通过当时的铁道部鉴定，1981 年列入国家经济委员会的全国推广应用计划，并持续成为国家“六五”“七五”“八五”及“九五”计划的重点推广项目，1985 年获得国家科技进步一等奖。该公司因此成为全国电刷镀技术协作组及中国职工技协电刷镀协会的秘书长单位及挂靠单位，是中国个人“电刷镀技术操作上岗证”和单位“施工资格证”颁发认可单位。

2. 铜带连续镀银生产线

常州现代金属表面处理有限公司于 1995 年扩建连续镀（铜带镀银）车间。这是一条自行设计、自行制造的铜带连续镀银生产线，在国内是首创。

3. 刘家仪和他的小册子

南京晨光机器厂中有一位叫刘家仪的电镀师傅，在苏联专家和蔡建宏等人的指导帮助下，写出一本“发蓝”小册子，并公开发行。他是南京市乃至全国工人写表面处理书籍的第一人。

4. 全光亮镀镍基础配方

1966 年 5 月在天津地区电镀技术经验交流会上，南京有线电厂提交的《全光亮镀镍、双层镍、三层镍、镍封闭》学术论文在国内首次公开发表，引起全国与会同行极大关注。该厂在全国率先提出的全光亮镀镍基础配方一直沿用至今。

5. 四方公司的电镀生产线技术

南京四方表面技术有限公司前身是南京轻工业机械厂电镀分厂，是中国首家专业从事电镀及其他表面处理设备的企业。该公司诸多创新性的产品填补了中国相关领域的空白，包括中国首条多功能环形电镀生产线、首条智能模糊控制的表面处理设备及首条国产化年产 10 万吨级自动化耐指纹板生产线等。

6. 第一批有关电镀的行业安全标准

2007 年 12 月 18—19 日，由江苏省机械工业联合会表面工程分会组织，江苏省机械工业联合会表面工程分会会长单位南京四方表面技术有限公司、南通市申海特种镀饰有限公司分别牵头起草的《电镀生产装置安全技术条件》及《电镀生产作业安全操作规范》，历时一年完成并通过了在杭州召开的国家安标委涂装分技委评审会议的专家评审。这是中国电镀行业首批安全生产行业标准。

2008年6月23—25日，在江苏省机械工业联合会表面工程分会（江苏省表面工程行业协会前身）的领导和组织下，常务理事单位安美特（中国）化学有限公司南京分公司起草的《电镀化学品运输、贮存、使用安全规程》（AQ 3019—2008）标准，通过了在京召开的全国安标委化学品分技委组织的专家评审，并于2008年底颁布、2009年起正式实施。这是第一个有关电镀化学品的国家安全标准，对行业的安全生产具有指导意义。

7. 宽温度全光亮整平酸性镀铜工艺

1978年9月2—6日，在无锡召开的由上海长征电镀厂和第一机械工业部第二设计院共同承办的"宽温度全光亮整平酸性镀铜工艺"科研项目鉴定会上，苏州电镀一厂和苏州缝纫机厂汇报了参加该项目的前期验证工作和试生产情况。"以MW为代表的光亮剂组合"项目鉴定后，很快在苏州市电镀行业推广应用，极大地推动了苏州市电镀工艺的进步，该项新材料在电镀企业有长达20多年的应用，堪称光亮酸性镀铜工艺的一次革命。

8. 以CN1为添加剂的铝合金压铸件装饰性电镀工艺

1983年，苏州缝纫机厂为了降低缝纫机的重量，需要将JA10－1型缝纫机的针距板、旋钮和按钮改为铝合金压铸件。为了确保高硅铝合金压铸件上镀层的结合力，苏州缝纫机厂对该课题进行了长达一年多的试验，终获成功，在国内首创了以CN1为添加剂的铝合金压铸件装饰性电镀工艺，该工艺于1984年获苏州市科学技术进步二等奖。

此外，十一届三中全会以后，双革（技术革新、技术革命）四新（新工艺、新技术、新设备、新材料）活动如雨后春笋，成果累累，如苏州刀厂的瓷质氧化电解液离子交换的再生工艺、苏州阀门厂的化学镀镍中次亚磷酸钠的快速分析方法、长风机械总厂的游标卡尺刻线镀黑铬新工艺等，均获得江苏省科学大会奖。苏州自行车厂的读孔式程序控制电镀自动线、苏州圆珠笔厂的铝氧化等新工艺也得到应用并分别获得苏州市及市轻工局两级的奖励。

二、国内首批成立的电镀园区

2003年无锡金属表面处理科技工业园区破土动工，这是中国最早建设的电镀工业园区，也是江苏省首家专门针对电镀行业特点规划布局、以表面处理及相关产业为重点的专业园区。园区占地面积100公顷，现有入园表面处理企业33家，其中外资企业 19 家、世界 500 强企业 2 家。目前年产值达 14 亿元。园区企业镀种齐全、工艺装备先进，主要面向半导体电子接插件、车辆五金、灯饰、塑料件等高端产品的表面处理，并于 2013 年起向相关的电子产品制造、精密冲压、注塑成型、电镀材料生产、电镀设备制造与技术研发等上下游产业链延伸，在国内外行业内有较高的知名度和影响力。

由此可见，江苏省电镀园区起步早、发展快、知名度高，是中国电镀园区的典型代表。

参考文献

[1] 阳健，陈国辉. 电镀工业园区废水集中处理技术[J]. 中国环保产业，2008(9)：30 - 34.

[2] 黎伯安，李程峰，黎泉. 电镀工业集中园区优势浅析[J]. 市场论坛，2013(8)：45 - 46+52.

[3] 陈志才. 新排放标准下电镀园区废水处理转型与发展趋势的探讨[J]. 环境与发展，2017(3)：67 - 68.

[4] 王晓东. 电镀园区要谨防走入误区[N]. 中国环境报，2014 - 05 - 16(002).

[5] 周晓春. 浅谈电镀园区的智慧化建设[J]. 电镀与涂饰，2019(15).

[6] 马捷. 中国电镀史[M]. 北京：化学工业出版社，2014.

[7] 何生龙. 电镀史话[J]. 电镀与环保，1985(3).

第二篇

地区篇

第一章
南京地区

第一节　新中国成立前的南京电镀行业

一、清末到民初的萌芽阶段

南京是中国四大古都之一，历史悠久，人文荟萃，为现代中国制造业发源地之一。南京电镀行业萌发于清朝末期，初步形成于民国时期。

清朝宣统元年（1909年），两江总督拨款兴办金陵电灯官厂（在西华门，今逸仙桥东侧）。1911年冬，该厂建成，南京开始用电。

南洋劝业会是中国举办的第一次世界博览会，也是中国历史上首次以官方名义主办的国际性博览会。由时任两江总督端方于清朝宣统二年（1910年）6月5日在南京举办，历时达半年，共有中外30多万人参观，会址南起丁家桥，北至三牌楼，东邻丰润门（今玄武门），西达将军庙口，占地700余亩。在此次大会上，商务印书馆的电镀铜版展品被评为“精美绝伦”，荣获“奏奖”殊荣（图2－1）。同时荣获“奏奖”的还有中国图书公司的“电镀铜版”，另有上海集成图书公司的“电镀铜版”获超等奖。

图2－1　南洋劝业会上颁发的一等“奏奖”金牌

1929年，在国民革命军陆海空军总司令部所属南京军事交通机械修造厂内设电信工场，修理有线和无线电通信设备。1932年电信工场扩建成电信工厂，有员工35人，从事装修5瓦和15

瓦无线电收报机及电话机等业务。1935 年,国民政府资源委员会在珠江路水晶台设电气研究室。

民国初年,国内民族轻工业发展较快。伴随着五金制品、玻璃、电池等手工作坊的发展,南京电镀行业开始形成。

1930 年前后,有一位名叫谢金宝的老板在建康路的旧王府口创办了星光电镀厂,当时厂里大约有工人 20 人,镀缸 3 个(1 个约 400 升的镍缸、1 个约 200 升的氰化镀铜缸、1 个约 80 升的小铬缸),还有 10 台抛光机。主要加工业务就是把铜脸盆、铜茶壶、铜锁等家用品的表面抛光后染成古铜色。之后,又兴办了几家电镀厂,至 1937 年 12 月日军侵占南京前,除星光电镀厂外,还有以下几家专业电镀厂。

正大电镀厂,位于承恩寺(现建康路的状元境对面以西至现中华路之间),有工人 10 余人,有镀镍槽、镀铜槽和几台抛光机。

独泰电镀厂,1933 年左右创办,位于新街口糖坊桥中段,老板名叫夏云记,有工人 20 余人,设备皆购于英国开宁公司,主要业务为加工水暖器材和汽车零件翻新。

华昌电镀厂,1933 年左右创办,位于现内桥东面的王府园,老板为袁姓兄弟老大和老二,有 5 台抛光机,1 个约 1 000 升的镍缸,1 个约 100 升的铜缸,1 个约 80 升的小铬缸,主要镀件为金陵制造局生产的子弹夹和樟木箱零件等日用品。

光明电镀厂,位于现在的建康路淮清桥桥口,老板袁家三,另外还有李德厚等几个股东,有工人约 15 人。日军侵占南京后,该厂在现评事街重开,解放后又迁到现户部街。

合记电镀厂,厂址在二郎庙,设备有 1 个小镍槽和 4 部抛光机。

此外,在七家湾还有一个小电镀厂。

当时的金陵制造局已掌握了钢铁件表面发蓝工艺,用于枪械零件的发蓝。

二、日伪统治时期到解放前艰难而缓慢的发展阶段

在日伪统治时期,南京主要电镀厂有以下几个。

顺利电镀厂,1938 年前后开业,厂址在现洪武路八条巷与小火瓦巷之间,有 6 个操作师傅、8 个徒工和其他人员 2～3 个。设备有西门子电动机 1 台、约 200 安直流发电机 1 台、用天轴带动的抛光机 3 台。主要有约 200 升镀镍槽 1 个(用陶瓷缸盛溶液),氰化镀铜槽 1 个(也是用陶瓷缸盛溶液),以水浴方式加温。加工的产品是各类箱锁和面盆、香炉、蜡烛台、果盘等铜器。该厂 1946 年迁至现建邺路鸽子桥

口，工人增加到 20 多个，设备也有所增加。

新华电镀厂（原名华兴电镀厂），创办于 1939 年前后，厂址在现中华路府西街 7 号，老板顾金生。1943 年时，该厂拥有 4.5 匹西门子电机 1 台、约 50 安直流发电机 1 台、采用天轴带动的抛光车 3 台、约 120 升镀镍槽 1 个、约 80 升镀铜槽 1 个（1948 年时又增加 1 个约 60 升的镀铬槽），有操作师傅 3 人、徒工 5 人。主要业务是电镀一些民用日杂品，大多数是铜件，也有少量钢铁件。该厂 1955 年公私合营时并入南京电镀厂。

荣昌电镀厂（由独泰电镀厂改名），拥有 1 台约 2 000 安/12 伏直流发电机，这种大发电机采用他激式励磁，需要另附一个小的自激式发电机，由同一台电动机带动，这是当时（1946 年）南京首先采用的新式直流发电机。厂里有 1 个约 1 500 升的大镍缸、1 个约 1 500 升的大铜缸、1 个约 2 000 升的大铬缸、6 台抛光机。镀种有酸性镀锌和氰化镀锌等，主要镀件为汽车保险杆等大件和水龙头等卫浴器件。日伪统治时期，该厂由日本人管理，有工人 30 多人，其中抛光工就有 10 多人，日本投降后，由原工头孔祥辉、王阿荣自动接管。直到公私合营前，荣昌电镀厂一直是南京电镀行业设备和生产条件最好、规模最大的电镀厂。

1945 年 8 月，抗日战争胜利；1946 年 5 月，国民党政府自重庆回到南京。此时，五金家用品的需求量随着城市的发展而增加，由此又出现了下面几个新办的小电镀厂。

李正保和李正荣兄弟创办的协兴电镀厂和顺兴电镀厂，位于今火瓦巷 93 号（现在的紫金大剧院附近），主要加工业务为发夹、锁环、手炉等小日用品表面的抛光、电镀，主要镀种为镀镍、镀铬。

1946 年前金家汉在现升州路大板巷的位置创办了新昌电镀厂。该厂有 3 台抛光机，工人 10 多个，镀种有镀铜、镀镍、镀铬，主要加工业务是箱包零件等五金产品的抛光、电镀。

1947 年孟义敬等 5 人合伙在现洪武北路的上乘庵办了永兴昌电镀厂。该厂镀种较全，主要加工业务是水暖器材等五金件的抛光和电镀，规模仅次于荣昌电镀厂，后并入南京微分电机厂。

解放前夕，一位胡姓老板在糖坊桥办了胡锦记电镀厂。该厂镀种有镀铜、镀镍、镀铬，还有抛光机 1 台，主要加工业务是用火烤的方法进行钢铁件的发蓝，以及怀表壳、手表壳等的翻新。

德泰电镀厂于 1946 年由重庆迁来，老板张祖义，位于现太平南路马府街口的位置,镀种有镀铜、镍、铬等,主要加工业务是钟表零件。解放后该厂公私合营时并入南京电镀厂,之后又将资产的一半分到南京钟厂。

与此同时,国民政府兴办了几个官办企业。例如1946秋建立的中央有线电器材有限公司南京厂、中央无线电器材有限公司南京厂、中央电工器材有限公司南京电照厂,均隶属于国民政府资源委员会。国民政府教育部所属中华科学仪器制造所(1950年更名为南京科学仪器制造厂,1956年改名南京教学仪器厂,1965年改名江南光学仪器厂),1946年随国民政府迁至南京,当时有职工50余人、设备41台及联合国教科文组织捐赠的一些机器,生产用于物理教学的电、磁仪器及光学仪器的零部件,并承修显微镜、望远镜等光学仪器任务。1947年,国民党政府的国防部六厅在南京设立特种电信器材修理所,并将台北特种电信器材修理所并入,翌年改名南京雷达研究所。20世纪40年代后期,国民党政府又创办了中国农业机械公司南京分公司、中央电瓷有限公司、中央工业实验所机械厂和中央标准局度量衡制造所等4个官办机械企业,有职工约400人、机床设备200余台。至解放前夕,南京有机器厂和机械厂近80个,职工1 200余人。然而因基础薄弱、设备陈旧、工艺落后,除少数厂能生产抽水机、面粉机、打火机等产品外,多数只能从事修理装配业务。这些官办企业内,也先后因生产配套的需要,有了电镀工种。

三、早期的电镀工艺技术

(一)手工作坊式的加工厂

1949年以前的南京电镀行业仅有十几家私营小厂和几家官办企业的电镀工段,生产方式以手工作坊式加工为主。采用的电镀工艺主要是表面先进行氰化镀铜,然后通过硫化处理成黑色,再经抛光处理显出古铜色;为了防止变色,工件抛光后,再用脱脂棉沾"淡金水"涂擦一层。所谓的"淡金水"就是虫胶清漆加金黄块(一种可溶于酒精的染料),使用时用酒精溶解金黄块,再加入清漆调匀即可。

因为生产需要,有少数厂也会进行"无槽"电镀,相当于现在的"刷镀",镀种仅限于镀铜和镀镍。使用的工艺方法就是用脱脂棉包裹着铜或镍的阳极板,外面再包两层绸子布,让里面的棉花吸足镀液,将阳极和工件分别接通正负电源,在需要镀覆的表面反复擦动,这样获得的镀层很薄。

(二)抛光厂

有一些小的电镀加工厂,没有镀槽,只有几台抛光机,主要对手炉、烫壶、脸盆、火锅、香炉、电风扇等紫铜或黄铜件进行抛光，俗称为“抛光厂”。

当年用的抛光轮有布轮和皮轮 2 种，布轮是用来抛光的，皮轮是用来磨光的。抛光机的主轴是由架在房樑下的传动轴（天轴）通过宽皮带来带动的。抛光机主轴的两端的轴长 150～200 毫米，做成锥度螺纹，螺纹方向与普通的螺纹旋转一正一反，这样方可使套在抛光机轴上的抛光轮顺时针方向高速旋转时不会松动。外面买回来的抛光轮要自己开中心孔，抛光轮中心开的中心孔是否位于旋转时的中心关系到抛光轮在主轴上高速旋转时是否会跳动。抛光轮发生跳动就不能正常工作还会发生危险。因此，轮子中心开孔技术就成为抛光师傅的关键技术。有经验的抛光师傅在打抛光轮的中心孔时，用一根直径比抛光机轴的直径稍小一些的圆钢棒，一端做成与抛光机轴锥度相似的锥度，然后将带锥度的钢棒烧红后垂直地对准轮子的中心位置用大榔打入抛光轮，这样连榔带烧地在抛光轮中心开出了一个与圆钢直径相似的锥度孔。若孔的位置还不算很正中，必须再修正。将抛光轮套在抛光机轴上，开动抛光机，然后利用打碎了的破砂轮片尖锐的棱角在旋转下将抛光轮的偏心部分磨削掉，直至抛光轮旋转时不再跳动为止。皮轮是用来磨光的，因此在轮缘表面上要上热胶和粘上一定粒度的金刚砂，然后把它晒干。上胶和粘砂操作要重复多次，每次只能上薄薄的一层胶和砂。如果上胶和粘砂操作不当，那么皮砂轮使用寿命就极短，等于浪费了大量的材料和时间。所以，当年调整抛光轮和皮轮粘砂，是一位优秀抛光师傅必须掌握的技术之一。

（三）保密的配方

那时，各个工厂在技术上都是保密的，厂与厂之间互相不通气，购买的化工原料进厂以后，都把包装上的标签撕掉。工厂配制电镀溶液没有自己的配方，配方和电镀工艺都是由国外专业生产电镀材料的公司随着购买的电镀材料一起提供或间接提供。卖电镀材料的公司会告诉使用者，将一定数量的主盐溶于规定数量的水中，再溶解一定数量的辅助药品，就能配成所需要的电镀溶液。镀液的成分也没有什么分析手段，只能用试纸测 pH，主盐浓度用波美度计通过测量比重来控制，一些有丰富经验的师傅甚至通过目视溶液的颜色深浅来判断浓度、用舌尝镀镍溶液的酸味来调整镀镍溶液的 pH。当时国内的电镀材料市场，基本上都被英国开宁公司（老牌专业电镀材料公司）的产品所垄断。直到 1947 年后，南京才有了一位叶姓的电镀材料供应商经销电镀材料。

(四)自学成才的技术骨干

1949年以前,私营电镀厂的工人和老板,文化水平一般都不高,但他们凭着勤奋和吃苦耐劳,掌握了一定的技术,积累了丰富的经验。解放后,他们中不少人离开了私营厂,支援了南京的国营企业,成为解放后发展南京电镀行业的一支重要的力量。例如,荣昌电镀厂的季金荣、邵福全、陈龙江、季德金,顺利电镀厂的丁国柱、刘大林、施广全,华昌电镀厂的袁国宝,新华电镀厂的叶富荣,协兴电镀厂的张士文,正大电镀厂的杨家文、孟义敬,德泰电镀厂的张金汉,顺兴电镀厂的王定兴,新昌电镀厂的葛正禄等许多师傅先后调到部属或省、市属企业,成为企业的技术骨干,有些人还成了企业电镀工艺的领头人。

第二节 现代南京电镀行业

1949年4月23日,南京宣告解放。

解放后,除解放前就有的正大电镀厂、光明电镀厂、顺利电镀厂、华昌电镀厂、荣昌电镀厂、德泰电镀厂、协兴电镀厂、顺兴电镀厂等几个私营电镀厂陆续恢复生产外,还新建了一些小电镀厂,主要有万新电镀厂、宝记电镀厂、又明电镀厂等。

所有这些电镀厂的规模都不大,员工多者10余人,少者6～7人,最小的厂只有3个人。多数厂并没有真正的电镀设备,只有几台抛光机,其业务就是对手炉、烫壶、脸盆、火锅、香炉、电风扇等紫铜或黄铜制造的日用五金产品进行表面抛光来做装饰。

当时由于物资紧缺,金属材料的购买由国家严格控制。荣昌电镀厂、德泰电镀厂、协兴电镀厂等电镀加工厂所用的材料必须到国营的“四联社”去购买。缺少镍板,电镀厂只有到银行去购买从市民手中回收的国民政府发行的硬币。电镀厂把这些镍币集中在一起,装在表面打了许多小孔并经过防腐处理过的竹筒里,或者装在耐酸的布袋里,挂在镀镍槽中作为阳极。没有钛篮,也只能这样做。当然这种阳极的纯度可想而知是很低的。

政府在每个厂里发展工人积极分子,并先后成立工会小组。第一期的工会小组负责人有荣昌电镀厂的平寿海、光明电镀厂的王家全、协兴电镀厂的张士文、顺兴电镀厂的胡顺友、华兴电镀厂的叶福荣、华昌电镀厂的陈小五、万兴电镀厂的杨声明、新昌电镀厂的罗同顺及又明电镀厂的吴建邦。各区成立组联会,领导这些工会小组。

在南京的一些中央部属或省、市所属国营企业，因产品生产的发展，需要在厂内建立专门为本厂生产服务的电镀工段(班组)或车间，往往就通过市、区的工会组织，动员和推荐原来在这些私营电镀厂中工作的工人师傅，将他们调到国营企业中工作。多数人后来成了这些企业中电镀技术的领头人，甚至成了这些企业的技术骨干，如叶福荣调到晨光机器厂工作，张兴华调往水工仪器厂(现南京电力自动化设备厂)工作，孟义敬、杨家文支援了福利五金厂等。

一、南京电镀厂成立

1954年，国家开始对私营工商业进行社会主义改造，南京一些电镀厂合并成立南京电镀厂(图2-2)，规模居全国前列。该厂成立了一些综合性的电镀车间，其镀种和业务主要有：氰化镀锌、硫酸盐镀锌、氰化镀铜、滚镀黄铜、镀银、镀镍、镀铬、滚镀锡和抛光等。工厂有数台用天轴带动的抛光机，酸洗槽采用花岗石砌成；镀槽则采用水泥槽或钢板制成的槽，内表面涂用天然植物制成的生漆进行防腐蚀。后来，有些镀槽又改用在钢板槽内衬铅板防腐；加热管都是自制的，采用钢管外面包铅防腐，管内放置电阻丝并填装氧化镁粉进行绝缘。当时的主要电镀件有公共交通车辆上的栏杆、扶手以及小轿车上的汽车保险杠等大件，也有机床、柴油机产品上的机械零件和图钉、回形针、大头针等文化用品。

图2-2　南京电镀厂鼎盛时期的俯视图

南京电镀厂的第一任厂长于平义，原为3521厂某车间主任，公方副厂长为邵福全，私方副厂长为周松名，党支部书记由于平义兼任，技术科负责人是黄焕刚，技师为季金荣，主持工厂生产现场的技术管理工作。工厂组建了化验室，负责镀液的分析、调配和故障排除，当时的负责人是李宝华。

作为全民所有制的专业工厂，南京电镀厂成为解放后南京制造业产业链中不可缺少的组成部分，为南京市的机械、轻工业产品的生产发展，推动解放初期在南京的中央、省、市所属企业中的电镀车间的建设和技术发展，促进南京地区电镀技术交流活动做出过重要贡献。电镀工艺与铸、锻、热处理、焊接等工艺一起，被当时市委、市政府誉为南京市制造业的五大基础工艺而受到关注。

南京电镀厂在1956—1962年期间曾输出过大量技术工人，支援解放初期在南京的中央、省、市所属企业中的电镀车间的建设，不少人成为这些单位电镀车间的骨干。这期间还为南京及外地的许多国营企业，如南京电影机械厂、南京长江机器厂、南京十四研究所、洛阳第一拖拉机厂等单位培训过电镀技术工人。

1958年，“大跃进”时期，南京钨钼丝厂的生产需要外界供应大量的电解锰。根据市重工业局的安排，将南京电镀厂的一个车间改为电解车间，专门生产电解锰和电解铜，因而在工厂的大门口又增加了一块“南京电解厂”的牌子。

1961年底，当时的南京市手工业局(后来改为第二轻工业局)为执行国家提出的国民经济实行“调整、充实、巩固、提高”的方针，着手以鼓楼电镀厂为主，将“大跃进”期间发展起来的许多小集体性质的小电镀厂进行合并，组建规模较大的电镀厂，以适应第二轻工业局系统日用五金、文化用品等产品生产协作的需要。1962年春天，市政府下发文件，决定正式成立具有大集体性质的南京电镀厂，总厂设在当时汉中门附近。1968年南京电解电容器厂停止接受电镀加工业务之后，大集体性质的南京电镀厂就成了南京唯一的一家专业电镀厂。

二、建成电镀行业科技队伍和技工队伍

20世纪50年代末，南京市总工会组织技术交流队对电镀难点进行攻关，对新工艺、新技术进行交流，上门服务，排忧解难，举办电镀培训班和表面处理成果展览会。

20世纪70年代初，由南京电镀厂主办，上海、苏州、无锡、南京四地电镀精英共同研讨铜锡合金镀层代镍和微裂纹镀铬新工艺的会议在南京老金陵饭店召开。

1973—1974年，南京市经济委员会组建无氰电镀攻关组，拨款2万元作为攻

关基金。攻关组由南京汽车制造厂(简称“南汽”)王秉初任组长,南京720厂万云生、南京714厂祝荣生、南京航空航天大学顾云生和陈云贵教授等参加,开发出碱性锌酸盐镀锌新工艺,并研制出NJ-45和NJ-2碱性镀锌光亮剂。这两种光亮剂都成为当时国内三个同类著名品牌。珠江电影制片厂还把该成果拍成科教片,向全国推广。该攻关项目在江苏省科学技术大会上获奖。

1974—1976年,由第四机械工业部(简称“四机部”)科技司组建无氰电镀攻关组。该攻关组由北京地区、南京地区和成都地区三个分组组成。南京地区以720厂为组长单位(万云生主持),副组长单位由714厂(祝荣生)、734厂(侯敏生)、厦门大学(周绍民、蔡加勒、徐书楷)、天津大学(陈建勋)和四机部工艺研究所等12家单位组成。四机部在南京地区分组投入5万元研制费,设立五大攻关项目。

攻关项目之一:开发无氰镀银新工艺(结果开发出无氰NS镀银工艺)。720厂当时配制出800升的全国第一个无氰镀银槽。

攻关项目之二:开发无氰镀锌(碱性锌酸盐镀锌、氯化物镀锌)来取代氰化镀锌。

攻关项目之三:低铬酸酐浓度镀铬。当时能从铬酸酐250克/升降至50～80克/升,对镀硬铬尚可,但镀光亮铬还与原镀铬工艺有差距。

攻关项目之四:镀锌层低铬钝化。

攻关项目之五:试制载波微分电容测定仪。参加人员有徐书楷、蔡加勒和万云生等人。他们研制依据是储荣邦武汉大学研究生毕业论文报告(《典型有机表面活性物质在汞、铅和镉电极上吸附行为的比较》,该文是武汉大学查全性教授指导完成的,并于《雷达技术》1979年第1期登载)。他们首先重复了储荣邦的实验,并研制出一台滴汞电极载波微分电容测定仪。此事在四机部工艺简况有专门报道,后来还转让给厂商生产,并在国内有销售,从而推动电极表面电化学领域研究,对电镀添加剂选择提供了一种有效的新方法。

1976年,江苏省科委组织电镀国内新技术新工艺调研活动。由720厂万云生带队,到北京、天津、太原、成都、西安、咸阳等地进行考察,学习外地同行的成功经验。

1977—1978年期间,在南京市总工会文化宫举办电镀技术培训班,由各内企和军工企业中电镀技术骨干(如518厂董患、14所余良才等人)对电镀工进行培训,一共培训了60多人,南京总工会颁发了结业证书。

1977年,邮电部组建无氰电镀攻关组,组长单位是南京518厂,该组与南京大学化学系配位化学研究所合作进行了 HEDP 有机多膦酸取代氰化钠(钾)为电镀通用铬合物的攻关,历时 5 年,对 HEDP 系列无氰镀锌、镀铜、镀金及镀铜锡合金方面进行了研制。攻关人员主要有庄瑞舫、方景礼、董愚、张耀忠、马辛卯等人。HEDP 无氰镀铜先后在 518 厂、南京电镀厂、南京手表厂和 724 所试用。与此同时,邮电部无氰电镀攻关组提供的 HEDP 无氰镀镉这一新工艺,开始在南京晨光厂应用。

董愚为了巩固 HEDP 镀铜和 HEDP 镀铜锡工艺,向南京林业科学研究所提出研制活性炭。经过筛选,N 型颗粒活性炭(果壳炭)胜出。活性炭由江苏省溧阳县活性炭厂生产,该 N 型颗粒活性炭与粉末活性炭相比,颗粒活性炭能吸附 KCN,而粉末活性炭不起作用;净化镀镍老化液时,粉末活性炭要多损耗 13.2 克/升 $NiSO_4$;由于颗粒活性炭能吸附 DE,所以能解决镀层脆性问题,而粉末活性炭无法解决镀层脆性问题。

南京市的电镀技术交流活动,自 20 世纪 50 年代中期开始形成以后,在市总工会职工技术协作委员会的支持和组织之下,持续了 10 年之久,后因“文化大革命”(简称“文革”)而暂停。1974 年又重新恢复活动。据不完全统计,到 20 世纪 80 年代初时,南京地区的表面处理专业科技工作者人数已近 300 人,队伍愈发壮大。

三、步入正轨的南京电镀行业

1984 年,南京成为全国经济体制改革综合试点城市,随着以国有企业改革为重点的城市经济体制改革的逐步推进,南京工业开始真正走上稳步快速发展的轨道,工业生产保持着上升的势头。制造业是南京工业经济的支柱和主体,是拉动南京工业增长的关键因素,其结构水平基本上能够代表江苏工业的整体水平。2006—2010 年,南京制造业产值年均增长 23.4%,呈快速发展势头。伴随南京制造业的快速发展,电镀行业也在不断扩展。

1980 年,轻工业部在无锡举办电镀培训班,三期共 600 人左右,每期 15 天,李鸿年、秦宝兴、张绍恭、戴昭文、王祖源等参与授课,内容为“电镀工艺、设备及企业管理”。当时,轻工业部在南京的电镀厂点也派人参加了培训。

储荣邦的研究生论文“典型有机表面活性物质在汞、铅和镉电极上吸附行为的比较”在《化学学报》1981 年第 39 卷第 7 期上发表。以往研究表面活性物质的吸附行为,只能从纯洁液态滴汞电极表面上进行,而该文从铅、镉固体电极上进行研究,仍能得到稳定性、重现性好的结果。该方法能生动直观地向世人展示出表面活性物质的吸附行为。

1981年，724所理化组储荣邦、张焕生、宋龙江通过各种方案，最终筛选出在两个法兰接头中间安放电镀镍片来解决铜、铝之间过大的电位差的方案。此项工作以优秀论文的形式，得到了七院科学技术大会的肯定和表扬。

1982年初，南京市经济委员会（简称"经委"）组织《南京电镀企业七五规划》编写工作，由720厂万云生主编，南京电镀厂陈金陵和电影机械厂周光晓、市经委梁葆华、市环保局吴玉芬等人参加编写。

1982年，全国首届中小城镇电镀企业会议在苏州召开，由苏州民营殷乃德电镀技术研究所组织，200多人参加，李鸿年、秦宝兴、张绍恭等专家作报告。南京市许多中、小电镀厂也派人参加了该会议。

1983年3月，江苏省电子工业综合研究所出版100万字的《电子元器件引线可焊性资料汇编》，南京有线电厂顾昌寅为该书的副主任编委；1984年8月，电子工业综合研究所又出版100万字的《电子元器件引线可焊性技术选编》一书，该书主要收编了当时国内外在可焊性技术方面的重要成果或论著等，顾昌寅为该书的有关部分做了技术审校。南京从事电镀的技术工作者和高校老师的论著或工作经验被编入该书，他们是庄瑞舫、方景礼、侯敏生、曹铭、何菊芬、邵惠琴、颜峰、张正牛和储荣邦等。

这两册书中涉及的镀层金属有锡、镍、银、金、铅锡和锡铋银合金等。按电镀工艺分类有电镀法、浸镀法；按镀液分类又分酸性和碱性；按浸镀方式分类又有立式和卧式。这两册汇编资料内容丰富，深受当时企业欢迎。

江苏省环保局于1982年11月在常熟召开第二次全省电镀废水综合经验交流会。会后，省环保局组织编写《电镀污染综合防治资料选编》，以扩大会议成果。该书选编工作成员是南京市技术协作委员会电镀分会董愚、陈金陵、储荣邦、李根寿和吴松山等人，南京市环保局吴玉芬和省环保局李耀东参加了编写。该书于1983年3月出版，并印发给江苏省各电镀厂点。

1983年，南京市经委组织编制《电镀行业八五规划》，万云生参加市经委调查和编写工作。同年，由市计经委和外经委委托引进国外先进的光亮镀镍和光亮镀锌方面的电镀添加剂，价值高达2万元。这是安美特公司在南京乃至全中国的第一笔生意，万云生等人负责牵头落实，为提高南京地区电镀质量起到了推动作用。

20世纪80年代初，王秉初等人设计出南京市第一条镀锌生产自动线。王秉初还被南京市市政府聘为表面处理方面的政策顾问。南汽在80年代初期已研制出喷漆前和电泳漆前两种磷化液(王秉初等人开发),还研制出氯化钾镀锌光亮剂(王国荣等人开发),为中国无氰镀锌做出了贡献。

十四研究所在余良才主持下,成立了电镀车间技改工程设计组,抽调技术人员负责设计工作。设计组自行设计了全部工线,并对自动线提出总体方案,由无锡出新环保设备厂具体设计生产。由于在设备生产过程中经常得到十四所科技人员的指导,因而无锡出新环保厂生产自动线的科技水平也得到了大幅度提高(图 2-3 和图 2-4)。数条生产线投入生产后,均符合预先设定的要求。1989 年在无锡召

图 2-3 十四所电铸自动线(1990 年)

图 2-4 十四所电镀机、回收槽、双联逆流槽组成的铜镍铬手工线(1990 年)

开鉴定会，参加鉴定的专家有蔡建宏、李士嘉、庄瑞舫和储荣邦等人。鉴定成果报无锡市科学技术委员会，后获奖并免去了三年税收。

余良才通过组织QC(质量控制)小组活动，成功引进上海永生助剂厂两项清洁前处理工艺，在长期运转中，污染物得到很好控制，经环保部门多次监测，从未超标。两项成果均曾得过QC成果奖，并分别获得南京市QC成果二等奖、电子部QC成果一等奖、国家质量协会QC成果一等奖。

储荣邦和丁国柱受南京电镀研究会和南京市环保局委托，去广西桂林学习活性炭处理含六价铬废水的方法，再结合国外的经验，先在南京724所和江南光学仪器厂应用，接着在南京市范围内推广。

活性炭处理含六价铬废水，由于活性炭价廉、货源广，处理效果稳定，设备简单，占地面积小，耗用能量少，操作技术简单，维护容易，在当时对六价铬环境污染治理起到了一定的积极意义。

储荣邦为江浦县高旺电镀厂废水治理进行方案认证，他还获得了南京市环保局《印制板铁粉置换铜法》的成果展览奖，并被编入江苏省环保局编写的环保成果项目书中。

南京772厂朱东等人掌握了在不锈钢和陶瓷上镀耐高温耐高真空的厚铜和厚镍新工艺，也掌握了稀有的镀铼这一新镀种。

1984—1985年，南京市环境电镀污染防治专业组编写《电镀污染防治》(共25万字)，编写人员有储荣邦、马庭俊和朱鑫祥等人，并由储荣邦作全面审校。该资料作为面向南京电镀厂点的环保和技术操作工的培训教材于1985年11月编印成册。

1985年，南京市科协和南京市表面处理研究会委托南京航空学院开设电镀大专班，学制两年。

1988年沈敬之与储荣邦合作，采用非传统新型硼酸低铬酸镀铬工艺对出口的拖拉机把手镀铬，使把手具有一定的耐蚀性和抗变色性。

1991年11月，《光亮氯化钾镀锌》一书出版，共74万字，作者储荣邦、沈品华、董愚等。该书经过补充修改后，在我国台湾地区表面处理杂志上连续刊登32期(4年)之久，为两岸技术交流起到了促进作用。

1992年，第六机械工业部电镀厂点于南京举办氯化钾无氰无铵镀锌推广学习班(图2-5)，以《光亮氧化钾镀锌》一书为教材，由储荣邦主讲，杨义兴和苏州的王念孝也参加了讲课，深受学员欢迎，并为推广无氰镀锌起到了积极作用。

南京安美特(化学)有限公司陈亚主编的《现代实用电镀技术》于2003年出版，参

图 2-5　推广无氰无铵无毒镀锌的学习班现场

加编写的还有李士嘉、王春林和蔡建宏，主审为张允诚、张绍恭，该书深受读者欢迎。

2005 年，王玲、梅天庆主编，李士嘉主审，高长青、余良才、薛建军参加编写的《高级电镀工技术与实践》出版。由方景礼主编的《电镀添加剂理论与应用》一书也于 2006 年出版。

扬子冰箱厂技术顾问桑景都、储荣邦、丘嘉华为该厂上马了一条氯化钾镀锌全自动生产线（包括前处理、镀锌、钝化、烘干），其光亮剂由南京海波公司供应，镀件是冰箱底座支架（面积为 15 平方分米）。对这条自动生产线进行考核后，厂方非常满意。该生产线镀层没有漏镀，镀锌层饱满，钝化膜五彩缤纷，鲜艳夺目，充分体现出氯化钾镀锌这一镀种应有的魅力。

储荣邦配合 724 所向徐州睢宁（贫困地区）支农，上马了一条铁丝连续镀锌生产线。生产线整条镀锌设备由海波公司开发研制，余波厂长负责生产、加工并进行整体组装。这条生产线最大的特点，不是国内常规的硫酸盐镀锌，而是氯化钾镀锌，属国内首创。

南京雨花环保设备厂研制开发单头引线镀锡机，由该厂技术骨干李东坡组织攻关，并聘请储荣邦为该厂的技术顾问（负责工艺流程、镀液配制和故障排除）。单头引线镀锡机经鉴定、验收后，曾销往安徽（芜湖、铜陵、合肥）、浙江（诸暨）、山东（蓬莱）、上海和江苏（南京、苏州）的企业。以南京浦口新兴无线电材料厂为例，曾有 20 多条单头镀锡生产线（其中镀锡都由雨花环保厂生产供应），该厂生产出来的引线除供应国内市场外，还远销俄罗斯和东欧各国，为无线电行业基础材料开发做出了贡献。

2006年，南京714厂虞胜安、南京航空航天大学王玲编写的《高级涂装工技术与实例》出版。

四、南京市表面处理研究会

党的十一届三中全会之后，科技迎来了它的春天。南京的表面处理科技工作者受到天津、上海、长沙等市成立市级电镀学会的鼓舞，也开始积极筹划成立南京市的市级电镀学会，以便更好地发展与国内各工业城市之间的技术交流，促进本地区表面处理技术水平的提高。在南京市科技协会学会部的支持之下，市科技协会于1983年3月正式批准成立南京表面处理研究会，由电镀、涂装、金属防锈三个专业组组成。经过近一年的筹备，于1984年4月召开成立大会暨第一届南京表面处理学术交流会(图2-6)。

图2-6　1984年南京市表面处理研究会首届理事合影

前排从左至右：蔡建宏、李士嘉、季金荣、冯群、顾昌寅、庄瑞舫、李松静、王秉初
后排从左至右：王祥华、邓镇钧、陈金陵、张康夫、董愚、顾云生、祝荣生

第三节　部分重点企业发展沿革

一、南京有线电厂(734 厂)

(一) 解放前基本状况

南京有线电厂的前身是解放前国民政府资源委员会所属“中央有线电器材有线公司南京厂”,是一家官办企业,迄今已有逾 80 年历史,原是一家装配电话机的小厂,不从事电镀行业务。抗日战争期间,为躲避战乱,该厂在大后方的西南地区的好几个省份迁徙、辗转达 10 年之久。抗战胜利后回到南京。1946 年秋,该厂被国民政府资源委员会收编,厂址选在和平门外迈皋桥附近,仍以电话机为主要产品。由于自己不能制造零部件,所以电话机的各种组件和配件都是通过官方渠道从德国西门子公司购进,在南京组装。那时的电话机价格不菲,用户数量有限,使用者主要是政府机关、高等院校、社会名流和一些军政要员、达官贵人,普通老百姓是不敢奢望的。

1947 年前后,国民党政府向该厂拨款开建了面积 1 300 平方米的金属加工厂房,开始制造机加件和冲压件。1948 年,依附这个厂房的北墙外临时搭了一个棚子作为电镀间,镀种只有氰化镀铜和镀暗镍,配备一台德国西门子公司产的 500 安/12 伏直流发电机组。工人只有 2 名,没有专业技术人员。所用配方和辅助药品是英国开宁公司现成的“洋货”,不知其成分和含量,生产过程全凭经验,生产条件十分艰苦、恶劣,没有上下水,没有通风装置,也没有任何防护用品,更没有劳动保障。

南京解放前夕,国民党政府曾打算将工厂迁往台湾,一度派员到台湾选址,但在工人护厂队的保护拖延下,终因时间仓促未能得逞。

(二) 解放初基本状况

1949 年 4 月 23 日,南京解放。工厂回到人民怀抱,隶属于国家第二机械工业部,正式更名为“国营南京有线电厂”,其军工企业性质得到确认(代号为“734 厂”),工厂生产走上了健康发展的道路。之后工厂又曾先后隶属于第四机械工业部、信息产业部、江苏省中山集团等部门,但企业自身的性质一直未变。

经过 3 年经济恢复时期和国家第一个五年计划,南京有线电厂的电镀生产从解放前的初创到颇具规模，经历了镀种由单一到多样，工艺由粗放到精细，劳保条件从无到完善的变化。抗美援朝期间，军用通讯产品产量激增，需要电镀的零部件数量日益增多。为适应形势，1952 年，由第二机械工业部建筑设计院设计，建起了独立的建筑面积达 350 平方米的电镀厂房。厂房条件在当时是比较先进的，设计和布局基本上参照苏联的电镀车间模式，各项设置一步到位。

（三）高速发展时期

1953—1964 年是南京有线电厂电镀车间的高速发展期。工厂按照电镀工序流程并结合产品需要，分别设置工段如下。

① 前处理——有机溶剂除油、化学除油、抛光、滚光、刷光、化学酸洗、阴极电解酸洗，几年后又增加了振动光饰。

② 电镀——两个各 750 升的氰化镀锌槽、一个 700 升酸性镀锌槽、一个 750 升氰化镀铜槽、一个 700 升镀暗镍槽、一个 700 升酸性镀铜槽、一个 700 升酸性镀锡槽、一个 500 升镀铬槽（结构为套槽、用包铅盘旋管蒸汽加热）、一个 40 升氰化镀金槽、一个 300 升氰化镀银槽及 10 升的汞齐化槽，60 年代还增加了代镍镀层——高锡青铜镀槽 1 500 升。对于一些体积不大的标准件及簧片之类零件的镀锌和镀镍，刚开始采用半机动倾斜潜浸式滚镀槽，之后又添置了卧式滚镀槽。

③ 化学和电化学处理——铝阳极氧化槽 500 升、碱性氧化槽 100 升（发蓝）、马日夫盐磷化槽 800 升（钢铁化学磷化）及氧化着色槽 60 升。

④ 后处理——镀锌钝化，蒸汽和热水封闭、高温除氢、皂化、浸油等。

电镀溶液加上化学处理液的总量约有 6 000 升，溶液加温用锅炉蒸汽和电加热。

电镀车间单独设置电镀溶液化验室，接受工艺科中心实验室业务指导。对主要电镀药水进行定期分析化验，根据分析结果结合实践经验调整溶液。工厂检验科在电镀工段设立检验专台，进行液流测厚和点滴测厚（几年后又添置了磁性测厚仪），除了对电镀件成品进行外观检验外，还对镀槽的在镀件进行出槽前测厚，以保证镀件厚度达标。各项电镀工艺参数控制和产品质量管理均严格按标准执行。

为电镀槽配备的直流电源是两台励磁式直流发电机组：一台 500 安/12 伏，一台 1 000 安/12 伏，皆为西门子公司产品。1958 年，镀铬电源首次应用了 500 安/12 伏硅整流器（1965 年在新厂房又增加一台 2 000 安/12 伏励磁式直流发电机组）。此外，还有一台空气压缩机，用于电镀工件的干燥，另配有离心甩干机、钟形滚光干燥机(电阻丝加热,干燥所用木屑是不含树脂的杉木屑)等非标设备。配备的除氢箱是工作温度可达250℃的干燥箱。还有一台板框式压滤机,不定期对镀锌和镀镍溶液进行净化过滤。所有氰化镀锌槽以及镀铬槽、酸洗间(槽)均有单独的抽风装置。酸洗废水则用石灰水中和后排放。其他电镀废水尚未有处理手段,都是直接排入下水道。

当时,电镀车间的操作是以手工为主。只在化学除油间配备了电动绞车以减轻劳动强度。劳动保护也逐渐被重视,为工人配发帆布工作服、橡胶手套、胶鞋(靴)口罩和皮围裙,车间专门设了淋浴室。一线工人除了每月增发有害工种保健津贴外,每天还提供一份牛奶,每月都有数名工人享受营养餐。

电镀新厂房,无论是工艺流程设计和平面布置,抑或镀种的齐全及三班制的生产产量,在1952年那个百废待兴的时代,都是屈指可数的。工厂从社会上招募了一些失业人员,虽然他们文化水平较低,但是经过初步技能培训和必要的安全教育,成为了合格的电镀工,还挑选了个别有一些文化的年轻人去学习当化验员和调整工。当时,电镀工和以后陆续招收的学徒工,人数40余人。电镀生产实行三班制,工段长只跟早、中班。车间主任先后由顾昌寅(1952年以前称为管理员)、张义财担任,副主任由孟尔济(分管电镀,1965年去往江西吉安)、匡玉龙(分管油漆)担任。

车间有技术人员2名,一位是张惟涵(20世纪60年代初调到电子工业部工艺研究所)、另一位是胡兆先(1965年去往江西吉安),他们主要负责电镀溶液的化验分析和调整,也进行一些必要的工艺试验,如试制雷酸金和萘二磺酸等。和解放前相比,南京有线电厂此时电镀工种面貌有翻天覆地的变化。到1956年,国家经济形势大好,工厂生产连连翻番,产量不断加码,职工人数激增。1958年以后,全厂已超过6 000人,电镀也跟着快速发展。1964年电镀车间职工人数已增至150人,其中一线电镀工人约80名,其余人员为行政、技术管理人员、后勤辅助工和一个油漆工段的人员,全厂电镀专业技术人员增加到7名,他们是顾昌寅、孟尔济、张惟涵、胡兆先、冯茂才、骆莅铭、张济民(1965年去往江西吉安)。"文化大革命"前,国家又分配来一些学习化工和电化学专业的大学毕业生,其中有侯敏生、邓镇均、仇家燮(1965年去往江西吉安)、谬锡章(20世纪70年代去往安徽广德)等。厂部对电镀工艺技术实行工艺科和车间两级管理,工艺科主要搞新的电镀课题和理化试验;车间工艺组除了电镀溶液分析和调整维护外,根据需要进行工艺改进试验。电镀工艺技术的主要负责人是时任工艺科长兼中心试验室主任的顾昌寅(后来出任工厂副总工程师),他为南京有线电厂电镀工艺技术的发展作出了积极贡献。

1953—1964 年是工厂电镀生产的高速发展期,也是产品质量和技术人才的储备成长期。

(四) 持续快速发展时期

第二个五年计划期间,根据国家指令,工厂生产的通信产品转向大型化、系列化。长途通信多路载波机系列、小同轴光缆通信系列、指挥台、船舶话机装置等数十种产品相继投产,生产计划不断加码。需要表面处理的工件的数量也随之增加,而且镀件多而杂,这个 20 世纪 50 年代初期建成使用的电镀车间产能便显得捉襟见肘了。

1965 年,经工厂申请,上级主管部门原电子工业部批准,由电子部建筑设计院设计,异地迁建面积达 3 300 平方米的现代化电镀厂房(其中约 1/5 面积是油漆涂装)。新厂房除保留原有镀种外,还增加了一些新的镀种,如酸洗光亮镀铜、全光亮镀镍、双层镍和镍封闭、氟硼酸光亮铅锡合金、铝合金化学氧化等。各镀种槽体数量也多了,电镀溶液总量已超过 25 000 升,较老厂房增加了 4 倍多。

新厂房高大宽敞明亮,自然通风好,所有镀槽都有抽风管道。直流发电机和硒整流器被逐步淘汰,代之以硅整流,以后又采用了可控硅电源和自动换向电源。化验室新添万分之一光电天平、分光光度计、比色计、电位差计、酸度计、马弗炉等仪器设备,为开展新工艺试验提供了条件。

车间产生的电镀废水按不同种类分质排放,特别加强了氰化镀锌废水的收集和化学处理,酸洗废水仍然采用中和法处理。不足的是,那个时候对环境保护尚不够重视,到了 20 世纪 70 年代才逐渐提上日程。厂里首先革除了氰化镀锌,全面改为无氰镀锌;革除汞齐化工艺,以亚硫酸盐代替氰化物镀金;安装了消除二氧化氮装置和铬雾回收装置、酸性废水溢流中和装置及镀银废水回收装置等环保设施;其他三废治理项目也相继上马。

原先因为镀件品种太多太杂而没有采用自动化电镀生产线,生产方式以吊镀和滚镀为主。至 1978 年前后,第一条镀锌自动化生产线和卧式滚镀锌生产线才投入使用。

(五) 新工艺、新技术、新材料和新设备得到广泛应用

随着新厂房的投入使用,工艺创新也同步跟进。电镀车间职工响应国家开展

技术革新的号召，紧跟电镀新工艺、新技术、新材料、新设备的快速发展，南京有线电厂电镀技术跨入了一个全新的时代。

最具创新意义的是以顾昌寅为技术指导的“全光亮镀镍新工艺”课题试验。这是从1964年下半年开始进行的“半光亮镀镍、全光亮镀镍以及双层镍、三层镍、镍封闭”一项试验研究，历时一年半，到1965年底基本完成。研究过程中，顾昌寅除了给予技术、材料和理化试验的支持外，全部试验及中试主要由骆莅铭独立完成，协助者有电子部工艺所派来的实习生和中心试验室的有关理化试验人员。这项工艺技术，当时在国内还是空白。试验时，在消化吸收国外专利的基础上，广泛收集资料，对炔醇类药品做了大量筛选，最后确定1,4-丁炔二醇和糖精为初级和次级光亮剂，冰醋酸为半光亮调节剂，十二烷基硫酸钠为助湿剂，碳酸钡微粒（Φ0.5微米）为镍封闭填充剂等。经过无数次试验验证，确定了主盐和添加剂用量及工艺参数，最终形成了双层镍、三层镍至镍封闭（套薄层铬）的全光亮镀镍系列配方。用这些配方得到的镍镀层不仅有着镜面般的光泽，还有着十分优良的抗蚀性能。用腐蚀膏试验法（CORR试验）和铜盐加速醋酸盐雾试验法（CASS试验）联合进行镀层耐蚀性评定，其耐蚀性等级可达9～10级。在试验阶段，技术人员准确测定了双层镍、三层镍的电位差，并从理论上正确阐述了镀层电位差对于防护性镀层的意义，还拍摄了双层镍、三层镍镀层截面及镍封闭镀层（填充微粒）的平面分布显微照片。

1966年5月在天津地区电镀技术经验交流会上，南京有线电厂提交的《全光亮镀镍、双层镍、三层镍、镍封闭》学术论文在国内首家公开发表，引起全国与会同行极大关注。工厂在全国率先提出的全光亮镀镍基础配方一直沿用至今。

其他的工艺创新主要有：

① 萘二磺酸光亮剂用于镀镍。早在1954年前后，工艺技术人员为获得亮镍镀层，查找了许多资料，进行了多次尝试。首先对萘的衍生物进行了试验，先用樟脑丸，后改精萘，硫酸磺化，得到的2,7-萘二磺酸加入原来的暗镍溶液中，使镍镀层产生光亮效果。这项工艺一直用了10多年，直到出现1,4-丁炔二醇和糖精后，才逐渐被代替。主要参与者有张惟涵、胡兆先等。

② 改进镀镍溶液处理方法。1953年起，镀镍溶液的净化就已经采用高锰酸钾+活性炭+双氧水联合处理法，效果很好。在加入高锰酸钾时加入硫酸锰，还能进一步提高吸附净化效果。这在国内都是首次应用。主要参与者有胡兆先、冯茂才等。

③ 高纯镀锌。氰化镀锌的电流效率较低，为70%～75%，所以在电镀过程中

渗氢比较严重。为解决弹簧钢材镀锌氢脆难题，尽管采用了在前处理时阳极电解酸洗、后处理用高温除氢等措施，品质依然得不到保证，钢带断裂现象严重。1965年，经过多次试验攻关，采用了高纯镀锌工艺，一方面成功提高了镀液的电流效率，达到99%～100%，同时也减少了渗氢，彻底解决了镀锌氢脆难题。主要参与者是骆莅铭。

④ 低温除油。1966年，厂里首次采用磷酸钠＋乳化剂OP-10，在25～40℃温度下进行化学除油试验取得成功并投入生产。主要参与者是骆莅铭。

由于在电镀工艺试验和电镀工艺创新方面的突出表现，南京有线电厂电镀车间被电子部工艺研究所定为电镀工艺研究实验基地。1967年，在该所出版的刊物《工艺简讯》上，登载了包括全光亮镀镍、双层镍、三层镍、镍封闭和高纯镀锌、低温除油等在内的一批技术成果，向全国推广。

二、南京邮电器材厂(518厂)

成立于1958年的南京邮电器材厂是由当时的南京电话修理厂和南京电信局机修厂合并组成的。1963年，工厂被收归，由邮电部工业局管理。“文化大革命”期间，邮电系统进入半军事化管理，南京邮电器材厂更名为电信总局518厂。改革开放以后，政府逐步退出对国营企业的直接管理，国家邮电系统中工业局管辖的通信设备制造业重组成中国邮电工业总公司，之后更名为现在的中国普天信息集团公司，518厂现称南京普天通信股份有限公司。

工厂成立之初，主要业务是电讯器材修理，同时生产如电缆分线箱、分线盒、保安排、热线圈等配件产品。建厂之初的南京邮电器材厂为保证设备维修和产品配套件生产的质量要求，需要电镀工种的支持，随即因陋就简地上马电镀设施。当时工厂只有镀锌一个镀种，厂房设施极其简陋，用大、小水缸作镀槽，蓄电池作为电源，用淘米箩装小零件进行电镀。工厂最初大约只有10多名工人，如此维持了几年。

1963年工厂归属邮电部管辖后，随着国家邮电通信事业的发展，企业也开始逐步发展，工厂先后开发、生产载波机、无人维护增音机、电话交换机、载波音频试验架、配线架等系列通信产品，技术含量越来越高，设备可靠性要求越来越严格。其中60路无人维护增音机是通信线路上抗信号衰减的设备，设备安装在地下的无人站，平时无人值守，所以对其零部件表面涂层的抗腐蚀能力要求极高，锌镀层的厚度要求在30微米以上，以保证在平时无人值守情况下不会因锈蚀而致线路断路。

为了满足新产品对电镀镀种、电镀生产能力和电镀质量不断提出的新要求，电镀的种类由原来单一的镀锌，逐步转为镀银、镀金、镀锡、镀铜、镀镍、镀铬和化学镀等；电镀生产装备也随之迅速扩大；生产从仅凭经验进行操作，逐步走向靠电化学理论作指导、按工艺规程进行操作，电镀质量步入稳定生产阶段；电镀的从业人数也大大增加，由十几个人组成的电镀班组，发展成车间规模。

（一）董愚对518厂电镀发展壮大的贡献

南京邮电器材厂电镀生产在20世纪60—70年代的发展壮大，靠的是电镀技术的领先。该厂第一位从事电镀技术工作的董愚，早年参加中国人民解放军时从事气象预报工作，20世纪50年代末转业到518厂后，即开始从事表面处理技术工作。他从不因气象和表面处理是两个不相关的技术专业而苦恼，凭着对新工作岗位的热爱，购买大量相关书籍努力学习，刻苦钻研技术，边学边实践，带着问题学，还经常到兄弟厂去参观学习，虚心向有经验的专家、学者请教，不断充实自己；他非常关注电镀新工艺、新技术，当遇到适合本单位使用的电镀新工艺、新技术时，他就会积极地对它进行深入的研究，努力寻找在该厂推广应用的契机。他与车间工人打成一片，是一名深受工人欢迎的技术员；他对从学校分配来厂的学生晚辈从不保守，在生活上关心，在业务上指导，放手让他们挑担子，抓住一切机会培养他们成长。几年过去，董愚从一个外行变成了工厂电镀技术的领头人，使电镀车间成为工厂技术力量较强的单位。

在董愚多年的努力和厂领导的支持下，一间电镀实验室终于建成。实验室为工厂解决电镀生产故障、改进工艺、提高电镀质量、研究电镀新工艺提供了基础条件。他不断地进行电镀实验，带领大家攻克了一个个技术难题。

为了满足双面和多层印刷线路板电镀的需要，车间自力更生建成了印刷线路板电镀生产线，攻克了化学镀铜、镀锡、镀银、镀金等工艺稳定的难关，攻克了多层板孔金属化的质量难关，使得印刷线路板生产和电子元器件的电镀质量保持了稳定。

1967年，南京地区开始如火如荼地开展无氰电镀的技术交流活动。在董愚的带领下，518厂不仅积极参与，同时也推动了该厂的电镀新工艺新技术的开发和应用试验活动。电镀车间积极进行氨三乙酸镀锌和DE型锌酸盐镀锌工艺取代氰化物镀锌的生产试验；积极参与南京地区组织的NJ-45型锌酸盐镀锌有机添加剂的攻关，并带头推广试用；积极使用焦磷酸盐镀铜替代氰化物镀铜；积极使用NS镀银和丁二酸盐取代氰化镀银；大力推广镀锌层的低铬酸钝化替代高铬酸钝化，减少六价铬的污染。这些活动使518厂的电镀水平和知名度得到了显著的提升，也为保护环境做出了不小的贡献。

1974年，在董愚的带领下，电镀车间攻克了镀封闭镍、双层镀镍和酸性光亮镀铜新工艺难关，在车间内建成了镀铜/镍/铬高装饰性要求的电镀生产线，满足了产品的美观性和高装饰性要求。

1976年，电镀车间借助工厂电子人才的优势，联合工厂内的其他相关技术人员，发扬自力更生的精神，自行设计建造了一条长25米、宽2.5米、镀液总容量达8 000升的镀锌自动生产线。该线的投产，大大减轻了工人的劳动强度，提高了工作效率，稳定了产品质量，使工厂的电镀水平又上了一个新台阶，标志着电镀生产由工人拎拎挂挂的手工操作走向坐在监控室里控制的规模化生产。该项目获得邮电部的技术革新奖。

（二）董愚在无氰电镀工艺方面的杰出成绩

1977年，董愚得知南京大学化学系配位化学研究所发现可运用HEDP有机多膦酸取代传统的氰化钠（钾）成为电镀通用络合剂的科研已取得初步效果并希望进一步开展攻关时，他本着对新工艺新技术的敏锐嗅觉和热情，多方努力，终于获得邮电部标准化研究所的支持，获得专项经费划拨，组织邮电部内有关工厂的技术人员共同组成攻关组与南京大学化学系合作攻关。南京大学化学系配位化合物研究所庄瑞舫、方景礼负责技术指导和提供实验室工作条件。一场轰轰烈烈的电镀科研会战在南京开始了。

518厂作为邮电部在南京的企业是攻关会战的主要参与单位，自始至终参与了为期5年的“HEDP电镀”攻关。工厂领导对此十分重视，给予人力财力的大力支持，先后派出以董愚、马辛卯为首的8位科技人员参加实验室工作，他们承担了HEDP电镀系列全部新工艺的实验和工厂化试生产工作。HEDP无氰镀锌、HEDP无氰镀铜、ATMP无氰镀金等工艺先后在518厂电镀车间投入生产。518厂还派人与南京电镀厂合作组织了HEDP无氰电镀铜锡合金的试生产。

通过攻关，HEDP系列电镀不仅在邮电部工厂内的电镀生产线上使用，还在国内许多电镀厂得到了积极推广。当时在国内各地召开的全国性和地区性电镀技术交流会上，HEDP电镀通常是交流的最热门主题。

（三）村办联合经营

1996 年，因南京市政规划需要，工厂将电镀车间迁出城区，与雨花区西寇村电镀厂实行联合经营，厂名定为南京雨花电镀厂。从此，518 厂的电镀行业务均交由雨花电镀厂承担，姚宁、刁海双、许建伟先后担任雨花电镀厂的厂长。

三、江南光学仪器厂

（一）解放前基本状况

江南光学仪器厂的前身是当年国民党政府教育部下属的南京科学仪器制造所，位于当时南京的洪武路 112 号，大概就是现在的洪武路与淮海路的交会处一带。

1942 年，丁国柱在当时位于洪武路的顺利电镀厂学徒、做工。当年科学仪器制造所生产的产品中需要电镀的零件都是委托顺利电镀厂加工的。科学仪器制造所有一位工程师专门负责电镀工件的运取。由于该厂的工件大都由丁国柱进行加工，所以老板就叫丁国柱负责他们厂电镀工件的收发，一来二去就丁国柱和那位工程师熟悉了起来。有一天，那位工程师悄悄地问丁国柱，愿不愿意到他们厂工作，因为厂里需要电镀的零件越来越多，想自己进行电镀加工，这样可以降低成本。丁国柱决定去科学仪器制造所，希望得到更好的发展。1947 年 5 月份，丁国柱进入科学仪器制造所。

进所以后，丁国柱负责筹备电镀生产设备，先建立抛光和镀铜、镀镍两个镀种。当时没有直流发电机，他就找来一台为汽车蓄电池充电用的小发电机和 4 支汽车蓄电池，用蓄电池作为电镀用的直流电源，用小发电机为蓄电池充电。丁国柱买来化学材料，配成了氰化镀铜和镀镍两种镀液各 50 升。电镀生产是在一间大约 16 平方米的小屋内进行的，丁国柱就此开始了在科学仪器制造所的电镀生涯。1947 年底，厂里又请来了一位名叫张炳文的工人和丁国柱一起工作。

1948 年南京科学仪器制造所整体搬迁至中央门外黄家圩新厂址，只有两个人规模的电镀生产一直坚持到南京解放。1949 年，科学仪器制造所更名为教学仪器厂，属中央政务院高教部领导。

（二）解放后基本状况

教学仪器厂一直用英国开宁公司生产的各种电镀商品盐来配置氢化镀铜、镀镍、镀铬溶液。解放以后，由于一些西方工业国家对中国经济和技术的封锁，市场上很难买到这些进口材料，工人只能从市场上买来化工原料，进行各种溶液的调整和配制。当时缺少可供操作工人阅读的电镀技术资料，幸好丁国柱大体上知道氰化镀铜、镀镍、镀铬溶液成分，了解溶液比例失调以后用什么化学材料去调整，并且后来丁国柱又从旧书摊上淘到两本由中国人翻译过来的旧电镀书。由此，丁国柱掌握了直接用化工原料配制溶液的一些基本知识，不过在实践时还是走过一些弯路。例如当时用国产硫酸镍调整镀镍溶液时，由于国产硫酸镍中杂质含量多，加入溶液后，溶液必须再进行净化处理，才能做出质量好的镀层。丁国柱通过不断的试验，摸索着进行实践。镀铬溶液有铬酸酐和硫酸两种，成分之间必须保持合适的比例方能镀出光亮镀铬层，但由于当时买到的国产铬酸酐本身已含有一定数量的硫酸根，那么究竟还需要补充多少硫酸才合适在当时曾一度把丁国柱难住，后来通过反复的试验，找到了正确添加硫酸恰当量的方法，丁国柱因此得到了工厂的奖励。1951 年，电镀生产点的氰化镀铜、镀镍、镀铬溶液总量增加到 800 多升，工人师傅增加到 7 人，工厂让丁国柱继续负责电镀的生产和技术，厂房面积扩大到 60 多平方米，电镀生产已初具规模。

（三）第一个五年计划时期大发展状况

1953 年，国家开始第一个五年建设计划，教学仪器厂的生产也随着国家经济形势的好转开始迅速发展。工厂的电镀品种在最初氰化镀铜、镀镍、镀铬的基础上又增加了氰化镀锌和钢铁件发蓝，槽液总量增加到 4 000 升左右，工人增加到 20 人，抛光机又多了一部，还添置了两台规格为 500 安/12 伏的低压直流发电机，厂房面积扩大至 200 平方米左右。

工厂本来只生产教学仪器，随着社会需求的增加，生产规模不断扩大，开始开发新产品，到 1956 年，产品品种已不只是教学仪器，还有光学显微镜系列、电表系列产品。工厂于 20 世纪 50 年代末更名为江南光学仪器厂。

工厂为了满足各类新产品设计的技术要求，电镀的镀种逐年不断地增加，为了满足产品零件装饰防腐的要求，进一步扩大了镀镍的品种，如吊白镍、半光亮镍、光亮镍等；为了满足电表产量中铁钴镍磁钢件的防护，开发了硫酸盐镀锌工艺。由于铁钴镍磁钢件是用铸造成型的，材质中微孔多，氰化镀锌时析氢严重，很难获得合格的镀层质量，工厂采用硫酸盐镀锌之后，不仅电流效率高，镀锌层的合格率也大大提高。为了满足光学产品中铜、铝、镁合金零件表面装饰防护的需要，陆续开发了一批黑色镀层和黑色转化膜镀种，如黄铜发黑、镀锌发黑、镀黑镍、铝阳极化着黑色、镁合金黑色氧化、磷化等工艺。

工厂生产规模的持续扩张，导致电镀的生产规模也不得不持续扩张，氰化镀铜槽的单槽容量扩大至 400 升，酸性镀铜槽的单槽容量扩大至 1 300 升，镀镍槽的数量增至 6 个，每个镀镍槽的容量为 500 升，硫酸盐镀锌配了 1 500 升容量的槽液，低压直流发电机又增加了 6 台，最大的低压直流发电机容量达到 1 500 安/6 伏，厂房面积增至 600 余平方米，工人增至 60 余人，其中有来自过去曾在私营厂工作过的工人葛正禄、丁夕林、邓发昌等 10 多人，还包括 30 多名招考学员。

江南光学仪器厂生产的产品精密度较高，技术要求很严。因此在电镀生产中，工厂非常重视电镀过程的质量控制。1958 年，工厂从招考进厂的学员中挑选了两名文化程度较好的学员张秀霞、熊志高去学习溶液化学分析技术，并筹建了电镀车间的化验室，从而可以对溶液进行定期化验，以掌控镀液成分变化。为了科学调整溶液成分，保证电镀质量的稳定，车间专门抽调了有丰富电镀生产经验的葛正禄师傅担任镀液调整工，由他一个人专门负责溶液的调整。工厂为电镀车间配备工艺技术人员，最多的时候达到 5 人之多，丁国柱本人也被工厂任命为技师，并担任车间的领导职务。电镀车间很重视对进厂学员的培训和工人的继续学习，每周都安排一次技术课，丁国柱本人经常给职工们讲授技术课。车间还非常支持技术工人参加当时的南京市总工会电镀技术交流队举办的电镀技术交流活动。在电镀过程中，他们非常重视加强工件经过不同化学处理后的清洗质量，工件电镀完成以后都要通过二次静水清洗回收，然后再进行流动水清洗，以减少化学药品的流失，也降低了废水中污染物的含量。为了保证夏季铝合金工件阳极氧化质量的稳定，他们克服没有冷冻设备的困难，用土法制成夹层槽，在夹层中加冰降温。光学部件有许多黄铜件需要进行发黑处理，质量要求很高，并且要求磨层耐擦拭，他们通过精心试验和不断积累经验，掌握了发黑溶液的变化规律，从而使黄铜发黑的质量满足设计要求。

1960 年左右，工厂光学显微镜的生产量大增，厂领导决定改变显微镜的生产流程，将光学镜头的生产集中放在十字街光学车间厂区进行，将光学镜头的研磨、镜头外套机械加工、电镀、喷漆镜头装配等加工工序连成一条线，形成封闭的工艺流程，以利于规模化生产。在光学车间下设一个电镀小组，配备 200 升的镀镍槽和 100 升的镀铬槽，服务于光学镜头的生产。电镀生产占地面积约 50～60 平方米，工人 5～6 人(其中有一名负责喷漆的工人)，组长为张炳文。1966 年，该电镀小组又划归主厂区的电镀车间管理。

（四）输送电镀骨干支援全国同行发展

1956—1965 年，随着全国工业的大发展，江南光学仪器厂不仅自身发展迅速，还积极支援全国各地同行业的发展。电镀车间在这段时间先后调出数人到外地：戴仲铭、谢金生等人支援北京光学仪器厂；赵正利、叶庆龙等人支援江西光学仪器厂；朱句富支援杭州电表厂；王其文支援成都教学仪器厂；张炳文支援第二汽车制造厂。

（五）重视三废处理

由于江南光学仪器厂地处南京市风景区玄武湖附近，为了避免电镀废水可能对景区水质的破坏，1974 年工厂成立三废治理领导小组，由厂长孙立成亲自担任组长，并让丁国柱担任副组长，具体负责电镀废水治理事务，组员有周光禄、沈金福、石长荣、关月华等人，工厂基建科还指派胡子杨工程师负责废水处理站的土建设计和施工。

新建的废水处理站是一座二层小楼，建筑面积约 200 平方米，有 2 个废水储存池，每个约 20 立方米。按当时的废水排放标准，他们将电镀废水分成含铬、含氰、含铜及一般酸碱等四股废水，分别进行治理，重点治理含铬废水。含铬废水参照当时桂林机械厂使用的用活性炭吸附六价铬的办法进行治理：先将含六价铬废水的 pH 调到 6.5～6.7，然后从下而上送进活性炭吸附柱进行吸附六价铬，吸附柱高 2 米、直径 0.5 米，活性炭的品牌为“太原 8 号”，碳柱每 15 天再生一次，然后再重复使用；脱附的含三价铬废水则加氢氧化钠稀溶液，将其 pH 调成 8 左右，使三价铬变成氢氧化铬絮状物，通过过滤和烘干得到绿色的粉状氢氧化铬，卖给回收厂用于制造绿油抛光膏。活性炭处理含铬废水的效果很好，处理后的废水能回到镀铬后的流动清洗槽中继续使用，处理后的废水经环境检测站的鉴定，可以达标排放。1976—1978 年，他们又用离子交换树脂法对镀镍废水和镀铜废水分别进行处理，处理后的废水经二级化验均做到了达标排放。

丁国柱在负责电镀车间技术工作期间，除了关注电镀质量、电镀新技术推广、员工技术培训、废水治理等方面的工作之外，也很关注生产的安全和节能工作。1956 年时，因电镀工件抛光的工作量越来越大，抛光机增加到 4 部，抛光的生产班次由一班变成了三班，生产换人但不停机，致使抛光房的灰尘越来越严重，不仅影响工人身体健康，也严重影响了安全生产和环境。当时车间下决心进行治理，但是用什么方法治理一时无法决定。如果单纯加大抛光轮周边的抽风量，灰尘排到室外，造成室外环境的粉尘污染；如果在排风口加装滤网，则无须过多久，滤网的孔眼就会被带油脂的布绒灰尘堵实，失去功能。最后他们在适当增加抛光轮周边抽风量的同时，在风机出口附近设置一段风量减速段，并设置一只大的储灰箱，让带着灰尘高速流动的污染空气在储灰室内突然减速和转弯，90％的灰尘自然沉降在储灰箱内，然后进行室外高空排放，这样既改善了室内环境，也未增加对室外环境的污染。

（六）重视节能工作

1970 年，在电工技术领域推广使用可控硅使该厂也想到了用可控硅镇流器替代耗能较大的低压直流发电机组直接向镀槽供电，这样既可降低低压直流电通过汇流排分配输送所产生的电阻损耗，也减少了镀槽配电盘电阻丝调压的损耗。在工厂的支持下，由厂内苏荣生等三位电气工程师负责设计和自制了约 20 台可控硅电镀整流器，从 200 安/12 伏到 1 500 安/12 伏，规格齐全。这样，每个需要低压直流电生产的镀槽分别配置一台可控硅电镀整流器，使用非常方便，为工厂节约了大量的能源。

（七）厂房重新设计、改造

20 世纪 80 年代初，由于生产发展的需要，原有的电镀厂房在几十年里经历多次扩张改造，已不能再适应电镀生产的技术要求，工厂根据企业发展规划，决定重新建造一所新的电镀车间。丁国柱当时虽已到退休年龄，但欣然接受工程的安排，留下来代表工厂与承担新电镀车间设计的第一机械工业部第二设计院张绍恭高工领导的设计组协调工艺设计事项，直至新车间建成。

江南光学仪器厂的电镀工艺历经几十年的发展，已在中国光电行业中形成自己的风格。

四、南京电瓷厂

南京电瓷厂的前身是国民政府资源委员会 1936 年在湖南长沙筹建的中央电瓷制造厂（1936—1948），抗战期间工厂先后迁至醴陵、衡阳、贵阳、重庆，1945 年迁来南京，1946 年更名中央电瓷有限公司，下设南京、抚顺、宜宾三个分厂和重庆、汉口、上海三个办事处。

新中国成立后，公司总部及三个分厂合并更名为南京电瓷厂（1949—1995）。

其后又曾易名为南京电瓷总厂(1979—1995)、南京雷电集团有限责任公司(1995—1998)、南京电气集团有限责任公司(1998 至今)。1958 年成立的第一机械工业部电瓷研究分所于 1973 年易名为南京电瓷研究所,于 1994 年再次易名为南京火花塞研究所。1993 年成立的南京电瓷电器研究所则属于公司内部的技术部门。1996 年火花塞分厂与德国博世公司合资成立南京华德火花塞有限公司。1988 年成立的南京电器六厂与 1991 年成立的高压熔断器分厂均为公司内部集体性质的企业。

20 世纪初,外商在我国兴办电厂,所需配套的电瓷产品均从日本及欧美等国进口。20 世纪 20 年代以后,民族工业开始发展,国内各大中城市纷纷兴办电厂,电瓷产品需求增加,但当时苏州、景德镇、萍乡、醴陵等地的私营陶瓷厂只能生产低压电瓷,高压电瓷仍需进口,直到中央电瓷制造厂成立后,国内才有能力生产高压电瓷。解放后,电瓷产品得到迅速发展,已能生产线路电瓷、电站电器电瓷、火花塞、钢化玻璃绝缘子、电容套管、高压互感器、熔断器、隔离开关、航空火花塞等多系列、多品种的电瓷、电器综合性产品。

随着中国电力、交通事业的发展,各种电瓷电器、火花塞系列产品需求量大增,这些产品中的电瓷零件都需要靠金属配件来支撑和连接,而金属配件则离不开表面处理,于是南京电瓷厂的表面处理生产的各个方面就随着生产的发展而逐步发展起来,如下所述。

① 人员:解放前和解放初期,该厂还没有表面处理的生产装备,因此也没有专业工人,金属件的电镀和热镀都是在南京和上海等地电镀厂点协作进行,直到 1953 年才抽调了三位工人师傅到外厂去学习碱性氧化发黑的生产技术。1958 年工厂又从南京电解厂抽调吉春宏、钱金玲两位工人,开始进行电镀生产,并逐步带出一批工人。1962 年马庭峻到厂里工作,才开始设置专业技术人员岗位,负责产品的表面处理工艺。1976 年以后又增加了郝雁声工艺员,之后陆续培养了懂得表面处理溶液化验的化验员周德元、黄桂荣、潘玉麟等人和表面处理专业检验人员夏广珍、徐美娟等人。

② 厂房:最初,金属件前处理的酸洗是在室外工棚内进行生产的,金属件的碱性氧化发黑生产,则是在其他车间厂房中空闲处安装的一只用燃煤加热的大铁锅中进行的。1958 年才在工具车间东侧建设了供金属件发黑和镀锌生产的厂房,这时发黑生产才有了半机械化的生产线,并在铸造车间的东侧,建设了可供金属件热镀锌的厂房;1960 年,金属件发黑和电镀迁入建设比较正规的新厂房;1966 年在熔

断器车间的北侧建成了金属件电泳涂漆的生产厂房；1984 年在新建火花塞分厂的同时，也建设了为火花塞生产服务的、新的金属件发黑、电镀镍生产线及相应的污水处理设施。

③ 设备：在发黑厂房时期建有半机械化生产的发黑生产线，一台半吨立式锅炉为溶液加热提供热源；配备了各种槽子、两台 1 500 A 的直流发电机、二台抛光机、一台水抛车。之后直流发电机被淘汰更新为硅整流器，并有相应的污水处理设备；热镀锌厂房中建有金属件热镀锌所需的酸洗槽、喷砂机、烘炕、热镀浴、离心机等装备；火花塞厂房中则建有为火花塞生产服务的、新的金属件发黑、电镀镍生产线以及相应的污水处理设施。

④ 化验、检验室：在化验、检验室建立之前，配制槽液、检验产品工序既不科学也不利于监督。1962 年工厂决定由马庭峻负责筹建化验、检验室。化验、检验室配备了必要的仪器设备，按工艺要求文件的规定、质控卡、分析规程和质量标准展开工作，使金属件的表面处理质量稳步上升。

⑤ 污水处理：原先只用碱和石灰简单地将废水中和之后直接排入死水塘，之后逐步改进为经亚铁离子还原、碱中和、沉淀分离后废水再排入下水道的方法，这种污水处理方法至今还在使用。1984 年镀镍、发黑生产搬进火花塞分厂的新厂房以后，又另建了一套污水处理设备，并通过验收。发黑、镀镍工种被淘汰之后，污水处理设备被改造成冷却液油水分离处理装置。

⑥ 电镀：先前电镀件都是外协，1958 年转为氰化镀锌；20 世纪 70 年代改为氨盐镀锌；20 世纪 90 年代又转为氯化物镀锌。1962 年以后根据生产发展需要，逐步增加了氰化镀铜、镀银、酸性镀锡、普通镀铬和镀镍生产；1984 年火花塞分厂陈廷明等同志筹建了半机械化镀镍生产线。

⑦ 发黑、阳极氧化：1953 年时，金属件的发黑是在用煤燃烧加热的铁锅中进行，到 1958 年才转入半机械化流水生产线。1962 年工厂建成铝铸件阳极氧化生产线。

⑧ 酸洗、钝化：从火花塞产品投产以后建立了铜密封垫圈的酸洗钝化工艺。

⑨ 热镀锌：解放前和解放初期，工厂的金属件热镀锌一直是在上海华丰钢铁厂协作加工的。1958 年铸造车间的魏志让、毛翰元等负责筹建了热镀锌生产线。当年热镀锌的质控员是朱梅珍、检验员是钱金玲。

⑩ 电泳漆：1966 年，马庭峻、宋民汉、夏平汉、顾宣扬等合作筹建成功全市第一条阳极电泳涂漆生产线，1967 年 5 月曾召开全市现场会。

2008年后，因公司的产品结构进行调整和从经营成本考虑，除保留镀锡工种外，其余的表面处理生产全部淘汰，通过外协解决金属件的表面处理问题。

五、中国航天科工南京晨光集团有限责任公司(原307厂)

1953年，国家经济进入第一个五年计划的建设期，南京晨光机器厂也和其他军工厂一样，严格地按苏联的图纸资料生产常规兵器。根据工艺要求，产品零件的加工尺寸都必须准确地符合图纸的规定并保持在公差范围之内，因此在批量生产中需要使用各种专用刀具、量规和模具。

1954年底，随着产品生产任务的不断增加，工厂决定将厂内原先分散在各车间的表面处理生产工序，如碱性氧化、磷化、镀铬、酸洗等整合在一起，成立表面处理车间，以改变落后的生产方式、形成规模生产能力、便于加强技术管理和保证产品质量。领导决定利用厂内长期闲置着的一幢清光绪年间建造的“机器大厂”厂房进行改造。在新车间的工艺设计和设备的平面布置图中，不仅进一步扩大了工具镀硬铬的生产能力，还为今后发展其他电镀生产预留了较大的空间。当时为镀硬铬生产准备了4个800毫米×600毫米×800毫米的镀槽和配套的清洗水槽，还为发展其他电镀生产预留了足够的镀槽和配套的清洗水槽。新车间在建设过程中，曾得到苏联表面处理专家的肯定，后在苏联专家的指导下，又对新车间内的生产布局进行合理的改进。1956年春，表面处理车间建成。

表面处理车间建成之后，工具镀硬铬的装备得到了显著改善。除了工具镀硬铬得到进一步的发展之外，车间还承担了当时工厂生产的深井石油泵的缸套内孔镀硬铬、活塞杆外表面镀硬铬的任务，以满足产品设计对提高零件摩擦表面耐磨性和耐蚀性的要求。镀硬铬技术还逐步服务于本厂机修车间机床的维修，如用镀硬铬技术修复被磨损的传动轴、花键、丝杠等零件，既节省维修资金，又缩短维修周期。镀硬铬技术不仅在经济方面发挥了作用，同时也为工厂造就了一支电镀队伍，成为工厂以后发展电镀的基本力量。新车间成立不久，由于工厂又接受了新的产品生产任务，产品中有许多零件按设计要求需要镀锌、镀铜、镀镍、镀装饰铬和镀锡。为了不耽误新产品的试制，工厂要求车间于较短的时间内扩充这5个镀种，当时难度很大。但是，由于有了这支队伍及大家在过去一年多时间里打下的镀铬技术基础，大家对克服困难很有信心。蔡建宏等人学习和参考了苏联电镀工作者当年所写的几本专业书，很快掌握了这几个镀种的生产要领，在不到4个月的时间里，就在约300升规模的镀槽开始加工产品零件了。

镀硬铬团队的同仁多年后有的支援在内地的苏联援建的大型工厂，担任了电镀车间的领导；有的后来支援三线建设，担任了工厂表面处理车间的领导；有的调往其他兄弟工厂，成了那里电镀车间的生产技术骨干。表面处理车间还为包头、西安、大同等数个苏联援建的大型工厂代培过10多位电镀工人。

六、南京电声器材厂(南京无线电元件二厂)

1958年，在“大跃进”的推动下，南京市委和市政府决定依托一批在南京的部属大型国营电子工厂，大力发展地方电子工业。当时以南京无线电厂(南京熊猫电子集团的前身)的元件车间为基础，将元件车间从南京无线电厂中剥离出来，单独成立南京无线电元件厂，作为由南京无线电厂和南京地方政府共同投资建设的工厂，规模生产电容、扬声器、电阻和电位器等三大类无线电元器件。

1962年前后，随着工业发展和专业化生产的需要，南京无线电元件厂又按照产品的类别分为3个厂——南京无线电元件一厂、南京无线电元件二厂和南京无线电元件三厂。无线电元件二厂专业生产扬声器和音响设备，工厂对外又称为南京电声器材厂。

南京电声器材厂，因有生产扬声器和音响设备的需要，于1962年开始将为本厂生产服务的电镀和涂装生产线合为一个工段。电镀任务主要是扬声器外壳、夹板等碳钢件的镀锌、扬声器上的一些铝件的阳极氧化和电抛光。当时，镀锌采用的是高氰工艺，主要设备有2 000升的镀槽3个、直流发电机1台、硒整流器2台，电镀工约30人。

南京电声器材厂生产的是“南鲸牌”音响和“南京牌”扬声器的系列产品，由于产品质量好、信誉高，不仅为国家重点工程配套，还大量外销。多年来，他们非常重视电镀的质量，从技术和生产两个方面把握镀锌的生产质量，严格控制镀层厚度，钝化前不低于15微米，钝化后保证12微米，钝化后色彩鲜艳，返修率很低。1964年以后，随着工厂生产的进一步发展，电镀的规模也相应扩大，挂镀锌槽增加到8个，还添置了3个滚镀槽，镀液总量已达到20 000余升，电镀电源已开始使用硅整流器，镀锌的生产规模仅次于当时的南京汽车制造厂，居全市第二位。当时在无氰化的浪潮中，由于电镀工人已经熟练地掌握了氰化镀锌工艺，工段对含氰废水的处理一直很认真，没有出现过污染环境的事故，虽然也数次进行过无氰镀锌的试验，但镀层的质量和溶液的稳定性不如氰化物镀锌，工厂因担心影响扬声器的质量，所以无氰镀锌一直未敢在生产上正式采用。

1968 年前后，南京电声器材厂有个知青插队点在东郊马群，应当地干部和农民的要求，一方面为了帮助他们发展工业，另一方面也为解决插队知青的工作问题，决定与农村共建一个小电镀厂。

20 世纪 80 年代初期，南京电声器材厂又应解放军临汾旅的要求，在马群白水桥舟桥部队的驻地与部队合办了一个电镀厂，为电声器材厂进行配套件的电镀加工，卓兆敏当时被委派负责筹建和生产技术工作。这次合作办厂的方式是部队提供土地、厂房、人力和运输能力并负责管理，南京电声器材厂则负责按生产的工艺流程投入电镀加工的设备、负责生产线和废水处理设备的建设、提供工艺技术、培训工人等，并向电镀厂提供协作加工毛坯。

到了 1984 年，国家对环保的要求和全民环保意识均有了很大的提高，市政府要求把部分影响城市改造规划并对环境造成污染的加工企业迁出市区，要求市区国营企业到城郊经营，支持乡办企业发展壮大。由此，市区不少国营企业纷纷将工厂的电镀加工业务迁出市区，到郊县设厂。

1995 年，南京电声器材厂在高桥门和当地政府又合作办过一个电镀厂。电镀厂主要为该厂电镀电声配件，镀种除镀锌外，还有磷化和喷塑。1999 年该厂因城东干道的建设而整体搬迁到江宁，自有电镀加工业务从该厂撤出，电声配件的电镀加工业务也全部外协。

七、南京四方表面技术有限公司

1979 年南京轻工业机械厂成立了电镀设备项目组，1986 年该项目组成为南京轻工业机械厂电镀设备分厂。1995 年具有法人资格的、由南京轻机集团全资的南京四方表面技术有限公司成立了。2006 年该公司改制为由南京轻机集团和部分公司职工参股的南京四方表面技术有限公司(简称“四方公司”)。2012 年，国有股份退出，公司改制为民营。

公司的核心竞争力来源于持续的创新能力。作为中国首家专业从事电镀及其他表面处理设备的企业，30 多年来四方公司先后为中外客户(包括一汽、二汽、中联重科、徐工集团、金川集团等著名企业)设计制造了数百条各种类型的表面处理生产线，产品广泛应用于汽车、机械、建材、摩托车、电子、航空、通信等行业。四方公司诸多创新性的产品填补了中国相关领域的空白，包括中国首条多功能环形电镀生产线、中国首条智能模糊控制的表面处理设备及首条国产化年产 10 万吨级自动化耐指纹板生产线等(后者获得江苏省科技成果专项资金 1 500 万元)。

四方公司成功研发了一系列适应市场需求的创新技术和产品，如“SF 重金属再生回用新工艺”和“SF 全自动综合电镀废水处理及重金属回收系统”，成功实现了电镀废水重金属离子的高效回收和使用；可节省运营成本 50%以上的“机械压缩式蒸发器”，实现了电镀废水的低成本零排放；“湿法炼铜电解液除杂新工艺和相关系统”可帮助国内冶金企业大幅降低生产成本并提高经济效益；而“SF 化学着色法彩色不锈钢生产新工艺及生产线”可将彩色不锈钢的生产速率提高近一个数量级。

在中国目前经济结构调整、制造业亟须转型升级的历史时期，四方公司努力在更需要创造力的“微笑曲线”的两端构建盈利能力和市场竞争力，实现了企业的可持续发展。

八、南京南安电镀技术工程有限公司

南京南安电镀技术工程有限公司（简称“南安公司”）是安美特化学有限公司（简称“安美特”）与南京轻工业机械厂于 1988 年在南京成立的合资企业。南安公司是既提供电镀化工产品，又提供表面处理工艺、设备设计和设备制造、安装调试及技术服务的实业性公司。

安美特化学有限公司总部设于德国，是全球最大的电镀原料、技术及设备供应商。为拓展中国市场，安美特化学有限公司于 1995 年 2 月对南安公司实行控股经营和管理，后于 1999 年因合资合同到期，将南安公司转制为安美特化学有限公司的南京分公司。同时亦将原南安公司在上海、天津、沈阳、长沙、贵阳等地设立的经销分支机构重新组建成安美特的地区分公司。

南安公司是南京市第 17 家、中国表面处理行业第 2 家成立的中外合资企业。自投产运营以来，南安公司的生产经营业务不断发展和扩大，其产品遍及除西藏、海南以外的全国各大区域，产值、产量、利税连年翻番或较大幅度递增。

公司致力于引进世界先进的表面处理产品与工艺，多次邀请国外电镀专家介绍世界最新的多层镍、硬铬、化学镍等电镀工艺技术以及欧美汽车表面处理的规格、标准。其产品广泛应用于航空、航天、汽车、摩托车、电子、纺织、机械、石油化工和五金等众多行业。公司形成了以铜、镍、铬多层镍为主的装饰性电镀和以 Heef-25 镀硬铬及化学镍为主的功能性电镀两大体系、160 多个品种的产品，许多产品填补了国内技术的空白，并为用户节约了能源，提高了产品档次，经济效益显著。公司还帮助国内不少企业，尤其是技术经济实力雄厚的老企业进行产品升级换代、出口创汇，增强了这些老企业在国际市场的竞争力。江苏表面处理业界的优秀企业，如南通申海、昆山同心、无锡出新等，均与南安公司建立了良好的合作关系。

南安公司自成立以来，连续多次荣获全国和南京市的奖励。1992—1996 年连续五年荣获“南京市外商投资先进企业”称号，1993 年度荣获“全国外商投资企业明星企业”称号，1994 年度荣获“南京市外商投资企业综合经济实力五十强”称号。南安公司总经理黄盛郎先生也连续多年荣获“南京市外商投资企业优秀总经理”称号。

南安公司诞生于改革开放的年代，发展在中国经济腾飞的时期，在中国电镀发展史上写下了浓墨重彩的一笔。

第二章
常州、镇江地区

第一节　常 州 地 区

一、常州电镀发展概况

常州是江苏工业大市，其机械工业在江苏享有很高的地位。

磨剪刀师傅顾家兄弟开设的抛铜作坊，标志着常州电镀行业的开端。当时只有几个大水缸和一台抛光机，镀种有氰化镀锌、氰化镀铜和镀铬，用的光亮剂是洋茉莉醛。该作坊的电镀剪刀在当时很有名气，镇江、扬州等地生产的剪刀都到常州来做电镀加工。随着城市的扩建改造，由于地理条件的限制，该电镀作坊搬到北门开关厂，成立了常州开关厂电镀车间，车间共 5 位工人，增加了镀银工艺。1963 年，政府对西大街的油漆社进行改造，原址成立制镜厂，同时在常州水关桥附近的王兴弄、隆兴寺内开办常州电镀厂。常州电镀厂人员来自油漆社和常州开关厂，开始只有小规模的氰化镀铜、镀锡、镀锌和镀铬等，后来在上海电镀专家秦宝兴和吴顺山的指导下，增加了电镀亮镍套铬工艺。

1970 年，常州电镀厂已经有镀锌槽 3 000 升、镀铜槽 3 000 升、亮镍槽 3 000 升、暗镍槽 5 000 升、铜锡槽 5 000 升，抛车 15 台。主要产品有上海童车厂的车把，上海凤凰自行车厂的车把、鞍管，常州本地拖拉机扶手及其他一些配件。当时，上海童车厂的车把和常州手扶拖拉机的扶手已经是全国免检产品。1975 年，由于城市发展和自行车工业发展的需要，政府决定撤销常州电镀厂，大部分人员并入常州自行车厂，小部分人员并入卷尺厂。不久，卷尺厂也并入自行车厂，自行车厂成立了车圈车间、车把车间、抛光车间、废水处理站，自行车配件的电镀工艺得到进一步的发展，为常州金狮自行车创名牌、走向全国、走向世界做出了贡献。

1963 年，在上海光学仪器厂从事电镀的徐金玉、黄梅珍夫妇回乡，将常州的电镀事业推向了新的高峰。他们先是在常州西林、北港等地在技术上协助搞铝氧化。1968 年又在永红乡陈渡村开办了永红陈渡氧化加工厂，主要做人物像章氧化、小件镀锌，后来又开发铁件法兰和仿金电镀。该厂箱包配件的仿金电镀在常州地区很有名，后来又为开发自行车及机电配件的电镀增加了氧化、铜锡、暗镍、亮镍、亮铜等电镀工艺。该厂从吊镀发展到滚镀工艺，并在常州首创滚镀铬工艺。1980 年该厂转为永红乡镇集体所有制企业，划归常州市郊区，经市政府批准改名为常州市电镀厂。

20 世纪 70 年代初期，随着常州市工业的不断壮大，电镀需求大增，许多工厂都增设了电镀车间，除常州自行车厂和常州戚墅堰机车车辆厂外，还有常州市第一电子仪表厂、常州无线电厂、常州第四无线电厂、常州市拖拉机厂、常州纺织仪器厂、常州市开关厂、常州市照相机厂、常州钟表厂和常州航海仪表厂等。常州市郊县农村在“若要富、搞电镀”的思想指导下，也纷纷开办电镀厂点。东面有横林、洛阳、遥观、芙蓉、崔桥、印墅，南面有漕桥、庙桥、前簧、政平、马杭、寨桥，西面有北港、卜弋、汤庄、吕墅、奔牛、罗溪、礼河、万绥、邹区，北面有三井、胜利、小河、圩塘、薛家、孟河、安家和新闸，这些地方先后开办了 60 余家电镀企业。70 年代以来，常州电镀厂点已达近百家。据统计，1982 年常州市电镀厂点有 130 多家，仅武进县就有 112 家。这些大大小小的电镀厂点，在大大促进常州工业发展的同时，也严重污染着常州的环境。

1982 年，随着人们环境保护意识的提高和政府对水污染治理力度的加大，常州开始对电镀行业进行整顿，决定在市区成立三个电镀中心、一个电镀厂点。三个电镀中心是常州市电镀厂、常州自行车电镀厂、常州无线电电镀厂，一个电镀厂点是戚墅堰机车厂电镀车间（进行修复件电镀），其他厂的电镀车间一律撤并。武进县在县环保局和武进县电镀研究会的努力下，进一步摸清电镀厂的具体情况，统一规划，决定每个乡保留一个电镀厂。到 1988 年，常州市电镀厂点减至 60 家以内。其中武进县为 50 家左右，比 1982 年时减少了 47%，有职工 6 236 人，工业产值 6 548 万元，利税 593 万元。

1995 年以后，所有电镀企业开始转制，借此机会，政府引导对全部电镀厂进行技术改造，特别是加强对废水、废气、废渣的处理。改造较早的有鸿丽电镀公司，该公司将各车间的废水分类，分管道流向废水站进行处理，达标排放，所有电镀车间全部翻造，按镀种改手工为自动和半自动线操作，减少水的用量，这样有利水的分类集中处理，同时也减轻了劳动强度。公司各车间的废气也进行了分类处理、三级喷淋，达标后排放。与鸿丽电镀公司差不多同时改造的还有马杭电镀厂和坊前电镀厂。改造后的马杭电镀厂更名为常州广宇蓝天表面技术发展有限公司，占地41亩，废水处理站占地5亩，有废水废气的巡视和管理人员30名。有了这样良好的开端，常州地区相继改造好的电镀企业有常州震宇金属表面处理有限公司（龙虎塘）、常州飞腾电镀有限公司、常州天成贵金属电镀有限公司（罗溪）、常州新时代电镀有限公司（汤庄）、常州小平电镀有限公司（邹区）、常州金吉彩色电镀公司（汤庄）、百丈神龙电镀公司（春江）、横林崔北电镀厂（崔桥）、庆南电镀公司（薛家）、光辉电镀公司（安家）、洪庄电镀公司（遥观）、晨丰电镀公司（吕墅）、庙桥新阳电镀公司（庙桥）、卜弋电镀公司（卜弋桥）、戚墅堰电镀公司（戚墅堰）、北湖电镀公司（横林）、东青电镀公司（东青）、洛阳电镀公司（洛阳）和新艺电镀公司（奔牛）等。全市各区的环境监测站加强了对各电镀厂点的环境监测，以坚决杜绝偷排和不达标排放的现象。

截至2019年，常州市现有电镀厂点共63家其中武进区15家、新北区27家、经开区8家、钟楼区2家、西太湖区5家、金坛市3家、溧阳市3家。

二、部分企业介绍

（一）中车戚墅堰机车车辆工艺研究所有限公司

中车戚墅堰机车车辆工艺研究所有限公司（简称“中车戚墅堰所”）（图2－7）建于1959年，目前已形成轨道交通装备关键零部件、齿轮传动系统、工程机械、汽车零部件、柴油机零部件等主要业务板块。2015年，公司销售收入突破52.6亿元。

图2－7　中车戚墅堰机车车辆工艺研究所有限公司

中车戚墅堰所是中国最早的电刷镀技术研发单位，电刷镀于1979年研制成功，1980年11月通过当时铁道部组织的鉴定，1981年列入国家经委的全国推广应用计划，并持续成为国家“六五”“七五”“八五”及“九五”计划的重点推广项目。1985年获得国家科技进步一等奖。

作为中国电刷镀技术的开拓单位，中车戚墅堰所是全国电刷镀技术协作组及中国职工技协电刷镀协会挂靠单位，同时也是电刷镀技术操作上岗证和施工资格证颁发认可单位。

1. 电刷镀技术特点

电刷镀技术是根据电化学沉积原理在工件指定部位快速沉积金属的技术，它是5种基本金属维修技术（焊接、喷涂、电镀、电刷镀、粘接）之一。该技术具有以下特点：

① 设备投资少，资金回收快，利润高，一套成套设备价格通常在10 000元左右；

② 设备轻便简单，不需要镀槽，可在现场流动作业，特别适用于大重型零件现场就地修复；

③ 工艺灵活，操作方便，可沉积多种用途的单金属、合金镀层和组合镀层，根据需要可以方便地选择镀层的种类，如镍、铜、铁、锡、金、银等；

④ 环境污染小，刷镀溶液中不含剧毒物，同时溶液的使用量少并可循环使用，产生的废液很少，溶液稳定，无闪点，储运过程中属非危险品；

⑤ 维修质量高，在水溶液中操作，不会引起被修复工件的变形和金相组织的变化，设备上采用专门的厚度控制装置，误差小于±10%，镀层通常不需再次机械加工；

⑥ 生产率高，节约能源，电刷镀具有高的沉积速度，最快时可达0.05毫米/分钟，成本低。

2. 电刷镀的应用领域

电刷镀技术已在航空航天、机车车辆、船舶舰艇、石油化工、纺织印染、工程机械、电子电力，文物修复、工艺品装饰等方面获得大量应用。该技术主要用于：

① 恢复磨损和超差零件的尺寸，使零件满足公差要求；

② 新品刷镀保护层，提高零件的耐磨性、表面防腐性和抗高温氧化性；

③ 模具的修理和防护，如表面刷镀镜面镀层，以满足防腐及表面光泽度的要求，提高模具使用性能和寿命；

④ 大型和精密零件的修复，如曲轴、油缸、柱塞、机体、导杆等局部磨损、擦伤、凹坑、腐蚀点等的修复；

⑤ 改善零件表面的冶金性能，如改善材料的钎焊性，零件局部防渗碳、防渗氮等；

⑥ 改善轴承和配合面的过盈及配合性能，如增加过盈量，增加配合面的耐磨性及防腐性；

⑦ 印刷电路板的维修和保护，如插脚镀金、银等；

⑧ 电气触点、接头和高压开关的维修和防护；

⑨ 进行槽镀难以完成的产品的作业，如有缺陷的镀件、无法入槽的工件、已安装在设备上的工件、只需局部施镀的工件、部分深孔、盲孔等。

3. 电刷镀技术设备

中车戚墅堰所从事电刷镀电源的开发研制已有 30 余年，先后开发出调压-变压-硅整流电刷镀电源 TD－60、TD－150、可控硅电刷镀电源 TD－300、TD－500、逆变电刷镀电源 TDN－60、TDN－150、TDN－200、TDN－300。远控智能专家型电刷镀设备是戚研所最新推出的电源产品，具有以下特点：内建电刷镀专家系统，可远程升级；内置常用刷镀工艺，内建培训系统；主机和控制单元分离，有现场调控工艺；多重保护技术，IP65 防护，安全可靠。所里同时研制成百余种电刷镀溶液，涵盖了镍、钴、铜、锌、铟、金、银及多种合金，并有阳极、镀笔、包套等整套系列设备及附件供使用单位选择。

（二）鸿丽电镀有限公司

鸿丽电镀有限公司成立于 1995 年，是由原横林电镀厂转制而来。横林电镀厂创建于“大跃进”时代后期。当时在大运河南面水塔桥下，工厂在厂长杨雁的带领下，用几个大水缸做镀缸，用板车去常州、无锡等地拖货，以螺栓、螺母的镀锌业务为主。20 世纪 60 年代初期搬到了运河南面的杨岐村，开始发展仿金电镀。上海长征电镀厂的高工秦宝兴家就在横林杨岐村，经常回家探亲，他的弟弟秦中兴也住在杨岐村，经常到上海学习电镀技术，这样便加快了横林电镀厂的发展。横林鸿联家具厂和鸿联灯具厂的兴建给横林电镀厂带来了更多的业务，同时也对电镀提出了更高的要求，因此，横林电镀厂很快成为常州东部最大的电镀厂。与此同时，周围的农机修理厂和模具修理厂也建成了电镀车间。电镀工艺以铜、镍、铬为主，仿金为辅。20 世纪 90 年代开始，工厂成功试验了白珍珠镍和黑珍珠镍，并发展了黑色电泳漆和透明电泳漆涂装。珍珠镍外层罩上一层透明电泳漆，美观大方，防腐能力也很好；铜床抛光再罩上透明电泳，在全国很有名气。横林地板城的建成更加速了电镀厂镀硬铬和镀锌业务的发展。

1995 年横林电镀厂转制，由鸿联家具的周金瑞接管，改名为鸿丽电镀有限公司，加快了发展步伐。随后引进了我国台湾地区的电镀设备和电镀添加剂，室内化验和实验设备更加完善。2000 年起，因对电镀的环境要求更加严格，鸿丽电镀公司决定联合周边的封岸电镀厂、模具厂和常州医护设备公司，共建一个污水处理站，面积约 3 000 平方米，设有锰砂过滤、活性炭过滤和电渗析设备，使废水经处理后达标排放，并与环保部门监控中心联网。这一措施得到武进环保局的认可。在此基础上，对四个企业的电镀车间按规划进行全面改造，地面作四层防渗层处理，采用花岗石地坪，全部实行自动化和半自动化操作。各车间的电镀废水分类、分管道送往废水站集中处理，达标排放；污泥集中堆放，送指定有资质单位处理。

这种车间改造的模式在武进地区是比较早的，也是比较成功的，后来相继在其他地区得到推广。

（三）常州现代金属表面处理有限公司

常州现代金属表面处理有限公司（图 2－8）位于江苏省常州市钟楼区永红街道，创建于 1968 年，最早叫武进永红陈渡铝氧化工厂，是村办企业，主要做铝氧化加工，有少量的镀锌业务。1980 年改为永红乡集体企业，划归常州市郊区管理。1983 年正式改名为常州市电镀厂，并开始扩建新车间。公司产品由箱包配件转向自行车配件，车间分自动线车间和手工车间。1992 年与香港美港国际洋行合资成

图 2－8　常州现代金属表面处理有限公司

立常州蓝港电化有限公司，并扩建精细车间。产品在原来的自行车配件、纺机配件基础上，增加大量的电子元件。镀种由原有的镀锌、铜、镍、铬，又增加了镀金、镀银和化学镀镍。公司于 2000 年经过产权改革，改名为常州现代金属表面处理有限公司，由王国建任董事长兼总经理，转为以外向型精密电子元件电镀及精密产品表面技术加工为主的企业。

公司遵循继承与创新相结合的原则，在长期电镀实践经验的基础上，不断推进技术进步和现代化管理，秉承“服务求诚、质量求稳、改进求恒”的企业精神，于 2000 年通过 ISO 9002 国际质量体系认证，2007 年通过 ISO 14001 环境体系认证，同年通过江苏省重点企业强制性清洁生产审核的验收。公司主要客户为上海神明电机、太仓神明电子、常熟富士电机及 TE Connectivity（苏州）等大中型企业，拥有吊镀、滚镀、连续镀等各类电镀设备 28 台（套）。公司重视产品质量管理，拥有较完善的理化分析、盐雾试验及 X 射线测厚仪器。公司原有占地面积 23 560 平方米，建筑面积 10 800 平方米，厂区绿树花香，环境优美，公用设施配套齐全。

公司重视环境保护和科学发展，积极推行无氰、无铅、无六价铬电镀，建有配套齐全的三废处理设施，对电镀污水分类收集，采用国内先进技术和设备进行资源化分类处理。公司于 2008 年获得由常州市环境保护委员会颁发的“环境管理贡献奖”。

公司致力于标准化管理，于 2014 年获得由常州市钟楼区安全生产管理局颁发的“安全生产标准化三级企业”认证证书。公司 2013 年产值约 2 700 万，利税约 420 万；2014 年产值约 2 500 万，利税约 350 万；2015 年产值约 2 100 万，利税约 200 万；三年平均产值约 2 500 万元，年均利税约 300 万元。

公司是中国表面工程协会电镀分会第四、第五、第六、第七届常务理事单位，是江苏省表面工程行业协会筹建单位之一，且自 1992 年以来，是历届江苏省表面工程行业协会副会长单位。

2019 年，因常州城市规划原因，该公司取消了电镀行业务。

第二节　镇江地区

一、镇江电镀发展概况

镇江地处长江三角洲经济圈，拥有机械、化工、造纸三大主导产业，电子信息、新材料、交通设备、食品、电力五大优势产业。20 世纪 90 年代中后期，随着市场经济的活跃，镇江市的电镀集体企业纷纷改制，工艺也由原先简单的镀铜镍铬，开始有了贵金属和合金电镀。

几十年来，镇江地区的电镀企业为地方的经济和上述配套工业企业的发展做出了重要贡献。镇江地区电镀行业主要集中在扬中、镇江新区、丹阳这三个区域。

（一）扬中地区

扬中地区第一家电镀厂创办于 1963 年。当时由于上海一些工厂工人下放，从上海回到家乡的一些村民迫于生计压力，开始考虑另谋出路。有些村民在上海见过电镀厂，于是由幸福公社（现西来镇）的红星大队和胜利大队合办了第一家电镀厂，上海下放工人倪志福任厂长。因为当地的电力供应不足，电镀厂选址在常州小河镇，镀槽是用水泥砌出来的，只有一台整流器供两个槽子使用，员工只有几个人，做些简单的铜制品，为上海医疗器械厂配套加工。1963 年底，赵镇海继任厂长，此时电镀厂已搬迁至扬中农机厂（现三茅街道办），属于当时的三茅公社。1965 年工厂被扬中县收购，改名为扬中县电镀厂，此时厂内员工已有 50 多人；1969 年搬迁至县中学（现企东村），同时搬入的还有扬中仪表厂和扬中五金厂。1970 年，三个厂合并，改名为地方国营扬中县电子仪器厂，党总支书记为龚桂秋，占地面积 40 亩，员工 200 多人，电镀工艺有镀铜、镀镍、镀铬、镀铜锡合金、电解铜，年产值几十万元。此时电镀厂开始考虑进行污水处理，主要手段就是离子交换和酸碱中和等简单的处理方法。电镀工艺的维护则完全是凭工人经验，工人常用的手段是看槽液的颜色或者亲口品尝槽液等，甚至品尝剧毒的氰化物槽液。直至 1974 年，该厂新增了镀金、镀银、塑料电镀等工艺，也建立了第一个化验室，这也是扬中最早的化验室，由在苏州工业电镀厂受过正规培训的翟笃诚负责。

1979 年，由于合并后扬中县电子仪器厂发展迅速，政府决定再次将三厂拆分，电镀厂改名为地方国营扬中县电镀厂，郭道源任书记兼厂长，员工有 130 多人，产值 80 多万元。此时电镀工艺进一步完善，电镀槽也有原先的水泥槽改为水泥内撑塑料槽。进入 20 世纪 80 年代，电镀加工业开始迅猛发展，1983 年地方国营扬中县电镀厂搬迁至三茅乡建中村，占地面积 40 亩，产值 100 多万元，书记为李明成，厂长为曹光古。此时国家开始大力发展乡镇企业，扬中县各个乡村乡镇都有大大小小的电镀厂诞生，总计有 30 多个，地方国营扬中县电镀厂成为扬中龙头电镀厂。1985 年，扬中县政府高度重视电镀行业，委派了包括杜庆新等 9 人到上海轻工研究所培训(老师是李鸿年、沈亚光、陈永福、沈品华等电镀界的专家),并在上海南市电镀厂实习。由此扬中县电镀厂得到了进一步的发展,新增了仿金、黑铬、枪镍等工艺,承接了许多高档有难度的产品,如人民大会堂的大吊灯、精密的电子仪表、军工用品等。值得一提的是,当时在镀大吊灯的时候,由于没有那么大的槽子,只能在地上挖出一个大坑,在坑里面铺上八层塑料布,配入槽液,然后两端挂上阳极,将大吊灯挂上去镀,由几个人力拉着大灯进行阴极移动。

1992 年,出于环保要求,扬中县电镀厂搬迁至三茅乡东方村(现锦程村),此时的产值已经达到 5 000 多万。1999 年,受市场经济大潮的冲击,工厂实行改制,由杜庆新和其他三人承包,改名为永新镀业有限公司,国营化的电镀厂正式退出了历史舞台。在改革开放政策的支持下,永新镀业有限公司发展迅猛,至今产值已经突破三个亿,成为占地 120 亩的大型集团企业。企业主营热镀锌,加工扬中地区的电缆桥架、高低压开关柜等,同时配套的工艺有镀铜镍铬、镀银镀金、仿金、镍锡、枪镍和喷涂等。如今扬中市总共有 7 家表面处理中心,分别为扬中市锦程表面处理中心、扬中市宏飞镀业有限公司、扬中市中远表面处理中心、扬中市瑞通表面处理中心、扬中市荣马镀业有限公司、扬中市西来桥表面处理中心、扬中市永新镀业有限公司,另有 7 个内配电镀车间,这些企业加工的电缆桥架和高低压开关柜占到了全国数量的 80%。

(二) 丹阳地区

丹阳最早成立的电镀厂位于埠城镇,在成立之前,埠城镇有几家小型抛光厂,做一些铜制品。1968 年,原城南大队会计王佩仁与几位从上海下放的工人开设了丹阳第一家电镀厂,只有镀铜镍铬工艺。厂里最初的槽子用农村做的石缸,容量几百升,主要为上海一些家具厂加工抽屉拉手;改进设备、扩大业务后,埠城电镀厂与苏州自行车厂合作做铃铛加工。仅仅几年的发展时间,产值已经做到五六十万。20 世纪 70 年代,丹阳各镇形成了各自的电镀特色。随着国家大力发展乡镇企业,丹阳其他地方陆续新增了许多电镀厂,最为典型的有丹阳五金拉丝厂(城镇电镀厂)、丹阳金属制品厂(东门电镀厂)。至 20 世纪 90 年代初,埠城主要镀五金杂件,界牌镀塑胶件,后巷运河镀电子元器件,河阳镀医疗器械,司徒镀眼镜架子。规模较大的厂有练湖电镀厂、司徒美乐钢圈厂、运河的沁杨电镀厂、界牌的轻工电镀厂(现丹阳振宇集团)、河阳电镀厂。其中,丹阳轻工电镀厂连续多届担任江苏省表面工程行业协会副会长单位。这些电镀企业的工业总产值每年可达到二三十亿元。

（三）镇江市区

镇江市区的电镀发展跟丹阳比较相似，在20世纪60年代，镇江市区还没有一家电镀厂，只有一些五金加工厂，做农村日用品和农机具上面的零件等。到20世纪70年代，一些稍大的机械加工单位为了节省经济成本，开始配建电镀加工车间，比较典型的是丹徒县新农机具一厂。该厂当时是集体企业，70年代初配套了电镀车间，规模只有几百升，且只有镀锌。到20世纪80年代，随着乡镇企业大力发展，镇江地区的电镀企业开始逐年攀升，规模比较大的有三山电镀厂、石桥电镀厂、丁岗电镀厂。这些厂员工有三四十人，产值可以做到100多万元，主要为上海的自行车厂如上海永久和上海凤凰自行车零件做配套加工，还会做一些电视机零件加工。但是受计划经济的制约，许多原材料的采购都受到限制，这也大大限制了镇江地区电镀企业的发展。直至20世纪90年代，在市场经济调节下，集体企业纷纷改制，电镀企业的发展也迎来了辉煌，许多企业转型做高端产品，工艺也有了很大的发展和进步。这其中发展较好的有镇江华泰电镀科技有限公司、镇江金石电镀有限公司等。2008年，由港资新宇环保集团有限公司子公司镇江华科生态电镀科技发展有限公司建设运营的镇江环保电镀专业区在镇江新区成立，这些企业陆续入驻，开始了新的发展时期。

二、部分企业介绍

（一）镇江华泰电镀科技有限公司

蔡清才从事电镀40余年，他能清晰地回忆起40年前的镇江电镀行业。当初在镇江城里的电镀厂家，正规的有镇江锁厂、镇江标牌厂；在农村有三家：丹阳埤城电镀厂、石桥农具厂电镀车间和谏壁电讯仪表厂电镀车间。这些厂加工的产品都是日用品、家具拉手、海壳和极少的五金产品，镀种主要是镀铬，工艺为抛光-除油-镀锌铜、镀铜锡合金-抛光镀铬，还有有氰镀锌。因为当时铁、铜及化工都是计划供应，导致多个镀种生产也不正常。计划市场决定了生产，有时一个任务缺少了某种化工材料，只好等材料找到了才能生产。随着国家的政策放开，金属市场、化工市场、劳动力市场逐渐活跃，电镀行业也逐渐繁荣。电镀镀种也逐步增加，电镀产品逐渐得到需求者的认可。

（二）扬中市永新镀业有限公司

扬中市永新镀业有限公司（原地方国营扬中市电镀厂）成立于1962年，从单一的医疗器材镀铜、镍、铬开始，通过历任负责人和广大职工的共同努力，该公司已经成为扬中市表面处理行业中业务门类较为齐全的企业。公司镀种涵盖镀铜、镍、铬、锡、银、金、锌、铜合金及热镀锌等，产品为标牌、婴儿秤、体重秤及各种医疗设备。该公司的仿金(铜合金)灯具用在北京人民大会堂辽宁厅，枪色黑镍的体育用品漂洋过海出国创汇。

1999 年 8 月该公司改制为股份制公司——扬中市永新镀业有限公司。在企业法人杜庆新带领下，企业产能迅速扩张，2004 年新增 7.5 米×1.6 米×2.5 米热镀锌生产线、改造原 4.5 米生产线为 9.6 米×1.6 米×2.8 米热镀锌生产线和 9.6 米×1.8 米×2.9 米生产线。目前公司已经拥有扬中唯一完整的、齐全的小件、大件、特大件热镀锌流水线 3 条，铜铝件局部、全部镀银、铜、锡，铜件镀锡、银、精密镀铜、镍、铬生产线，镀镍着色等生产线 12 条。

2014 年以来，公司淘汰了窑炉、煤气发生炉的加热方式，全部采用天然气，彻底改变了以前的二氧化硫、烟尘超标的现象。2015 年新成立的欣新环保科技有限公司为扬中市表面处理行业配套。公司现有员工 500 多人，其中大中专技术人员 28 人，管理人员 98 人，占地面积 47 000 平方米，固定资产 5 500 万元。

公司主要业务年产值 2016—2018 年平均 3.0 亿～3.5 亿元，利税 980 万元。热镀锌于 2008 年通过 ISO 9000 认证，电镀于 2015 年通过 ISO 9000 认证。公司于 2014 年荣获中国表面工程协会热浸镀专业委员会“绿色批量热镀锌企业”荣誉称号。

2015 年，公司当选为江苏省表面工程行业协会副会长单位，2019 年当选中国表面工程协会常务理事和中国表面工程协会热浸镀锌分会副理事长和秘书长单位。

(三) 丹阳市轻工电镀厂

丹阳市轻工电镀厂是民营企业，成立于 1979 年 10 月，占地面积 4 万余平方米，建筑面积 2.5 万平方米，拥有资产 8 134 万元，年生产电镀产品 360 万件，约 0.353 万吨。工厂主要产品为摩托车配件，为国内知名摩托车生产企业大长江、南京金城、钱江等配套。工厂于 1996 年组建的省级集团，以丹阳市轻工电镀厂、江苏振宇汽车部件有限公司为核心。

长期以来，丹阳市轻工电镀厂积极响应和遵循国家法律法规，严格执行国家关于废水排放、污固物处理的相关政策。2008—2009 年，该厂响应国家关于太湖流域水环境治理的相关要求，结合实际情况，对污水处理设施进行进一步升级改造，在省环保厅和镇江、丹阳环保部门的指导下，投入 210 万元资金，率先通过了市环保部门的提标升级达标排放验收。2010—2011 年，响应环保部门淘汰落后工艺的政策，淘汰了全部手工电镀工艺，投入 4 000 余万元将旧工艺改造成先进的全自动电镀生产流水线，同时淘汰了燃煤锅炉，改用天然气锅炉进行供热。

2013 年，丹阳市轻工电镀厂被丹阳市市政府确定为电镀原地升级保留企业，独立在电镀园区之外。历年来获得的荣誉有广东豪爵综合质量产品荣誉奖、产品质量信得过单位、国家农业部“全面质量管理达标单位”、江苏省环保先进单位、镇江市“重合同、守信用”单位、丹阳市“文明单位”。该厂在国内同行中享有较高的知名度，是江苏省表面工程行业协会多届副会长单位。

（四）镇江银山电镀厂有限公司

镇江银山电镀有限公司原名镇江市金山电镀厂，创建于 1979 年 10 月，建厂时厂房面积仅 100 余平方米，从业人员不足 10 人。只有镀锌一个电镀工种，年产值才 10 余万元。

后来经过 5 年的艰苦创业和奋斗，通过引进先进技术和优秀人才，工厂得到了快速发展。1984 年，加工业年产值已超过 200 万元，厂区占地面积 7 350 平方米，厂房建筑面积 4 200 平方米，员工 210 人。电镀工艺有镀铜镍铬、硬铬、仿金、镀锡、磷化、酸洗、发蓝、抛光等，在润州区乃至镇江市电镀行业中有一定的地位。

2012 年根据润州区人民政府相关文件，公司领导决定对老厂区实施搬迁，并于当年入驻新区绿色化工产业园华科环保电镀专业园区。厂名由镇江金山电镀厂变更为“镇江银山电镀有限公司”。

从 1979 年建厂到 2010 年后的镇江银山电镀有限公司，公司领导始终在追求高经济效益的同时，注重更高的社会效益，并且始终重视环境保护工作。由于环保工作方面成绩显著，1981 年镇江市环保局赠送公司含氰、含铬电镀废水处理设备各 1 套，该设备在公司用于处理电镀废水，在防治环境污染工作中发挥了十分重要的作用。入驻华科环保电镀专业区后，公司在生产成本不断提升，电镀行业务不足的情况下，仍然根据环保部门治理“三废”的要求，不断加大环保资金的投入。2014 年，公司通过了电镀环保项目竣工验收。2015 年 9 月，公司又通过了江苏清洁生产审核验收，用实际行动履行了“既要金山银山，又要绿水青山”的经营理念。

1987—2015 年公司连续 17 年被评为镇江市“重合同守信用企业”，1991 年被镇江市人民政府授予“重合同守信用企业”铜牌。

（五）扬中市宏飞镀业有限公司

扬中市宏飞镀业有限公司位于扬中市三茅街道兴阳工业区，创建于2000年。公司占地面积60 000平方米，其中生产车间40 000平方米，办公楼2 400平方米，废水处理站2 600平方米，仓库1 500平方米，现有职工260人。

宏飞镀业有限公司是扬中市第一家金属表面处理企业，也是集电镀和喷涂为一体的综合性加工企业。公司分为喷涂分公司、电镀分公司和精密电镀分公司，拥有镀锌、镀银、铜镍铬、镀锡、化学镍、三元合金、滚镀锌、滚镀镍、滚镀锡生产线及6条喷涂生产线，可以在铁、不锈钢、铝合金、钕铁硼等基体上施镀。公司采用国外先进工艺和进口添加剂，辅以雄厚的技术实力，确保了产品的质量，加工的电镀产品涉及电气设备、核工业设备、日用五金、通信设备、汽车紧固件、太阳能设备、渔具、锁具等。

公司长期以来一直重视产品质量和技术进步，已于2003年通过ISO 9001质量管理体系和ISO 14001环境管理体系认证。公司建有实验室、化验室，聘用有丰富电镀经验的工程师，以工艺技术先进、管理规范、质量较优、服务周到受到一致好评。

宏飞镀业有限公司的质量方针是“产品不断满足顾客要求”，环境方针是“遵守环保相关法规及要求，致力于持续污染改善及预防管理，推动工业减废落实及回收再利用”。

第三章 无锡地区

第一节　无锡电镀发展概况

无锡是中国民族工业的发源地之一，素有“小上海”“布码头”之称，是中国东部经济重镇，国际先进制造业基地，中国民营企业之都。

伴随着经济的高速发展，无锡的电镀行业也得到了全面、快速的发展。无锡电镀行业起步比较早，1923 年就有了 2 家电镀抛铜作坊，基本情况见表 2－1。

表 2－1　1923 年无锡电镀工厂调查表

厂　名	厂　主	厂　址	成立(年)	资本(元)	性　质
公益抛铜	张启华	光复门露华弄内	1927	500	合伙
永泰电镀厂	张老四		—	1 500	合伙

一、解放初期到 20 世纪末无锡电镀发展概况

“东学上海，西赶南京”是解放后无锡电镀行业的口号。

1958 年，地方国营无锡电镀厂和大集体的无锡东风电镀厂先后成立，无锡开始有了大型专业电镀厂，同时无锡的多家军工企业都设有电镀车间。20 世纪 70 年代初期，村办企业无锡市电镀二厂建厂，40 多年后成为无锡市最大的民营电镀配套厂，该厂镀种多，规模大，年加工销售额达 6 000 多万元。20 世纪 80 年代，苏南模式蓬勃发展，小电镀企业迅速增加，如锡山环宇电镀厂、宜兴吉泰贵金属电镀公司、江阴市华澄电镀厂、江阴天马镍网厂、锡山市鸿声电镀厂、锡山市电镀厂等，

有近百家之多。

到20世纪90年代后，无锡引进大批外资企业，如阿尔卑斯电子（无锡）有限公司（日资）、新美亚电路（无锡）有限公司（美资）、联合汽车电子（无锡）有限公司（德资）、奥特凯姆汽车部件（中国）有限公司（美资）、高德（无锡）电子有限公司（新资）等，这些外资企业在厂房、设备、工艺、检测仪器仪表、环保设施、管理经验等方面较内资企业先进，使无锡电镀水平整体上了一个台阶。

二、无锡市电镀行业发展现状

进入21世纪后，无锡的电镀行业进入了高标准、严要求的规范化发展时期。

无锡的经济总量始终位居全国前列。机械制造业是无锡起家、当家、发家的支柱产业之一，无锡又是国内集成电路制造业的重要基地，轻工、纺工、精密仪器、新型能源等产业都很发达。无锡的电镀行业与主导产业在相互结合中发展壮大，其标志之一是产业的总体规模快速增长；之二是产业结构不断优化；之三是企业集群和集聚发展取得突破，无锡杨市电镀工业园区是国内最大的专业园区之一，一大批国内外著名企业进入了该园区；之四是无锡电镀环保设备制造业成为全国重要基地。

电镀行业是国民经济发展中不可或缺的重要的产业，同时又是污染较重的产业，作为国家《工业清洁生产推行十二五规划》确定的重金属防治的8个重点行业之一，面临着严峻的环境挑战。特别是在2005年太湖水危机发生以来，环太湖5千米以内不能设立化工、电镀企业，于是无锡市电镀行业被列为市重点整治三大行业之一，多数电镀小企业关闭，未关闭的企业一般都要求进园区。新《电镀污染物排放标准》公布实施以来，无锡执行最严标准，这对电镀企业尤其是小企业更是严峻的挑战。目前，电镀加工企业在惠山园区最多，有30多家；新吴区外资企业较多，有20多家；锡山经济开发区有10家左右；江阴市有20家左右；宜兴市有10家左右；杨市等地有10家左右。在滨湖区、梁溪区均已没有电镀企业，市区大企业的电镀车间全部都关闭了。为了使电镀行业能够健康、和谐、稳定地发展，科技创新、环境整治是关键，因此无锡所有电镀企业每2年都会进行一次清洁生产审核。

1. 电镀行业的产品结构

电镀企业主要为汽车、机械、电子、轻纺、化工、军工、能源等行业配套电镀加工，其中电子产品包括多层高密度线路板、BGA芯片载板、高密度集成电路引线框、电池壳体，电脑、手机、新型电子器件等。

2. 无锡电镀行业发展方向

① 全面开展电镀污染防治工作，重金属整治放在首要位置。

② 向低毒、无毒、低污染绿色工艺技术发展，从源头解决污染。

③ 产品向高端方向发展。

④ 电镀装备现代化（自动化、智能化、计算机化等）。

⑤ 发展电镀工业园区。

⑥ 加快推进清洁生产审核，走循环经济可持续发展道路。

⑦ 末端治理先进技术与设备研究。

⑧ 降低成本、提高效率。

⑨ 科技创新、环境治理，以人为本。

⑩ 努力把无锡从电镀大市建设成为电镀强市。

3. 无锡特色的电镀工艺

① 锌镍合金电镀（汽车零部件电镀加工）。

② 镍-镍-铬（三价铬装饰铬电镀）。

③ 电子接插件镀镍-金（卷对卷连续电镀）。

④ 单层镀镍工艺（电池壳电镀）。

⑤ 无氰镀锌-三价铬钝化。

以上工艺水平均达到国内先进水平。

4. 严抓关键工艺环节

① 前处理工序中采用无磷低 COD 的脱脂剂，从源头解决废水无磷排放（在无锡的电镀企业已全部实现）。

② 在酸洗及化学、电化学抛光工序中不使用硝酸，使废水中氨氮、总氮达标排放并解决氮氧化物气体污染问题。

③ 镀镍使用槽边治理，采用离子交换和膜技术装置，使废水中的镍全部回用，中水大部分回用（无锡企业大部分采用）。

④ 镀硬铬安装新型铬雾回收器，使铬酸大部分得到回收，解决铬雾达标排放的问题（无锡企业大多已安装新型铬雾回收器）。

⑤ 清洗技术采用多道逆流漂洗、自动喷淋等技术，可大大节约清洗水（无锡企业基本采用）。

⑥ 镀锌无氰化及三价铬钝化（无锡企业已实现无氰镀锌，大部分采用三价铬钝化，部分要用低浓度六价铬钝化）。

通过对电镀企业进行清洁生产审核，企业的环境意识大大提高，实施的无/低费用方案、中/高费用方案取得了很好的环境效益、经济效益。

通过对照 HJ/T 314—2006 清洁生产标准，凡清洁生产合格企业，90%指标达到国内先进水平，10%指标达到国际水平。

三、无锡电镀、涂装和环保设备制造业发展情况

无锡电镀、涂装、环保设备制造企业大多创建于 1980 年左右。我国改革开放初期和 2000 年以来是该行业的两个重要发展时期，无锡已成为我国电镀、涂装、环保设备的重要制造基地。以无锡出新环保设备有限公司、无锡星亿智能环保装备股份有限公司为代表的几十家制造企业，年销售收入达 10 多亿元，产品品种齐全、设备水平上乘，自动化、智能化、绿色环保化程度高，销售遍及全国各地并与国际接轨，为日本、美国、英国、德国等厂商制造的电镀自动线均得到认可。

1. 清洁生产电镀涂装绿色设备

无锡表面工程装备制造业多年来为全国提供了众多的表面处理生产线、环保设备及相应的辅机设备，担负了众多国家大项目的表面处理生产线制造任务，这展现了无锡表面工程装备制造业实力和影响力。

2. 电镀环保设备之乡

以诚出新、以信出新、团结出新、创造出新。今天，无锡已形成以曾湧为首，匡优新、匡云程、潘德兴等企业家为骨干的 30 余家各具特色、各具优势、不同规模的企业组成的产业群，年销售收入达 4 亿多元，产品系列齐全、每年服务企业 300 多个，遍及全国各地，并与国际接轨。今天，改革开放的大好形势，清洁生产的历史责任，都给电镀环保设备之乡带来了极好的发展机遇，同时，也面临着国内外市场经济的严峻挑战。

3. 无锡十佳企业与杰出人物

首届(2013 年)中国表面工程设备材料行业“出新环保杯”十佳评选表彰中，无锡十佳企业与杰出人物如下：

① 杰出人物奖——无锡出新环保设备有限公司曾湧、无锡市星亿涂装环保设备有限公司匡优新；

② 十佳民族品牌奖——无锡出新环保设备有限公司、无锡市星亿涂装环保设备有限公司、江阴天马电源制造有限公司及宜兴市星光陶瓷研究所；

③ 设备类十佳企业奖——无锡出新环保设备有限公司、无锡市星亿涂装环保

设备有限公司、无锡出新表面工程设备有限公司、无锡市电镀设备厂、江阴天马电源制造有限公司；

④ 涂装十佳企业奖——无锡市顺达物流涂装设备有限公司、无锡市运通涂装设备有限公司、无锡市太湖防腐材料有限公司。

四、部分电镀企业简介

（一）地方国营无锡市电镀厂

“大跃进”时期在无锡西门建立的利民电镀厂，主要电镀皮带裤带头及滚镀小零件；后改建成无锡振奋五金螺丝厂的电镀车间，主要生产蟹壳螺丝，铜、镍、铬、锌自行车配件等。1963 年车间脱离振奋厂，在无锡市冰寺头建成无锡市电镀厂，主要业务是电影胶片厂产品电镀、仿金镀、灯具电镀等，有 4 个车间约 100 人，管理科室逐步齐全。1982 年工厂搬到无锡市锡澄路半塘寺。历任厂长有朱茂义、王炳生、殷海春、杨仲兴、曹璐文等。因客观综合原因，该厂于 1998 年关闭。无锡市电镀厂当时在无锡市具有较高的知名度，为无锡市的工业产品配套发挥了较重要的作用，为江苏省电镀行业交流起到了骨干企业作用。

（二）无锡市东风电镀厂（大集体）(1965—1998)

无锡市东风电镀厂，前身是 1965 年由无锡市新生五金电器生产合作社电镀车间、民生五金生产合作社电镀车间、无锡刀剪厂电镀车间合并成立的无锡市新生五金电镀厂，有职工近百人，主要镀种有镀锌、镍、镉、铬、锌铜合金、铜锡合金以及发黑等。当时设备简陋，三废治理设施也很不完善。该厂在“文化大革命”中更名为无锡市东风电镀厂，是大集体企业，隶属于无锡市电子仪表工业局，主要为无锡市机械、电子、日用五金、煤矿、汽车、供电、建筑等行业电镀加工。后增加了镀银、硬铬、铝氧化，以及滚镀锌、银、镉、铜等镀种。该厂于 1982 年更名为无锡市电镀总厂。

20 世纪 80 年代初，在国家工艺专业化办公室和无锡市经委的关心下，对无锡市电镀总厂投资近 400 万元，迁厂改造，不断引进工程技术人才，将手工操作变为自动线生产。之后，工厂生产能力大大提高，产品质量直线上升，并新增磷化、黑磷化、镀金、彩色不锈钢等镀种；完善了三废治理设施，各类废水分质分流处理，注重中水回用，废气也分门别类由抽风处理后高空排放；贵金属全部回收，部分重金属也得到综合利用。该厂曾任无锡表面工程协会第一届到第三届副会长单位、江苏省协作组副理事长单位，并多次被评为省市行业先进企业、优秀企业。该厂当时在无锡市电镀行业中具有较高的知名度，为无锡市的工业产品配套发挥了较重要的作用，也为江苏省电镀行业交流起到骨干作用。因客观综合原因，该厂在1998 年关闭。

（三）无锡市电镀二厂

无锡市电镀二厂建于 1974 年 4 月，是无锡地区最大的电镀加工协作中心、军工产品定点加工企业、环保达标并实行信息公开化企业，并曾多次被国家、省、市表面处理行业评为优秀企业。该厂的镀种有镀锌、镀装饰铬、镀硬铬、镀铜、镀镍、镀镍磷、镀银、镀锡、铝氧化、钢铁氧化、磷化、铬酸盐处理、不锈钢钝化、电解抛光、喷砂等。能够为电子信息产品提供服务是该厂的优势，不断应用环保、领先的电镀技术是该厂坚持的发展方向。该厂工人队伍素质较高，80%以上的员工经专业培训取得上岗证。该厂检测设备比较齐全，有理化试验中心、高精度的 X 射线测厚仪、盐雾试验箱等并可提供检测报告，还是无锡地区表面处理行业率先通过 ISO 9001 质量体系认证的企业。该厂建有完备的三废处理设施，连续多年对三废设施追加投资，确保三废处理设施全天候、高效运转，使废弃物全部达标排放，因此得到了环保部门的表彰。

无锡市电镀二厂经过 40 多年的艰苦创业，已发展成为年产值达 6 000 万元的民营电镀加工企业，为无锡各行业产品零部件电镀配套加工做出了很大的贡献。由于无锡市市政规划，该厂所在地块不能从事电镀作业，故该厂 2014 年 12 月关闭。

（四）无锡星亿智能环保装备股份有限公司

无锡星亿智能环保装备股份有限公司成立于 1987 年，原名无锡市星亿涂装环保设备有限公司，是集电镀、涂装、环保设备制造为一体的专业装备制造厂商，为 ISO 9001 认证企业，资信等级 AAA 级。公司总部坐落在无锡市惠山区藕塘东风工业园，拥有生产车间 9 000 平方米和配套的人才楼 1 850 平方米，并建有 680 平方米的“江苏省电镀环保节能工程技术研究中心”。

多年来，公司在机械结构、智能化控制、节能环保等方面做出过重大创新，并已获得授权发明专利 18 项、实用新型专利 46 项、外观专利 16 项、软件著作权 4 项，获得国家级高新技术企业、高新技术产品、国家火炬项目、国家重点新产品、江苏省“专精特新”、江苏省重点推广应用新技术新产品等资质荣誉 50 余项。

2007 年公司被认定为江苏省高新技术企业，2014 年根据新标准被重新认定。公司获江苏省环境污染治理甲级资格证书，被评为江苏省民营科技企业、江苏省科技型中小企业、江苏省两化融合试点企业、科技创新先进单位、2013 年度中国表面工程设备材料行业设备类十佳企业、十佳民族品牌、无锡市知名商标，还曾获江苏省机械工业科技进步二等奖、无锡市科技进步奖。该公司是江苏省表面工程行业协会副会长单位、中国表面工程协会电镀分会理事单位、中国表面工程协会青年工作委员会委员单位、无锡表协副会长单位。

（五）无锡万宝电镀有限公司

无锡万宝电镀有限公司成立于 2003 年 9 月，位于无锡市惠山区洛社镇杨市电镀工业园区兴业路 6－1 号，公司注册资本 579 万元。截至 2019 年 12 月，公司固定资产为 1 亿元，公司员工 300 人，其中电镀高级工程师、技术人员等约 30 人。公司占地面积约 30 000 平方米，建筑面积约为 20 000 平方米。目前公司已通过各类生产加工所需体系认证，如 ISO 9001、TS 16949、TS 14001 等。公司总经理侯进法为无锡市惠山区表面处理行业商会会长。

该公司共有自动生产线 23 条，包括电泳涂装生产线，镀金、镀银全自动生产线，镀锌、锌镍合金全自动生产线，镀铜镍铬、双镍铬、三镍铬、硬铬全自动生产线，镀锌锡钴、锡全自动生产线，铝氧化全自动生产线，化学镀镍磷合金全自动生产线，塑料电镀全自动生产线，不锈钢钝化电解抛光全自动生产线等。

该公司阴极电泳全自动生产线主要配套加工产品的企业有上汽通用、上汽大众、一汽、二汽、南汽，并为法国、德国、美国、日本等多国汽车零配件企业配套加工。该公司镀锌、锌镍合金全自动生产线主要配套加工产品的企业有 IBM、佳能、惠普、戴尔、惠尔普、上汽通用、上汽大众等，镀金、镀银全自动生产线主要配套加工企业有泰科、宏泽、得意、住友、坂东、安费诺等。

公司具有独立的排污许可证，建有独立的污水处理设备，可实现污水零排放。公司的愿景是努力成为新型环保、稳定可持续生产型电镀企业，专注于为汽车、机械、电子等行业配套服务的专业化电镀企业，希望在未来，公司能成为金属表面处理行业的引领者。

第二节 电镀技术开发推广及教育培训情况

一、电镀技术的开发推广应用

无锡的电镀行业与无锡主导产业在相互结合中发展壮大。机械制造业是无锡重要的支柱产业之一，当时的轻工业也十分发达，红梅牌电视机、菊花牌电风扇、迎燕牌空调、长征牌自行车、小天鹅牌洗衣机等在国内都曾是名牌产品。20 世纪 90 年代后电子工业崛起，汽车配套电镀面广量大，无锡军工企业产品的电镀配套需求日益增多，因此无锡的电镀企业在电镀技术（镀种）等方面的开发应用都必须紧跟市场、紧跟时代。

无锡的电镀在防护性、装饰性和功能性上是全面发展的。

1971 年 12 月 10 日，第六机械工业部在无锡现场召开了无氰电镀推广应用大会，来自北京、上海、广东、山东、浙江等地的电镀专家、企业家 300 多人聚集在无锡大饭店，现场交流，无锡市经委、环保局等领导亲临指导。这次大会是中国第一次大规模推广应用无氰电镀的交流活动，在国内影响很深远。大会上人们最感兴趣的是上海仪表电镀厂的无氰双络合剂（氯化铵-氨三乙酸）酸性电镀锌新工艺。当时，第六机械工业部国营 721 厂（无锡）主要承担了会务工作。

1975 年，第四机械工业部、第六机械工业部联合主编了《电子设备金属防腐设计手册》，由两部标准化所领导，721 厂顾福林承担了其中 2 个章节的编写。书中涵盖了电子设备防腐的各种手段和各种电镀工艺。

无氰镀锌在无锡已全面推广应用，用得最多的是碱性锌酸盐镀锌。2012 年起，仅无锡金属表面处理工业园每年就可少用 100 吨的氰化钠。

锌镍合金电镀新技术具有显著的防腐性能，在汽车电镀方面应用很广泛。无锡万宝电镀有限公司的碱性锌镍合金电镀工艺稳定、质量上乘，是该企业主要的镀种和经济亮点。三价铬装饰铬电镀在明通金属表面处理（无锡）有限公司已成功应用近 10 年，从源头解决了六价铬严重的重金属污染。中德合资西门子中压开关有限公司采用的无氰酸性电镀金，成功应用在了中压开关产品上。装饰性电镀以前都采用铜-镍-铬工艺，用氰化镀铜打底，现在无锡均采用镍-镍-铬镀层系列，包括双层镍镀装饰铬、三层镍镀装饰铬，彻底取消了氰化镀铜。

因环保对COD和磷的要求特别严格，无锡的电镀企业在前处理除油工序中均采用了无磷、低COD除油剂，解决了污染问题。由于重金属铅对人体危害极大，无锡电子电镀单位已淘汰铅锡合金电镀工艺，改成了镀锡加微量元素及添加剂的新工艺。

二、无锡表协电镀教育培训情况

1985年12月14日，协会举办了由秦宝兴高工主讲的“国内外表面处理发展动态”技术讲座及李鸿年老师主讲的“基础电化学”技术讲座。

1991年1月24—26日，协会与市标准化协会联合举办金属与非金属覆盖层培训班，参加学习的有34个电镀厂点的41名学员。

1997年9月，协会与无锡轻工业大学联合开设电镀专业大专进修班，一年半时间共授课800小时，学员30人结业。

2000年7月6—7日，协会在无锡华晶宾馆举办了表面覆盖层技术培训班。培训班采取函授和面授相结合的方式，培训时间为52小时，有33家企业代表参加了学习，其中28人考试及格并领取了由无锡表协和无锡市质量技术监督局产品质量公正事务所颁发的结业证书。由顾福林副理事长等组成的教师队伍和秘书处做了大量工作。

2000年9月—2002年5月，协会与江南大学联合举办了表面处理涂料与涂装专业证书大专班。17位学员学习了13门基础和专业课程，经考试合格，学员于2002年5月获大专证书。

2003年7月29日—8月1日，协会在无锡市张泾镇举办首期无氰电镀培训班，学员60余名。

2003年8月20—21日，协会在江阴市举办无锡市第二期无氰电镀培训班。

2006年4月10—12日，协会与无锡市清洁生产领导小组联合举办了无锡市电镀行业首期清洁生产培训班，共有85家企业、122位学员参加。市清洁生产领导小组组长李林江做动员讲话，授课老师有顾福林、姚伯龙、陈宇锋、钱振庭等。

三、电镀相关刊物、书籍、资料出版、发行情况

《无锡电镀与涂装》是一年4期的彩色季刊(在2003年5月前是黑白版《无锡电镀通讯》，不定期发刊)，到2015年底已出版118期。期刊主编为各届协会会长，常务副主编为顾福林，副主编有陈国兴、姚伯龙、蒋建新、钱振庭、章伟国。《无锡电

镀与涂装》作为协会主办的专业杂志，不仅为无锡市电镀与涂装企业的生产经营服务，还与全国电镀、涂装协会和企业有良好的交流和协作。1984 年 10 月—2015 年 6 月，该刊刊登各类文章 1 500 余篇，累计 300 多万字，每期刊登 20 多家企业广告。该期刊在宣传国家政策法规与环保、交流市场和技术信息、推介企业产品和“四新”成果、交流协会工作等方面起到了积极的作用。

《无锡表面工程精饰大全》于 2007 年 11 月发行，编委会主任为曾湧，副主任为陈国兴、顾福林，主编为顾福林。

《全国表面工程行业清洁生产节能节材减排创新交流大会会刊论文、政策汇编》于 2007 年 11 月发行，主编为曾湧，常务副主编为顾福林。

《中国表面工程协会清洁生产指导委员会成立暨首次大会资料汇编集》于 2004 年 11 月发行，主编为张青，常务副主编为顾福林。

《无锡电镀行业清洁生产审核综述》于 2009 年出版第一版，2013 年再版，作者为顾福林。

第三节　无锡电镀行业清洁生产

清洁生产作为一种全过程的污染防治策略，已成为 21 世纪新的环保理念和战略。企业从产品设计、原材料选择、工艺改革、技术进步和生产管理等环节着手，最大限度地将原材料和能源转化为产品、减少资源浪费，并使生产过程中排放的污染物对环境的影响最小化。

一、清洁生产是电镀企业生存和发展的必由之路

电镀行业是污染较重的行业，由于环境制约越来越突出，该行业面临巨大挑战。电镀行业要生存、要发展，就必须坚定不移地走清洁生产和循环经济之路。

坚实的经济基础造就了无锡电镀行业的迅速发展，150 多家电镀企业在为无锡的主导产业配套服务中发挥了重要的作用。然而，2007 年 5 月发生的无锡供水危机深刻警示了我们，如果企业发展不注重与自然的和谐，最终受损失的必然是人类自身。在无锡市开展的包括电镀行业在内的五个行业专项整治中，各电镀企业的主要领导积极投入到整治工作中去，狠抓清洁生产，主动要求进行清洁生产审核。在无锡市经信委、环保局领导的大力支持下，无锡表协清洁生产审核中心协助

71 家企业开展了清洁生产审核，其中重点企业清洁生产 23 家，经政府主管部门组织专家验收通过，成为无锡市清洁生产合格企业。这是一个良好的开端。

二、清洁生产的法律依据

建设环境友好型、资源节约型社会是我国的国策。无锡地处太湖之滨，面对国家节能减排和环保新标的双重要求，环保挑战尤为严峻。

江苏省地方标准《太湖地区城镇污水处理厂及重点工业行业主要水污染物排放限值》(DB 32/1072—2007)于 2008 年 1 月 1 日起实施。其中对电镀企业的污水排放限值为 COD 50 毫克/升、氨氮 5 毫克/升、总氮 15 毫克/升、总磷 0.5 毫克/升，平方米镀件最高允许排水量 0.5 立方米/平方米。

《江苏省太湖水污染防治条例》共 6 章 65 条，于 2008 年 6 月 5 日起实施。

《电镀污染物排放标准》(GB 21900—2008)于 2008 年 8 月 1 日起实施。

环境保护部 2008 年第 30 号公告"关于太湖流域执行国家污染物排放标准水污染物特别排放限值行政区域范围的公告"，要求无锡市全市辖区执行新标准的排放限值。

《无锡市水环境保护条例》于 2008 年 12 月 1 日起施行。

2006 年底，环境保护行业标准 HJ/T 314—2006《清洁生产标准　电镀行业》颁布。

以上这些文件、标准，尤其是《电镀污染物排放标准》的出台，给电镀企业带来了很大的压力。有关调查表明，全国有一万余家电镀企业，只有 20%的企业能达到新标准的要求，60%～70%的企业都必须通过技术改造才能达标，10%～20%的企业可能无法达标，只能关闭。

无锡电镀企业主要集中区——无锡金属表面处理科技工业园区针对电镀废水特点，以节能、减排、降耗、增效为核心，开展电镀企业循环经济关键技术和共性难题科技攻关，投资 2 500 万元，推进污水处理站提标改造和建设尾水深度处理厂，建成后废水排放达到新标准要求。同时园区加强中水回用建设和废水管网改造等有力措施，成为了江苏省省级电镀示范园区和国家循环经济试点示范园区。

三、清洁生产审核

清洁生产审核是提升电镀企业清洁生产水平、实现节能减排行之有效的方法和手段。2004 年 8 月 16 日，国家发改委和环保总局发布了第 16 号令《清洁生产审核暂行办法》。清洁生产审核作为推行清洁生产最主要的、最具可操作性的方法，能够通过一整套系统而科学的程序，对企业的生产过程进行污染预防的重点分析和评估，从而发现问题、提出解决方案，并通过清洁生产方案的实施在源头减少或消除废弃物的产生。

改革开放以来，尤其是近 10 年来，我国电镀行业的“四新”技术进步很快：清洁生产的许多新工艺研制成功，绿色创新电镀环保装备竞相问世，低毒、无毒原材料(各类添加剂)成功推出。这些科技成果对电镀企业清洁生产给予了巨大的支持，大大减轻了末端治理的负担。例如，采用无氰镀锌、三价铬钝化、三价铬镀铬、HEDP 镀铜、焦磷酸盐镀铜、无氰锌-镍合金、无铅可焊性锡合金等清洁生产工艺，可以消除剧毒的氰化物和有毒重金属铅。在采用无磷除油剂后企业做到了废水中磷的达标排放。

结合无锡市电镀企业的实际情况，对环境绩效、经济效益、技术水平和电镀装备基础均较好的企业进行试点，带动了一大批企业开展清洁生产审核。2005 年 12 月，西门子中压开关技术(无锡)有限公司率先完成清洁生产审核，环境效益和经济效益显著，得到了相关部门的好评。截至 2015 年，无锡市已累计完成 71 家电镀、涂装企业的清洁生产审核，其中重点企业 23 家。

第四章 苏州地区

第一节　苏州电镀行业发展概况

一、苏州发展电镀行业的传统优势

具有 2 500 多年历史的苏州，自古以来就是一个手工业的发达城市，诸多手工业产品的历史可以追溯到几百年甚至上千年以前。苏州电镀行业作为苏州手工业的一个分支行业，其历史一样源远流长。在中国漫长的历史长河中，苏州手工业的发展助推了电镀行业，电镀行业的发展也改变了部分手工业产品的面貌。

苏州地处长江三角洲，北滨长江、东临上海、南接浙江、西连无锡，境内湖泊星罗棋布，河流纵横交错、江河相通，京杭大运河纵贯南北，素有“水乡泽国”之称。这里历来是富饶繁盛之地，史称“吴有三江五湖之形胜，故其地为古今之雄盛”。“天有时、地有气、材有美，工有巧，含四者然后可为良。”《周礼·考工记》中所说的这四者，在苏州都是得天独厚的。苏州一代代手工艺人用富于创造力的巧手，使苏州成为多种传统技艺精湛的手工业品的基地。

春秋战国时期，在现今苏州地区的吴国冶炼兵器是相当闻名的，在中国冶金史上写下了光辉的一页。故《考工记》有“郑之刀、宋之斤、鲁之削、吴越之剑，近乎其地而弗能为良”之说，足见吴国的剑已声名远扬。

唐宋时期，苏州已经成为当时举国有名的手工业城市。《吴郡志》记载：“唐时苏之繁荣，故为浙右第一矣。”到了北宋末年，宋徽宗赵佶在苏州设有规模庞大的“造作局”，集中数千人专门制造各种贵重精巧的御器，其中就有采用类似电镀工艺制作的金银和金属制品。

明清时期，是苏州手工业的鼎盛时期。清代，苏州在全国的地位日趋重要，曾与佛山、汉口、北京并称为“天下四聚”。当时江南、江北的农民纷纷进入苏州习艺从业，雍正《朱批谕旨》记载，雍正八年(1730年)七月，李卫等人奏折道：“苏州习此(踹)匠业者，非精业而强有力不能，皆江南、江北各县之人，递相传授牵引而来，率多单身乌合不守本分之辈。”由此促进了苏州手工业的发展，生产规模日益增大，手工业门类也比较齐全，与电镀行业相关联的就有冶金业、钢锯业、包金业、印刷业、钟表业、眼镜业、剪刀业、锡器业和玻璃镜业等。

苏州下属的常熟、沙洲(今张家港)、吴县(今大部为苏州市吴中区)、吴江(今苏州市吴江区)、太仓的小手工业同样历史悠久。这些小手工业在唐代已稍有规模，到了元末明初有了更大的发展，行业达10多个，各种作坊、工场遍及大小集镇。譬如常熟的虞山镇、沙洲的杨舍、后塍、南沙，吴县的木渎、浒墅关，吴江的松陵、盛泽、震泽，太仓的城厢、沙溪等。吴县木渎的银作、锡作工艺精良。常熟的铜作精巧，郡中西城业作者不下数十家，精粗巨细、日用之物无不具。昆山多种经营资料丰富，农民有经营家庭副业的传统习惯，但手工业发展较晚，直至民国38年(1949年)才有几家粮油加工场和一些土窑及手工作坊。

二、苏州电镀行业发展的三个时期

伴随着苏州手工业的发展，苏州电镀行业的发展从有史料记载的1910年的“公益抛铜社”算起，经历了百余年的风风雨雨。苏州电镀的百年发展成长过程可以分为三个重要时期：新中国解放前到解放初期的萌芽期，20世纪50—80年代的成长期，20世纪80年代开始的辉煌期。

苏州从1961年开始贯彻中共中央“调整、巩固、充实、提高”方针，1963—1965年进一步贯彻执行国民经济调整的八字方针，苏州工业的复苏步伐加快。“大跃进”时期发展起来的轻工、机械等一批骨干企业被保留下来，由私营企业改造成为公私合营工厂，呈现了欣欣向荣之势。众多由手工业户组建的集体所有制企业，还有国营和地方国营的企业，开始大跨步地向机械化迈进，从而成为苏州工业发展的基础。

1966—1976年期间，苏州的工业生产，尤其是轻工产品，有了明显的发展。日用小五金产量比1965年增长了一倍多；而手表、自行车、缝纫机的产量在10年内发展更快，尤其是手表，自1972年建厂，1976年产量已达10万只，是建厂时的100倍，缝纫机的产量增长了5倍以上，自行车的产量也从开始时的年产1 200辆增加到年产1万辆。

1976年以后，特别是在1978年12月召开的党的十一届三中全会上做出的把工作重点转移到社会主义现代化建设上来的策略后，苏州贯彻执行“调整、改革、整顿、提高”的八字方针，生产得到了进一步的发展。经济效益显著提高，在抓质量、抓品种的同时，各企业积极开发新产品，以适应国内外市场的需要。电扇、电冰箱、洗衣机等轻工产品，在全省乃至全国都占有一定的地位。

苏州电镀行业在配合苏州工业发展，尤其是配合轻工业的发展过程中，各专业电镀厂和工厂内部的电镀车间的广大职工加快了技术改造的步伐，大搞技术革新，电镀操作普遍采用自动线替代手工作业，检测仪器和“三废”的治理设施也逐步加完善。

解放后的30多年里，苏州手工业实现了向机械化的过渡，以轻工业为主体的工业结构向轻、重工业（如冶金、机械、电子工业）同时并举的过渡。苏州电镀实现了手工作坊向现代化电镀设备和工艺的过渡，由单一所有制（私有）向以全民企业为主体、集体企业相辅助的多元经济制度的过渡。苏州电镀行业规模得到了空前的壮大，加工的产品也由原来的小五金向家用电器、汽车附件、机械零部件、电子产品等多品种发展，电镀镀种也由原来的不足十种发展到了几十种。与此同时，电镀行业的领导和员工的环保意识更加强了，“三废”治理的水平更高更严了，苏州电镀开始真正壮大起来了。

三、改革开放给乡镇企业带来新动力

20世纪80年代初，常熟、吴县、吴江、太仓、昆山、沙洲六县（市）兴办了一些电镀专业厂，为数不多，有县办的、公社办的、生产队办的。一些非电镀专业厂如部分铁工厂除了生产主业产品外，还拥有电镀、抛光、喷漆等表面处理车间。这些早期的电镀企业和电镀作业点成了后来乡镇电镀行业的先行者和领头羊。

党的十一届三中全会后，中共苏州地区党委率先提出了“四服务”发展乡镇工业的举措，即乡镇工业要为农业生产服务、要为城市工业服务、要为人民生活服务、要为外贸生产服务。1982年，苏州地区党委又提出了乡镇企业要站稳脚跟、提高效益、健康发展的指导思想，要求乡镇企业要发扬“四千三万”精神，即“千山万水、千言万语、千辛万苦、千方百计”地走向城市、走向军工企业、走向工业原料基地，与城市国营企业、军工企业、大专院校和科研单位组成各种形式的经济联合体等。在此基础上，20世纪80年代，苏州乡镇企业异军突起，广大农村可以说是“无村不厂，无村不工”，迅速成为引领苏州经济和社会全面发展的主力军，这个时期也成为苏州电镀发展史上最难忘的“激情燃烧的岁月”。

苏州的乡镇电镀企业，尤其是昆山、太仓、吴江的电镀企业，还充分利用紧挨上海的地理优势，走出了依托上海发展自我的道路，加工业务靠上海、工艺技术靠上海，“各路神仙，各显神通”，共同为苏州电镀行业的发展谱写新的篇章。

21世纪初，随着中国市场经济越来越成熟，商品经济得到了空前的发展，商品市场开始完全由卖方转向买方，企业间的竞争日趋激烈。为此，苏州市委、市政府根据中央精神，出台了一系列助推乡镇企业进一步发展壮大的新举措：乡镇企业进行全面转制、引导乡镇企业发展外向型经济、民营企业要建立健全现代企业制度等等。这些举措使苏州的乡镇企业呈现出了第二次异军突起之势。苏州的乡镇电镀企业普遍改制成为民营有限责任公司、股份合作公司、中外合资公司等。张家港电镀企业的“张家港精神”、昆山电镀企业走出的“昆山之路”、太仓电镀企业的“以港兴市”战略、常熟电镀企业依托汽车、机械、电子工业的优势，出现了张家港、昆山、太仓、常熟四市电镀行业“四虎争雄”之势。苏州的相城、吴中、吴江、姑苏的电镀企业与苏州工业园区、苏州高新技术开发区实现了“无缝对接”，形成了“四区鼎立”的可喜局面。

随着经济的发展，苏州成为中国外向型经济发达、外资企业密集的地区。其中昆山和太仓又分别成为中国台资和德资企业最多、最集中的城市。外资企业中既有电镀专业厂，也有企业尤其是电子、金属制造企业内设的电镀车间。苏州形成了国企、民企、外资、合资等多种经济成分并存的电镀多元新格局，成为中国电镀企业数量多、工艺水平先进、经济和社会效益明显、行业协会运作良好的地区之一。

第二节　苏州电镀行业的萌芽期

自公元514年吴王阖闾建城以来，在2 500多年的历史长河中，苏州一直是江南经济最繁荣的地区之一。在汉代，苏州是东南一都会。唐代中叶，苏州“人稠过杨府，坊闹半长安”（白居易诗）。宋代，都城开封流传着“苏杭百事繁度、地上天宫”，也就是后来盛传于世的“上有天堂，下有苏杭”的名句。元代，意大利著名旅行家马可·波罗在他的游记中也写道：“苏州是一座颇为名贵的大城，商业和手工业十分繁荣和兴盛。”明代到清代鸦片战争前，苏州经济持续发展，尤其是手工业，行业之多、技艺之精、声誉之隆皆名列全国之首。鸦片战争到辛亥革命期间，苏州经济发生了重大的变化。一是作为“五口通商”之一口的上海港的兴起，苏州作为国内东南地区经济中心和重要商埠地位便不复存在；二是根据不平等的中日《马关条约》，帝国主义在苏州设立洋行，办工厂，掠夺原料，倾销洋货，使苏州的手工业遭受了沉重的打击。辛亥革命后，由于日本帝国主义发动侵华战争，苏州惨遭浩劫。伪维新政府“实业部”编的《实业月刊》也不得不承认，在日军侵略后，苏州："工人四散，工厂存货、机件均遭毁损，并有军人驻留，一时不易复业。即小手工业，如浒墅关、唯亭之处，亦均地沿铁路，受灾甚重。”

1953—1959年第一个五年计划期间，国家对生产资料所有制进行社会主义改造，解放了社会生产力，苏州手工业在困难的条件下得到了恢复和快速发展。

在这个漫长的时期里，苏州电镀行业伴随着苏州手工业的发展而出现了萌芽。最先复兴的抛铜小作坊，虽然工艺落后、镀种简单，但其对苏州手工业的兴盛功不可没。

一、干将铸剑到苏州洋炮局

春秋时代，吴王欲一统天下，令苏州著名的冶匠干将铸剑。干将跑了苏州五座大山，采集了上好的矿石和金、银、铜、铁、锡等原料，呼唤300名童男童女加料鼓风，最终果然铸造出一柄举世无双、寒光闪闪的宝剑。据《吴越春秋》卷四记载："干将者，吴人也，与欧冶子同师，俱能为剑，越前来，献三枚，阖闾得而宝之。以故使剑匠作为二枚，一曰干将、二曰莫邪。莫邪，干将之妻也。”传说中的干将铸剑与史料的记载基本吻合。

1863年10月27日，江苏巡抚李鸿章进入苏州城，随后将上海洋炮局移建苏州，更名苏州洋炮局。苏州洋炮局与春秋时代铸剑的干将坊遥遥相对，就设在桃花坞大街89号太平天国纳王府（原苏州电扇厂）内。李鸿章还以4 944两白银买下“阿斯木舰队”的“水上兵工厂”的机械设备来装备苏州洋炮局，使苏州成为中国引进英国技术设备的第一家机械化兵工厂。1866年，洋炮局又迁至江宁（南京）和上海，并入金陵枪炮局和江南制造局。苏州洋炮局有300多名员工，分为三个车间，分别生产自来火枪、开花炮弹和田鸡炮等兵器。

苏州洋炮局没能在苏州扎下根来，因此并不为普通苏州人所熟知，但给现代工业欠发达的苏州带来了极大的震撼，并久远地影响了苏州工业的发展。

二、牙行相望，作坊云集

据史料记载，明清两代，苏州的阊门、胥门、娄门、齐门和桃花坞一带作坊林立。

其中与电镀工艺相关的金银作、铜锡作商号随处可见，它们的产品不仅畅销全国各地，甚至远销南洋。故苏州流传“金阊门，银胥门”之说，指的就是在阊门石路，胥门枣市街以及桃花坞等一带。这里有众多与电镀行业相关的会馆、公所，史料记载有10多家。譬如宁吴公馆，除了在阊门设有总部外，还在尚义桥、桃花坞、廖家巷、西大营门都设立分号，专门从事铜锡作业。

下面列举几样与抛铜电镀相关的特色产品。

① 蟹八件：这是一套吃蟹的专用工具，包括锤、镦、钳、匙、叉、铲、刮、针、滚、剪等件，均采用铜材制作，以响铜为上器，白铜次之，整套工具金光闪闪、精巧雅致，可谓是既实用又美观的工艺品。

② 汤婆子和被中球：这是放在被窝里的分别用于取暖和熏香的器具。汤婆子多用黄铜制作，而被中球则是用白铜制成。汤婆子目前市场还能见到，而被中球已经难觅踪迹。汤婆子和被中球均要抛制呈镜面状态。

③ 手炉和脚炉：家庭冬天取暖用的器具，一般用黄铜制成，将燃烧的木炭放在里面供暖。手炉和脚炉也需抛制得光亮如镜。

除此，日用家用品还有水烟筒、蟹壳(即铜拉手)、暖锅、铜勺、鞋拔、摇铃、帐钩、铜锁、铜纽扣、铜柱和剪刀等等。

（一）张小全和剪刀五金行

清乾隆年间，杭州“张小泉”剪刀已名扬全国。“青山映碧湖，小泉满街巷”的诗句，道明了杭州张小泉剪刀的繁盛。1784年，有个张小泉的近族，名唤张心斋的到店里学生意满师之后，于1792年只身来到了苏州，在苏州做了几个月的磨剪刀生意后稍有积蓄，在察院场关帝庙附近开了一家剪刀行。由于他掌握杭剪的技艺，又能博众家之长，所以铸出来的剪刀深受用户的欢迎。张心斋在征得杭州张小泉的同意后，在苏州正式挂起了“张小全”的招牌，为了与杭州张小泉有所区别，改“泉”为“全”。1848年，张心斋的孙子接班，更加精心钻研技术，操作更加精工细作，成为江浙制剪同行的“四柱一梁”之一。几十年的苦心经营形成了“剪体相称、钢铁分明、刃口锋利、松紧适宜、耐磨经用、使用称手”的传统名牌特色，在南洋劝业会(1910年)和西湖博览会(1929年)上获得了好评，得到了清朝农工商部颁发的银质奖章和奖状。张小全的传人还独一无二地开发了大到净重20斤的拷剪，小到不足1两重的肉刺剪。其制作的铜脚剪、洋刀、餐刀和医疗刀剪，均使用了传统的抛铜工艺。

张小全民用剪刀通常分成5种规格，每种规格又有6种花色。5种规格是大号、二号、三号、四号、五号。6种花色是全电，即表面处理电镀；半电，即头片表面处理，捏柄扎藤丝或绕塑丝；发蓝，即表面处理煮黑；全亮，即表面处理抛光；半亮，即头片表面抛光，捏柄扎藤丝或绕塑丝；黑老虎，即不作表面处理，维持材料本色。民用剪刀除内在质量要求刃口硬度、锋利度、轻松度（合称“三度”）外，外观质量则要求表面光洁，无明显榔头疤、粗丝纹、黑斑麻点。通过抛光、电镀、发蓝等表面处理使其光亮。

1932年，张小全昌记剪刀店制成“医用器械”4件及“外科解剖器械”1套，分别送往铁道部和实业部展出。1937年，张小全又将“医用化学用钢刀、钳、剪一盒（8件装）”送上海市商会转交中国参加巴黎国际博览会征收物品处，送往法国巴黎展览。当时，该店还为苏州博习医院按实样定制眼科刀、牙科钳等。张小全不仅在苏州剪刀行业成绩卓著，也是苏州早期涉足医疗器械行业的企业之一。

1956年1月，张小全“昌记”剪刀店和“福记”“向记”等10多家店坊合并成立了“公私合营张小全剪刀厂”。后于1959年初并入益新日用五金厂。又于1962年恢复并更名为“地方国营张小全剪刀厂”。

（二）张中正和苏州玻璃厂

1925年，在苏州戈登桥（现在的盘门解放桥）南，张中正玻璃厂开业。厂长张中正独资经营，资本3000元，聘用职员5人，月薪20～100元。雇佣男工80人，女工6人，童工24人，工资6～70元不等，薪酬悬殊甚大（根据《中国实业志》和《吴县城区工厂概况调查表》记载）。

张中正又名张季端，安徽萧县人，东吴大学化学系毕业，后赴欧洲比利时留学，主攻玻璃专业。张中正玻璃厂主要生产玻璃灯罩、灯座、玻璃杯、糖果瓶之类，并试制出成型眼镜片和平板玻璃。该厂解放前艰难经营，曾两次关闭，又曾改名。多灾多难的张中正玻璃厂直到1949年解放后才获得了新生。

1950年，苏州物产贸易公司以18000元的价格买下了张中正玻璃厂的全部土地、厂房，成立了地方国营苏州玻璃厂，主要生产热水瓶瓶胆。瓶胆生产流程中的镀银工序，根据电镀工艺学的分类，应该称之为化学镀。

（三）明末清初繁荣的钟表制造业

苏州的钟表制造业源于三国时期东吴天文学家陆绩的发明，他发明了大型天文计时仪。到了明末清初，苏州的钟表制造业已经非常发达了。清朝道光年间梁章钜的《浪迹续谈·自鸣钟》一书称“清代制造钟表，要推苏州、广州”。清乾隆、嘉庆年间，苏州已有30多家钟表制造作坊，其中规模较大的如珊宝斋、姚义源、义隆昌、协成。这些作坊制作插屏钟、鸟音钟、水发钟等，兼营钟表维修业务。协成店主朱成阳还发明了钟表零件防锈工艺，该工艺方法是用瓦粉和砻糠打磨钟表夹板等黄铜零件光亮至能照出人影时，再用砻糠将零件垫好，用火烘烤到零件均匀发黄为止。

清朝末年，由于西洋钟表的大量涌入，价格便宜款式新颖，致使苏州钟表作坊纷纷倒闭，或专门从事钟表修理业务。到了民国时期，苏州钟表业略有复苏。苏州解放前夕，钟表作坊共有101家，其中以观前街为中心，有48家商号店铺，其次以石路为中心，有商号35家。1955年前后，又新开钟表商铺27家。在合作化运动中，这128家商号合营成立若干个集体合作社。

苏州钟表业在清代就首创了多项钟表零件表面处理传统工艺。现将主要部件制造过程中的典型工艺简要说明如下。

① 铜板：它是加工钟表夹板和齿轮的必需品，这些铜板是用黄铜浇铸而成。作坊主人从阊门下塘一些铜店购进后，将铜板在铁墩上细心均匀地拷打，至声音发出清脆声为度。然后用瓦片蘸水抛光打磨，划线凿出夹板和齿轮的毛坯、用锉刀修正成型。

② 凿花和包金：钟的外表用凿花包金工艺进行装饰后，成为当时市场时钟的上品之作。凿花是将铜板用手工抛光打磨后，在上面绘制出各种图案，用蜡将铜板固定在木盘上，用各式大小凿子凿出了花纹。当时在苏州临顿路肖家巷有一家姓郗的母女俩，凿花手艺上乘而名传坊间。为了使钟面金光灿烂，还要在铜板上包上一层金。包金的金箔为纯金，非常薄。包金时先将铜板打磨抛光至光亮态，然后放在炉子上烘烤，在加热的同时，迅速将金箔均匀贴附在上面，再用绿豆大小的玻璃料珠子抖平，需要时还可以贴附上两层金箔。

③ 表带：花色品种有竹节带、项链带、珠带、薄型带等，并有镀光、镀黄、拉毛等多种色泽。

苏州早期庞大的钟表队伍和精湛技艺，为苏州后来的手表厂、钟厂、钟表元件厂、钟表材料厂、钟表配件厂、手表壳厂、表牌厂等钟表厂奠定了先进的钟表加工和表面处理工艺技术基础。

（四）洋刀和日用小五金

清代末期，在阊门的下塘街六福里，开设了一家“魏记尺刀号”，店主魏老二，店内有 10 多名工人，生产松鼠刀、鲤鱼刀、鹦鹉刀等。1920 年魏的徒弟夏阿毛又在同仁街 5 号开了一家“夏万昌尺刀号”，专门生产仿西方有弹力的全铜小刀，统称洋刀。解放初期，苏州小开刀生产户已达 44 家，产量也由 1949 年的 1 972 把提高到 7 270 把。1954 年 12 月 24 日，11 家个体户手工业主合伙成立了“苏州洋刀生产合作社”，地点就在人民路接驾桥口。1956 年又有 7 家个体业主参加了合作社，职工人数高达 171 人。后来，企业反复拆并，先后使用过“苏州五金制造厂”“苏州洋刀厂”“苏州日用五金厂”等厂名，最后演变为“苏州刀厂”。苏州刀企变化历程如图 2－9 所示，在此过程中，金阊日用五金厂电镀车间 94 人分离出来建立了电镀厂，后又与苏州电镀二厂、公益电镀厂 60 人一起并入苏州日用五金厂，即苏州刀厂。

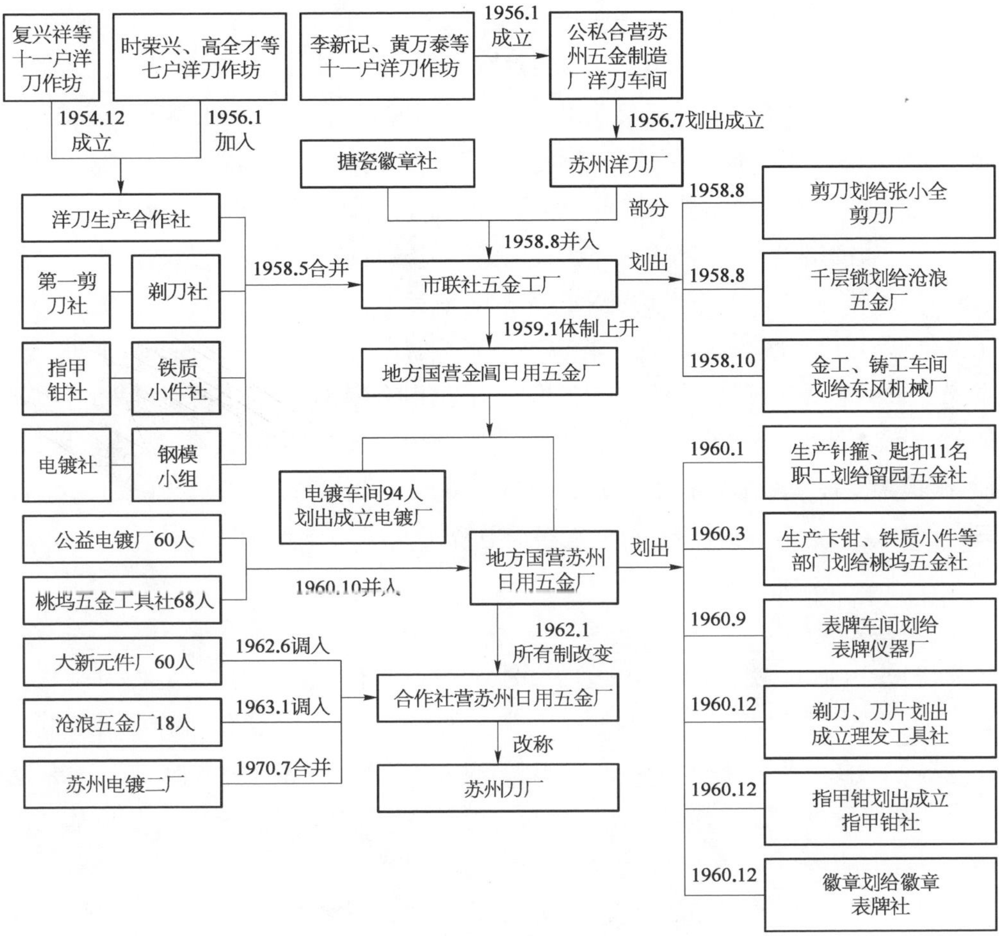

图 2－9 苏州刀厂企业变化沿革图

除小洋刀外，苏州日用小五金行业的产品名目众多、历史久远。享有较高声誉的还有弹子锁、指甲钳、拉链、刀片等。弹子锁解放前夕手工作坊已有11家，解放后到1954年又增加到43家，还有专业加工弹子锁钥匙的毛坯作坊3家。经几十年演变，最后苏州锁业仅存“苏州锁厂”1家。苏州的指甲钳生产晚于上海、广州，为中国指甲钳生产的“三鼎甲”中的后起之秀，产品有梅花形、宫灯形、鸡心形、花瓶形、金鱼形等40多个形态，花面图案600多种。苏州指甲钳厂生产的指甲钳还远销美国、英国、加拿大、澳大利亚、瑞士、罗马尼亚、阿尔及利亚、伊朗、泰国、印度等20多个国家。这些产品中，电镀加工是不可或缺的工序。

（五）眼镜中的电镀

苏州眼镜业历史悠久，对中国眼镜业的发展具有推动作用。明代崇祯初年（1628年），苏州出现了一位杰出的眼镜技师孙云球。孙云球，字文玉，又字泗滨，原籍吴江，他发明了一种可以架在眼镜架上的镜片，这种镜片用天然水晶磨制，磨制过程中采用了“对光”（即现在的验光）技艺，按人们的年龄和视力状况，加工成老光、散光、远视、近视等品种。除此，孙云球对光学仪器的发展也有巨大的贡献，他用水晶石磨制出显微镜、望远镜、放大镜、多面镜、幻容镜等光学仪器和镜头。可惜的是，孙云球33岁时就不幸病逝。万幸的是他留下了一部名为《镜史》的著作。到了清乾隆、嘉庆年间，苏州又出了一位制造眼镜的杰出人才，名叫储三山，他进一步发展了眼镜的制造技艺，从而引领和推动了苏州眼镜制造行业的发展。随着眼镜业的发展，苏州的电镀行业也随之兴盛。眼镜架分成赛璐珞、半金属、全金属（铜质）眼镜架3种。全金属眼镜架加工有59道工序，其中包括抛光、电镀等工序。眼镜零配件迄今所用材料仍为黄铜，大多需电镀。

（六）缝纫机中的电镀

1949年苏州解放后，私营的缝纫机号到1953年初已发展到了16家，从业人员48人。1958年苏州缝纫机厂与顺丰针厂合并成立“公私合营苏州缝纫机器制造厂”，厂址迁移至西百花巷4号，拥有职工230人，产值是1956年产值的7倍多，能自主加工梭床、挑线凸轮等22种复杂的缝纫机零件，缝纫机产量大增，相应的电镀需求也开始增多。

缝纫机的金属零部件全部需要进行表面处理。以最小的缝纫机针为例，分为绣钢丝、打头、除油、前后切、软轧直、毛擦、淬火、电轧直、穿针、镗眼、磨抛、磨平、抛光、电镀、平直、排针、拣针、包装等24道工序。由此可见，缝纫机零件加工与电镀密不可分。

三、金箔、银槎、仿古铜器和鎏金术

用黄金或白银捶成极薄的叶片，称金箔或银箔，是用于贴金、泥金和晒金工艺的主要原料。《吴县志》载："金箔以金捶为叶，叶子金为佛像、首饰、笺对之用，出卧龙街左右。"据虎丘塔出土金箱上的鎏金和瑞光塔出土的珍珠舍利幢上的泥金来看，苏州金箔制造技术在宋代已达到很高水平。明清时期，苏州织造衙门多次为宫廷解交金箔。据清档记载，嘉庆二十三年(1818年)8月，苏州织造衙门两次解交红飞金5万张。

1950年，26家金箔业成立了联营社，1956年，成立了金银线生产社，1958年改为地方国营金银箔线厂，1959年改称庆华金线厂，后来又成为苏州金粉厂的前身。

1921年，苏州金石家周梅谷聘用精工能匠，开办仿古铜器作坊。由仿制铸造宣德炉和修补古鼎彝入手，进而仿制鼎彝等5种古器，铸造工艺精益求精，且能制造包金、鎏金、嵌金银等工艺品，曾仿制春秋时的嵌金银铜器，战国时代的鎏金铜兽等，名噪一时，有些产品文物鉴赏家一时也很难鉴辨。

1956年，苏州工艺美术研究室收购了周梅谷作坊遗留下来的木模板，又寻访了曾在周梅谷作坊工作过的蒋坙宝、骆齐月、李汉亭等5位老艺人，开始恢复仿古铜器生产，不仅修复了文物部门大量的仿古铜器，还恢复生产觥、匜、觚、尊、彝、鼎等10多种仿古铜器。

1937年3月18日，苏州参加巴黎博览会的展品有六朝时代鎏金佛像一尊、汉玉满花小花瓶1只、汉代将军鎏金印章一枚、瓷观音一尊及其他81件文物珍品。

四、源于清末的抛铜作坊

苏州的抛铜作坊是顺应苏州手工业的飞速发展而起的，抛铜作坊专业承接抛铜电镀加工业务。苏州地区早期抛铜作坊见表2-2。

表2-2　苏州地区早期的抛铜作坊

商　号	地　　址	投资(元)	出资人/定放(元)
益　兴	景德路324号	53 591	仇南言/52 985 周国均/606
公　益	东角墙4号	10 249	张恩生/10 249

续 表

商 号	地 址	投资(元)	出资人/定放(元)
合 兴	砂皮巷 46 号	7 737	周钰森/7 737
协 兴	阊门下塘 58 号	2 681	顾文轩/2 681
恩 记	阊门下塘 60 号	4 154	张恩锡/2 077 张恩纪/2 077
公 兴	阊门下塘 10 号	4 551	吴根生/1 517 许鑫荣/1 517 许杏泉/1 517
徐振兴	吴趋坊 144 号	1 343	徐仇氏/1 343
蒋根林	阊门下塘 84 号	762	蒋根林/762
义 成	蒋家墙门 1 号	289	吴懋森/289
	资产核资中账面落实		夏荣璋/1 348
合 计			86 705

苏州抛铜作坊兴旺于清末，主要集中在阊门下塘等处。1910 年，张启武在苏州阊门口创立了“公益抛铜作”，后来迁移到中市街久福里口，经营水烟筒、帐钩、汤婆子、脚炉等抛铜业务。抗日战争前，开始用大缸镀锌、镀铜、镀锡等，但人们仍习惯称它们为抛铜作坊。

解放前夕，除公益抛铜作外，又新添了合兴、协兴、义成、益兴、公泰 5 家抛铜作坊。解放初期，苏州又有了公兴、蒋泰昌、徐根兴 3 家抛铜作坊和 7 家从事电镀行业务的作坊。1955 年 8 月，这 7 家作坊联名成立了苏州第一家电镀生产合作社，社员人数 82 人，合作社主任王永贵，监事会主任金兆祥。

张仲清①和汤景山两人于 1951 年在阊门南浩街接手了一家关闭的米厂，有三相电源，开办了“恒茂滚镀工场”。镀种有黄铜和镀镍，是苏州第一条电镀滚镀工场。1956 年改为公私合营。

解放前至解放初期，不管是抛铜加工还是电镀作业，多为作坊式手工操作，加工设备异常简陋，抛光电镀时，工件在水池中用木炭将其表面擦亮，然后在陶缸中配制电镀溶液，用花岗石镀槽、水泥槽或缸甏中镀锌、镀铜、镀锡等。这使得劳动强度大，有毒气体、液体直接危害操作工人的健康。电镀加工的工件主要是香炉、刀

① 张仲清：1921 年生，无锡人，1936 年在上海澳门路的“上海福龙电镀厂”学生意。

剪等日用五金和眼镜、钟表等零配件。到解放初期，抛光工艺动力系统多采用脚踏抛车，后逐步过渡到以内燃机或电动机为动力系统，用皮砂轮打抛，布抛轮抛光。

五、县、乡的金属制品业

在吴县，明代时、木渎镇的锁业就久负盛名、清代东山的剪刀也享誉苏、宁、沪。民国时期，日用小五金为吴县手工业中最大行业之一，以生产铜器、锡器和铁质小件三大类产品为主。据统计，1931 年全县生产五金件的店坊有 140 余家，从业人员近 700 人。1936 年剪刀生产铁铺有 36 家，职工 124 人，年产剪刀 20 余万把。做工精细、合适耐用，风靡江南一带。

在吴江，明嘉靖年间(1520—1566 年)，屯村“居民百户、铁工过半”，主要生产铁质小农具、日用小五金和打猎器械。1949 年，全县手工业铁、铜、锡作 127 家，从业人员 130 余人。

在常熟，近代工业起源于清末，支塘的裕泰纱厂率先采用机器纺纱。解放初，全县机械加工等工业企业有 578 家，1949 年，工业总产值为 5 627 万元。1944 年生生铁工厂试制成功冷拼 25 马力引擎；次年和记铁工厂仿制英纳兴尔 27.5 马力柴油机；发兴铁工厂也相继生产动力机。解放初，生生、顺兴等 4 家工厂合并为琴达新铁工厂，成为常熟机械行业的骨干企业。

在沙洲(今张家港)，机械工业脱胎于传统的金属制品业。1945 年 7 月，杨舍协大铁厂成立，是沙洲最早的机械企业，1949 年，沙州机械行业产值 22.44 万元。1956 年 1 月乐余的 9 名个体铜匠、白铁匠率先组织成立乐余五金修造合作小组，翻制小型日用铜件和修理生活用品等。

在太仓、昆山，民国初期金属制品业仅有铁铺、白铁铺，主要制作各种小农具和生活用品。新中国成立后，逐步发展成为金属制品业。1956 年，太仓建成了 8 个铁业社和 5 个金属制品社，1958 年，金属社和铁业社合并成立了太仓金属制品厂，并在企业内部发展了电镀、抛光、喷漆等表面处理工艺。

六、专业电镀工厂和电镀助剂生产企业

1956 年，苏州的新益兴等 9 家抛铜作坊、店铺合并成立了公私合营苏州五金制造厂的电镀工场。同年 9 月，电镀工场从五金制造厂中剥离出来，单独成立了公私合营公益电镀厂。同年，苏州电镀生产合作社更名为苏州电镀厂(合作工厂性质)。1958 年，在“大跃进”的浪潮中，新华冷冻机厂、苏州电棒厂并入了公益电镀

厂。1960年1月，公益电镀厂与苏州电镀厂重组整合，成功组合更名为地方国营苏州电镀厂。同年苏州电镀厂61名员工到苏州日用五金厂组建电镀车间，后来划出来组建了苏州电镀二厂。1969年时，电镀二厂一部分人划入机械仪表电镀厂，大部分人员并入苏州刀厂。

“大跃进”时期，苏州机械行业建立了一批工厂，许多机械厂都设有小规模的电镀车间，苏州市政府为减少电镀废水的污染，同时为了提高设备的利用率，以苏州标准件厂电镀车间为基础，在虎丘路26号组建集体所有制性质的苏州机械仪表电镀厂。1981年时，为了保证轻工产品自行车零部件电镀加工实现自我配套，经苏州市经委批准，又成立了苏州轻工电镀厂。1969年苏州郊区政府在城北公路南建立了苏州市虎丘电镀厂。至此，苏州已有多家专业电镀加工厂。

1958年，太仓城厢镇创办了红旗化工厂，太仓九曲公社也创办了超美电镀厂。这两家工厂专业生产氯化碱、合成盐酸、泡沫灭火剂和电镀绿、黄抛光膏等电镀材料、助剂。1961年，苏州金阊化工厂开发投产电镀用镍盐，并出口50吨，出口货值27.4万元。这时，苏州不仅有了专业电镀厂，还有了生产电镀助剂的化工配套企业。

1956年，苏州电镀行业以自制的土设备替代手工作业，开始使用直流发电机作为电镀电源设备，还形成了数条电镀手动生产线，和解放前电镀作坊相比，已经有了明显的进步。

解放初期，苏州电镀行业的工厂和电镀作业点，都已经开始重视治理“三废”。电镀车间和抛光车间内，采取有效的抽排风设施和吸毒装置，分别建立了酸碱、含铬、含氰污水排放池，用中和法、钡盐法等进行处理，污水池里的污泥会定期或不定期取出干化后送有关部门处理和利用。基本实现了电镀废水经过处理、化验达标后再排放。

第三节　苏州电镀行业的成长发展期

1949年4月27日，苏州解放，苏州经济和社会的发展从此揭开了历史新篇章，苏州的电镀行业也进入了快速成长发展期。

一、工业发展带动电镀行业进步

苏州的工业在1970年以前，纺织（包括丝绸）工业作为传统支柱工业，占比一直是大头，达 30%～40%。20 世纪 70 年代后期，机械、电子工业的占比则直线上升，从 1%左右上升到 1985 年的 34.2%，成为超过纺织工业的第一大支柱。苏州机电工业占比的上升，得力于苏州在仪器、仪表、电器等轻型精密机械方面有自己的特色。

轻工、机械、电子等制造业的快速发展，带动了制造业产业链中不可或缺的电镀行业的发展。1979 年，苏州市区已有 42 家电镀厂（点），且规模、工艺技术、设备条件、“三废”治理水平均有明显的提升和进步。专业电镀厂为加工企业提供了良好的服务和配套协作，电镀作业点为所在企业的表面处理加工也做出了很大的贡献，苏州电镀行业的成长壮大助推了一部分工业产品的快速发展和升级换代。

20 世纪 70 年代开始，苏州电镀行业随着生产发展先后添置机械设备和专业设备。在当时普遍使用直流发电机做电镀电源的时候，苏州不少工厂就已改用硒整流器、可控硅整流器、脉冲电源等设备。电镀工艺实现了自动化，建设了数十条挂镀、滚镀自动或半自动流水线，还增添了一些镀层检测仪器。电镀镀种也由原来的生活日用品的镀锌、镀铜、镀锡、镀镍、镀铬等向轻工、机械、仪表、电子等产品的镀银、镀金、镀镉、铝氧化、发蓝、磷化、化学镀镍、光亮酸洗等表面处理工艺手段发展。

二、人才培养和技术交流队伍的建设

广大电镀企业的职工，广泛开展双革（技术革新、技术革命）四新（新工艺、新技术、新设备、新材料）活动。苏州刀厂的瓷质氧化电解液离子交换的再生工艺、苏州阀门厂的化学镀镍中次亚磷酸钠的快速分析方法、长风机械总厂的游标卡尺刻线镀黑铬新工艺等获得江苏省科学大会奖。苏州缝纫机厂的焦磷酸盐-锡酸盐镀铜合金、光亮酸性镀铜、数字控制电镀一步法自动线、苏州自行车厂的读孔式程序控制电镀自动线、苏州圆珠笔厂的“铝氧化”等新工艺也都获得苏州市政府、轻工业局的奖励。

1964 年，苏州市科技协会以“科技之家”为阵地，组织科技人员开展群众性协作活动，每周四晚上开展“技术夜市”，分电镀、热处理、铸造、焊接等 10 多个工种，开展技术交流和协作活动，解决一批技术难题，传播了一批新技术、新工艺。1972 年起，先后成立了电镀、应用数学、模具、防腐蚀等 12 个技术交流队，队员 480 余人，活跃在技术一线上。电镀技术交流队队长是苏州机械仪表电镀厂的技术科长潘静高。这个交流队的主要作用是联络市内各厂的电镀技术人员，开展市内外的电镀技术交流活动，如无氰电镀的技术交流。1982 年，苏州市科技协会下属苏州市电镀技术协会成立，会员有 26 人，协会的主要工作是在苏州大市范围内开展电镀技术的培训、咨询和交流等活动。在乡镇电镀企业的崛起，急需大批掌握电镀技能的人才的形势下，苏州市电镀技术协会于 1982 年 4 月开办了一期“电镀技术培训班”。招收的学员都是来自市区和吴县电镀生产企业。共招 80 多人，分甲、乙两个班。每位学员收取 20 元学费，由所在单位报销。收取的学费主要用于支付教学场地的租用费和教师兼职授课加班补贴。教员和学员都是利用业余时间上课，每周一、周四的 18:00～21:00 上课。当时交通条件很差，多数学员连自行车都没有，晚上下课后，除少数住在城里的小旅店外，大多数人还是靠步行回家，要走 1～2 个小时。培训班从 1982 年 4 月进行到 1983 年 2 月，每月 8～9 次，这是苏州电镀史上跨越时间最长的一次技术培训班。学习内容来自《电镀化学基础》和《电镀原理和工艺》。

1976—1977 年，苏州电镀企业推荐汤阿三、吴洁萍、陶维莲、李淦平、张国强、吴跃跃等 6 人先后到上海轻工业专科学校以工农兵学员的名义接受“7.21”职工大学 1 年的脱产电镀专业知识培训。这些接受专业培训的学员，课堂上刻苦学习，课外努力实践。学员结业后，都成为苏州市电镀企业的技术骨干，有些还走上电镀厂的领导岗位。

协会多次邀请上海电镀界知名专家李鸿年、秦宝兴、张炳乾、何长林、沈品华等来苏州进行技术讲座。张炳乾讲授过电镀故障排除和仿金电镀工艺，沈品华讲授过第四代镀镍光亮剂——3＃镀镍光亮剂的应用。此外，协会还接待过日本电镀界同仁。

1984 年，苏州市电镀技术协会在苏纶纺织厂等 50 个单位推广金属涂镀新工艺，应用快速沉积金属的新技术，快速有效修复已磨损的零件表面，恢复几何形状、尺寸精度和机械性能，修复各类零部件 800 余项，直接经济效益 150 万元。

苏州市电镀技术协会一届委员会由许振忆任会长，张鸿福、陆志勇、沈志龙任副会长、梅荣兴任秘书长。二届委员会由许振忆任会长，张鸿福、沈志龙、孙承根任副会长，梅荣兴任秘书长。

1981 年 8 月，苏州市总工会职工技术交流站建立，同时先后建立了金属切削、电镀、防尘防毒、锅炉节能等 8 个专业技术交流队。目的是以技术交流的方式，组织技术力量，下基层帮助攻关得以解决。交流队组成的人员都来自各工厂该专业有一定经验的工人和技术人员。电镀交流队有十多人。到 1985 年，苏州市经委专业化办公室牵头，由苏州市总工会、苏州市科协和有关电镀厂、工厂的电镀车间及有关的专业组织和人员，建成苏州市电镀协会。

电镀技术交流队在全市范围内举行多次电镀专业培训会议，还组织电镀交流队员到工厂上门技术交流，对当时苏州市的电镀工业的发展，尤其是对当时乡镇企业中的电镀企业的发展壮大起到一定的促进作用。

1985 年，经苏州市科委批准建立了苏州新兴特殊电镀研究所等 5 个民办科研机构，成为江苏省乃至全国最早成立的民营电镀专业研究所之一。苏州机械仪表电镀厂殷乃德担任电镀研究所所长。

20 世纪 90 年代，为调整产业结构，优化产业布局，苏州市积极实施“腾笼换鸟”战略，淘汰落后产能，优先发展高新技术产业。为此，苏州市属工业“退城进区”，将高能耗、高物耗、污染物排放量大的企业迁出中心城区，向环境基础设施完善的开发区和工业集中区集中，通过搬迁形成苏州工业企业新的竞争力。苏州电镀企业在这次产业布局调整中，全部搬出了苏州城区，部分电镀企业被依法关停。

三、轻工业系统的电镀行业

（一）发展概况

苏州轻工业历史悠久，门类多品种全。20 世纪 70 年代末，由于国家对轻工业实行优先发展的政策，轻工业出现了一个崭新的局面。1978—1982 年的 5 年中，苏州轻工业平均递增率为 13.1%，到 1982 年工业总产值增长到 4 亿元，比 1978 年增长 85.8%，超过了国家对轻工业增长的要求。苏州轻工业系统在抓经济效益的同时，还着手抓了产品质量、品种，并提高了产品质量、整顿企业管理。苏州钟表元件厂、苏州缝纫机厂、自行车零件厂等 17 家企业被省、市人民政府授予“先进企业”荣誉。凤凰牌缝纫机针、苏州牌统一机芯手表等产品荣获江苏省优质轻工产品称号，长城台扇等产品被评为轻工业部优质产品。苏州轻工业产品的优质品率达 20%，苏州轻工业系统的手表、自行车、缝纫机老三大件和电冰箱、洗衣机、吸尘器新三大件全省闻名，在全国也占有一定的地位。

苏州轻工业系统于 1964 年 6 月，分别在张小全剪刀厂、日用五金厂和金星锁厂设立了 3 个“轻工技术经验交流站”，在公益电镀厂和精益模具厂建立了两个“中心试验站”，广泛开展新工艺、新材料、新技术的研究和交流活动。

20 世纪 70 年代，轻工系统各电镀相关企业还广泛开展对外的学术交流。1975 年 5 月，苏州电镀厂与无锡电镀厂、镇江电镀厂、徐州电镀厂等 4 家单位代表，赴武汉、长沙、桂林、广州、上海等地考察无氰电镀、光亮性电镀、自动化操作流水线和电镀废水处理等行业发展动态。将兄弟地区的电镀工艺和先进经验汇编成册，发放各企业学习参考。苏州电镀一厂张鸿福和苏州缝纫机厂陆志勇参加"宽温度全光亮整平酸性镀铜工艺"科研项目前期验证工作和试生产情况，并在苏州市电镀企业间推广应用。该项新材料在电镀企业的应用长达20多年，堪称光亮酸性镀铜工艺的一次革命。1979年6月28—29日，苏州缝纫机厂陆志勇代表苏州市电镀技术协会参加扬州市科委组织的"三价铬镀铬"成果总结会，回苏后即将会议精神传达给苏州电镀行业的有关人员。

（二）部分企业简介

除专业的苏州电镀厂、苏州轻工电镀厂、苏州市虎丘电镀厂及苏州缝纫机厂、苏州自行车厂、苏州手表总厂和苏州制刀总厂的电镀车间有一定规模外，其余厂的电镀作业规模都比较小，多为手工线或半自动线，三废治理设施简陋。不少电镀作业点处于市内居民区、商业区和风景旅游区周边，因而20世纪80年代后相继被关停。

1. 苏州电镀厂

创建于1956年，前身为公私合营公益电镀厂和合作社营苏州电镀厂，1960年1月，两厂合并为地方国营苏州电镀厂，职工259人，固定资产11.95万元，建有吊镀、滚镀生产线及污水处理设施。20世纪80年代以前，苏州电镀厂主要加工医疗器械，80年代以后，已有14条生产线，专用设备106台，产品发展到小五金、家用电器、汽车配件、仪器仪表、电子产品、机械零部件及文化用品等。随着生产工艺的不断改进，产品加工质量亦逐步提高。1981年11月，江苏省抽样电镀剪刀评比，苏州电镀厂的盐雾试验无锈蚀，被评10分，居榜首。

1982年后整个国家进入改革开放阶段，以经济建设为重点，以实现四个现代化为目标，苏州市的工业于是得到了前所未有的突飞猛进，从1986年开始，根据国家经济委员会、计划委员会、工商银行(1986)262号文件"关于机械电子第二批技术改造国家重点预选项目开展前期准备工作的通知"和省计划委员会、经济委员会(86)365号文件精神，苏州市经济委员会和轻工业局在1986年9月联合主持召开了苏州电镀厂技术改造规划可行性研究报告论证会，于1987年3月召开了由机械工业部第七设计院向荣同志主持了苏州电镀厂技术改造初步设计审定会，邀请了15个单位、31名代表参加，后经过省经济委员会同意，市经济委员会专门发了经改字(87)367号文件决定项目总投资493.40万元，外汇额度60万美元，这在当时的情况下是不多见的。

1987 年 12 月 5 日苏州电镀厂与美国乐思公司签订了合同，引进项目共包括全自动电脑操作电镀自动线两套和全自动静电喷漆设备，全自动废水处理设备、铬雾气体空气压缩回收装置等。通过一年多的努力，项目于 1989 年 11 月正式竣工并通过验收，由于自动化程度高、电镀工艺先进，电镀质量和产品数量得到了前所未有的提高，一条自动线全年产能能达到 34 万平方米，因此投产当年的间接外贸附加值已达 200 多万元。

苏州电镀厂早在 20 世纪 60 年代就已重视治理电镀“三废”，建立了污水中和池，安装“刹可降”、除尘和抽风吸毒装置，车间雾气含铬量已降至国家允许标准的 1/50，废水全部处理回用。还从国外引进废水处理监控设备、污泥压渣泵，荷兰产过滤机等，以提高处理效率。20 世纪 70 年代，建成钡盐法含铬废水处理池，每天回收 30 吨水供酸洗用；装置镍离子回收器，每天回收硫酸镍 1.5 千克；20 世纪 80 年代，引进 F－53 铬雾抑制剂，用在 5 条镀铬槽自动生产线上，使车间空气中的含铬量远远低于国家标准，且每年节省电能 34.7 万度，节省铬酸 1.5 吨，嗣后又投资 2.3 万元，安装过流喷洒浓缩蒸发装置；1983 年，投资 39 万元，土建 400 平方米，建立废水中心处理车间，集中处理各电镀线上的含铬、含镍和硫酸铜废水。废水经过处理既能回用，减少排放量，并能回收铬酸、硫酸镍和硫酸铜等电镀原料。

2. 苏州缝纫机厂

20 世纪初，苏州缝纫机业仅能进行修理工作，30 年代开始经销上海产的整机，40 年代开始装配整机在苏州销售。1952 年 8 月私营缝纫机行业中的“福昌工场”采用“幸福牌”商标，用上海购来的零件装配缝纫机，在本市销售。从 1952 年到 1956 年这几年中，平均每年能装配和销售近千台缝纫机。

1956 年 10 月有了“公私合营苏州缝纫机厂”，地址在观前街 79 号原“福昌”旧址。1958 年厂址迁往西花桥巷 4 号，生产也从原来仅依靠上海的零部件进行组装逐步向制造厂过渡，自主试产了 20 多种零件。20 世纪 60 年代，几经调整，苏州缝纫机厂的生产主要以加工零部件为主。1964 年 7 月增加了面板、绣花板等几种要求较高的零件的生产，苏州缝纫机厂的电镀加工从这时就开始了。

20 世纪 60 年代初，时值国家困难时期，进口镍板受到限制，很多需电镀的产品都搞“代镍镀层”，使用最多的是含锡量在 7%～15%之间的氰化铜-锡合金，这种镀层不但能代镍，而且其防护能力比镀镍层还好。苏州缝纫机厂的电镀开始于这个年代，也是采用电镀铜-锡合金，抛光后再镀铬，即二抛（或三抛）二镀的方法，毛坯抛光→镀铜-锡合金→抛光→镀铬或再抛。小件滚镀铜锡合金放入木掼箱进行滚光。有些小件，像扳手、挑线杆、小轴等产品在滚光后还需在其突出部位再用人工抛光成镜面光亮后镀铬；大件如缝纫机面板，后盖，针板、推板和离合螺钉都是挂镀铜-锡合金，手工抛光后镀铬。20 世纪 80 年代后，镀好铜-锡合金的针板、推板和镀好暗镍的上轮后的首抛都已改成机械抛光。那时的电镀生产都是手工线，产品质量极不稳定，一次性良品率不足 60%。职工劳动强度大，生产效率低，每年电镀加工的缝纫机零件不足 5 万套，连自己厂的整机装配都不够。

1970 年开始，苏州缝纫机厂恢复整机生产，采用“卫星”牌商标，零件生产的品种已达 30 多种，又增加生产了 5 种具有较高制造工艺要求的轴类零件。这时缝纫机厂的电镀有了镀镍生产工艺。

20 世纪 70 年代初，国内已开采镍矿，镍资源不再紧张，不少产品又很快恢复使用镍，这在自行车、缝纫机等零部件的电镀上最为明显。

苏州缝纫机电镀的发展，有两点必须提到，一是上海的缝纫机同行，特别是上海缝纫机零件厂，它是上海缝纫机零件的专业电镀厂，在电镀工艺技术，设备改进等各方面都走在苏州的前面，他们的热情帮扶，使苏州缝纫机电镀少走了很多弯路；二是在 1969 年时，陆志勇调入苏州缝纫机厂工作，使缝纫机厂电镀有了一个带头人，开创了苏州缝纫机厂电镀的新局面。

20 世纪 60 年代后期，国内氰化钠供应紧张，全国的电镀行业都在搞无氰电镀工艺，苏州缝纫机厂的高氰铜-锡合金工艺也受到影响。在陆志勇的带领下，厂里首先试验了二价锡的焦磷酸盐铜-锡合金电镀工艺，配制了 1 500 升槽液，试产几个月后发现该工艺稳定性不好，后来改进，试验了四价锡焦磷酸盐电镀铜-锡合金工艺，稳定性大大提高，并配置了两份 3 000 升的焦磷酸盐铜-锡合金电镀溶液，再配以低氰光亮铜-锡合金后套铬。这些措施，在很大程度上提高了产品质量，也减轻了劳动强度。缝纫机厂的“焦磷酸盐铜-锡合金电镀工艺”，于 1973 年获市双革四新科研成果奖。

从 1973 年开始，由于当时市场对缝纫机产品需求的倍增，国家对苏州缝纫机厂大规模投资基建，首批投资 372 万元，形成了年产整机 7 万架的生产能力。

1973 年时，苏州缝纫机厂在苏州娄门外新厂区新建电镀车间，共建有 5 条电镀生产流水线。数控一步法镀镍-铜-光亮镍-镀铬自动线的亮镍槽采用第二代光亮剂，从而完整地把电镀镍、镀焦铜、镀亮镍、镀铬工艺连在一起，实现了真正意义上的一步法电镀生产。该自动线 1975 年投入运作，电镀加工缝纫机面板、后盖，年产量达100万套，是以前的35倍，一次性合格率也从以前的60%提高到90%以上，自己厂内整机配套使用20万套，其余外销到全国各地。1977年，缝纫机的小件也都放到这条自动线上生产，从此取消了滚镀铜-锡→抛光→再镀铬的生产工艺，大大减轻了工人的劳动强度，产品质量也大幅度提高。

这两条自动线的建成在当时的苏州电镀界还是少有的，因而数控镀铬自动线1975年获市新技术科研成果奖，数控一步法自动线1978年获市双革四新科研成果奖。

为了减轻污染，改善环境，节约资源，1979年10月对原镀铬自动线进行改造，设计和施工了一条含铬废水封闭循环处理的数控镀铬自动线，由两组逆流漂洗、定时喷淋、离子交换和薄膜蒸发等设备组成，于1980年4月正式运行投产。当年测算，每年可为国家节约化工原料3吨，节约其他费用6 000多元。该改革项目得到了省、市和轻工业部有关部门的重视，予以推广应用。

1980年开始，在电镀车间采用强碱性阴离子交换树脂循环处理焦铜废水。采用弱酸性阳离子交换树脂循环处理含镍废水。通过半年多的运转，效果良好。通过对再生方法的改进，回收液的净化，提高了回收液中金属离子的浓度，使回收液中的硫酸镍、焦磷酸铜可直接回用于镀槽，做到回收和回用的平衡，同时做到漂洗水的循环处理利用，大大节约用水。根据当年测算每月可回收焦磷酸铜16.7千克、焦磷酸钾112千克，节约用水480吨。采用离子交换法处理焦铜废水的收益和运转费用基本持平，略有盈利。每月回收七分水硫酸镍246.4千克，节约用水1 920吨，并且节约废水处理的收益要远远大于设备运转费用，值得推广应用。

1985年10月，厂里承担苏州打字机厂电镀行业务，为此试验并改建了“打字机零件镀亮镍和黑镍专线”1条。一部分零件采用镀暗镍后再镀黑镍的工艺。

1981年，缝纫机总产值为2 402万元，利润178万元，职工人数为1 619人，企业占地面积达7万平方米，到1982年，整机生产已达223 693台，产品畅销全国22个省、市和地区。1981年有近万架整机出口远销东南亚、中东及港澳地区。缝纫机零件，质量稳定可靠，已为全国10多个省、市的20多家企业配套。

1983年，苏州缝纫机厂再次筹建新电镀车间。新车间有生产线5条，其中前处理半自动线1条，滚镀镍半自动线2条。数显直线式一步法自动线2条，一条的工艺是预镀镍/镀焦铜/镀亮镍/镀铬一步法，这条流水线在新车间排布时由于受到车间长度的限制，把1条直线自动线分成两段，成U形，中间用一部小型行车转移工件，这样一共5部行车，同时，节拍也从以前的5分钟缩短到3.5分钟，生产效率比以前提高了40%,这条流水线的设计在当时苏州市尚属首例;另一条是预镀铜/镀焦铜/镀亮酸铜镀亮镍/镀铬一步法。新车间的设计能力是年电镀加工缝纫机零件120万套以上。

新车间有比较完备的三废治理设施,做到逆流漂洗、清污分流、分质处理。漂洗水封闭循环,中水回用。酸性废水采用膨胀中和塔处理,含氰废水采用氯碱法二次完全氧化,破氰彻底。铬雾、含铬废水采用还原法处理。车间废水排放口可以做到达标排放和总量控制。硝酸的气雾也采用吸收塔处理。

1983年初,为了降低缝纫机的重量,JA10-1型缝纫机的针距板、旋钮和按钮改为铝合金压铸件。为了确保高硅铝合金压铸件上镀层的结合力,项目的主要负责人员陆志勇、吴跃跃和孙承根等人对该课题进行了长达一年多的试验,获得成功。“以CN1为添加剂的铝合金压铸件装饰性电镀工艺”项目于1983年10月完成工艺试验和工艺文件,同年12月在苏州召开技术项目鉴定会。1984年项目获苏州市科技进步二等奖。该项目压铸铝电镀的一套完整前处理工艺为当时国内首创。2013年,国内有一种新开发产品,材质为硅铝合金,也称50硅铝,用于现代军用飞机和雷达上,需要表面电镀镍和金镀层,并要求镀层和基材的热振试验加热温度达350℃,镀层不起泡和脱落。该质量要求已远远超出当时国内铝合金表面镀层上热振试验220℃±10℃的标准限度。后来,采用了上述电镀工艺的前处理部分,成功地解决了这一难题,并使该产品投入批量生产。在试样时,热振试验加热温度达到400℃也没有起泡、脱皮等现象。

1987年5月,轻工业局下达任务,为配合出口仿古电扇,研制其表面处理工艺。于1988年4月完成工艺试验和工艺文件,同年5月25日在苏州缝纫机厂召开该项目的技术鉴定会。研制的“电镀与油漆复合装饰新工艺”1988年获苏州市科学技术进步三等奖和轻工业部金龙腾飞奖。该工艺中的“黑珍珠”电镀镍工艺为当时国内首创。项目的主要任务完成人员有陆志勇、王静仪、刘启真和孙承根。

几年后在修订再版的《电镀手册》第二版的镀镍一节中,讲到黑珍珠镀镍工艺时,秦宝兴这样写道:“本工艺可以镀得均匀的黑灰色镀层,如与其他镀层的合理组合,可以获得多种古铜色彩,尤其适用于装饰性电镀件,是今后装饰性电镀的发展方向之一。”

苏州市缝纫机厂电镀车间的基建和科技都是在陆志勇的领导和参与下完成的。由于工作成绩突出,从1979—1985年间曾先后6次被评为省、市劳动模范并获得全国五一劳动奖章。

"电镀与油漆复合装饰新工艺"技术鉴定会于 1988 年 5 月 25 日在苏州市缝纫机厂召开,如图 2－10 所示。

图 2－10　"电镀与油漆复合装饰新工艺"技术鉴定会

左起第三位为技术鉴定组成员:李鸿年(组长、上海轻工业专科学校教师)、秦宝兴(组员、上海长征电镀厂教授级高级工程师)、何长林(组员、上海日用五金研究所副所长、高级工程师)

3. 苏州手表厂

苏州手表厂的前身为苏州钟表元件厂,该厂 1971 年"从柠檬酸溶液中电沉积钨钴合金"项目获市双革四新科研成果奖。1973 年 8 月 4 日,苏州手表厂成立,由苏州钟表元件厂和苏州钟表元件二厂共同抽调人员和设备组成,厂址暂设在钟表元件厂内。1976 年 11 月 30 日,苏州手表厂搬进新址苏州娄门外下塘日规路 9 号。

苏州手表厂成立后,经过全厂职工的自力更生、自我武装,使设备和工艺适应生产变化的需要,促进了手表生产的发展,使苏州手表厂能生产 17 钻、19 钻全钢防震 39 转高级自动"天文牌"自动双日历表等多款手表,年产值 6 000 多万元,职工人数 1 259 人,固定资产 1 677 万元,拥有年产 100 万只手表的生产能力,成为全国手表生产定点单位之一、苏州轻工业系统钟表工业的重要支柱企业。

苏州手表总厂的电镀,起始于 20 世纪 70 年代初的钟表元件厂。1972 年 8 月 14 日,在苏州钟表元件厂厂址(人民路接驾桥)内借址成立苏州钟表元件二厂,并成立了电镀组，为生产手表用的防震器小零件等进行电镀工艺配套。当时有电镀人员 4 人，由汤茂金负责，主要镀种有镀金、镀银和镀镍钴合金等。

1977 年，手表厂生产科成立了直属的电镀小组，初期有人员 6 人，具体筹建工作由上级指派并调动苏州钟表元件二厂的电镀技术员李本繁组织进行。

1980 年随着手表零件品种和产量的不断上升，以及对产品质量要求的不断提升，苏州手表厂建立了理化车间，由电镀组、热处理组和理化分析室合并而成，并新建了专用厂房。用于电镀生产用的面积约 200 平方米，开辟的镀种有电镀镍、挂镀镍、化学镀、镀金等；生产线有 1 条手工滚镀镍线、1 条手工挂镀线等；主要电镀手表零件有大小夹板、螺帽、大小钢轮、拉档等。其中化学镀生产是在 5 升的烧杯中进行，主要电镀摆轴等；镀金生产是在 5 升的烧杯中进行，主要电镀各类轮片、摆轮等。另外，还设有 1 间工艺试验室和 1 套污水处理设施。生产人员由当初的 6 人发展到了 15 人。经几年发展，已能承接年产 100 万只手表的零件电镀任务，为苏州手表产业的发展起到了促进作用，也使手表厂的电镀开始进入一个全新的发展历程。

1985 年苏州手表厂与苏州电子手表厂、苏州钟表元件三厂合并，成立了苏州手表总厂，原电子手表厂的 1 条手工表壳镀金线、1 条电子表线路板手工镀镍镀金线也随之于 1986 年合并迁入手表厂理化车间，生产人员总共约 30 人左右。如此，苏州手表总厂的电镀生产无论生产规模、生产能力、生产质量乃至社会影响等都进入了一个全盛阶段。

1991 年苏州手表总厂理化车间实行了车间承包制，电镀的过剩生产能力进入市场，完成机制转型，为赢得生存空间提供了可能。最初承接了外协各类较小机械零件的电镀加工业务，业务范围仅限于苏州地区的国内企业。从 1994 年 5 月开始承接了苏州地区的一些外资企业的通讯接插件、镀金、镀镍等业务，业务量每年以翻一番的速度增长，车间的生产总面积扩大到了 600 平方米左右，整体实力充分提升。

1997 年，在理化车间的基础上成立了苏州手表总厂理化分厂，分厂厂长由张建华担任。

4. 苏州自行车厂

成立于 1974 年 1 月 11 日的苏州自行车厂所生产的 PA－74 型 28 英寸“飞鹿”牌自行车曾在 1974 年全国自行车质量鉴定中名列全国第六名，江苏省第一名。为扩大生产规模，1981 年 6 月迁入上方山新厂址，后来又与上海永久自行车厂联营，专业生产“永久”牌自行车。

该厂的电镀车间负责制造和电镀 28 英寸自行车车圈，有 1 条由南京轻工业机械厂制造的长 33 米环形垂直升降式电镀生产线。环形线有 81 个工位，其中 4 个工位为上、下挂具工位，采用 CPU 自动控制技术，根据电镀质量要求所设定的参数，通过液压驱动控制环形线垂直升降机架的升降进退和延时动作。车圈采用氰化镀铜、光亮镀镍和光亮镀铬工艺，获得铜/镍/铬装饰防护性镀层。光亮镀镍槽配有空气搅拌装置和 4 台过滤机，在生产过程中连续对镀液循环过滤以清除在电镀过程中产生的悬浮于镀液里的杂质。为提高除油、酸洗、电镀等工序后的水清洗质量和减少清洗用水量，在各个清洗水槽中也加装了空气搅拌管。电解除油槽与 3 个电镀槽都配置自动稳压稳流可控硅整流电源，在三班制连续生产过程中无须对各槽的供电电压电流进行调节，操作工人主要负责在装卸工位将待镀车圈装上挂具，从挂具上取下镀好的车圈，巡视槽液温度并定时清洗过滤机和其他一些辅助工作。

电镀车间的主要配套建筑包括一座净化塔和一座污水处理厂房。净化塔专门用于定期对镀液进行净化过程，或者在对镀槽内部检修期间用来临时贮存电镀溶液。污水处理厂房内安装有阴、阳离子交换树脂塔，来自电镀生产线的含氰、含镍、含铬废水经 3 条独立的管道流入该厂房内相应的交换树脂塔，与电镀生产线同步运行，每天 24 小时不间断进行处理。电镀生产过程中产生的酸碱废水流入厂房外的中和池，经沉淀过滤后排放。

电镀车间依据公司 28 英寸自行车生产安排和库存等情况调整车圈产量，全年可以制造和电镀 40 万～60 万副 28 英寸自行车车圈和少量的 24 英寸车圈，基本上能够满足该公司 28 英寸车圈的需求。

5. 苏州轻工电镀厂

为实行自我配套，1981 年 5 月 5 日经苏州市经济委员会批准，于 1981 年 10 月 1 日在原苏州自行车厂的原址上建立苏州轻工电镀厂，主要生产任务为为自行车的金属部件进行电镀加工，原有 1 条旧电镀自动化生产线，后又投资建成 1 条新的生产自动线，1981 年 10 月起独立核算，投料生产。

苏州轻工电镀厂是专业性电镀加工厂，产品有自行车钢圈、自行车转铃等，生产形式属半自动流水操作。1982 年该厂有职工 114 人，固定资产原值 115.63 万元。

苏州轻工电镀厂生产线的工艺具备以下几个特点：

① 采用无氰电镀，减轻对周围环境和操作工人的有害物质污染，改善了劳动条件；

② 焦铜槽和亮镍采用空气搅拌、连续过滤等先进工艺；

③ 废水处理采用封闭循环的先进工艺，废水排放达到排放标准。

1982 年，苏州轻工电镀厂完成的加工有自行车钢圈等，产品 25 万件，全年总产值 32 万元。

1983 年，轻工局决定将苏州轻工电镀厂划给吸尘器厂，电镀作业停业。

6. 苏州刀厂

原名苏州洋刀社，1954 年 12 月 24 日建立。1958 年 5 月改组为苏州市联社五金厂，生产刀、剪、钳、刀片、工业专用刀具、铁质小件等。以后几经撤并，1962 年成立专业生产日用刀具的苏州日用五金厂。有 3 个镀种，主要工艺为锌铜合金、人工抛光和暗镍抛光。1975 年改称苏州刀厂，厂址在齐门外大街 256 号。

苏州刀厂是国家轻工业部定点生产“马头”牌各种刀类的专业化企业，有职工 2 617 人，占地面积 2.01 公顷，拥有各类设备 233 台(套)，是一个中等规模的工厂。生产各类小开刀、电工刀等 60 多个花色品种，1 000 多万把，并有 20 多年出口创汇历史。产品以色新、质优著称，远销欧美、东南亚 20 多个国家和地区。

“马头”牌小开刀 1982 年荣获江苏省优质产品证书，1983 年获轻工业部优质产品证书，1984 年获外经贸部出口基地荣誉证书；“雄鸡”牌出口甘蔗刀 1985 年荣获江苏省优质产品证书；1986 年全厂完成工业总产值 677 万元，实现利润 128 万元，创汇 57 万美元，全员劳动生产率 11 456 元/人。

四、机械工业系统的配套电镀行业

(一) 发展概况

1956 年 1 月，全行业实行公私合营后，由 99 家企业、760 人组成苏州机械厂、苏州农业药械厂、苏州农业机械厂，主要产品有阀门、喷雾器、铸铁管、草绳机等。

1958 年的“大跃进”中，苏州各企业谋求发展，推动了为各自行业发展的专业机械制造厂，苏州众多的手工业合作社纷纷转向机械工业，国家第一、第二、第三机械工业部、冶金工业部等，也纷纷来苏州建新厂(即部属厂)，或投资改造老厂后纳入其供销体系(俗称部管产品归口厂)。于是在苏州出现了金属加工机械制造、通用设备制造、通用零部件制造、输配电及零部件制造、电动机制造、仪器仪表制造、医疗器械制造企业，以及纺织、化工、农林、交通运输、建筑等专业的机械制造工厂，形成了苏州机械工业的初步基础。到 1963 年 1 月，仅苏州重工业局所属的金属加工机械业法人生产单位，就发展为 19 家、1.4 万人。

到1966年，苏州机械行业已基本实现了机械化、半机械化的转变；许多产品实现了由仿制到自行研制设计的转变。其中硬质合金磨刀机床、B50振动台、电火花机床、金刚石砂轮、眼科医疗器械、自动织绸机、高压电瓷、新型阀门、高压开关板等产品，在国内已处于先进水平。1969年，苏州生产的螺旋板式热交换器、110千伏横担电瓷，35千伏多油断路器、光电跟踪线切割机床、铸造射压造型自动线、165F汽油机等新产品问世；背负式喷雾器、光电跟踪线切割机床和JGJ2型精密光学经纬仪等产品还首次出国参展。

党的十一届三中全会后，机械行业企业根据市场需求，重点发展铸造自动线，滚针轴承、晶体管放大器、宝石、轴承经纬仪、金刚石砂轮、高中压阀门、高低压电瓷、高低压开关柜、起重机械、植保机械等产品，到1985年，苏州机械工业有企业115家，其中全民所有制41家，集体所有制70家，全民集体合营4家，职工55 475人。

苏州机械工业的快速发展，也带动了行业和企业内部电镀加工的发展。1966年7月，苏州机械仪表电镀厂成立，除这家专业电镀厂外，机械行业中的苏州医疗器械厂、苏州阀门厂、二六七厂、长风机械总厂等企业也有规模较大的电镀车间。苏州医疗器械厂电镀车间主要从事医疗器械零件镀铜、镀亮镍、黑镍、镀铬、镀锌和铝氧化等多种工艺。苏州铜材厂1973年动工基建电解车间，有电解槽80只，填补了苏州电解铜的空白。

苏州仪表元件厂电镀车间主要负责本厂接插件和线材上镀铜、镀镍、镀银、镀金业务，不少接插件属于为部队配套使用。苏州砂轮厂电镀车间采用电镀镍的方法使金刚石颗粒牢固地粘合在钢锉基体表面。苏州医疗用品厂电镀行业务是在针灸针上镀银。金属工艺厂有一条手工电镀线，主要镀种是镀铜、镀镍、镀金。新华机床厂和苏州钢丝厂电镀行业务是铁丝拉伸后镀锌。

（二）部分企业简介

1. 苏州机械仪表电镀厂

苏州机械仪表电镀厂创建于1966年7月，由原苏州标准件厂电镀车间为基础组建而成，系大集体所有制独立核算企业。

建厂初期，由于企业位于民居大院，生产规模比较小、设备简陋，完全是一个手工操作的作坊型工厂。镀种仅有镀锌、镀银、镀镍、铜件酸洗钝化等工艺。

1969年苏州机械仪表电镀厂迁址苏州虎丘路一号桥堍26号，主要业务是为苏州机械、电子系统产品电镀加工配套专业化服务。厂区占地面积27 260平方米，设有标准电镀厂房，金工车间，配备了理化分析室、工艺实验室、质量测试室、废水处理中心。生产镀种扩大到镀锌、锡、铜、镍、铬、银、金、硬铬、铝氧化、钢铁件发黑等十大类。

该厂在电镀行业中率先制定了《电镀产品质量检验标准》企业标准。在生产管理上编制了《电镀生产工艺规范》、制定了《电镀工艺纪律检查条例》。1978 年工艺技术文件贯彻实施标准化编写和管理。1983 年企业又通过机械局五项整顿验收，使企业管理又上了一个台阶。严格的企业管理给企业带来了良好的经济效益，也创造了电镀厂的辉煌时期。

20 世纪 70 年代初随着苏州机电系统电子、电器产品的发展，该厂波导管、高频开关、电器、电子元件、无线电元件等产品镀银业务大量增加。该厂于 1972 年建立了镀银车间，原来镀银液仅有 150 升，主要电镀一些仪表小零件。根据业务需要车间建造了铜皮连续镀银生产线、吊镀滚镀银半自动生产线、波导管镀银专用生产线，自此镀银成为企业主要支柱镀种，镀银产值占工厂总产值 50%以上。1973 年镀锌业务扩大，建立了滚镀锌生产线，较早的使用无氰化物镀锌工艺，但吊镀锌仍以氰化镀锌为主，为此新建了两只 2 000 升镀槽，以满足市场需要。1974 年，成立了照相机电镀车间，根据照相机零件表面处理要求开发了镀黑镍、半光亮沙镍、喷砂镀铬、聚四氟乙烯电泳镀膜、非金属电镀等新工艺。1975 年，该厂年产值达到 153.81 万元，利润创历史最高水平的 57.58 万元。1976 年企业重新建造了镀铬车间、镀锌车间，两个车间建筑面积各从原来的 300 平方米扩大至 1 000 平方米。后由上海轻工业专科学校设计，工厂建造了两条铜镍铬全自动生产线，1978 年投产。1979 年扩大了硬铬业务，从镀小零件为主发展到可镀长度 3～4 米的大型轴类零件。到 1985 年企业从不满百人的作坊小厂发展到职工 360 人，年产值 400 万元，成为一个镀种齐全、工艺稳定、测试手段先进的专业化电镀厂，在苏州电镀行业享有良好的声誉。

在技术工艺方面，该厂具有一支能力较强的机械、电器、电镀技术队伍。20 世纪 70 年代初电器技术人员就自行设计和制造了可控硅整流器，替代耗能大的油浸式和发电机式整流器。在电镀工艺技术方面，技术人员根据产品要求应用电镀新工艺，同时对老工艺进行改进来满足生产需要。对有特殊要求的产品，也形成了有别于其他企业特色的工艺，如：1972 年，雷达波导管内腔镀银和接插件深孔、盲孔镀银，特别是波导管内腔仅 15 毫米×8 毫米，最长有 2 米深，还有长短不一的弯头波导管，镀银技术要求极高，技术人员攻克了难关，制定了特殊工艺，保证产品质量。1974 年开发了聚四氟乙烯电泳镀膜、非金属电镀等新工艺。1979 年超大型零件镀硬铬工艺。1980 年对 4 000 升氰化镀锌液转化成碱性锌酸盐镀锌并成功应用于生产。1988 年开发应用复合镀银技术,该工艺应用于电器开关触点镀银替代纯银触点,节约白银,降低成本。1993 年开发餐具镀银、镀金工艺。

该厂于 1969 年建立电镀废水处理中心,主要以化学法处理为主。1978 年车间改造实施废水分流排放,1979 年曾在镀铬生产线上采用蒸发器处理镀铬回收水。废水处理中心采用铁氧体法处理含铬废水。

1991 年 8 月,该厂与日本针佐株式会社合资,建立了中日合资企业针佐机械(苏州)有限公司,主要生产及销售“针佐”(HARISA)牌手编机针及“银笛”(SILVER REED)牌手编织机、办公机械及部件。

2. 苏州阀门厂

苏州阀门厂系国有大型企业,其前身是 1952 年 7 月由苏南工业专科学校的铸管厂(1950 年 7 月建立)和苏州劳动生产教养院的翻砂车间(1951 年建立)合并成立的地方国营苏州铁工厂。1960 年 3 月该厂一分为二,定名为苏州铸造机械厂和苏州阀门厂。苏州阀门厂于 1961 年 10 月划归第二机械工业部管理,1962 年 3 月易名为国营苏州阀门厂,1971 年改称国营 526 厂。1980 年 12 月起对外称中国原子能工业公司苏州阀门厂,地址在苏州市人民路 2114 号。

当时苏州阀门厂的主导产品是核燃料精加工生产线必用的特种真空阀门,该产品的零部件需要电镀表面处理。厂里建立了电镀车间。车间占地 3 000 多平方米。划分为金属零件抛光、金属零件除油酸洗前处理、钢铁件氧化;磷化、镀锌镀铬、镀铜镀镍、化学镀镍、后勤及污水处理 7 个工段,从业工人近 60 人。工厂电镀特色是阀体内腔电镀铜、电镀镍,这在电镀行业中是一种特殊加工工艺。该厂在 20 世纪 60、70 年代“采用化学镀镍中次亚磷酸钠的快速分析”论文获得江苏省科学大会二等奖。在 20 世纪 70—80 年代随着环保要求的提高及“三废”治理的技术日新月异,车间的表面处理均采用了逆流漂洗,达到了节水的效果。厂内采用的内压管式醋酸纤维膜反渗透装置处理含镍废水和内压管式聚矾膜反渗透装置处理含铬废水均获得一定的效果。另外“气浮法技术处理重金属离子在电镀废水中的应用”论文在苏州市 1980—1985 年度自然科学优秀学术论文评选中获优秀学术论文二等奖。随后,到 20 世纪 80 年代由于军工企业的转型,开始“军转民”,厂里的主导产品发生变化,以及由于与车间一墙之隔毗邻的北寺塔公园的修缮,市政府要求电镀车间必须搬迁。同时,由于阀门厂产品的转型,表面处理零件不多,零件的表面处理通过外协加工解决，就此，苏州阀门厂撤销了电镀车间。

3. 267厂

1958年，苏州眼镜生产合作社与苏州医学院科技人员组成苏州医学仪器厂（校办工厂）。1964年转为第二机械工业部直属厂，易名为苏州光学仪器厂，厂址在人民路50号，1970年改名为267厂。

267厂承担第二机械工业部属企业配套而用的光学控制仪器加工。厂表面处理工段为仪器零件内腔的黑化和零件表面的装饰和防护，尤其是光学玻璃表面的真空溅射镀膜技术。这些表面处理技术在当时苏州业界是领先的。在苏州1986—1987年度自然科学优秀论文评选中，“铜合金氧化（发黑）中一个结论的商榷与氧化工具的选择”论文被苏州市科学技术协会评为优秀论文二等奖。

随着生产转型及苏州市环保局对有关电镀行业进行着力整顿和加强管理，工厂决定把电镀工段撤销，其产品零件的表面处理改由外协加工解决。

4. 苏州长风机械总厂

苏州长风机械总厂是隶属航空工业部的大型全民所有制企业，其前身是1956—1958年间由苏州匠作工具社、第五铁业社、制锉社、五金医疗器械社、公私合营公益电镀厂、地方国营江南动力机械厂（部分）合并建立起来的苏州仪表厂、苏州仪器厂、苏州量具刃具厂。1962年被第三机械工业部接受为部属厂，1966年4月三厂合并为国营长风机械总厂。

长风机械总厂承担航空仪表、传感器、电器和精密工量具等产品的科研和生产任务，工厂的表面处理以镀锌、镉、镍、铜、银、铬、磷化、不锈钢酸洗、电抛光和铝氧化等为主，还有喷漆、光化、描绘、喷砂、刻字等工艺配套。

20世纪90年代末，工厂改制为长风有限责任公司，并以航空飞行显示系统等电子设备为公司主要产品，随着企业机制和业务的变化与发展，与飞机机载产品息息相关的表面处理工艺也随之变化和调整。从此，表面处理无论在厂房的技术改造、设备更新、工艺水平和“三废”治理等方面，都得到了长足的发展与进步。

五、电子工业系统

苏州的电子工业，是20世纪50年代从私营的无线电商店的基础上起步的。在社会主义改造浪潮中，25家无线电修理商店的34名从业人员，集资1.2万元，建立了苏州市无线电修理生产合作社。1957年，开始组装自己设计的电子管收音机和扩音机，这些产品是苏州最早生产的电子整机产品。

1958—1960年"大跃进"期间，苏州大力发展电讯仪表工业。到1960年上半年，全市有生产电讯、仪表、仪器的工厂77家，从业人员1.3万余人。经过20世纪60年代初的大调整，保留下来的仅有3家工厂。

1963年第4季度，国家建立了第四机械工业部(即后来的电子工业部)。苏州市于1964年成立了苏州市仪器仪表公司(1966年改为苏州市无线电工业公司)，确定了要发展电子工业的目标，后又建立了一批工厂。到1966年末，苏州电子工业工厂已发展到15家(其中全民所有制工厂7家、集体所有制工厂8家)共有职工2 000余人，开始生产半导体器件、半导体收音机、碳膜电阻、瓷介电容器、扬声器等产品。

1969年10月，第四机械工业部根据中央国防工作会议精神，召开备战增产会议，要求大力发展电子工业。于是，苏州再次掀起了发展电子工业的热潮，相继研制开发了有一定技术水平的电子产品，诸如集成电路、光电子器件、电子计算机、微波接力通讯机、纵横制自动电话交换机、黑白电视机等。1978年，局属工厂增加到25家，职工增加到11 000余人，并形成了广播电视、通信设备、计算机、电子元件、电子器件、仪器仪表、微特电机、净化设备8个大类产品的格局。

党的十一届三中全会以后，苏州电子工业经过整顿，出现了振兴发展的新局面。到1985年，市区电子工业共有生产企业36家，职工16 393人，其固定资产总值、工业总产值、实现利税在江苏省地方电子工业中均居第二位。

电子系统的电镀行业务主要由专业电镀厂负责加工，但部分企业自己也有电镀车间，如半导体总厂十分厂电镀车间主要镀种有镀铜、镀锡、镀镍、镀金，负责半导体元器件上的电镀加工，江南广播通讯联合厂电镀车间有镀锌、镀镍、镀锡等镀种。

六、苏州郊区的电镀行业

苏州郊区的工业在1958年开始发展，且起步快，短时间内就兴办工厂195家，涉及农机、化肥、水泥等31个行业。经过调整，到1965年，仅有各类企业69家，从业人员4 827人。经整顿，1973年有企业15家，职工14 257人，为苏州工厂企业、商业、物资部门加工生产机绣、洋刀、文教用品、镜片、冶炼、电池盖等几十种产品。

20世纪80年代后，党的各项经济政策给市郊工业注入了新活力，形成了轻工、纺织、机械、冶金、建材、化工、电子、丝绸、食品、工艺十大门类，并涌现多种联营企业。至1985年，郊区共有企业647家，职工43 442人，其中规模较大的骨干企业有 12 家。企业的产品结构也有了变化，部分产品如虎丘乡第二电子仪器厂与科研单位合作研制的两种测试仪还填补了国内空白。1984 年开发的 28 项新产品和 1985 年开发的 19 项新产品成为当时郊区工业的拳头产品。“六五”期间，郊区工业企业总产值年均递增 38.8%，5 年增长 4.2 倍，工业产值占郊区总产值的比重由 1980 年的 78.4%上升到 1985 年的 92.3%，四个乡工业产值均超亿元。

在苏州市郊的众多电镀企业中，比较突出的有苏州市虎丘电镀厂。

苏州市虎丘电镀厂创建于 1968 年 10 月，是苏州市具有一定规模的专业电镀企业。主要为医疗器械镀铜、镀铬。1975 年 10 月，仅有 3 条人工操作流水线。1980 年增加镀镍、镀锌，产值增至 220 万元。1987 年，根据国家有关规定，工厂申报领取生产许可证，1991 年申领排污许可证，并上第一条自动生产流水线；1991 年和 1993 年陆续将 3 条人工操作的生产流水线改为半自动生产流水线；1994 年，发展到 6 个大车间，拥有 3 条自动流水线，3 条半自动流水线，同年，兼并虎丘有色金属冶炼厂；1998 年，投资 107 万元进行污水处理，完成太湖流域污水治理限期达标任务，并实现污染物排放总量控制。1999 年，苏州虎丘电镀厂占地面积 27 000 平方米，建筑面积 10 000 平方米，电镀车间 16 个，年收入 3 000 万元以上。2000 年，年销售金额 4 500 万元。

随着太湖流域电镀行业电镀污染物排放标准的第三次提高，苏州市虎丘电镀厂现有的处理工艺，很难稳定达标排放。2013 年 11 月底，企业关闭停产，这家经营年代最久远(46 年历史)的专业电镀企业成为市区最后一家关停的电镀厂。

第四节　苏州电镀行业的辉煌期

1978 年 12 月，党的十一届三中全会召开，重新确立了解放思想、实事求是的思想路线，拉开了农村改革的序幕。

人们在计划经济时代早已对封闭式的经济形式厌倦了，一直在寻求新的生活和发展模式。这个时候，广大农村通过创办社队企业找到了出路，得到了真正的实惠。1978 年，六县市社队两级集体工业企业已发展到 7 508 家，拥有固定资产 3.35 亿元，职工 40.91 万人，占农村总劳动力的 17%，工业产值 9.92 亿元，占农村工农业总产值的 37.36%。在这期间，已涌现了同心电镀厂、陈墓电镀厂、昆山线路板厂、乐余电镀厂、塘市电镀厂、凤凰电镀厂、杨舍电镀厂、陆渡电镀厂、九曲电镀厂、新塘电镀厂等 20 多家社队电镀企业，这些电镀企业堪称苏州乡镇电镀企业的排头兵。

1984 年初，中共中央召开了全国农村工作会议，就在会后的 2 月 25 日，《人民日报》在头版显著位置发表了一篇题为《碧溪乡发展农副工建成新型集镇》的报道，并且加了一段“编者按”：“常熟市碧溪乡从事社队工业生产的农民做到了离土不离乡、进厂不进城，生动反映了新兴集镇的特点，碧溪镇已成为经济繁荣，人民生活富裕文明的集镇。”次日，新华社又播发了长篇通讯《碧溪之路》。

常熟碧溪乡镇企业的繁荣景象，在乡镇电镀行业集中的吴县黄桥镇、昆山的千灯镇、沙洲的杨舍镇、太仓的城厢镇、吴江的松陵镇也随处可见。20 世纪 80 年代，苏州乡镇电镀企业已由原来不到 30 家发展到 100 多家。

苏州电镀行业的快速发展可归纳为三次异军突起。第一次异军突起，在 20 世纪 80 年代初期；第二次异军突起是 20 世纪 80 年代后期，苏州发展外向型经济，乡镇企业成为外商建立合作合资的主力军；第三次异军突起是在世纪之交，迅速发展起来的民营经济使许多乡镇电镀企业改制成为民营企业、股份制企业或股份合作制等混合所有制企业，使苏州电镀行业扩大了发展的空间。苏州电镀行业的三次异军突起，以国有、集体经济为主的结构变成了民资、外资和股份制企业构成的充满活力的结构，推动了苏州电镀行业的优化升级，提升了苏州电镀行业的可持续发展。

苏州电镀行业的发展，也经历了高污染、高能耗的阶段。尤其是 20 世纪 80 年代，村村冒烟的小电镀厂，由于疏于“三废”治理，对环境质量产生了相当大的影响。从 20 世纪 90 年代起，通过污染减排、综合整治、典型示范、严格执法手段，电镀企业为实现生态城市建设、循环经济发展、太湖水污染防治、阳澄湖水污染防治、沿河地区综合开发生态环境保护等做出了努力，以清洁生产为抓手，实现科学发展、环保优先。苏州电镀行业步入了良性发展的快车道，开创了新世纪快速发展的新局面。

一、姑苏区、苏州工业园区、苏州高新区

姑苏区是由苏州原平江、沧浪、金阊 3 个区合并而成，苏州工业园区（简称“园区”）和苏州高新区（简称“新区”）分别位于姑苏区的东西两翼，姑苏区与园区、新区实现了无缝对接。姑苏区得益于特有的地理优势，抓住了改革开放的每一次机遇，勇于创新，走出了一条具有姑苏区特色的工业发展之路。

21 世纪以来，姑苏区工业发展进入了一个新阶段。2002 年，姑苏区开始了用两年半左右的时间，实现市属国有资本从一般性竞争领域和中小企业的退出。

2002 年 10 月—2005 年 6 月，姑苏区通过内部协议转让、社会公开转让两种形式，使纳入范围的 985 家市属国有企业、集体企业和 82 家生产经营性事业单位全部完成改制任务。不少企业改制后组建了新公司，也有 375 家企业停产整顿歇业或破产关闭。

苏州工业园区是中国和新加坡两国政府间重要的合作项目，并先后建成国家火炬计划软件产业基地、国家火炬计划汽车零部件产业基地、国家电子信息产业基地、国家软件欧美出口工程试点基地等国家级科技成果转化产业基地，初步形成了以集成电路、光电、软件、动漫、汽车及航空零部件为特色的高新技术产品集群。

苏州高新区从 1994 年开始，先后建立了苏州高新技术服务中心、苏州国际企业孵化器、苏州留学人员创业园等一批高水准的科技孵化和产业化基地，多年来累计孵化企业 1 000 多家，累计销售产值 200 亿元。苏州高新区是国家首家循环经济标准化示范区，循环经济示范企业达到 207 家，全区环保企业达到 170 余家，环保产业年产值超过 50 亿元。

按照苏州市政府精神，姑苏区的电镀厂(点)在 2005 年以前全部迁出古城区进入苏州工业园区和苏州高新区等地区，由于苏州工业园区和苏州高新区均为国家首批国家级生态工业园区，且苏州高新区还拥有 25 千米长的太湖沿岸线，为更好保护好作为区域饮用水唯一来源的太湖水，真正实现循环经济，进入园区、高新区的电镀厂(点)以清洁生产为抓手，加大节能减排技术改造的力度，从源头减少“三废”的产生，实现电镀企业的可持续发展。

以下是部分企业简介。

1. 中国航空工业苏州长风航空电子有限公司(原苏州长风有限责任公司)

苏州长风机械总厂完成改制后，对已使用 30 多年的电镀车间启动改造。1998 年开始厂房改造、设备安装调试，1999 年 8 月竣工，总投资 450 万元，改造厂房 2 338 平方米。厂房的结构形式为楼层式，地上二层为电镀、氧化的表面处理生产线，地上一层为专业管道敷设和污水处理设施区，拥有镀锌、镀铬、镀镍、镀银及铝材阳极氧化等 8 条生产作业线，镀槽 230 只。1999 年 9 月，公司预验收试运行生产。2000 年 7 月 31 日，由市 8 名专家组成验收组进行验收合格，投入生产。该生产线获 2004 年度中航工业建设协会优先工程设计二等奖。

在原苏州长风公司的基础上，于 2004 年 3 月 26 日，成立了由中航工业苏州长风航空电子有限公司和中航工业雷华电子技术研究所为基础的中航工业雷达与电子设备研究院。作为中航工业机载雷达和航空电子系统研发、试验和制造一体化的科技先导性研究院，2006年起筹建了生产试验基地的特种制造部（含电镀、氧化表面处理、涂装、热处理、焊接），总投资2 950万元，其中环保投资500万元，厂房建筑面积10 000平方米，其中电镀、氧化表面处理生产线面积为3 715平方米，厂房结构仍为楼层式。厂房拥有钢铁零件的酸洗、磷化、氧化，不锈钢零件的酸洗、钝化、抛光，铝及铝合金零件阳极化和化学氧化，铝及铝合金零件化学镀镍，铜零件的酸洗、钝化、氧化，镀铜、镀锌、镀铬、镀镍、镀银、镀锡、镀锡铋合金、镀金等11条生产线，所有生产线加热热源为电加热，槽液实行循环过滤和压缩空气搅拌，生产电源的80%为高频开关电源，20%为可控硅整流器。全线所有控制参数实行自动控制和人工微调，并由中央控制室控制。生产过程可实现温度、电流、时间等工艺参数自动记录。电镀、氧化作业区密封，配备有送新风系统，抽风系统根据镀槽的开启实行联动变频调节，既保证良好的室内工作环境，又节省能源，并配有3套废气处理装置、1套废水和中水处理系统、1套纯水处理设备。公司表面处理工艺、设备、环境、管理等均符合《清洁生产标准 电镀行业》（HJ/T 314－2006）要求。

技术先进、专业能力强是苏州长风公司表面处理的特点。2000年，中国航空工业第一集团公司航空材料研究院和长风公司表面处理厂联合研发成功锡铋合金工艺，在中国航空系统及电镀行业均属空白，为引进某型飞机生产线的建设和生产做出了突出贡献。2015年，该厂成功研发钛合金电镀工艺，该工艺目前在中国航空领域处于技术领先水平。苏州长风公司表面处理厂其他的先进电镀技术有：7系铝合金材料零件的高硬度、高耐磨性硬质阳极氧化工艺，其表面硬度可达到HV350以上；铝合金镀前浸锌配方，可使后续镀层完全不起泡，合格率达100%；镀硬铬工艺可通过参数控制，将零件整体镀层表面硬度控制在HRC 63～64；可在同一个铝合金零件上进行化学镀镍和阳极氧化的加工方法；电镀锌-镍合金红色钝化的工艺配方。以上技术成果均得到业界的高度认可，先后获得集团公司、国防科学技术工业委员会优秀质量奖、江苏省科技工业优秀成果奖等殊荣。

2. 苏州华海通讯电子有限公司

华海通讯公司是苏州手表总厂理化分厂，后转制为民营股份制企业，富有传奇色彩。华海公司在通讯、电子、精密机械零件的电镀和热处理方面形成了自己的特色和优势，已成为华东地区在该领域规模较大、镀种较全的电镀企业，并且是姑苏区唯一一家由国营企业转制成具有现代企业制度的民营电镀企业，且多年来社会效益和经济效益双丰收，成为苏州电镀行业国有企业成功转制的范例。

1999年9月28日，公司完全脱离手表总厂母体，成立了具有独立法人地位的

“苏州市华海表面精饰有限公司”，原厂 30 多名员工成为了公司的自然人股东。当时公司的主要设备设施有 1 条半自动滚镀镍线、1 条手工化镀线和 1 条手工镀金、镀银线，多台整流器、烘干机等，以及 1 套废水处理设备和 1 个理化试验分析室等；主厂房面积约 600 平方米（租赁）；主要镀种有滚镀金、滚镀镍、挂镀镍、化学镍、镀银。在 2000—2003 年又增加了局部镀金、镀锡等业务，公司的年销售额由 1999 年的 800 万，发展到从 2000 年后的 1 000 万元以上。

2003 年 10 月，创建了“苏州华海通讯电子有限公司”，注册资本 1 500 万元。2004 年 10 月公司从日规路迁入新址苏州工业园区车坊普惠路东，占地 25 亩，厂房面积 11 000 平方米，员工近 150 人。

公司迁入新厂址后，勇于担当社会责任，努力降低资源消耗，大力减少环境污染，积极创建资源节约型、环境友好型的企业。多年来公司先后共投入了 600 多万元资金建立了污水处理站，采用了先进仪器设备和三废处理工艺，对废气、废水、废渣进行综合治理。根据清洁生产要求，提高了废水在生产中的回用率，减少了水资源的浪费，使三废综合治理取得了良好的成效。2006 年通过了 ISO 14000 的国际环境认证，并开始全面推行清洁生产，被苏州工业园区管理委员会评为“清洁生产企业”，并在公司驻设了工业园区危化品管理工作站。

1999—2014 年的 15 年来，公司业务虽然受市场经济制约有起有伏，但从 1999 年开始前 10 年以年均 35%左右的增长率增长，其中 2006 年的增长率高达 145%，2007 年和 2008 年销售额均超亿元；近几年虽受金融危机冲击，但年销售额仍保持在 8 500 万元以上（其中 2012 年销售额曾超亿元）。经过十几年的发展，华海公司已发展成为了专门从事手机、电脑、汽车、机械模具、通讯电子件等配件表面处理工作的企业，主要镀种已扩展为镀金、银、镍、锡、钯镍合金、黑镍、化学镍、局镀金、银、锡、连续镀等；服务对象包括苹果、佳能、惠普、索尼、夏普、东芝、博世等。公司通过对不锈钢、盲孔件、精密小零件等需多点局部镀零件的研究，积累了许多先进的工艺技术和经验，与现代化工业生产要求接轨。

华海通讯公司的正从小微企业向中小型企业转变。企业员工基本稳定在 320～350 人左右，年销售额力克全球金融危机的阴影，已平均保持在 9 000 万至 1 亿左右。多年来华海公司被各级政府部门和行业协会评为各类先进企业荣誉称号、成为苏州工业园区工商联的代表单位、2014 年被评为全国电镀行业的清洁生产先进单位，是苏州科技学院的教学实践基地，公司已基本走上了符合现代化企业要求的可持续发展之路。

二、吴中区、相城区

大业六年(610 年),隋炀帝开辟了大运河,吴县不仅成为江南运河航运的要地,也是手工业和多种经营的重地、盛誉天下。“云帆转江海,粳稻来东吴”“夜市卖菱藕,春船载绮罗”。这些诗句真实地反映了当时吴县物阜民丰的繁华景象。

2000 年 12 月 31 日吴县市撤销,原吴县市辖区分设为吴中区和相城区两个城区。

进入新世纪,吴中区抓住了撤市设区的契机,做出加快建设 200 平方千米的苏州城南工业带的战略部署,以省级吴中经济开发区为龙头,向东、向南、向西发展,形成“一个中心区、两个配套区,一个经济区”。

吴中区努力构建外向型经济、民营经济和有自主知识产权的规模型企业“三足鼎立”的新格局。外向型经济优势明显,到 2003 年 4 月,全区有注册外资投资企业 1 052 家,累计注册外资 25.2 亿美元。近年来,吴中区不断完善各种投资环境,着力构建高水平、全方位、多渠道、宽领域的对外投资开放格局。外商投资企业的投资强度不断增大,质量不断提高,规模不断扩大。美国的施乐,日本日立、东芝、西铁城、丸红、三菱、旭华成,我国台湾地区的智宝、雅新、迎广、佳鼎等著名公司纷纷入驻其中,吴中区与世界上 50 多个国家和地区建立了经济贸易关系。民营经济的快速发展,已成为全区经济新的生力军,至 2003 年 4 月,全区注册民营企业 4 896 家,注册资金 49.17 亿元。有自主知识产权的规模型企业已经具备了较好的基础,一批规模大、技术含量高、发展前途广阔、市场形象良好的企业快速成长,对全区经济的贡献份额在不断提高。

吴中区全区总面积 2 370 平方千米,其中陆地面积 826 平方千米,太湖水域面积 1 544 平方千米,吴中区拥有太湖 2/3 的水域,太湖内 72 峰,58 峰在吴中,“太湖风光美,精华在吴中”。

1980 年,吴县环境保护办公室会同县卫生局,对吴县工业较为集中的浒墅关等地区的 17 个公社、2 个镇的污染进行了调查。

相城区的社队工业起步较早,20 世纪 50 年代末到 60 年代初,湘城、黄埭、北桥、跨塘、唯亭等 13 个公社先后创办小五金制品企业,开发喷灯、门锁、金刚钻刀、卷尺、沙发弹簧等产品。1973 年,黄埭长泾村电动机厂等社队企业涉足电机、通用机械制造行业。1979 年,渭塘乡渭西村办星火五金厂,为“长城”“骆驼”等名牌电扇配套生产网罩,1986 年,该厂研制成全国第一条网罩静电喷塑自动生产线,取代了传统的网罩电镀的传统工艺,年产电扇网罩、风叶及静电喷涂加工能力分别为

180 万套、150 万套和 140 万套。20 世纪 70 年代末，黄桥的印刷线路板厂和电镀厂发展迅速，成为苏州电镀行业的聚集区。

以下是部分企业简介。

1. 相城区电镀中心有限公司

公司固定资产 3 500 万元，占地面积 10 000 多平方米。公司具有资深技术人才及完善的检测试仪器设备，并已通过 ISO 9001 质量体系认证和 ISO 14001 环境体系认证，年销售额 4 000 余万元。

相城区电镀中心有限公司较全面地传承了吴县电镀中心工艺品电镀的传统工艺，并根据市场的变化，自主开发了电子通信产品、五金冲压件等系列新的工艺。公司拥有整套先进的自动电镀金、银、镍、铬、锡、古铜、古银、化学镍等一流的设备，是苏州目前规模大、技术先进的工艺品电镀生产基地，尤其是纪念章、纪念币的镀金、镀银工艺水平处于国内领先地位，公司是造币企业的忠实合作伙伴。

相城区电镀中心有限公司由于城镇化建设的需要，现已从黄桥搬迁至安徽郎溪电镀工业园继续从事电镀生产业务。

2. 渭西星火五金厂

渭西星火五金厂前身是苏州星汇电器有限公司电镀车间，是苏州市相城区渭西村的村办企业。该公司主要生产大型盘丝网罩，产品与美国巴顿公司配套；与国内长城、骆驼等电扇生产企业配套生产电扇网罩。星火五金厂 1998 年转制为民营企业，电扇网罩生产出现滑坡，企业随之向其他领域渗透拓展。

2011 年，工厂将原有的手工线全部淘汰，改造了 6 条自动环形生产线，并把原来的高含氰镀锌线逐步改造成低氰、无氰的镀锌线。厂方投资 380 万元建成二级物化废水处理站，实行 24 小时监控，处理污水能力达 1 300 吨/天，连接至渭西污水处理厂。目前产品已涉及 IT、汽车、家电等多个领域，主要镀种有铜、镍、铬及三价铬、三价黑铬、光铬、双色、珍珠镍、珍珠铬等。工厂拥有职工 200 多人，占地面积 10 000 平方米。自有资产 1 300 多万元，年销售额 6 000 多万元，实现利税 600 多万元，荣获 2013 年度纳税二等奖，同年被苏州市电镀协会评为优秀电镀企业。公司已通过了 ISO 9001、ISO 14001 认证。工厂还投资 24 万元安装了在线监测仪，对 COD、铜、镍、铬各种指标进行跟踪检测，并与区环保部门联网。

工厂视安全生产为生存发展的基石，对危化品的储运和使用有一整套严格的安全防范措施，实现了安全标准化。工厂每周一次安全检查，每周一次安全例会，组织职工消防演练，各车间配备消防设施，对检查中发现的问题都认真对照上级安监部门的要求，提出整改意见，每一项问题都认真落实到位。

3. 苏州波达电声有限公司

苏州波达电声有限公司前身是1979年成立的“吴县电子元件厂”，当时主要为军工企业产品配套生产双列集成电路管壳，其管壳的电镀层委托上海无线电十四厂加工。1985年，改名为“吴县电声厂”，经营驻极体电容式传声器和电子元件。这时，企业有了自己的电镀生产工艺，镀种有镀镍、镀金和镀银。1986年，增加了传声器外壳的铝氧化。为了更好地装饰铝壳的外观，增加了氧化后彩色电泳和喷漆等工艺，是苏州最早使用电泳漆的单位之一。公司生产的驻极体电容式传声器曾填补省内空白，1986年获得苏州市新产品奖。1989年，传声器注册“波达”商标。1994年，开始对外承接制笔零件的电镀加工业务。1997年公司转制，成立“吴县市波达电声有限公司”，制造加工传声器，电镀加工制笔零件和五金件，其中以制笔零件的电镀加工为主。2000年，公司正式更名为“苏州波达电声有限公司”，经营主体以制笔零件的电镀加工为主，镀种有预镀氰铜、光亮酸铜、高锡青铜、仿金黄铜、冲击镍、光亮镍、哑光镍、枪色镍、黑铬、亮铬、镀金和镀银等；电泳工艺方面有透明电泳、仿金电泳、黑电泳等。

公司采用的仿金电镀工艺是电镀仿金层后加仿金电泳，这种生产工艺的漆膜烘干后，色泽均匀，金色丰满、逼真，可与真金媲美。这是中国当前仿金电镀一种比较成功的生产工艺，这种工艺生产的仿金零件，不但外观好看，而且其耐蚀性能也优良。国内几家同类产品在一起做盐雾试验时，这种产品的抗蚀能力总是名列前茅。

公司还采用单盐黑珍珠电镀工艺。这种工艺色泽均匀，比二元合金控制方便，价格低廉。为满足欧盟 RoHS 指令，接触人体皮肤的产品不能含有镀镍层的要求，采用高锡青铜和无镍枪色的电镀工艺，可生产哑光仿金、哑光枪色、哑光银以及红古铜或黄古铜等多种色彩的产品。

公司主要客户是上海的英雄集团、永生集团、晨光集团和台湾蒙恬文具公司等大公司。

苏州波达电声有限公司由于城镇区域拆迁现已关闭。

4. 苏州市康普来表面处理科技有限公司

苏州市康普来表面处理科技有限公司的前身是相城区黄桥镇占上村的村办企业吴县塑料电镀公司，20世纪70年代成立，2001年转制为股份制企业。成立初期以塑料件电镀加工为主要业务。

20世纪80年代，家用电器产品快速发展，工厂主要加工收音机装饰件、旋钮、喇叭卷，由于手工操作已无法适应，于1983—1984年，异地扩建两幢标准厂房，投入40多万元上了两条龙门式电镀生产线，为上海红灯、飞跃、海燕、凯歌等无线电厂供货，后来还给南京熊猫配套。为了将电镀加工延伸到供应塑料零件(含电镀)，工厂建起了模具车间和注塑车间，添置23台不同规格的注塑机。

进入21世纪，公司年年有新的变化，2001年组建了新的经营管理团队，调整为股份制经营模式；2002年企业更名为苏州康普来电镀有限公司，并通过了ISO 9001质量体系认证；2003年成功开发通讯产业表面处理工艺成为国内首批配套通信行业的表面处理供应商之一；2004年，通信产品表面处理业务数量翻番；2005年兼并了一家电镀厂，产能扩张；2006年销售额达到1亿元，并成为苏州地区首家通过清洁生产认证的电镀企业；2007年通过了ISO 14001环境管理体系认证；2008年销售额突破1.5亿元；2009年投资北桥新厂区，通信产品自动化电镀生产技术荣获4项国家发明专利；2010年投资塑胶电镀自动线，涉足汽车行业；2011年通过了TS 16949质量体系认证，被评为“江苏省民营科技企业”；2012年企业更名为苏州康普来表面处理科技有限公司，实施事业部独立运作机制，下设通讯、电子、塑胶三个事业部，成为苏州康普来全资子公司。

该公司通讯事业部有12条生产线，主要工艺有铝镁合金电镀、铝合金化成处理、铝合金喷粉、PEI(聚醚酸亚胺)电镀、镀银、镀铜、喷粉、化学镍、化学皮膜，为通信行业和铝镁合金加工企业配套加工表面处理工艺。电子事业部有5条生产线，主要工艺是铜合金电镀、铁合金电镀、锌合金电镀、镀金、镀银、镀铜、镀镍、镀锡，为电子、电气、通讯等行业提供表面处理服务。塑胶事业部现有全自动环形电镀线1条，130吨单色注塑机4台，120吨双色注塑机1台，主要工艺是ABS电镀、PC/ABS电镀、镀铬、镀铜、镀镍，为汽车行业、电子行业提供塑料零件加工和后续表面处理工艺。电子设备子公司主要从事通信行业表面处理设备和环境设备的设计研发，目前已拥有9项自主专利技术，该子公司已与美国曼彻斯特大学高分子材料研究所和无锡凯灵电镀设备有限公司成为战略合作伙伴。

公司拥有比较完备的电镀废水处理能力，公司预处理能力为5 000吨/天，园区废水处理中心的处理能力为10 000吨/天。公司在北桥厂区设立了自己的废水处理中心，处理能力为2 000吨/天。

5. 苏州市姑苏电镀有限公司

苏州市姑苏电镀有限公司成立于1992年10月。位于苏州市相城区北桥镇灵峰工业园。占地面积21 600平方米，厂房面积13 000平方米，固定资产6 500万元,现有职工 350 人,其中技术人员有 80 人。公司目前主营电镀加工的种类为镀金、镀银、镀镍和镀锡等,公司有自动连续电镀流水线 4 条,半自动滚镀流水线 5 条。目前苏州市姑苏电镀有限公司已经向安徽郎溪电镀工业园区发展,并投资安装了电镀生产线。

姑苏电镀有限公司作为华东地区知名的专业表面处理企业,拥有先进的生产工艺、自动化的生产设备和一流的检测设施,为电脑、手机、电器、通讯、汽车、航空航天等行业的零部件进行专业化的表面处理。公司目前拥有全自动化的连续镀生产线 10 条,滚镀线 6 条,吊镀线 8 条,具备各种基材的表面处理能力,在接插件选择镀、铝合金电镀、镁合金电镀、三元合金电镀及精密五金件电镀等领域拥有多年的经验,可为客户提供一流的品质和服务。

公司于 2000 年 12 月通过 ISO 9002 质量认证,于 2002 年 8 月通过 ISO 9001:2000 质量认证。自 1999 年以来,公司多次被评为江苏省苏州工商行政管理局 AA 级重合同守信用企业、苏州市电镀协会十佳企业,并成为苏州市相城区 2005—2006 年度环境科学会会员单位,苏州市危险化学品安全监管协会理事单位。

三、吴江区

吴江区位于江苏省的最南端的太湖流域腹部,苏(州)嘉(兴)湖(州)小三角中心,东接上海市青浦区,南连浙江省嘉善、嘉兴、桐乡、湖州等市县,西滨太湖。精明的上海人和周游世界各地的浙江人,带给吴江人的是聪明绝顶的智慧、商贸的灵气和从工的技巧。

吴江境内没有山,水域面积约占地区总面积的 1/3,被江苏全省列入保护名录的湖泊有 137 个,吴江境内就占了 56 个。良好的生态环境,使这里的物产丰富,特别适合蚕桑业的发展,同时给吴江丝绸业提供了丰裕的原材料。几千年来,蚕桑和丝绸曾是吴江的支柱产业。1985 年全地区工业产值约 20 亿,而丝绸工业产值就占 60%,丝绸产量占全国的 1/10,出口量占全国的 1/6。吴江的丝绸业大多集中在盛泽,因而盛泽又有“中国东方第一镇”的美称。

吴江自古以来就有金属加工的传统,据载明嘉靖年间(1522—1566 年),“居民百家,铁工过半”。1949 年时,全县手工业铜铁锡作有 127 户,从业人员 130 多人。到 1985 年,全县有机械工业企业 547 家,年产值 35 616 万元。

吴江天葆钛金厂创建于 1985 年 7 月,它是采用真空离子钛设备制作镀钛金字牌的专业工厂,曾为北京人民大会堂国宴厅的全套灯具镀钛,并荣获中央主管部门领导和有关专家的高度赞扬。1999 年 5 月，该厂一举中标，制作了“江阴大桥”金字招牌。

1989 年，创建荣顺金属材料厂，生产“泰和”牌电镀用磷铜阳极材料，有磷铜球，磷铜角和黄铜(仿金)阳极等，产品畅销全国各地。

20 世纪 80 年代，众多乡镇小电镀企业中，吴江眼镜一厂是比较突出的一家小厂。他们电镀加工的表壳金属厚度误差是外地大厂的 1/10，成本又较低，因此既保证了产品的质量，又大大节约用金，创造的经济效益就比其他厂高出几倍。

据统计，2000 年吴江全地区有电镀企业 8 家，发放 8 张电镀生产许可证。当年有电镀从业人员 763 人，年产值 2 828.1 万元，利税 181.36 万元。

吴江区 2003 年开始筹建电镀工业区，2007 年将市内各镇的 8 家电镀企业全部入驻邱舍电镀区，并全部实行无氰电镀，三废集中管理。

展望未来，吴江有着无比美好的前景。现今，吴江以台资企业为龙头，大力发展电子产业，是江苏省级电子信息产业基地，2004 年又被列为国家信息产业基地。这里入住的有日立电子、NEC、单金、大同电子、华映视讯、高创电子、泰金宝电子、亚旭电子、凤凰半导体、中达电子、华冠通讯等世界著名的电子企业。其中台资企业占 85%，形成了光电群落和群聚效应，进而形成了完备的光电子产业链，由此必定会给电镀事业带来更大的发展。

1. 吴江眼镜一厂

吴江眼镜一厂(简称“眼镜一厂”)始建于 1973 年 10 月。建厂初期，企业发展缓慢。1980 年，自徐菊仁厂长上任后，形势有了好转。当年从港台流行的金属架子纷纷流入国内，同里眼镜厂也抓住了这个机会，生产金属眼镜架子，架子的款式造型还不错，就是找遍了沪宁杭地区，还是找不到一家可以很好地电镀眼镜架子的工厂。1984 年的下半年，徐菊仁厂长和车间主任比较顺利地与上海轻工业研究所谈成了合作，同里出资金、设备、生产场地，上海轻工业研究所提供技术，报酬是前三年每年获取电镀部分利润的 30%。

起步时眼镜厂在群益电镀厂里借了一间 15 平方米的小房间，派了一名车间主任与 4 名工人，经过 2 个月筹备后，由上海轻工业研究所派人来配置镀槽，一举获得成功，且首批质量过关。1 年后，在群益电镀厂对面建了一幢小楼，同里眼镜厂才正式有了电镀车间的生产场地。

电镀车间的主要原料是黄金，由于黄金是贵重物品，该厂从金盐进货到仓库的保管车间领用，都是由双人操作控制，建立了财务、仓库、车间三笔账有银行定期检查，10 多年来从无差错，曾多次获得银行的好评。

厂里对于产品质量要求更严。当时电镀黄金表壳，上海钟表公司规定的表壳镀层厚度不得低于 4 微米，眼镜一厂镀出的表壳始终控制在 4.1～4.3 之间，误差仅是其他厂的 1%，就这一项，眼镜一厂电镀车间创造的经济效益就要比其他厂高出几倍。

眼镜一厂电镀车间自主研发的脉冲电镀硬质金合金加复合保护膜工艺，使薄层镀金产品的使用寿命延长了 5～10 倍，一般眼镜可以保持镀层艳丽 2～3 年，频繁使用的钢笔确保能使用一年以上，如果作为摆饰品还可以保持更长的时间。该工艺获得了省科技金牛奖和苏州市科技二等奖。1988 年度与上海轻工业研究所共同研发的硬质金合金与玫瑰金工艺获得了上海市科学技术进步二等奖。

眼镜一厂最早进行手表壳加工镀金的客户是上海华申异型表壳厂，该厂是上海手表外壳的龙头企业，对于电镀产品的外观、色泽、金层硬度、结合力等要求较高，特别是厚度要求更严格。眼镜一厂经过了艰苦的试验与技术攻关后取得了满意的效果，确立了在上海表壳行业的地位，上海的手表一厂、表壳二厂，纷纷来加工手表壳镀金业务。据上海钟表行业统计，使用眼镜一厂加工的手表壳的手表数量，占上海产镀金手表总产量的 1/3 以上。

随着改革开放的发展，中国百姓的消费水平也随着提高。上海永生金笔厂（当时国内最有名的金笔厂之一），开始生产镀金金笔，也到眼镜一厂加工镀金笔杆，工厂开发的硬质金合金加复合保护膜的工艺很好地用在了永生金笔厂的产品上，确立了眼镜一厂在中国制笔行业中的地位。随后，上海英雄金笔厂、合肥金笔厂、丹东金笔厂也纷纷来厂加工镀金笔杆。与此同时，眼镜一厂的产品也延伸到制笔行业中去，开始机械加工钢笔、圆珠笔的零部件。

除此之外，中国规模最大的上海手术器械厂的一款专门出口西欧的高档祉片特针手术钳也到眼镜一厂进行镀金，该产品不但装饰性、耐磨性有严格要求，在结合力上更有特殊的要求，由于该工件的材料是一种较特殊的不锈钢，要做到结合力好需进行特殊处理。

吴江眼镜一厂在短短的十几年，电镀车间也从借用人家的 15 平方米的小车间发展占地千余平方米的大车间。职工人数从 5 人发展到 70 余人，眼镜一厂职工人数最多时达到 300 余人。创造的利润除了完成国家各项税收外，每年上缴同里镇财政 100 多万元，连续 10 余年都成为同里的龙头企业。

吴江眼镜一厂 2000 年时进行了转制，电镀车间转让给同里群益电镀厂，即目前的同里特种电镀厂。

2. 吴江同里特种电镀厂

吴江区同里特种电镀厂前身为村办企业无线电元件厂，创建于1978年8月。1990年转制为股份合作制企业，2001年更名为吴江区同里特种电镀厂。

吴江区同里特种电镀厂近40年的工厂发展大致经过了三个阶段。

1978年在上山下乡时期，在同里镇电机厂和晶体管厂工作的几个同里知青的父母扶持下，知青点筹备了无线电元件厂，当时负责为电机厂与晶体管厂镀金、镀银、镀锌、镀镍的电镀加工。

1984年后知青陆续回城，村里投资50万元新建了厂房，工人从原有的10人增加到30多人，全年总产值从十几万元增加到1998年的150万元，主要业务为眼镜、制笔、各种五金电镀，增加了镀铬、氧化。1998年当时由张雪根为代表的十几人参股成立股份制的同里特种电镀厂。

2005年，同里特种电镀厂在邱舍电镀区，购入土地7 258平方米建设标准厂房6 800平方米(二层)，总投资1 500万元设立了11条生产流水线，2013年产值达到了3 500万元，职工150人。现在有全自动镍镍铬流水线2条、全自动挂镀锌线5条、滚镀镍/锡线各1条、滚镀锌线1条、电解氧化线1条。主要客户为上海、苏州、吴江的冶金、轻工、汽车配件企业。近几年来公司通过不断努力，曾获ISO 9000质量管理体系认证证书，苏州市电镀协会“先进企业”，苏州市电镀达标合格企业等称号。

由于产业结构的调整吴江同里特种电镀厂现已转型不做电镀。

四、昆山市

昆山现代工业发展较晚，1949年只有几家粮油加工厂和一些土窖以及手工作坊，工业产值1 801万元。新中国成立后，特别是十一届三中全会以后，工业发展较为迅速，昆山逐步形成了以轻工、机械、纺织、化工、医药等为主，有一定规模和技术水平的工业体系。

昆山在发展工业的过程中，乡镇企业异军突起，一跃成为“半壁江山”。昆山的乡村工业始于1958年，当时有17家社队工厂，产值不足百万元。1978年产值7 074万元。1979年以后，乡镇工业发展迅速。1987年，全县30万名农村劳动力中，1/3在乡(镇)村办企业务工。当年乡镇工业产值16亿元，比1978年增长23.8倍，年递增42.2%，占全县工农业总产值的56%，成为本县经济建设的重要支柱，农民致富的重要途径。

昆山乡镇企业发挥地理优势，推进横向联合。东依上海、西托“三线”(内地军工企业)、内联乡村,逐步形成一个多层次、多形式、多方位的联营合作网络。昆山自费建设经济技术开发区,是昆山乡镇企业和外资企业发展的又一大特色。1985年,昆山县政府兴建了一个占地6.18平方千米的经济技术开发区,引进了江苏第一家外资企业入驻。经过多年引进资金、传递信息、吸收先进技术,开发区已成为昆山对外开放的"窗口"。

昆山的乡镇电镀企业起步于20世纪70年代初,主要集中在城北、陈墓、千灯这3个乡,有城北昆山线路板厂、陈墓的陈墓电镀厂、千灯庄巷村昆山印刷线路板厂、城北同心电镀厂、千灯昆山电子元件厂(专业生产电路板)等。到1987年底,昆山共有电镀厂(点)16家。

1979—1983年间,昆山对全县12家电镀厂(点)进行了整顿,对5家设备简陋、工艺落后、布局不合理的厂(点)进行撤并等处理,保留了7家电镀厂(点),其中两家搬迁新址,避开了城镇自来水水源和居民区。1987年,电镀厂(点)增加到16家,其中县属企业1家,乡镇办企业7家,村办企业8家。经过进一步改革生产清洗工艺,减少跑、冒、滴、漏,使电镀行业的管理和"三废"治理水平有了显著提高,部分企业铬酸使用量减少了40%,减轻了对水体的污染。昆山晶体管二厂在1986年苏州市环境保护创"三好"(组织落实好、环境管理好、污染治理好)活动中,被评为电镀行业第三名,1987年城北乡同心电镀厂又被评为第三名。通过综合治理,电镀含铬废水由原来超标40~70倍,含氰废水5.8~12.7倍的状况,逐步达到了符合国家规定的排放标准。

2008年10月16日,《人民日报》用一个整版篇幅发表了题为《用开放打造中国百强之首》的文章,文章指出,改革开放30年,昆山实现了由单一农业向农业、制造业、现代服务业协调发展的转变,由依靠外资带动向多种所有制经济共同发展的转变,由粗放型增长向"经济、整治、文化、社会、生态五位一体"协调发展的转变,昆山经验说明昆山之路就是中国特色社会主义发展之路。如此高的评价可谓是《人民日报》对一个地方给予的全方位肯定。

昆山多次雄居全国2 000多个县市中的"百强之首"。以一个只占全国土地面积0.01%的地方,聚集了全国1.7%的外资企业和1/9的台资企业,实现全国2.4%的进出口总额,创造了一个"昆山传奇"。

目前,昆山市有电镀(含作业点)企业约120家,其中专业电镀17家(台商和外商投资企业62家左右,成为昆山电镀行业的半壁江山)。在有电镀作业点的103余家企业中,线路板、电子类企业86多家,占了80%以上。昆山电镀行业具体细分如图2-11所示。

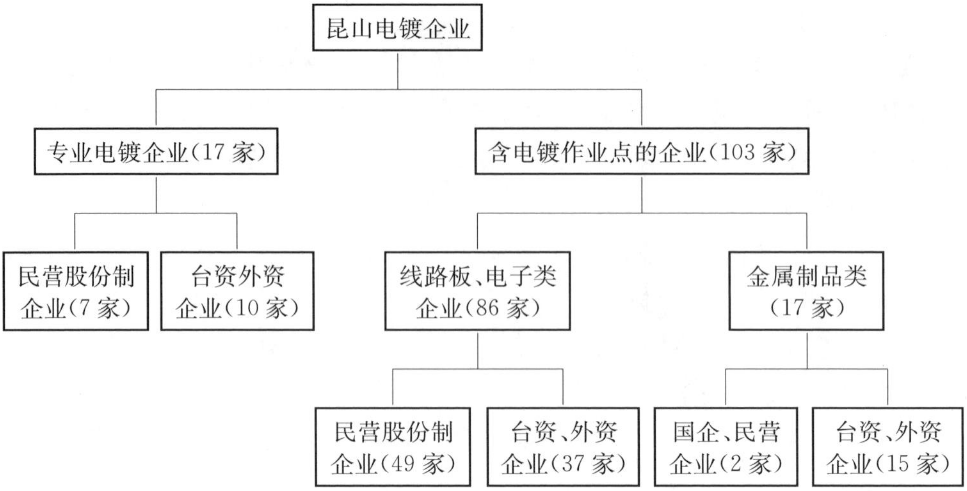

图 2-11　昆山市电镀企业分类

1. 昆山同心表面科技有限公司

昆山同心表面科技有限公司(图 2-12)(原同心电镀厂)创立于 1976 年,至今已走过了 40 多年的发展历程。2006 年 1 月同心表面科技有限公司迁址于昆山市紫竹路 1698 号,占地面积 96 000 平方米,员工人数 700 人左右。

图 2-12　昆山同心表面科技有限公司

同心科技作为一家国内最具规模的专业性电镀企业之一，拥有国际先进水平的设备和设施，目前加工范围涉及镀金、银、锌、铜、镍、锡、锌镍及相关合金等，加工形态有以吊镀、滚镀、连续镀、振动镀等形式进行电镀及化学镀；加工部件涉及4G/5G通信产品、汽车件、FPC、各类接插件、半导体、通讯零部件等，适用于航空航天、汽车工业、资讯通讯产业、消费性电子、民用五金等相关产业，年营业额超过3.5亿元。公司服务于诺基亚、华为、住友、丰田、本田、日产、日立、施耐德等一大批知名品牌客户。

秉持科技、人文、环境及管理的经营理念，致力于企业环境、品质绩效的提升。同心科技公司于1998年通过ISO 9001质量管理体系认证，2014年通过IATF 16949体系认证。2007年通过ISO 14001:2004环境管理体系认证；在环境保护方面，公司不惜巨资购买成套污水处理设备，自动控制、报警系统，推广可靠并达标的化学处理法，同时推行以预防为主，防治结合的方针，不断进行工艺流程、生产设施的改进。公司全员参与，努力实现清洁生产，连续通过苏州市环保局清洁生产审核验收，2018年被评为“绿色企业”，通过安全部门的“安全生产标准化三级企业”认证。

随着全球经济一体化的发展，该公司继续奉行“品质第一，顾客满意”及“节能降耗，保护环境”的经营目标，竭诚为全球顾客提供满意的电镀配套服务，实现可持续发展，互利双赢的局面。

2. 锦昌金属表面处理有限公司

锦昌金属表面处理有限公司成立于2001年3月，是一家专业化的电镀加工企业。

公司占地面积12 000平方米，建筑面积8 000平方米，现有员工150人，其中专业技术人员30多名。主要从事加工PCB板化金、化银与电金，端子连续镀金、镀锡与镀镍，电子五金产品镀金、镀银、镀锡与镀镍等。主要涉及3G电子产品、汽车零部件、各类线路板、排线、端子、通讯和五金等产品，经过加工后的产品主要销往我国台湾地区、韩国、日本和一些欧美国家。

2014年完成工业产值6 000多万元，利税700多万元。与此同时，公司引进了最先进的自动化生产线和检测设备，已拥有镀金、镀银、镀锡、镀镍等18条电镀自动生产线和测厚仪、AA仪、烟雾化验机等检测仪器。公司的电镀工艺和设备具有小而专、小而全、小而精的特点，目前主要客户有富士康、中达、欧姆龙、舍弗勒等一些知名公司。

公司2006年5月通过了ISO 9001:2008质量管理体系认证,2009年8月通过了清洁生产审核,2010年5月被中国互联网新闻中心授予"中国信用企业认证体系示范单位",2013年1月获苏州市2012年度危险化学品安全管理先进单位,近期通过了ISO 14001环境管理体系认证。

五、常熟市

常熟市位于江苏省东南部。北滨长江,同苏中的南通相望;东邻太仓,南接昆山、相城;西连无锡,西北与张家港接壤。1983年,常熟撤县设市。

常熟具有悠久的历史文化传统,是国务院批准的全国历史文化名城之一。城中有七溪河流穿越而过,犹如一把七弦古琴,有"琴川"之称。"古琴"的两边,既有半入城的江南名胜虞山,又有两泓明镜般的尚湖和昆湖。因而吴地诗人沈以潜赞常熟:"吴下琴川古有名,放舟落日偶经行。七溪流水皆通海,十里青山半入城。"

20世纪70年代末、80年代初,常熟的工业在改革开放中迅猛发展。乡镇工业,以劳动力离土不离乡的优势,异军突起。1980年,常熟的工业产值占工农业总产值的比例上升到61.1%。到1985年工业总产值已达363 299万元,占工农业总产值的89.99%,其中乡村企业的产值占工业总产值的65.66%。

在此期间,与产品配套的电镀加工社队企业也较早地出现在常熟。

1972年,练塘宅前大队首先创办电镀厂,以后各地相继兴办。到1980年时,全市有28家电镀企业,多数为大队办的企业。市属企业中,有电讯器材厂,衡器厂等自建电镀车间。镀种主要有镀金、镀镍、镀镉、镀铬和镀锌等5种。

1982年,全市有43家电镀企业。按市政府的要求,这些企业完成了含铬、含氰废水的处理设施建设。

工业的迅猛发展,工业污染和防治工作也提上了议程。1980年,常熟建立了环境保护监测站,开展各项常规检测,为环境管理提供检测数据。1983年,全市开展了工业污染调查,共调查2 396家企业,初步完成了污染现状的调查报告。针对电镀、染色这两个重污染行业情况,制定了"常熟市电镀行业环境保护管理暂行办法"及"常熟市印染行业管理暂行办法"。

2000年底调查统计,常熟市共有电镀从业人员3 239人,注册资金8 495.82万元,发放电镀许可证46张,保留5张,共计51张。

20世纪80年代后期,常熟市兴隆电镀厂利用稀土材料生产的镀铬添加剂。1990年11月14日,"CS型稀土镀铬添加剂及其应用工艺的推广研究"鉴定会在常熟举行，鉴定结论为“国内首创，达到国际先进水平”鉴定通过。这个工艺的关键是引入稀土阳离子。这样可以适当降低铬酸浓度和操作温度，从而节约资源和能源，降低成本。

1990 年 12 月 12 日，苏州市电镀协会在常熟举办“CS 型稀土镀铬添加剂”推广应用交流会。29 个会员厂的 45 位代表参加了会议。1991 年 11 月 22 日，华东地区首次“CS 型稀土镀铬添加剂”推广应用技术经验交流会在常熟举行。此后，该工艺在全国 30 个省、市、自治区的多家电镀厂得到广泛应用，并进入我国台湾地区和东南亚国家市场。1994 年被联合国 T1PS 评为“发明创新之星奖”，1995 年入选“世界优秀发明专利技术精选”，并获江苏省环保科技进步一等奖。该项目的主要完成人之一陈惠国也于 1994 年被评为苏州市劳动模范。

以下是部分企业介绍。

1. 常熟市佳美金属制品有限公司

常熟市佳美金属制品有限公司是生产“百优特(BUT)”“佳虞嘉”牌超市货架、仓储货架、置物架、物流车系列产品的专业企业。

公司成立于 1997 年 4 月，注册资本 2 000 万元。现有职工 500 余人，其中专业技术人员 60 余人。占地面积 30 000 平方米，建筑面积 28 000 平方米，年销售 2 亿元。

公司主产品为置物架、物流车，品种齐全，规格多样。公司引进国外金焊专用设备和自动喷塑流水线，另拥有 2 条自动化镀锌流水线。

公司于 2009 年通过 ISO 14001 环境管理体系认证，2002 年通过 ISO 9001 质量管理体系认证，并执行 IWAY 等客户要求的标准，通过美国“NSF”产品认证。

2. 常熟市民丰电镀有限公司

常熟市民丰电镀有限公司位于常熟市支塘镇常盛工业园区，由原常熟市民丰电镀有限公司和常熟市丰联电镀有限公司于 2008 年 1 月合并成立，有 12 位股东。公司现拥有固定资产 7 000 万元，员工 300 人，厂区占地面积 5 万平方米，建筑面积 2.5 万多平方米，建有 16 幢标准厂房，以及废水处理站、锅炉房、办公大楼、员工宿舍、员工食堂等配套设施。

公司有专业电镀铬、镍、铜、锌、锡、金、铝等系列产品，拥有全自动电镀生产线 17 条，半自动电镀生产线 26 条。公司有设施先进的废水处理站，年处理各类废水为 3.5 万吨，并于 2010 年 5 月，顺利通过了《太湖地区城镇污水处理厂及重点工业行业主要水污染物排放限值》的验收，取得了“江苏省排放污染物许可证书”。

2014 年公司销售额 12 600 万元，上缴国、地税 1 232 万元。

公司已顺利通过 ISO 9001 质量体系认证和 ISO 14001 环境体系认证，同时还先后通过了“电镀生产整改方案”验收、“有氰电镀项目专项安全评价报告”验收、“清洁生产审核报告”验收、“提高性搬迁项目职业病危害控制效果评价”验收和“安全生产标准化三级企业”验收等。公司按照 2012 年 6 月常熟市人民政府关于《电镀行业限期整治实施方案》的通知精神，采用一系列措施，狠抓落实，全面完成了公司的整治任务，并在 2014 年 12 月通过验收。

六、张家港市

1962 年，经国务院批准，将常熟和江阴交界的长江沙地设为独立县级行政区划——沙洲县，1986 年 12 月 1 日正式改名为张家港市。

1995 年，中共中央总书记、国家主席江泽民到张家港视察，听了张家港的发展历程，欣然提笔写下了四句话：“团结拼搏、负重奋进、自加压力、敢于争先”，后成为“张家港精神”。市委市政府在发展乡镇工业时，就制定了“三超一争”的目标，即“工业超常熟、外贸超吴江、城建超昆山、争做苏州全市最好的企业”。敢于争先就是“张家港精神”的精髓。

1994 年以来，张家港经济实力始终位居全国县市前三名。2011 年，实现地区生产总值 1 850 亿元，按常住人口计算，人均 2.3 万美元，地方一般预算收入 142 亿元。同时，教育、医疗、文化、社保等城乡社会事业实现高水平均衡发展。2011 年，全市城镇居民人均可支配收入达到 3.51 万元，农村居民人均收入 1.71 万元，城市化水平达到 63%。各种文明形态高度协调，是全国精神文明建设、生态文明建设的老典型，是唯一实现全国文明城市“三连冠”的县级市，也是全国首个荣膺联合国人居奖的县级市、首个国家环境保护模范城市、首批国家生态市、全国生态文明建设试点城市，累计荣获国家级以上荣誉 160 多项。全市百家规模企业完成销售 3 650 亿元，占全市工业的 66.5%，销售超 10 亿企业达到 70 多家，其中超百亿企业 10 家，9 家企业入围中国民营企业 500 强。

张家港的金属表面处理企业始于 1971 年，乐余公社首先创办电镀厂。继后，杨舍、凤凰、塘市电镀厂等相继兴建，主要处理和电镀加工各类金属零件、管子等，以镀锌、镀铬为主，有少量镀镍、镀铜及金属表面抛光。

1978 年开始，社队电镀厂迅速增长。1985 年全县有电镀厂 35 家，镀种以镀锌、镀铬为主，有少量的镀镍、镀镉、镀铜、镀塑及金属表面抛光，共有表面处理设备 101 套(台)。杨舍电镀厂将有氰镀锌改为无氰镀锌，采用了厚铜薄镍的光亮工艺。

沪港镀膜板带厂是苏南地区唯一的无氰可焊性电镀生产厂家，具有全套吊滚镀生产设备及镀锡-镀铜带、镀镍镀带生产线各1条。主要产品有氨基磺酸镍-串孔钢带、镀锡锑合金铜带等，工厂还电镀各种规格的电子元器件。塘市电子元件仿银厂的镀镍串孔钢带获得了苏州市经委、科委的“攻关”奖杯。镀锡锑合金钢带、氨基磺酸镍冲孔钢带获得江苏省第七届轻工业优秀产品奖；“镀锡锑合金钢带的研究”项目获得了江苏省乡镇企业局的科技进步二等奖。

1978年，7家乡镇企业，产销包括氰化金钾盐酸、硫酸在内共32种电镀化学用品。沙洲第三化工厂生产的双酚酸水溶性电泳漆，广泛用于金属防腐蚀，自行车、缝纫机底漆等。

20世纪末到21世纪初，张家港的电镀企业数量多，规模普遍较大，这里面既有早期社队企业经改制成的民营、股份制企业，也有像张家港超声电气有限公司后来居上(1997年成立)的江苏省高新技术企业等。在这方面，张家港是苏州电镀行业中，富有鲜明特色的地区。

以下是部分企业简介。

1. 张家港幸运金属工艺品有限公司

张家港幸运金属工艺品有限公司(简称“幸运公司”)从20世纪80年代末开始专注于生产“幸运”“LUCKY ”品牌的不锈钢和镀金镀银餐具。

公司有25 000平方米标准化工厂，现代化的机械，有代代相传手工艺人，还有德国进口的成分和镀层检测仪，并且在90年代就实施了ISO 9001质量管理体系。公司一贯采购和使用顶级的原材料。所有的这些，都保证了向客户提供高品质的餐具。

幸运公司除了进行如“北京人民大会堂”“北京钓鱼台国宾馆”“上海世博中心”及上海亚信峰会国宴这些接待任务(图2-13)，也在“万豪”“洲际”“喜达屋”等国际酒店管理集团中赢得一席之地。同时在出口方面继续保持了良好的势头，取得了迪拜皇室和美国瑞吉最佳供应商的荣誉。

公司拥有镀金镀银挂镀全自动生产线2条及镀金镀银滚镀全自动生产线1条，自行设计、制造、电镀生产各类高档镀金、镀银餐具及礼品、工艺品，年产80万件。

1996年幸运公司被评为“苏州市明星企业”。2008年8月，幸运公司为北京奥运会的各大高星级宾馆酒店量身定制金银餐具；2008年11月，幸运公司为中东皇室6 000人、8 000人的二次盛大婚宴定制的具有阿拉伯风情的特色餐具，受到了皇室的高度赞赏(图2-14)；2009年8月，幸运公司为北京人民大会堂定制金银餐具，用于国庆60周年的盛大庆典；2009年12月，幸运商标被评为“江苏省著名商

图 2-13　上海亚信峰会国宴用餐具

图 2-14　阿联酋王子大婚用餐具

标”;2013 年 12 月,幸运公司为中东皇室主办的世界厨师大赛定制直径 2.5 米,高 1.2 米的金色大锅,皇室申请了吉尼斯世界纪录;2014 年 8 月,幸运公司为出席“南京青奥会”的各国领导人和各国高层工作人员量身定制了高品质银餐具;2014 年 10 月 中华人民共和国成立 65 周年庆典在北京人民大会堂隆重举行,幸运公司为出席庆典活动的党和国家领导人量身定制了高品质金银器餐具;2014 年 11 月,幸运公司为出席北京 APEC 会议的各国元首定制了高规格、高品质的金银器餐具；2015 年 12 月，幸运公司为出席浙江乌镇“第二届世界互联网大会”的各国元首定制了“中国风”的高端金银器餐具。

2. 张家港市亚星金属制品有限公司

张家港市亚星金属制品有限公司成立于 2001 年，从占地面积仅有 6.5 亩、年产值不足千万元的小厂逐步发展为年产 2 万吨钢带、1 万吨钢管、产值 2.5 亿元的中型民营企业。

公司专业生产各种材质规格高频焊管，用于空调、冰箱用管等，规格 4 毫米至 12 毫米，壁厚 0.5 毫米至 0.7 毫米。公司产品出口至东南亚等国家和地区，深受用户好评。

公司拥有数条镀锌、镀铜自动电镀生产线和管材镀铜连续生产线及一支国内一流的技术队伍。

公司十分注重从源头削减污染，提高资源利用率，减少能耗，减少或避免污染物的产生，故更换了 10 台节能效果更好的高频整流器来代替可控硅整流器，在电镀槽壁上增加保温岩棉，降低热损耗；在除油槽、活化槽增加过滤机，降低药水的更换频率，延长药水的使用寿命；通过蒸汽冷凝水回收节约公司自来水用量；通过安装槽边回收装置，节约了原辅材料的物耗。公司已成为张家港市的样板企业。

3. 江苏金鹿集团有限公司

江苏金鹿集团有限公司，创建于 1958 年，原名张家港市医疗器械厂，公司位于张家港市锦丰镇，现有固定资产 6 300 万元，2013 年公司年产值 27 560 万元，利税 2 000 万元，工厂占地面积 220 000 平方米，厂房面积 140 000 平方米。

电镀生产设备有 2 条镀铬、2 条镀镍自动生产线，1 条新品试制手动线，主要镀种为镀铬、镀镍。

公司于 1994 年取得 ISO 9001:2000 质量体系认证，于 2008 年取得 ISO 14001 环境管理体系认证，于 2013 年通过清洁生产审核，公司还通过国际机构的 VDE/GS. TUV/GS 产品论证。

废水处理方法：含铬废水、含镍废水分开收集自动加药处理，达标处理回用，并用余热蒸汽进行蒸发浓缩，实行零排放。

废气：安装铬酸雾和酸雾吸收装置，净化空气，各项污染指标经环保部门检测合格，达到了排放限值要求。

公司开发的鲤鱼钳产品于 2011 年获国家发明专利，省力钳产品于 2013 年获国家发明专利。先后获得苏州名牌产品、江苏省著名商标荣誉称号。2013 年被中国五金制品协会评定为中国五金名牌企业、中国工具十大著名企业。

七、太仓市

早在元代，太仓就是中国海上运输的始发港，是明代大航海家郑和起航的地方。“漕运万艘、行商千舶、高樯大桅、集如林木”就是当时号称中华“第一码头”的太仓繁华景象的真实写照。

太仓市的传统工业已有近百年的历史。民国时期，太仓就有一些金属加工的小作坊、白铁铺。主要制造各类小五金、小农具。1951 年 4 月，岳王镇 9 名铁业工人创建了生产合作社，1954 年改为红星铁业生产合作社。到 1956 年，太仓共建成 8 个铁业社和 5 个金属制品社、组。至 1965 年，就有沙溪农具五金厂、沙溪农具合作工厂、新毛农具厂等多家工厂，拥有职工 552 人，全年产值 175 万元。工厂除了生产拖拉机、饲料粉碎机、碾米机配件等，还能进行电镀、抛光、喷漆等加工。1958 年太仓城厢镇创办了红旗化工厂，九曲公社创办了超美电镀厂，这两家工厂主要生产氯化碱、合成盐酸、泡沫灭火剂和电镀绿、黄抛光膏。20 世纪 70 年代中期，县、社、镇增办了一批电镀助剂厂、塑料助剂厂、有机化工厂、造漆厂等，产品有助剂、涂料、树脂、试剂等百余种。

经历了 1956 年私营工商业的社会主义改造和 1958 年的“大跃进”，太仓大办五小企业(小棉纺、小机械、小五金、小化工、小建材)，工厂遍地开花。20 世纪 60 年代初，太仓关停并转了一批企业，企业数量明显减少，规模相对扩大了。太仓电镀厂就是在这个背景下成立的，工厂拥有职工 84 人，年产值 61.55 万元，利润总额 9.03 万元。

党的十一届三中全会后，太仓的乡镇企业得到了长足的发展，1985 年太仓乡镇企业 1 136 家，从业职工 90 709 人，工业总产值 155 603 万元，占社会总产值 213 772 的半数以上。

太仓市的乡镇电镀企业起步较早，发展较快，早期有 1974 年成立的王秀电镀厂、1975 年成立的新湖电镀厂、1976 年成立的陆渡电镀厂、1978 年成立的九曲电镀厂、1979 年成立的新塘电镀厂、双凤电镀厂、1981 年成立的武兵化工厂、1984 年成立的东海镀铜厂，还有浮桥电镀厂、仓庆金属制品厂、沙溪电镀厂、浏河电镀厂、璜泾电镀厂等 20 多家企业。其中武兵化工厂还是中国最早专业生产电镀助剂、化工原辅材料的企业之一，并保持着近 30 年来产品质量稳定、畅销全国各地并出口的好名声。

20世纪70年代中期，随着乡镇企业的快速发展，环境污染日趋严重。1979年起，太仓开始对印染、化工、电镀企业进行“三废”治理，要求年内分两批对17家电镀企业完成含铬废水的治理任务。后经联合检查验收，有11家企业基本符合整治要求，占64.7%。到1984年底，经苏州市、太仓县两级检查验收，发放电镀作业许可证4家企业，临时许可证15家企业。此外，在此期间，太仓电镀厂应用F53铬雾抑制剂技术，改善了工人的操作条件，节约用电8.04万度和原材料铬酐38.4千克，减少支出近万元。这项环保节能新工艺在太仓16家电镀厂得到了推广。

在20世纪末，经过产权制度改革，乡镇电镀企业全面转变为有限责任公司制、股份合作制等，转制使乡镇电镀企业真正成为自主经营、自负盈亏、独立自主、自我约束、自我发展的企业法人和市场竞争主体。

20世纪末，太仓市启动了“以港兴市”的战略，重振大中华“第一码头”的雄风，全面推进太仓港区和新区建设，使之成为新太仓腾飞的一对翅膀。另外，太仓招商引资有了大手笔，太仓是中国德资企业最多、最集中的城市。太仓在德国的声誉，甚至远超其在北京和上海。

在这些大背景下，太仓电镀行业迎来了灿烂辉煌的发展，这其中就包括太仓新锦表面处理有限公司。

太仓新锦表面处理有限公司的前身是双凤电镀厂，创建于1997年，位于太仓双凤镇。2005年3月改制为有限责任公司，专业从事五金、机械零部件的表面处理加工业务。到目前为止，除在省环保厅、太仓环保局备案的几条半自动、手动生产线外，公司生产线全部改造成全自动流水线。

公司已先后通过了ISO 14001:2004，ISO 9001:2008环境管理体系和质量管理体系认证。建设项目通过了太仓环保局“三同时”竣工验收(太环计[2011]372号)。同时通过[2012]54号苏环科学清洁生产审核验收。

按照对环保整治要求，公司对车间地坪进行全面清理，现浇新混凝土地坪，设备安装向上30～50厘米架空，设备底部铺设PP板材做托盘进行废水回堰，缸槽废液分质分类接入车间废水收集池，再用耐腐提升泵，通过公司凌空架设废水管网输送至废水处理公司系统内进行处理，达标后排放。

公司为雨污分离、废水分质分类及全自动流水线改造投入资金8 000万元。雨水管网进行彻底改造，建立雨水应急处置池，废水收集池，耐腐提升泵安装了自动报警，所有的吸风塔全部安装了检测平台，废气吸风塔每天进行检查，做到事故有效处置。公司又投入3 000万元对主通道路面全部进行了硬化改造，投入100万元，进行绿化改造，种植树木花草，净化空气，美化环境。

八、台商、外商投资企业

改革开放以来，苏州紧紧抓住改革开放和国家建设开发区的历史机遇，创建了苏州工业园区、高新技术产业开发区、昆山经济技术开发区、张家港保税区、太湖旅游度假区5个国家级开发区和一大批工业小区，同时成为了外商投资的密集区、改革开放的先行区、工业集群集聚的基地。

苏州工业园区是中国和新加坡两国政府间重要的合作项目，苏州高新技术产业开发区是中国首批向APEC成员开放的亚太科技工业园和国内首家(批)ISO 14000国家示范区、高新技术产品出口基地、国家生态工业示范园区。这些开发区给台商、外商提供了一系列投资的优惠政策和周到的服务，使较多的台资、外资、独资电镀企业落户。这些企业有从事电镀、涂装等表面处理的，有从事电镀添加剂、废水处理剂等产销的，还有为电镀企业提供"三废"治理设备、检测仪器的。台资、外资电镀企业的涌入，为苏州电镀企业提供了在家门口了解和学习境外、国外先进电镀工艺、设备和新材料的机会，成为苏州电镀行业发展的重要力量。

以下是部分企业简介。

1. 苏州飞鸟表面处理有限公司

飞鸟公司在日本就是一家专业电镀加工企业。它专门为IT行业的共日电子有限公司、东芝、欧姆龙、日立制作所、村田制作所和索尼、夏普、松下电器、三洋电机、三菱电机等大公司的电器产品提供电镀加工服务。

从20世纪90年代起，上述企业纷纷进驻中国，为了在中国的发展和避免风险，他们建议飞鸟公司来中国为他们的产品继续进行电镀加工。

日商独资企业苏州飞鸟表面处理有限公司主要为中国长三角地区的著名日资IT企业配套电镀加工电子元器件。该公司基建项目分两期进行。一期工程为Ni/Sn电镀线2条，年加工电子产品120吨，于2001年6月开工，2002年12月投产，2004年2月通过苏州市环保局环保验收。2004年上半年，产能已达预期的85%以上。一期的生产厂房是租用的。

飞鸟公司一边组织一期生产，一边在北桥工业园购买建设用地32 310平方米，总投资1 050万元建设新厂房。2006年5月，公司搬迁到新厂房生产。

目前公司厂房建筑面积4 600平方米，员工70人，注册资产1.6亿日元。现有镀镍、镀锡、镀铜和镀金 4 种镀种和 4 条电镀生产流水线，主要为欧姆龙、松下、SSM 和兴和等客户的电子芯片、线路板和半导体电子元件电镀加工。其中单为共立公司的镀金一项年产值就达 360 多万元。

公司于 2007 年 4 月取得了 ISO 14001 环境体系的认证。2008 年 12 月取得了 ISO 9001 质量管理体系认证。

公司从成立那天起就意识到，持续不断地做好三废治理是飞鸟公司在中国苏州生存和发展的根基。飞鸟公司每年都会邀请日本的排水处理专家来苏州，一是对飞鸟公司现有的环保治理设备运转状况进行确认，是否能保持正常工作；二是根据中国和苏州地区的环保法规，研究如何做到达标排放。公司不断改进三废治理设施，近几年为此投入的资金累计达 250 多万元。

为实现安全标准化目标，公司每周一次安全检查，每月一次安全例会，对发现的问题，整改率做到 100%，特别是对危化品的储运和使用有一套严格的安全防范措施，对危化品的存放场地进行温湿度管理。为此，公司获苏州市公安局"二级危险品治安防范"称号。

2. 三兴表面处理(昆山)有限公司

1950 年，台湾山兴荣记创立，随着企业的成长，并于 1993 年在中国江苏成立三兴表面处理(昆山)有限公司，扩大服务广大的客群，从单纯的贸易买卖到与国外著名大厂共同进行技术研发、市场开发合作。

三兴公司始创于 1993 年，投资总额 450 万美元，原名三兴化工(昆山)有限公司，公司位于昆山市经济技术开发区吴淞江南路 159 号，占地 16 000 平方米，厂房面积 4 000 平方米，拥有 4 条自动生产线，废水处理方法为物理加化学。公司于 2011 年取得 ISO 9001:2000 质量体系认证，于 2010 年取得 ISO 14001 环境体系认证，2010 年 5 月通过了清洁生产审核。

公司 2003、2006、2009 年三次进行技术改造和扩产建设，均顺利通过了苏州环保局、昆山环保局的审批验收。公司主要镀种为镀铜、镀镍、镀铬、镀锌、化学镍金，同时还生产销售电镀光洁剂、废水处理剂、脱脂剂、电镀研磨料等表面处理原辅材料和电镀设备等业务。

公司的三废处理、监测、排放十分严格，电镀废水处理设施监测手段先进，三废治理情况年年达标。

3. 苏州强力电镀有限公司

苏州强力电镀有限公司成立于 1996 年 5 月 8 日，由原太仓电镀一厂和日本

JPF 公司、日本 Kyo-Chro 公司(日本京都电镀)合资设立,注册资本 75 万美元,投资总额 90 万美元,主要为日本 JPF 公司独资企业——苏州强力五金有限公司的产品进行配套加工。

公司成立之初,只有 1 条自动滚镀锌生产线和相应的污水处理系统,1997 年 6 月正式试产。1998 年因汽车产品生产的要求,聘请咨询公司辅导完成了 ISO 9001 质量体系的认证工作,并由德国 TUV 认证公司审核颁证。

公司曾先后为日本先锋公司、日本电声公司、阿尔派公司、岩井公司、伊藤忠公司、松下电器公司和荷兰飞利浦电器公司进行电镀产品加工。

2001 年投产第二条生产线,并率先使用夹桶三价铬自动钝化工艺。

从 2003 年开始,公司先后几次将污水处理系统扩容,增加中水回用、生化处理系统,并先后和浙江大学、常州水环境科学研究所、上海轻工研究所等单位合作,自主进行污水排放减量、降害研究,并在公司试行了半年的污水零排放。

经过了多次的股权变更和增资,公司目前注册资本 115 万美元,是由苏州强力五金有限公司和香港 JPF 公司持股的合资企业,公司在小件的滚镀上具有独特的技能和优势。

九、苏州高等院校电镀专业

1. 苏州大学

苏州大学是国家“211 工程”重点建设高校,它的前身为创建于 1900 年的东吴大学。一个多世纪以来,一代代苏大人秉承“自由开放、包容并蓄、追求卓越”的优良校风,目前已拥有化学、物理、材料科学、工程学、生物化学等多种学科,办学基础较为雄厚,办学效益显著,已成为国内外具有一定知名度的综合性大学。

苏州大学材料化学部是由苏大原化学化工学院和材料工程学院的材料科学与工程学科组建而成。材料化学部涵盖化学、材料科学与工程、化工工程与技术、环境科学与工程 4 个学科。学部拥有化工、化学工程与工艺、应用化学、化学教育、环境工程、无机非金属材料与工程、材料科学与工程、高分子材料与工程、材料化学、功能材料等 10 个本科专业。

苏州大学特种化学试剂有限公司始建于 1970 年,40 多年来,公司依托苏州大学材料化学部雄厚的科技开发力量和精良的测试仪器,潜心钻研、奋力进取,获得了良好的社会效益和经济效益。公司研发生产的产品和工艺技术在苏州乃至全国都有着广泛的市场和知名度。公司主要从事金、银等贵金属试剂制造、贵金属电镀添加剂、光亮剂和特种化学试剂的研发与生产。主要产品为氰化亚金钾、硝酸银、氧化银、氰化银、氰化银钾、超细银粉、耐磨金添加剂等。

公司在20世纪70年代初研制的氰化亚金钾制造工艺，先后获得省、市、国家教委科学技术进步奖和全国博览会奖，成为国际文献介绍的三大制造工艺之一。2001年，公司研制的隔膜法制备高纯氰化亚金钾生产工艺达到了国际先进水平，产品质量媲美国际知名企业，被国内众多外资企业所采用。还有8项科技成果获部省级鉴定，12次获得国家教委、省、市颁发的科学技术进步奖。与此同时，2002年4月公司通过了ISO 9001:2000质量管理体系认证，同年8月，高纯氰化亚金钾等产品获得江苏省科技厅高新技术产品认定，公司被认定为高新技术企业。2003年11月，公司被苏州市工商管理局授予“免检企业”称号，同年9月，公司与世界著名的日本索尼公司结成绿色伙伴、成为其全球范围首选供应商。2004年5月，高纯氰化亚金钾获“中国国际专利与名牌博览会金奖”。2005年1月，高纯氰化亚金钾被列入江苏省火炬计划项目，同年5月，高纯氰化亚金钾又被列入国家火炬计划项目。

苏州大学化学电源研究所从1985年开始，在施逸高级工程师带领下，成立了镀膜课题组，课题组下设涂料与涂装、湿法镀和干法镀3个实验室。课题组自制小型挂镀、滚镀设备和溅射镀膜流程线，结合干法镀研制膜层着色工艺和特种涂料，利用溅射技术在金属和非金属基材上镀出了紫铜、铝、不锈钢及仿金黄铜等多种膜层，研制出快干透明彩色漆及多彩漆膜染色剂、快干漆在工厂生产线上2分钟即可干燥、固化、漆膜外感丰满，色彩鲜艳。染色剂操作简便，可根据用户要求调配成各种颜色。研制的导电涂料，涂层牢固、稳定、导电性能良好。

同时，课题组注重为工矿企业做推广应用工作，先后帮助苏州标牌厂、制镜厂、林机厂、光学厂、玻璃厂等单位进行镀膜、喷漆车间建设技术指导、业务培训等，还为苏州市电镀协会、林机厂、标牌厂等举办干法镀、涂料、涂装技术讲座，撰写发表多篇论文，其中两篇论文被美国AC摘录，两篇评为苏州市自然科学优秀论文二等奖。

2. 苏州城市建设环境保护学院

苏州城市建设环境保护学院，是中国唯一一所以“环境保护”命名及专门培养环境保护管理和技术人才的部属高等院校。1984年由国家建设部与环境保护总局投资兴建，建设部主管，后来调整为建设部、环保总局与江苏省共同管理。1985年，苏州城市建设环保学院正式面向全国招生，开设建筑学、城市规划、环境工程、环境规划与管理4个本科专业、房地产经营与管理1个专科专业。

学院在全国首设环境规划与管理、房地产经营与管理、市政公用事业管理等专业，开创了中国环保高等教育独立办学之先河。1985 年，苏州城市建设环保学院被联合国环保组织誉为中国环保事业的开拓者。学院环保系的专业设置几乎与中国环境保护事业对人才需求同步发展。1983 年筹建环保系之初就根据环境保护事业对专业人才需求情况，设置环境工程、环境规划与管理、环境监测三个专业。学院是全国环境保护类专业设置最齐全的高等院校。

苏州城市建设环保学院设有建筑设计研究院、环保应用技术研究所等科研机构。是中国第一批（苏州市首家）具有甲级环评资质的单位。20 世纪 80 年代，随着苏州城市规划和环境保护建设的发展，苏州城市建设环保学院相关研究院、所积极为苏州的城市建设提供环境评价的科学依据。

苏州城市建设环保学院相关研究院所为苏州引进的外商投资电镀类企业、苏州市电镀企业技术改造项目进行了大量的环境影响的评审工作，帮助电镀企业制订太湖流域电镀企业环保整治计划和开展清洁生产评价考核等，还为电镀企业输送了环境保护的专业人才和委派资深教授参与电镀协会的工作。

苏州城市建设环保学院建院以来，学院共为国家培养了包括中国科学院院士周锡元、中国工程院院士叶可明在内的 6 万余名本专科人才及 1 300 余名全日制硕士人才。

2001 年 9 月，苏州城建环保学院与苏州铁道师范学院合并成立苏州科技学院，成为一所中央与地方共建、以江苏省管理为主的普通高等院校。

十、电镀装备和原辅材料配套企业

20 世纪 60、70 年代，吴县陆墓庆丰塑料厂等一些加工企业开始为电镀企业加工镀槽，如苏州金阊化工厂已投产硫酸镍、氯化镍、铬酐，东升化工厂生产铬酐，天明电化厂和安利化工厂生产氰化钠，太仓红旗化工厂和超美电镀厂生产电镀助剂，尤其是 1987 年创立的太仓武兵化工厂当时已成为中国较早专业生产多种电镀添加剂的企业之一，在国内电镀界享有较高知名度，产品畅销全国各地并有外销出口。

随着苏州电镀行业的迅猛发展，电镀添加剂、光亮剂等化工原料的要求也越来越高了，这也使苏州电镀装备业和电镀原辅材料业得到了长足的发展。2003 年 1 月 1 日起《中华人民共和国清洁生产促进法》实施。2008 年，《电镀污染物排放标准》的颁布，江苏省、经信委《太湖流域电镀企业环保整治计划》的落实，对电镀工艺装备提出来更加严格的要求，电镀企业积极采用清洁生产工艺、淘汰手工电镀工艺，大力推行操作机械化和控制自动化，减少物料浪费和污染物排放，淘汰单槽清洗等落后工艺，采用淋洗、喷洗、多级回收、逆流漂洗等节水型生产工艺，电镀废水分质分流，电镀废水处理和排放符合规范，安装主要污染物的在线监控设备，电镀废气设置专门的收集系统和处理设施，处理达标后高空排放。这些给电镀装备和“三废”治理设施提出来的更加严格的要求，促进了电镀装备业的发展和进步。

在电镀装备业中有专业生产电镀电源整流器的企业，有昆山整流器厂、云硕整流器有限公司、玉峰整流器厂、太仓时风电源有限公司、张家港南佳整流电源制造有限公司、苏州申浦电源设备厂等。

专业生产电镀自动线的企业，有苏州宝士杰塑料科技有限公司、太仓亚贝克工业设备有限公司、昆山东威电镀设备有限公司、永固化工容器有限公司、吴江同里华东电镀设备厂等。

专业生产超声波清洗机的企业，有张家港超声电气有限公司、港威超声电子有限公司、港星超声有限公司、苏州科成电器有限公司等。

专业从事电镀“三废”治理的环保设施的企业，有昆山巨衡环保机械设备有限公司、伽展自动化设备制造厂、鸿福泰环保技术有限公司、苏州乔尼设备工程有限公司、旗腾环保科技有限公司、和科达水处理科技有限公司、苏州工业园区世普瑞环保科技有限公司等，还有上海轻工业研究所有限公司。

专业从事电镀镀层质量检测仪器的企业，有菲希尔测试仪器有限公司、江苏天瑞仪器有限公司等。

为苏州电镀企业提供电镀原辅材料的产销商，有苏州昌兴隆贵金属有限公司、德星化工（苏州）有限公司、华泽纳米材料有限公司、三兴表面处理（昆山）有限公司、金柯有色金属有限公司、禾川化工公司、太仓德力金属表面处理工程技术有限公司、欧麦奇（苏州）化工有限公司、苏州翡翠化工有限公司、上海金都物资有限公司、上海康普华工科技有限公司、安美特（中国）化学有限公司上海青浦分公司、江苏梦得电镀化学品有限公司等。

以下是部分企业简介。

1. 张家港超声电气有限公司

张家港超声电气有限公司成立于 1997 年，是一家集研发、设计、制造、销售和技术服务为一体，专业从事各类工业自动超声清洗设备生产的创新型企业。公司占地面积 12 000 多平方米，建筑面积 10 000 平方米，现有员工 100 多人，其中大中专以上学历的员工占 45%，公司已获得江苏省高新技术企业、苏州市企业技术中心等荣誉称号。公司的“声达超声”品牌也获得了江苏省著名商标等荣誉，公司通过 ISO 9001:2000 质量管理体系认证，完成了 ODS 淘汰的国际项目。

公司产品主要包括各类工业自动精密清洗机、自动超声波清洗机、自动硅片脱胶/清洗机等标准设备，还根据客户的特殊技术要求，设计、生产非标准清洗设备。产品广泛应用于航空航天、军事、电子通讯、新能源、汽车摩托车、电子、光学、轻工机械、化纤及新材料等行业。公司已拥有省高新技术产品 15 项，国家发明专利 3 项，国家新型实用专利 30 项，计算机软件著作权 2 项，是苏州超声设备行业中科技创新的名牌企业。

张家港超声电气公司是苏州市电镀协会常务理事单位。

2. 苏州宝士杰塑料科技有限公司

苏州宝士杰塑料科技有限公司由陆墓镇曹庄村的一家村办小厂发展而来。1978 年镇上的一位冷作工创办了村里第一家企业“陆墓庆丰力车厂”，修造建筑工地上使用的元宝车和民用三轮车。1980 年，又从上海引进了两位塑料焊接工，并另招了几位工人，焊接和制作塑料槽和 pp 储罐，并更名为“吴县陆墓庆丰塑料厂”，为周边化工厂做一些防腐容器，并为苏州刀厂和苏州缝纫机厂配套电镀槽和小型电镀线。

1985 年，苏州自来水公司在村里修建了一条从苏州城东北角娄门外通向阳澄湖取水口的公路。村书记抓住这个机遇，把企业搬迁到公路的旁边，新造了 300 平方米的厂房，并更名为“吴县陆墓环保五金厂”。

1995 年，周宏伟把“吴县陆墓环保五金厂”转制成私营企业。

企业通过引进和招收了几位机械制造和电气自动化的人才，为扩大业务奠定了基础，塑料焊接业务不断增加，也承接加工小型电镀生产线，到 2000 年，每年的产值已经达到百万元以上。

2003 年，公司建造了 3 000 平方米的厂房和 600 平方米的办公楼，生产规模进一步扩大，负责制造上海化工设计院设计的废水三相分离器、废水塔、沉淀池、沙滤桶，以及星火电镀厂的污水站项目和中型自动生产线。

2006 年 11 月，工厂再次扩大生产规模。在北桥镇灵峰村工业园买了 20 亩土地，建了 13 000 多平方米的厂房。2008 年 3 月，引进了多条进口 PP、PE 及 PVC 生产流水线，自行生产 pp 塑料板材和各种工业用的玻璃钢、塑料格栅、各种口径 PP 管、塑料焊条、PPU 型槽、PP 风阀，脚踏板、弯头、法兰、网格板、环保填料及立式和卧式储罐。其中 PP 塑料板材的年生产能力达上万吨。

新厂房于2008年6月28日正式开业,企业更名“苏州宝士杰塑料科技有限公司”。目前有员工50人,有职称科技人员8人,资产总额已是转制时的上千倍。几年中,通过引进和培训了专业技术人员,已能自行设计、制造安装大型全自动电镀生产流水线等。

这几年先后为苏州新协力集团有限公司制造了大型镀铬流水线,为江苏中油能源集团有限公司制造了大型磷化线,为苏州大烨淮安分公司制造了大型铝氧化线,线上槽体长10米左右,槽深3米左右,装液量达25～30吨以上。

近年来,公司还先后为苏州新区的福田金属(苏州)公司、索尼凯美高电子公司、昆山富士康、南京高淳树脂厂、上海无线电十二厂制造安装过多套大型废气处理装置。现在每年销售各种规格的净化塔30～40台,其质量和售后服务受到了广大客户的好评。

公司于2009年通过ISO 9001质量管理体系认证,是苏州市电镀协会常务理事单位和苏州市环保产业协会理事单位。

3. 太仓时风电源有限公司

太仓时风电源有限公司创建于2004年,公司专业生产电镀、电解、电化、氧化用二大系列高频逆变开关电源(高频整流器)。高频整流器的诞生为现代电镀等加工业质量奠定了基础,其高效节能、体积小、重量轻,输出直流脉动小,控制精度高。与可控硅整流器相比可节电20%,与硅整流器比可节电30%,性价比十分突出。

太仓时风电源有限公司从2002年投入研发高频整流器,2004年批量生产投放市场,至今约生产销售了各种规格6 000多台(套),产品销售立足长三角,面向海内外。目前除中国外,只有德国、瑞士有生产,但价格极高。

4. 江苏天瑞仪器股份有限公司

江苏天瑞仪器股份有限公司注册资本15 392万元,公司总部坐落在昆山高新区天瑞仪器产业园,旗下拥有北京邦鑫伟业公司和深圳天瑞仪器公司两家全资子公司。

公司专业从事光谱仪、色谱仪和质谱仪三大系列分析测试仪器的研发、生产、销售和服务,为环境保护与安全、食品安全、工业测试与分析及其他领域提供系统解决方案。

在电镀应用方面,天瑞公司拥有的专业镀层测厚X射线荧光光谱仪,能提供原材料、电镀液、电镀废水和成品镀层厚度的全套检测方案,采用全自动三维移动平台,可测量超小尺寸样品,复杂样品和复合镀层,最薄能测到0.01微米,重复定位精度达 0.1 微米，具有高效无损的特点。天瑞仪器在 POHS 检测领域始终处于世界领先水平。

公司产品已远销美国、德国、俄罗斯、日本、巴西、印度等 115 各国家和地区，并建立了 150 个遍布世界各地的专业代理机构负责销售和售后服务。

几年来，公司先后被授予“国家火炬计划重点高新技术企业”“国家优秀民营科技企业”“江苏省高科技企业”“江苏省软件企业”“江苏省科技创新型企业”“江苏省光谱分析仪器工程技术研究中心”“中国最具投资价值企业 50 强”“2011 福布斯中国潜力企业”等荣誉。“X 射线荧光光谱仪”系列产品被授予“江苏省高新技术产品”称号。

5. 金柯有色金属有限公司

金柯有色金属有限公司是加拿大英可公司和中国金川集团股份有限公司于 1995 年 1 月共同出资在江苏昆山设立的合资企业，占地面积 16 600 平方米。专业生产高品质英可品牌硫酸镍和氯化镍。1997 年 5 月，公司氯化镍生产线建成投产；同年 9 月硫酸镍生产线建成投产，生产工艺采用英可公司先进而成熟的工艺，镍原料是英可公司提供的高纯羰基镍珠或镍粉，全套的生产设备从欧洲进口，并引进了 DCS 集散控制系统。

公司先后通过了 SGS 公司认证的 ISO 9001、ISO 14001、OHSAS 18001 管理体系认证及欧盟 RoHS 指令，并在昆山地区率先通过了安全标准化和清洁生产企业审核。

2006 年巴西淡水河谷公司(VALE)全资收购加拿大英可公司后，于 2009 年因战略调整将其持有的金柯公司全部股权转让给了金川(美国)控股公司，继续生产和销售高品质英可品牌硫酸镍和氯化镍。

第五节　苏州电镀环保工作发展进程

一、环境问题凸显期

1981 年，苏州市被国务院列为全国环境保护 4 个重点城市之一。市政府也先后组织编制苏州环境保护规划、颁发了一些地方性环境保护法规和管理办法，对排污单位依据排污量收取排污费等。“六五”期间，苏州用于污染治理总投资 4 500 万元，完成 171 个治理项目，其中污水治理项目 113 项、废气治理项目 29 项、废渣治理项目10项。还结合苏州工业布局的调整，多方筹集资金，对严重污染城市环境的46家工厂(车间)进行异地搬迁，并规定在城区和风景名胜区不再增加有污染的工厂，建立印染、电镀、热处理、铸造、锻造等专业化工艺协作中心。至1985年，苏州限期治理的50项中，涉及电镀行业的有3项，投资84.17万元，完成三项。具体见表2-3。

表2-3　1985年苏州限期治理电镀三项

等级	单位名称	项目名称	数　量	投资额(万元)	完成情况
市级	苏州缝纫机厂	铜、镍、铬废水处理	200吨/日	24.27	完成
市级	苏州刀厂	铬、镍、铜废水处理	200吨/日	21.26	完成
市级	缝纫机零件厂	含氰废水处理		4.68	停产

二、环境保护技术探索期

1973年，全国环境保护工作会议召开，掀起了一个环境保护工作的热潮。电镀企业对三废处理中的化学法、电解法、离子交换、蒸发浓缩、逆流漂洗、隔膜电解、反渗透、活性炭、液态膜等各种方法纷纷开展研究、推广和应用。

苏州各电镀企业普遍重视电镀的三废治理工作，大的企业建立环保科，一般的企业都设有专人负责电镀环保工作。各企业不断改进生产工艺，改变过去单纯重视末端治理的做法，采用了电镀废水处理采用逆流漂洗法、离子变换法、反渗透法等。

采用逆流漂洗法，花费少，效果显著，节水明显，手工线和自动线都适用，应用较广。

采用离子交换法，不但可以回收废水中的重金属，而且可以回用部分废水。因离子交换法的操作和镍离子的回收和回用都要求较高的操作技能，在当时的条件下，真正做到回收和回用的单位还很少。2008年前后，金属镍价格在30～40万元/吨时，上海轻工研究所在苏州很多电镀厂免费安装离子交换装置，节约用水。作为回报，他们把“吸饱”镍离子的树脂拿回去再生回用，再装好再生好的新树脂。2008年后，当镍价回落到10多万元/吨后，此业务逐步中止。

采用反渗透法和离子交换法的组合生产纯水，有利于生产和提高产品质量。

在电镀车间，做好清污分流，在末端就可以分质治理。末端的重金属、六价铬采用亚硫盐还原法，氰根采用氯碱法二次完全氧化，其他重金属采用高pH碱化沉降法。至此，电镀废水中这几种有害物质的处理方法基本已定型，沿用至今。

在废气治理方面，镀铬使用 F－53 抑雾剂、铬雾回收装置和净化塔，对硝酸的黄烟，采用净化喷淋塔组，在不同的塔内装有不同的喷淋液，做到达标排放。

废渣也有指定有资质的机构回收处理和利用。

要处理电镀废水中有害的重金属离子，通常采用碱化沉降法或硫化沉降法。因水体中的二价硫也是一种有害物质，所以国内外的电镀企业绝大多数采用碱化沉降法处理废水中的重金属。

生化法处理电镀重金属废水，除含氰废水外，其他重金属废水可以混合，不必一一分离，处理的废水容易达标，日常运转费用较低，但由于需要建设大型的厌氧池，基建投资费用较大。到 2014 年底，苏州大市范围内先后有 20～30 家电镀企业采用这一工艺处理电镀废水。

三、环境保护初显成效时期

到 1985 年年底，苏州工业废水的无序排放的局面得到了有效控制。

在电镀企业的“三废”治理方面，1979 年整顿电镀行业时，撤并 7 家电镀点，20 个电镀作业点安装了“三废”治理设施。1984 年，对市区电镀行业重新进行了一次调整、迁并，并实施电镀工艺作业点许可证、临时许可证制度。市区 38 家电镀厂(点)中，确定 10 家为专业点或协作点，21 家为临时保留点，7 家为撤销点。在废气的处理方面，苏州市政府对污染严重的工厂分布和作业进行了部分调整。电镀、热处理、锻压、铸造行业撤并 28 个分散的作业点，组织他们到专业中心加工生产。

四、环境保护规范化时期

20 世纪 90 年代以来，中国经济步入了持续快速发展的快车道。同时，资源紧缺和环境污染恶化，引起了党和政府的高度警觉。《中华人民共和国环境保护法》《中华人民共和国清洁生产促进法》《电镀行业清洁生产评价指标体系》《清洁生产审核暂行办法》《电镀污染物排放标准》等一系列政策、法律和标准陆续颁布。依法对电镀污染物实施严格的管理、治理和监控，实现经济效益和环境保护的双赢，已成为苏州电镀行业的共识。与此同时，苏州市也通过了《苏州市调整淘汰部分落后生产工艺装备和产品指导意见》《苏州市推进清洁生产指导意见》和“在苏州电镀企业全面开展清洁生产审核的通知”“苏州电镀行业产业升级工作意见”等文件。

2003 年 7 月 1 日，苏州市人民政府发布《关于加快城区市属工业布局调整的若干意见》，要求用 5 年时间完成中心城区工业布局的调整，将中心城区的化工、医药等生产型企业在规定的时间内实施搬迁。

2007 年 3 月，太湖西南部无锡区段部分水域出现大面积蓝藻，总氮含量严重超标。江苏省启动省、市、县三级应急预警机制，封堵了入太湖河道沿岸 154 个排污口，有效控制了污染局面。同时江苏省人大常委会通过了《江苏省太湖水污染防治条例》、省环保厅、经信委也发布了《太湖流域电镀企业环保整治计划》《江苏太湖地区城镇污水处理厂及重点工业行业主要污染物排放限值》等地方法规，并于 2008 年 1 月 11 日起正式实施。

江苏太湖地区的污染物排放的新标准对生活污水处理厂和纺织印染、化学工业、造纸工业、钢铁工业、电镀工业和食品制造六大行业的 COD、氨氮、总氮、总磷四项指标及污水排放量也做了严格限制。六大行业的 COD、氨氮、总磷排放限值，比原标准分别提高了 28.3%、66.7%和 50%，达到了国际先进标准。新标准实施后，六大行业必须削减 34%的 COD、66.7%的氨氮和 50%的总磷排放，给电镀行业的“三废”治理和清洁生产提出了更高更严的要求。

江苏省环保厅、经信委制订了《太湖流域电镀企业环保整治计划》(苏环办[2012]293 号)，整治计划规定了整治范围为太湖流域所有电镀企业和电镀车间，严厉打击非法电镀生产，坚决关停违规电镀项目，全面整治规范电镀行业，计划已于 2013 年底前完成。整治标准包括执行环保政策、工艺装备水平、环境防护距离、厂区生产环境、废水处理、废气处理、固体废物管理、清洁生产、应急管理，以及日常环保管理 10 大项、35 小项内容。

苏州各市(区)迅速制订了本市(区)太湖流域电镀企业环保整治计划，对所有无合法手续的电镀企业、电镀项目(生产线)确保一律取缔关闭。在此基础上，按照《电镀企业环保整治标准》对电镀行业进行全面整治。苏州电镀行业经过 3 年多的环保整治，关闭了一批重污染的电镀企业，淘汰了一批低效益的电镀企业，改造了一大批电镀企业的电镀工艺和“三废”治理的基础设施条件。以相城区黄桥为例，经过整治，原来的 143 家电镀企业缩减到目前的 63 家，不少“电镀村”的面貌大变，环境变得清爽了，河面上映着朵朵白云，河水里又看到了鱼虾的身影。

五、清洁生产未来发展方向

2008 年 4 月，苏州市出台了《推进清洁生产指导意见》。2006 年将 600 多家企业列为“千家企业”清洁生产行动计划，当年完成了 150 家企业清洁生产审核验收，

2008年重点推进苏州工业园区、苏州高新区循环经济试点和生态工业园区建设，新增循环经济试点100家，通过清洁生产审核单位150家，通过ISO 14000环境管理体系认证单位500家。

清洁生产概念是联合国环境规划署工业与环境规划活动中心在1989年首先提出的，包括清洁生产过程和清洁生产的产品。其概念中不但含有技术上的可行性，还包括经济上的可营利性，它要体现经济效益、环境效益和社会效益的统一。

作为电镀清洁生产，就是尽可能使用无污染、低污染的电镀新工艺，加强对污染物的治理和回收、再利用等措施。保证电镀生产过程中不会对周围的环境带来污染和破坏。电镀过程中产生的"三废"不仅要达标排放，而且更要进行污染物总量控制和"三废"排放总量控制，即每个电镀企业污染物的排放总量和"三废"的排放总量不能突破环保部门按有关标准下达的指标。

苏州电镀行业在实行清洁生产方面，采取了如下技术和工艺。

1. 逆流清洗技术

电镀行业从废水中排放的重金属占原材料的比例是很可观的，电镀过程中沉积到镀层上去的重金属只占金属消耗量的很少部分。以镀铬为例，铬酐作为镀铬层沉积仅占总量的15%～25%，而排入大气、水环境中的要占75%～85%，其中40%～50%的铬酐是在零件清洗过程中流失的。如果能够对清洗工序进行改革，把敞开式的清洗系统改变为封闭式清洗系统，就可实现不排或少排清洗水，将进入这一工序的溶液返回到电镀工序中重复利用。电镀逆流清洗就是基于这一想法发展起来的清洗技术，它是节约清洗水量、减少废水的一种比较理想的方法。

2. 无氰电镀代替氰化电镀工艺

使用无氰电镀工艺代替氰化电镀工艺，可避免氰化物等有毒物质对操作人员和环境的危害，同时使得排放物质的处理费用也大大降低。

3. 代六价铬电镀和无铬钝化

六价铬毒性大，而镀液中铬酐浓度高，工件在出槽时，会带出大量高浓度六价铬，使得废水处理难以达标，需要花费高额处理费用。六价铬电镀的电流效率很低，电能大部分消耗在析出氢气上，既浪费能源，又带出镀液形成"铬雾"，造成大气环境污染并影响操作人员身体健康。一些国家目前都已开始制定法规，要求逐步减少并最终完全停止使用六价铬电镀。三价铬电镀、复合镀、多元合金电镀代六价铬电镀应运而生。其中，三价铬镀液的毒性小，污染也少，既减少废水排放，其电流效率高，可以节省能源，对环境、操作人员的危害也比较小。

以上便是苏州在电镀清洁生产方面做出的贡献。

为了贯彻落实国家《清洁生产促进法》，推行《电镀行业清洁生产标准》，大力推进节能减排和循环经济工作的开展，促进企业转型升级，苏州市电镀协会积极配合政府部门开展清洁生产审核工作，充分发挥了协会在行业和政府之间的桥梁和纽带作用。苏州市电镀协会从2006年底开始清洁生产审核工作，至2016年年底，已通过清洁生产审核的电镀企业32家。苏州市电镀协会（以下简称"协会"）着重做了五个方面的工作。

一是迅速发动。组织召开全市电镀行业清洁生产动员大会，市有关部门的领导出席并讲话，会员单位代表发言，协会明确了开展清洁生产审核工作的具体要求。

二是组织培训。协会在行业内推荐一批技术骨干参加国家清洁生产审核师培训班学习，14人获得国家清洁生产审核师资质，协会也取得了江苏省清洁生产审核咨询机构资质。

三是汇编资料。协会将相关法规文件和政策要求汇总成《清洁生产文件资料汇编》、发给电镀企业广泛宣传开展清洁生产审核工作的意义和重要性。

四是制定实施办法。受市经济贸易委员会（简称"经贸委"）委托，市电镀协会起草制定了《苏州电镀行业开展清洁生产审核的实施办法》，为实施清洁生产审核提供了可操作的规范文件。

五是开展审核工作。市电镀协会组织审核师深入企业，努力发现和提出解决实际问题的方法，帮助企业制定清洁生产中、高费方案，并确定重点解决的改进项目。

协会对列入清洁生产审核的企业进行了深入调研，掌握了第一手基础资料，有的放矢提出清洁生产节能减排的可行改进方案，帮助企业制定清洁生产审核计划，开展组织方案的实施等咨询服务。协会推广应用离子交换器用于镀镍废水槽边回收技术、高频整流器节能技术、空气能替代电加热技术、推广低浓度、低温度电镀工艺技术、镀液蒸发浓缩技术、空压机余热回收技术等节能减排新技术，使电镀企业节约资源和能源，从生产源头控制污染物的产生，加强生产管理，节能减排循环利用，取得了明显的经济效益和环境效益。协会为企业共实施清洁生产方案353个，其中无/低费方案272个，中/高费方案81个。通过清洁生产审核后已实施的改进方案效果汇总如下：清洁生产投入资金2 773万元，取得经济效益1 354万元，节电389万千瓦时，节水68万吨，节煤480吨，减少排放重金属铜6.5吨、镍5.9吨、铬1.2吨、锌5.8吨。

第五章 其他地区

江苏苏南地区经济发达，苏中、苏北地区经济发展速度快。苏中、苏北地区的8个地级市都在全国百强市之列。得益于此，其电镀行业也有相应的规模，尤以南通、扬州、泰州3个城市最为突出。

第一节　南 通 地 区

一、南通电镀行业发展历程

南通是苏中重镇，邻海傍江，工业相当发达。

南通电镀最早起步于20世纪50年代末期，1958年南通市手工业联社开设了一个电镀车间，主要为热水瓶壳、铅笔刀等日用品镀锌，仅有工人4～5个，设备也极其简陋，镀槽就是用粗陶水罐，后来陆续又上了铜镍铬、氰化铜、锡青铜等镀种，加工产品也扩展到织布机上的胸梁、纺机配件中的罗拉等机械零配件。后期，该电镀车间整体划归当时的南通市电表二厂，镀种也较齐全。1965年前后，电表二厂拆分为南通市无线电厂和南通市晶体管厂，电镀车间划给了南通市晶体管厂，镀种又增加了镀银工艺，从业人员达150人左右，是当时南通最大的电镀加工点。当时分管电镀技术的是周燧生，负责采购的是张三权，负责镀硬铬的是方炏，冯祥生负责滚镀镍及滚镀锡青铜，李嘉兴是电镀车间负责人。

20世纪70年代，中国工业进入了一个新的发展时期，南通电镀行业也步入了快速发展期。70年代初南通市海安县就有了海安墩头电镀厂，工人10余名，主要是进行镀锌加工。当时规模最大的是国营海安辐条厂，全厂有1 000多人，仅电镀车间就有 100 多人，主要是为凤凰、永久、飞鸽等品牌自行车配套辐条电镀锌及电镀铜镍铬，最高峰时该厂加工电镀的自行车辐条占全国自行车辐条总量的 40%。

1970 年，南通海门中学创建了海门中学电镀厂，经过若干年的发展，逐步壮大，1989 年更名为南通市申海特种镀饰厂。2003 年改制民营，后几经更名，现名南通申海工业科技有限公司，是上市公司鹰普集团的全资子公司。公司现有各种全自动、半自动生产线 30 余条，拥有几乎全部电镀镀种，加工值达 4 亿元以上。公司业务涉及汽车、航空、核电、核聚变等多个新兴高科技领域，是中国专业电镀厂的排头兵，荣获了 10 余项国家和省部级荣誉，是中国首个电镀安全生产标准"AQ"标准《电镀生产安全操作规程》的主要起草单位。该公司还是江苏省表面工程行业协会多届副会长单位，多次获得全国及江苏省电镀优秀企业奖。

1977 年，经当时国家经委专业化办公室同意，南通市成立了专业化的电镀加工企业——南通市电镀厂。该项目由当时南通市第二轻工业局牵头，第一批核准人员编制为 34 人，主要是从应届高、初中毕业生中招录，拨工业用地 34 亩，企业由当时南通市制锁厂托管。项目于 1977 年征地、基建，采用当时应用较多的边筹建边生产的模式，先后上了铜镍铬、镀锌、镀硬铬、铝氧化、镀银等镀种，1979 年末全部建成，服务于南通市机械、纺织、五金等众多行业。南通市电镀厂首任厂长是凌云。工厂技术骨干是从原来电表二厂调配过来的 12 人，有方炏、冯祥生、张三权、刘长余等人。后来，严步友、马全冀、季昌桃等相继担任过该厂的厂长。1986 年，龚镇担任厂长时，工厂处于比较兴旺的时期，曾牵头组建了南通市电镀协会并出任首任会长。全厂有从业人员 160 余人，技术厂长是杨遥，生产技术科长是刘建华，1992 年朱广盛接任厂长。工厂曾在南通承办了江苏省机械工业工艺管理研究会电镀专业委员会第三届年会，并当选该会副主任委员单位。后因诸多因素，企业走下坡路，1997 年工厂破产。

进入 20 世纪 90 年代，随着苏南模式的推行，南通的乡镇企业包括电镀企业也迎来大发展，电镀厂点一度多达 167 家，分布于全市各个县区，其中原南通县有 24 家，如东县有 13 家。海安县原海安辐条厂电镀车间改制为南通市申禾镀饰有限公司，后还成立了专业镀锌的海安新联电镀厂、镀贵金属的南通广联实业有限公司等电镀企业，高峰时仅海安县就有三四十个电镀厂点。

由于新工艺开发、新市场的开拓及国家环保政策的引导，各地不同程度地对电镀行业加强管理整顿。至 2000 年前后，南通有资质的电镀企业锐减到 50 余家，并开始收紧行业准入门槛，原则不再新增电镀厂点。同时开始了电镀园区（集中区）

的导向建设,南通电镀行业向可持续性发展转变。

2006 年,海安县的南通市申禾镀饰有限公司更名为南通恒瑞电镀有限公司。经过 10 余年发展,南通恒瑞电镀有限公司已成为拥有除镀铬及镀锌以外的多镀种的专业电镀厂,电镀年加工值从 2008 年的 3 000 万元提升到 2019 年的 13 000 万元,是全国大规模的电镀加工企业之一,主要服务于中国航空航天领域。公司在国内外处于领先地位的航空铝材镀饰及复合材料上局部电镀这些优势技术,对促进这些行业的发展起到了不可或缺的作用。

2015 年,江苏省表面工程行业协会成立。南通恒瑞电镀有限公司是发起单位之一,并在成立大会上被推举为协会首届会长单位。

南通一鑫镀饰有限公司(原南通市刘桥五金电镀厂)于 1983 年在南通地区采用低氰(3～5 克氰化钠)电镀新工艺代替传统氰化镀锌,1985 年底又实现以氯化物(氯化铵,后改用氯化钾氯化锌)碱性镀锌替代氰化镀锌。1995 年该公司又采用 0.7～1.5 克/升的铬溶液,实现了蓝白锌的低铬钝化,大大减轻了六价铬对环境的污染。

南通市天华机械电镀有限公司专业从事镀硬铬,特别是大件镀硬铬。该公司为上海造船厂承担的新加坡海上平台起重机主轴镀硬铬,该件直径 1 米、高 4 米。加工难度很大,此件镀硬铬的成功,使企业名声远播。后来该公司为第一汽车制造厂 5 000 吨压机的长 9.6 米活塞杆镀硬铬,也赢得了极好的口碑。

该公司 10 万升铬酸的规模及在粉末冶金、球墨铸铁、不锈钢等特殊基材上专业的镀铬技术,特别是铬上镀铬,使该公司成为南通市乃至江苏省业内的镀硬铬高手。

目前南通市关掉了一批不合规划、污染严重的电镀企业后,除海门的南通申海工业科技有限公司、如东县的力神铁链有限公司(亚洲同业最大、镀锌加工量南通首位)、通州区的南通新世界铜管厂、开发区的南通绮丽镀饰有限公司等少数电镀厂点于原址保留提升外,其余正逐步计划进入园区。

二、南通市电镀协会

1986 年,由南通市电镀厂牵头成立了南通市电镀协会,并由南通市电镀厂担任协会会长单位,首批会员单位有 54 家。其中骨干会员单位有南通市自行车厂、南通市电表二厂、南通市医疗器械厂、如东县电镀厂、海门中学电镀厂,南通市锁厂、南通狼山电镀厂、如东曹埠电镀厂、如东吕泗电镀厂、如东崛港电镀厂、如东黄油枪厂等。

1987年，南通市电镀协会配合南通市科技情报研究所，组织100余人参加南通稀土镀铬新工艺大会，与会人员还参观了采用邵伯珊提供的稀土添加剂的新工艺。该工艺成功使铬酐使用量从250～320克/升降至80～120克/升，且使用温度从55℃降至室温，有效节省了资源和能源，也减少了对环境的污染，经推广后多家企业一直沿用至今。

三、电镀园区建设

南通地区园区建设启动较早，2008年时在海安县以南通恒瑞电镀有限公司为基础，规划占地700亩，建设了首期150亩的海安润邦电镀园区，入驻电镀企业16家；2010年在如皋市建成了如皋电镀园；2015年又在如东县经济开发区开工建设如东县电镀园区，该园区占地200亩，规划入驻生产线50条，目前正在按计划建设中。

根据海安市发展规划要求，原海安润邦电镀园区将进行异地迁建，现已由政府引导投资，成立了南通润泽表面精饰有限公司，启动了该搬迁项目。新址总体规划750亩，一期工程为350亩，预期总投资为10亿，规划入驻企业80家，基本涵盖电镀行业全部现有镀种，预期项目建成后加工值可望达20亿元。按规划，该园区将争创全省乃至全国样板园区。

四、部分重点企业介绍

（一）南通菲希尔测试仪器有限公司

南通菲希尔测试仪器有限公司是德国Helmut Fischer集团（简称“菲希尔”）在中国大陆的全资子公司，成立于1997年，负责菲希尔在中国地区的产品销售、安装、维修、备品备件供应及技术咨询等服务。南通菲希尔测试仪器有限公司的校准实验室于2011年获得了ISO/IEC 17025:2005认证。

Helmut Fischer集团成立于1953年的德国斯图加特市，由Helmut Fischer博士创立。60多年来，Helmut Fischer集团一直致力于用于涂镀层测厚、材料分析、微纳米硬度和材料测试等领域的测试仪器的开发和生产。其发展至今，在德国、美国和英国各设有一个工厂、一个研究院和多个用户应用程序实验室，且在全世界开设有超过60个分公司。

菲希尔的产品在业内受到广泛赞誉，包括X射线测厚仪、材料分析仪、β射线测厚仪、涡流法测厚仪、电磁感应测厚仪、库仑法测厚仪，以及微纳米硬度测试仪、导电率测试仪、铁素体含量测试仪和针孔测试仪等。其中X射线镀层测厚仪和材料分析仪采用了先进的多毛细管光学系统和硅漂移探测器，能够在短时间内捕捉巨量的高分辨率测试信号，再通过菲希尔独有的完全基本参数法的计算，从而得到精确、稳定的测量结果。

（二）南通恒瑞电镀有限公司

南通恒瑞电镀有限公司于2006年2月16日在海安县市场监督管理局登记成立，公司经营范围包括通信器材电镀加工、组装、销售（国家有专项规定的除外）等。公司地处苏中交通枢纽重镇海安县，沿海高速、江海高速、204国道、328国道、新长铁路、宁启铁路在境内交会，公司经营金、银、钯、钯镍、镍、铬、锌、铜等贵金属电镀加工，是国内专业从事通讯连接器电镀加工的知名企业。

公司拥有设施先进的化学分析实验室，具备完善的质量管理体系，公司主要服务于Radiall（法国）、Tyco（美国）、H＋S（瑞士）、IMS（德国）、MTP（美国）、FCI（美国）、CONNOR（美国）、ANAREN（美国）、POLLMANN（奥地利）等多家跨国企业。

（三）南通申海工业科技有限公司

南通申海工业科技有限公司位于江苏省海门市青龙化工园区大庆路27号，创建于1970年，当年由江苏省海门中学校办厂逐步发展壮大，于1989年更名为南通市申海特种镀饰厂，2000年扩建迁址海门港东部江堤，2003年企业改制为民营企业，2005年更名为南通市申海特种镀饰有限公司。2011年因政府规划整厂迁入现址，2012年更名为南通市申海工业技术科技有限公司后又更现名，是鹰普集团旗下子公司。

迁入新址后，企业规模、生产能力、技术含量有了再次飞跃，是目前国内生产规模最大、加工镀种最全、科技含量最高的表面处理企业之一，在国内及国际表面处理行业中具有较高的知名度。

公司镀饰笔件被用作1997年香港回归纪念笔、2008年北京奥运会纪念笔、2001年APEC会议元首礼品笔、2012年中国共产党第十八次全国人民代表大会专用选举笔和纪念笔及外交部国事签约笔。

目前，公司业务全面进入国内外市场的汽车、航空、核电等高科技领域，以及国际核聚变ITRE等项目。汽车产业方面，公司为国际一流汽车厂家指定的国内电镀商；核电产业方面，公司从2010年起参与了新核三代(AP1000)核电站产品的表面处理的研发，目前镀硬铬的核三代产品已应用到国际最先进的我国浙江三门和山东海阳核电站的建设。另外，在国际热核聚变反应堆计划项目的超导线材表面处理任务中，公司在国内独家担任了其中的PF铌钛超导股线和TF铌锡超导股线的连电镀任务。

后来，公司规模扩大，经济效益明显上升，连续多年成为海门市金牌企业，其中2014年获金牌企业特别奖。

公司从2000年起担任江苏省表面工程行业协会历届副会长单位，多次获得“江苏省表面工程行业优秀企业及中国表面工程协会电镀分会优秀企业”、省机械工业科学技术进步奖等荣誉，企业负责人多次获得优秀企业家称号。

第二节　扬州、泰州地区

一、扬州地区

扬州是苏中地区工业比较发达的城市，因此电镀行业起步也较早。

20世纪60年代末，扬州市刀剪厂已在产品上应用了电镀加工工艺，在产品上先镀铜锡合金，抛光后再镀铬，生产出光亮耐蚀的“克罗米”剪刀。

1969年12月，仪征市五一村办砖瓦厂更名为“仪征市五一电镀厂”，首任厂长汪正才，员工30多人，主要对机械零件镀锌，后来陆续增加镀种，历任厂长有徐宝贵、郭久发、唐传杰、秦仪功。1998年仪征市按国家要求，将市内6家小电镀厂并入该厂，使工厂规模扩大，到了2006年凌广友任厂长时，已是仪征市镀种比较齐全、年加工值千万元、利税200万元的专业电镀厂。按照苏中地区行业升级改造部署，该厂于2016年11月关停。

扬州双桥电镀标牌厂成立于1970年左右，是原扬州市维扬区双桥乡乡办企业，镀种有镀锌、铜镍铬、热镀锌等，1987年起主要为扬州亚星集团配套加工。1996年由史爱斌承包经营，聘请了邵建生工程师为技术副总，为扬州伟扬建筑五金有限公司专业电镀各种色彩的商业铰链。当时的镀种较全，有仿金镀、仿古铜、仿古银、沙丁镍和黑镍等装饰性电镀，由于电镀质量优越，吸引了大量的订单，受到了好评，当时在扬州电镀行业起到了领头作用。2011年该厂实行改制，并因污染于2014年关停。

江都县吴桥公社陆庙电镀厂成立于1968年4月，是由当时吴桥的陆庙大队与太平大队合办，首任厂长是陆年佰，员工30多人，主要为机械产品及自行车配件进行镀铜锡合金后抛光、镀铬、氰化镀锌。1971年，升格为吴桥公社办的吴桥公社电镀厂，陆军担任厂长，新增光亮镀镍、酸性镀铜等镀种，员工也增至近60人。1984年陆军调出，任峰健继任厂长，1986年企业改制并更名为“江都祥龙电镀厂”，倪祥珍为厂长，镀种增加了镀硬铬。2004年更名为扬州祥龙电镀有限公司，负责人是姜波。

1974年，江都三周公社聚丰大队创办江都三周电镀厂，由赵文宝任厂长。1983—1987年由李成全任厂长，1987年2月朱学诗接任厂长后，经历了9年的硬性承包经营及厂长负责制，于1997年改制更名为“扬州市江都区聚丰镀业有限公司”至今，现有全自动生产线14条，员工350人，镀种涵盖镀铜、镀锌、铜镍铬、铜锡合金、镀银、镀硬铬、铝氧化等，年加工值超3 000万元。

20世纪80年代初，江都县花荡乡花荡村创办了江都县花荡电镀厂，负责人王寿录。1998年前后，企业改制为民营并更名为“扬州市顺发电镀有限公司”。现有自动生产线17条，年加工值也达到了3 000万元。

1985年，江都县郭村电镀厂创立，蔡广洲是第一位厂长。1997年前后改制为民营并更名为“扬州市沪江电镀有限公司”，负责人是蔡春国，有自动生产线16条，除一般常规镀种外，尚有镀锡加工，年加工值为3 000万元左右。

扬州市是江苏省较早成立过电镀协会的城市，电镀企业也较集中，经过多轮环保整治，2019年扬州尚有电镀企业53家，其中仪征市7家、高邮市8家、宝应县6家、邗江区3家、广陵区4家、高新区1家，最多的是江都区有24家。其中比较有代表性的企业有：

扬州市景杨表面工程有限公司，董事长李俊。其前身是成立于20世纪80年代初的樊川电镀厂，厂长为吴大安，2010年异地重建。该公司主要提供汽车零配件、电子元器件表面处理服务。其芯片电阻滚镀铜、镍、锡工艺有一定特色和地位，汽车零配件锌镍合金电镀也有相当规模，先后被上汽大众及上汽通用认定为表面处理指定供应商。公司不但加工值超亿元，在环保治理上也颇下工夫，成为扬州地区的表面处理业的标杆企业之一。

仪征亚新科双环活塞环有限公司是专业从事各类活塞环生产的国家高新技术企业，前身是成立于1976年的仪征市活塞环厂。1995年与美国亚新科集团合资，年产各类活塞环 1.8 亿片，有 4 800 多个品种，国内市场占有率 25%，居同行首位。电镀加工值近亿元；2002 年及 2008 年先后研发的铬基陶瓷复合镀层及铬基金刚石复合镀层工艺，分别获国家发明专利，填补了国内空白，获得多项奖项。

1976 年，扬州磨头镇刘村兴办了扬州电镀三厂，最兴旺时有员工百余人，加工值达 1 500 万元，2015 年关闭。

成立于 1980 年的扬州兴达电镀有限公司，2005 年因城市改造而拆除。经努力，市政府批准成立扬州精泽汽配公司，占地 2 万多平方米，并入原维扬区的四家电镀企业，2011 年投产。目前拥有全自动生产线 12 条，加工值达 3 000 万元。

扬州禾基塑业有限公司成立于 2014 年，是国家高新技术企业，拥有国内先进的合金铜带生产线，产品主要用于电力电缆、通信电缆、控制电缆、信号电缆、装备电缆和光缆的护套及屏蔽层。年产两万多吨，加工值 8 000 万元。企业从 2014 年起与相关院校联合开发的 RF 同轴电缆屏蔽铜带采用重金属离子吸附加表面处理的工艺，使导电率大幅提高，从而为众多 RF 同轴电缆生产厂家大幅降低成本起到关键作用。

扬州地区为电镀加工服务的企业也有一定的数量。在设备加工方面比较有代表性的是扬州兴乐环保设备有限公司，在环保方面比较有代表性的是扬州佳境环境科技股份有限公司。

1978 年，乡办企业江都县吴桥电镀设备厂成立，专做电镀设备，与上海长征电镀厂及光明电镀厂有技术联系。1984 年陆军受聘创办了集体所有制的江都县电镀专用设备厂。1994 年陆军离职到扬州创办民营扬州广陵电镀专用设备厂，2000 年更名为“扬州兴乐电镀设备有限公司”，2015 年迁至江都并更名为“扬州兴乐环保设备有限公司”。1994 年创业至今，兴乐公司已为相关企业生产各类电镀生产线近 300 条，其 2010 年开发的多条铜带可单独运行连续镀生产线、2012 年开发的碳棒镀铜自动线、2013 年开发的油桶电镀专用生产线均为国内独家或首家生产的生产线，有的还获得国家专利。

扬州佳境环境科技股份有限公司成立于 2015 年 1 月 27 日，前身是成立于 2010 年 1 月的扬州佳境环境设备有限公司，并于 2015 年 7 月在“新三板”上市。多年来公司已获专利授权 28 项，是江苏省级和扬州市重金属废水处理技术开发中心、省级与市级院士工作站（张远航院士）。公司生产基地已具有工业废水处理系统 100 台套/年的生产能力，年销售 7 000 万元，为线路板、电子、电镀、电池、有色冶炼等行业提供了优质服务。

二、泰州地区

泰州的电镀企业最多时超过百家，主要集中在沿长江的泰兴和靖江两地。其中泰兴有 8 家，靖江市现有电镀厂点 46 家。由于靖江环保整治实施了“六点一区”的导向，除了江苏华明实业有限公司、靖江市永固轿配涂装厂、皓月汽车安全系统技术股份有限公司、江苏荣联科技股份有限公司、江苏东方镍网有限公司等 6 家有一定规模的以自行配套为主的企业原地升级保留外，其余 40 家符合入区标准的企业均迁入环保集中区。

泰州市龙沟电镀科技有限公司是泰州市最早成立的电镀企业之一，原名姜堰市龙沟电镀有限公司，现与上海杜行电镀有限公司合作，已成为国内最大的铝轮毂镀饰企业。2019 年加工值达 1.1 亿元，是江苏省表面工程行业协会常务理事单位。

江苏东方镍网有限公司是专业生产纺织业用镍网的民营企业，产品以出口欧美为主，年产值超亿元，其生产的产品技术及质量在国际市场有良好的口碑，是江苏省著名商标。该企业还是两项行业标准的主要起草单位，也是中国印花圆网制造技术与支持中心。

靖江市永固轿配涂装厂位于靖江经济开发区，创建于 1978 年，其前身为“靖江市文教电镀厂”，2002 年更为现名，是一家专业从事金属表面处理的企业。公司可进行镀锌、镀铬、锌镍合金、镍磷合金、阴极电泳漆等多种镀饰加工，现有各类电镀自动生产线 6 条，员工 200 余人，年加工值近亿元。

泰兴市 2019 年前有专业电镀厂及配套厂点 20 家，现有电镀厂点 8 家，其中泰兴市国星表面技术有限公司及城西电镀厂、泰兴市打字机厂规模较大。

泰兴市国星表面技术有限公司原位于泰兴市经济开发区洋思村，曾是泰兴市最大的电镀加工企业。公司创建于 1972 年，前身是泰兴县洋思五七学校五金皮件厂，年产值 10 多万元。因生产传动百节带的螺栓螺母需电镀锌，工厂指派 3 人去上海仪表电镀厂学习电镀，半年后成立第一个镀锌车间，初步解决了自身的电镀需求。3 年后，由印国林带 4 位工人去上海新安中学电镀厂学习塑料镀镍工艺，之后建立了第一个手工塑料镀镍车间，为南京无线电厂等有关单位电镀收音机旋钮和电风扇网罩配套。1977 年，工厂更名为泰兴县洋思五金电镀厂。通过五六年的努力，工厂已有镀镍车间 1 个，镀锌车间 1 个，职工人数近 20 人，年产值 20 多万元。之后工厂又新上马了一条金属镀镍手工线，专门为自行车脚蹬零部件电镀，取得了良好的经济效益，由此，企业更名为泰兴市天星电镀厂。

1983 年，按上级要求，天星电镀厂一分为二，把镀锌和刚开展的铝氧化两个车间分出组建为泰兴市天星家用电器镀锌厂，原副厂长印国林同志留任天星电镀厂厂长。

随着发展，企业转为泰兴自行车轴皮厂、泰州自行车三套轴总厂等 10 余家厂生产的自行车轴皮配套电镀，后又与上海自行车零件二厂、上海振光电镀厂紧密合作，于 1988—1989 年分别引进了 2 条半自动铜、镍、铬电镀流水线，新上了一套化学沉淀法污水处理设施，自行车轴皮年电镀量达 2 000 万套，占全国该件总量的 2/3，被称为“轴皮电镀大王”，创产值 1 000 多万元，利润 110 万元，成为天星镇村办企业首富。该村村民用的自来水、合作医疗、发电照明、路道等费用全由天星电镀厂承担支付，受到了全村老百姓的一致好评。该厂连续多年被评为泰兴市、扬州市明星企业。

1994 年，随着高速公路、造船行业的迅速发展，工厂抓住有利时机，积极开展热镀锌项目可行性分析论证，并确认这是一个有发展前途的好项目，果断征地 40 多亩，投资 600 多万元新上了一个自来水钢管高速公路护栏板热镀锌项目，并成立泰兴市热镀锌厂，1995 年正式投产，委派副厂长沈余良同志任厂长。1998 年企业改制为私营企业，更名为泰兴市华龙热镀锌厂，在此期间，该厂大力进行技术改造、拓展业务，与周边地区的船舶、高速公路护栏板、供电线路器材等厂家配套加工，企业迅速发展。2012 年该厂创销售额 7 000 万元，创利税近 2 000 万元。2014 年因开发区建设用地需要，该热镀锌厂被污水处理厂收购关闭。

在印国林的带领下，历经 30 多年的艰苦创业、开拓进取，企业从一个名不见经传的小作坊，发展成为集电镀锌、锡、铜、镍、装饰铬、硬铬、化学镀镍于一体的苏北地区最大的电镀加工企业之一。2012 年该厂转制更名为泰兴市国星表面技术有限公司。公司曾有标准化电镀车间 25 个，拥有各种全自动电镀生产线 39 条，职工 368 人，厂区占地面积近 30 000 平方米，建筑面积 20 000 平方米，固定资产 3 200 万元。2015 年，创销售额亿元。2014 年，公司按照省环保厅和泰兴市环保局关于开展电镀整治的文件精神和要求，投资近 1 000 万元，重新上马了一套全自动分质分流电镀污水处理设备和 19 台/套废气处理装置，使污水和废气达到排放标准，公司一跃成为泰兴市电镀行业的排头兵。

公司先后获得江苏省 AAA 级信用单位、重合同守信用企业、文明单位、江苏省表面工程先进企业等荣誉，也曾任江苏省表面工程行业协会常务理事单位。

2019年，因为种种因素，该公司被迫关停。

泰兴市城西电镀厂始建于1984年8月，前身是校办企业泰兴市城西中心小学电镀厂。镀种为铜、镍、铬，主要为家具企业配套。1995年校企分开，该厂实施了第一次搬迁，工艺也进行了改革，有铜、铜镍铬线4条，镍铬线2条，镀硬铬线1条和镀锌线1条，另配有喷砂和抛光车间，年生产规模达1 200万～1 500万元，主要产品有羽毛球拍杆、自行车配件、摩托车配件、输变线支架、纺织机配件等。

1998年工厂改制，由校办企业改变为股份制企业，更名为泰兴市城西电镀厂。现工厂占地面积47亩，建筑面积近20 000平方米，职工总人数168人。有镀镍、金、银、锡、铜、镍铬锌和化学镀镍7个镀种，自动生产线24条，手工线1条，主要从事军工企业接插件镀金，铝壳体镀镍，船舶配件镀锌，汽车扣件、锁具、摩托车钢丝、高压电器件镀银，遥控器钢丝镀镍，电池钢壳镀镍，盖帽镀镍和机床配件、仪表件镀硬铬，建筑扣件和标准件镀锌。工厂年生产量10 000吨以上，年产值3 200万～3 600万元。

泰兴市打字机厂成立于1980年11月25日，工厂电镀工艺开始是为本厂产品进行配套，2000年时只有1条镀镍铬生产线，2006年发展到3条镀镍线。至2015年底，发展成有吊镀镍线3条、滚镀镍线7条、吊镀锌线1条、滚镀锌线4条、镀金银线各1条，成为年镀镍18 000吨、镀锌5 000吨、镀金100万件、镀银20万件的电镀加工企业。

第三节　淮安地区

淮安电镀行业受苏北整体经济发展程度影响，起步迟、规模小、发展慢。该市在有关部门曾有备案的专业电镀企业和设置电镀车间企业27家，其中专业电镀企业10家，设置电镀车间的企业17家，专业电镀企业仅占37%。经多轮环境整治后已关停10家(其中专业电镀企业为6家)，现存专业电镀企业共4家，分别为洪泽区增钛云公司、金湖县宏鑫公司、淮安富晟公司和盱眙县天新公司，4家电镀企业2018年加工产值合计仅9 000万元，专业电镀企业产值占比进一步缩小。

淮安电镀行业基础薄弱，工艺技术水平一般。从配套产业来看，淮安电镀行业呈制造业自配电镀工序为主格局之特点，17家电镀企业中有45%左右是为传统轻工、机械制造等产业配套，主要采用真空镀铝和镀锌工艺；有24%是为重点产业——电子信息技术产业配套，主要采用镀铜、镀金和镀银等工艺。对照淮安市委、市政府《关于优化全市空间功能定位和产业布局的意见》的通知中“先进制造业产值占全市工业总产值45%以上”的发展要求，并根据2018年淮安新能源及智能制造产业增幅均达到20%以上的市场增长态势，可以认为淮安电镀行业现有规模及能力均无法满足日益增长的制造业需求。

第四节　盐城地区

一、盐城电镀行业发展历程

20世纪50年代初，由于地方工业的兴起，逐渐推动了电镀行业的发展。首先，江淮动力机械厂、盐城市拖拉机厂、盐城市无线电总厂等相继诞生，这些产品均要求配套电镀工艺。于是，盐城市拖拉机厂筹建了电镀车间，设有电镀铜、镍、铬、镀锌、滚镀等工艺来满足本厂生产需要。随着工业化生产不断壮大发展，盐城地区需求电镀加工量日益增多，由此，各县、市、乡镇均大办电镀厂。20世纪70年代，整个地区电镀厂已达百余家之多，先后设立了电镀车间的有市无线电总厂、建湖县电镀厂、东台市电镀厂、建湖县双马化学有限公司、阜宁县电镀厂、射阳县电镀厂(蜂场)、龙岗镇电镀厂、长坝村电镀厂、新界电镀厂、大丰县电镀厂等。这些厂大部分无三废治理设施，生产设备简陋，电镀污水直排河流，对农作物、鱼塘带来极其严重的后果，河边芦苇枯黄，水不能饮用，农民与工厂纠纷不断。

鉴于此，市政府要求环保局执法治理并行文市机械局等，要求筹建盐城电镀中心以解决水质被污染的问题，并将此任务交由盐城市拖拉机厂具体实施。1983年拖拉机厂开始征用土地，筹建市电镀中心。建成后，将原来的电镀车间改制为电镀分厂对外经营，对内仍是拖拉机厂的下属机构。直至1999年秋，在市机械局的统筹下，市政府行文将拖拉机厂的电镀分厂正式划出，命名为盐城市电镀厂，独立经营，独立核算，成为隶属于盐城市机械局的直属企业。

在盐城市电镀厂成立后，工厂面向全市提供电镀服务，因而对抛光车间及铜、镍、镉车间三废治理设施进行了扩建，并建立了化验室、仓库和机修车间等，对各车间排出的各类废水做了集中收集、综合治理，部分回收利用，剩余废水经过检测，合格后才排入河流。

生产工艺方面，在原有工艺基础上又增添了镍铁合金、镍磷合金，化学镀镍、镀锡合金,铝阳极氧化着色,镀锡、滚镀银、滚镀镍等新工艺,填补了工艺空白,可满足全市各单位供应协作需求,以免他们远赴上海、江南等地进行协作加工,节省了人力和财力。

盐城市电镀厂是全民企业,也是全市最大的电镀厂。全厂职工近 300 人,年产值近 200 万元,利润金额 20 万元。其工艺齐全,技术力量雄厚,环保技术领先,深得用户的信任和赞誉,同时多年被江苏省电镀协会、盐城市环保局评为先进单位。

由于盐城市电镀厂设立在市中心,因此产生了诸多不利影响,故而市机械局决定将该厂搬出此地,转产机械产品,盐城市电镀厂就此完成了它的历史使命。

二、盐城电镀行业现状

自盐城市电镀厂转产后,盐城电镀行业在整治“五小”企业的形势下,对污染严重而又无能力整改的单位实行“关、停、并、转”的方针。因此,盐城地区关闭了一大批电镀厂,他们是建湖县电镀厂、阜宁县电镀厂、东台县电镀厂、龙岗镇电镀厂、伍佑镇电镀厂、大丰县电镀厂、长坝村电镀厂、新兴村电镀厂等。

目前保留的电镀厂有盐城新界电镀厂、射阳县蜂场电镀厂、建湖县双马化学有限公司等,其基本概况如下:

新界电镀厂是民营企业,厂长叶飞,经营批照齐全。全厂职工近百人,年产值近 2 000 万元,利润近 200 万元。生产工艺有电镀铜/镍/铬、镀锌、滚镀镍/锌、镀耐磨铬等。

射阳县蜂场电镀厂是国有企业,厂长为倪建忠。该厂现有职工近 30 人,年产值 200 万元,利润 20 万元。主要进行电镀铜、镍/铬/镀锌、滚镀加工等,三废治理齐全,以本县供应协作为主。

建湖县双马化学有限公司,厂长为彭大同,是国有企业的下属单位。现有职工近百人,年产值近 3 000 万元,利润总额 300 万元。生产工艺有电镀铜/镍/铬、镀锌、滚镀锌、镀硬铬等,三废治理基本完好。

三、相关企业介绍

1. 江苏浩博塑业有限公司

江苏浩博塑业有限公司坐落于江苏省东台市城东工业园区,距沈海高速东台出口不足 1 千米,占地 53 280 平方米,是以太阳板、医药品制造企业的各类阀门、管件、管材的生产销售为一体的高新技术企业。

浩博品牌创建于 2008 年。作为国内自主品牌工业非金属类管阀高新技术型制造商，浩博为客户提供工业塑料管路系统解决方案，根据市场需求不断改善产品研发技术，产品被广泛应用于太阳板制造、半导体制造、化工、炼铁、环保、生化、海洋水族馆、医药品制造等领域。

公司科研团队研发的产品获得了多项国家专利，产品拥有国家权威机构检测报告，公司先后取得了 ISO 9001 质量管理体系认证、ISO 14001 环境管理体系认证。

2. 江苏泰利达实业有限公司

江苏泰利达实业有限公司成立于 2003 年 7 月 14 日，公司地址在盐城市盐都区大纵湖镇中兴北路东侧，经营范围包括电镀机械、涂装设备、水处理设备制造以及电镀添加剂销售(除危险化学品)。

泰利达公司系中国表面工程协会、江苏省表面工程行业协会、江苏省环境保护产业协会等组织的理事单位，国家高新技术企业，省级民营科技企业，是一家集电镀、涂装、环保设备研制开发、设计制造、销售服务于一体的综合性公司，具备承接电镀、涂装整厂设备的能力。公司通过 ISO 9001 质量体系认证，是盐城市“重合同、守信用”的企业，“泰利达”品牌荣获省名牌。公司占地面积 40 000 平方米，建筑面积 20 000 平方米，在北京、武汉等地设有办事处，在职员工 100 多人，工程技术人员 36 人，各类生产检测设备百余台套，设有市级工程技术研发中心。

多年来，泰利达公司与一汽、二汽、长安表面处理实验室、武汉材料保护研究所、盐城工学院等科研院所进行技术交流，并凭借自身雄厚的经济实力、一流的工程技术人员、先进的加工设施、可靠的质控体系、完善的服务机构，完成了多项交钥匙工程。该公司还为国内外数百家汽车、电子、五金、军工等企业设计、制造、安装了多条涂装、电镀生产线。

第五节　宿迁地区

宿迁市的电镀加工大约开始于 20 世纪 60 年代末、70 年代初，当时有电镀加工企业 5 家。其中宿迁无线电厂起步较早，在 60 年代末就有电镀加工，技术负责人是科班出身的章孝良先生，主要镀种有亮铜、氰铜、铜锡合金及亮镍，员工约 20 人。

同期，宿迁市的宿迁中学校办工厂也有电镀加工，主要镀种为镀锌、镀镍、镀铬和氰化镀铜，初期有职工 15～16 人。1976 年时该厂吸收了南京下放到当地的知青进厂，技术负责人是张继舒及周维华两位先生。1984 年在政府引导下，宿迁中学校办工厂的电镀加工业务并入宿迁无线电厂。20 世纪 90 年代中期，宿迁无线电厂破产，电镀加工业务由江苏精科智能电气股份有限公司接手并保留至今。该公司现有挂镀锌自动生产线 1 条，镀锡手工线 1 条。

宿迁工程机械厂，当地人称其为“老农机”，成立之时有氰化镀锌，但规模较小，只有几个人。在 21 世纪初该厂倒闭。

宿迁第二农业机械厂镀种主要是镀锌，主要应用于本厂农用工具处理。1990 年，该厂更名为宿迁市楚霸体育器械厂，生产体育用品，镀种有铜镍铬等。2000 年企业进行股份制改造后，更名为“宿迁楚霸体育器械有限公司”。现在，宿迁楚霸体育器械有限公司有员工近 500 人，2019 年产值超亿元，是我国最大的体育用品供应商，也是位于行业前列的体育用品出口商。公司有镀镍铬及镀碱锌自动线 3 条。

宿迁锁厂当时也有电镀加工业务，该厂于 1993 年并入宿迁市楚霸体育器械厂。

20 世纪 80 年代初期，村办企业宿迁电镀家具厂也有电镀行业务，镀种是钢木家具装饰性铜镍铬。该厂于 1996 年关闭。

21 世纪初，张家港市与宿迁市对口合作。张家港长江润发集团收购了成立于 20 世纪末、位于宿迁的江苏华达涂层有限公司，更名为“长江润发(江苏)薄板镀层有限公司”。该公司瞄准当时需求较大的彩钢板市场，投资建设了 2 条薄板连续表面处理生产线，实现镀、涂一次性完成，并分别于 2003 年及 2004 年完工投产。这 2 条生产线均由当时的南京四方表面处理设备厂自行设计、生产，是同类生产线的首次国产化。现公司年加工薄板 10 万吨以上，产值达 6 亿多元，是国内彩钢薄板生产的重要成员。

目前宿迁除了上述的楚霸公司、长江薄板及精科公司外，尚有具备一定电镀加工规模的企业 9 家，分别是：宿迁威生金属制品厂，有镀锌自动线 1 条，镀铜镍铬自动线 4 条，年产烤网 10 万件，产值 1.5 亿元以上；宿迁华虹电子有限公司，有连续镀铜自动线 8 条；可成科技(宿迁)有限公司，有镀硬铬、电泳及铝氧化镀种；天御减振器(宿迁)有限公司，有镀硬铬自动线 1 条；宿迁凯威新材料有限公司，有拉丝连续镀锌线 1 条；沭阳震锋精密电子有限公司，有滚镀锌自动线 1 条；瑞声精密电子沭阳有限公司，有铜镍铬自动线 1 条；宿迁苏林机械有限公司，有挂镀锌及镀镍铬自动线各 1 条;承泰五金科技江苏股份有限公司,有滚镀锌自动线 2 条。

由于宿迁没有对外加工的专业电镀厂,为了更好地为日益发展的机电等行业提供服务,宿迁市 2016 年起规划在宿迁市生态化工区内新建宿迁金属表面处理中心,规划用地 13.33 公顷。

江　苏　电　镀　史

第三篇

协会篇

随着改革开放的推进，中国由计划经济向市场经济转变，各类社会组织的大量涌现也成为改革开放的必然结果。工业行业协会作为社会团体的重要组成，也走上了这个大舞台，承担起政府与企业沟通的“桥梁”职责，成为行业发展的“推手”及行业自律的组织者。党的“十八大”后，为了更好地培育和发展协会、商会等服务类社会组织，激发社会组织的活力，加快形成政社分开、权责明确、依法自制的现代社会组织体制，民政部门出台了行业协会等四类组织直接登记管理的办法，使行业协会等社会组织可以更加规范地活动。

江苏电镀行业的组织中最早的协会成立于20世纪80年代初，按成立先后次序有无锡表面工程协会、苏州市电镀协会、扬州市电镀协会、徐州市电镀协会、江苏省表面工程行业协会、南通市电镀协会、常州市电镀协会、丹阳市电镀协会、江阴市表面工程协会、南京表面处理行业协会、靖江市电镀协会。虽然由于种种原因，南通市电镀协会、常州市电镀协会、扬州市电镀协会、徐州市电镀协会及丹阳市电镀协会现已不存在，但总体上来说，他们对本地区乃至全省电镀行业的快速发展与进步起到了重要作用。

第一章 江苏省表面工程行业协会

第一节 简 介

江苏省表面工程行业协会(简称“省表协”),最早系成立于1986年5月的江苏省电镀行业协作组,30多年来几易其名,是经江苏省民政厅于2015年6月24日批准升格重组的省级行业组织,其成立大会于2015年6月24日在南京召开。

江苏省表面工程行业协会是对全省电镀、化学镀、热浸镀、热喷涂、涂装、涂料、真空镀、达克罗等表面处理加工及设备、材料相关的企业进行组织协调、信息引导、咨询服务、技术交流,并与政府部门沟通的省级行业组织。

江苏省表面工程行业协会的历史变迁过程:

1986年5月5日,江苏省电镀行业协作组成立;

1992年6月20日,更名为江苏省机械工业工艺管理研究会电镀专业委员会;

1996年6月8日,更名为江苏省机械工业工艺协会电镀分会;

2004年4月17日,更名为江苏省机械工业联合会表面工程分会;

2012年10月15日,更名为江苏机械行业协会表面工程分会;

2015年6月24日,成立江苏省表面工程行业协会。

30多年来,协会始终坚持面向行业、面向企业、面向生产及为会员服务、为政府服务的办会宗旨,做了大量工作,其主办的行业内刊《江苏表面工程》杂志已发行了34年,目前江苏省表面工程行业协会网站及微信平台正在组织完善中。协会在业内有一定的地位与影响力,连续多届任中国表面工程协会理事、中国表面工程协会电镀分会常务理事单位。

随着升级为“江苏省表面工程行业协会”，并在省民政厅、省工信厅和省生态厅等相关政府部门的直接指导下，协会正进一步加强自身建设充分发挥桥梁与纽带作用，不负政府委托，抓好行业自律，规范化运作，全心服务于广大会员单位，为江苏省由“表面工程大省”向“表面工程强省”转变而不懈努力。

第二节　历届领导成员名单

第一届：江苏省电镀行业协作组领导成员名单(1986.5—1988.4)

组长：	江苏省机械工业厅科技质量处	余彧强、孙月芳
第一副组长：	南京轻工业机械厂	魏长贵
副组长：	江苏省轻工业厅技术处	孟群倩
	无锡东风电镀厂	于新家
	南京电镀厂	籍正甫
	苏州电镀厂	朱剑石
	常州机械电镀厂	杨成森
	徐州电镀五金电镀厂	时长华
秘书长：	南京轻工业机械厂	张升达
副秘书长：	南京市仪器仪表工业公司	桑保华

第二届：江苏省电镀行业协作组领导成员名单(1988.4—1992.6)

理事长：	江苏省机械工业厅科技质量处	余彧强
副理事长：	南京轻工业机械厂	魏长贵
	苏州市电镀厂	陈观炎
秘书长：	南京轻工业机械厂	张升达
副秘书长：	江苏省机械工业厅科技质量处	孙月芳
	南京市仪器仪表工业公司	桑保华
	南京电镀厂	籍正甫

第三届：江苏省机械工业工艺管理研究会电镀专业委员会领导成员名单(1992.6—1996.6)

主 任 委 员：	江苏省机械工业厅科技质量处	余彧强
副主任委员：	南京轻工业机械厂	魏长贵
	常州市电镀厂	徐金玉
	无锡市电镀总厂	蒋慕贤
	南通市电镀厂	朱广盛
总　干　事：	南京轻工业机械厂	张升达
副 总 干 事：	南京市仪器仪表工业公司	桑保华
	江苏省机械工业厅科技质量处	孙月芳
	南京电镀厂	籍正甫

第四届：江苏省机械工业工艺协会电镀分会领导成员名单(1996.6—2000.4)

理　事　长：	江苏省机械工业厅科技质量处	余彧强
副 理 事 长：	常州市电镀厂	徐金玉
	南通市电镀厂	朱广盛
	苏州市电镀协会	许金福
	无锡表面工程协会	顾　敏
秘　书　长：	南京四方表面处理设备厂	袁　华
副 秘 书 长：	南京市仪器仪表工业公司	桑保华
	江苏省镀协秘书处	籍正甫

第五届：江苏省机械工业工艺协会电镀分会领导成员名单(2000.4—2004.4)

理　事　长：	江苏省通用机电研究所	黄正标
副 理 事 长：	常州电镀有限公司	徐金玉
	无锡表面工程协会	蒋建新
	苏州市电镀协会	许金福
	南通市申海特种镀饰厂	仇士学
秘　书　长：	南京四方表面处理设备厂	袁　华
副 秘 书 长：	江苏省镀协秘书处	桑保华
	南京华天精细化工研究所	籍正甫

第六届：江苏省机械工业联合会表面工程分会领导成员名单(2004.4—2010.3)

名誉理事长：江苏省机械工业联合会　苏泽民
理　事　长：江苏省机械资产管理公司　江建春
常务副理事长：南京四方表面处理设备厂　袁　华
副理事长：南通市申海特种镀饰有限公司　仇士学
无锡表面工程协会　蒋建新
中化建常州涂料化工研究所　竺玉书
丹阳市电镀协会　潘志平
秘　书　长：江苏省表面工程行业协会秘书处　桑保华
副秘书长：南京华天精细化工研究所　籍正甫
南京大驰科技有限公司　陈越伟

江苏省机械工业联合会表面工程分会二届理事会领导成员名单(2010.3—2015.6)(2012年1月18日更名为江苏省机械行业协会表面工程分会)

名誉会长：詹世平
会　长：南京四方表面技术有限公司　袁　华
常务副会长：南京海波科技表面技术有限公司　余　波
副会长：江苏振宇汽车部件有限公司　朱富顺
中海油常州涂料化工研究院　赵晓东
常州现代金属表面处理有限公司　王国建
无锡表面工程协会　万云贤
昆山同心表面科技有限公司　张梅生
中矿大正表面工程技术有限公司　李紫跃
南通市申海特种镀饰有限责任公司　程道广
副会长兼秘书长：桑保华

江苏省表面工程行业协会一届理事会领导成员名单(2015.6)

会　长：南通恒瑞电镀有限公司　林益庭
副会长：镇江华科生态电镀科技发展有限公司　周　斌
爱普生表面工程技术(镇江)有限公司　方书农
扬中市永新镀业有限公司　杜庆新

丹阳市轻工电镀厂	朱富顺
江苏梦得电镀化学品有限公司	杭冬良
常州现代金属表面处理有限公司	王国建
中海油常州涂料化工研究院有限公司	赵晓东
无锡市星亿涂装环保设备有限公司	匡优新
无锡表面工程协会	万云贤(后由吴欲继任)
江苏中矿大正表面技术工程有限公司	倪　雅
江苏增钬云表面处理有限公司	梁学云
南通富士通微电子股份有限公司	章小平
南通市申海工业技术科技有限公司	程道广
江苏省表面工程行业协会	桑保华
扬州佳境环境科技股份有限公司	张临苏(增补)
海安润泽金属表面处理有限公司	秦勇飞(增补)
三兴表面处理(昆山)有限公司	张明亮(增补)

秘　　书　　长：桑保华(兼)　王浩铭(继任)

第三节　大事记

本大事记年代以公元纪年排列，收录江苏省表面工程行业协会自成立以来经历的重大事件，记述内容截止到2019年年底。

1985年6月15—16日，按江苏省经委要求，江苏省机械工业厅在南京召开了省电镀行业“七五”技术发展规划座谈会，制定发展规划初稿，建议筹建“江苏省电镀行业协作组”，协商了筹备组组成单位。

1985年7月23日，江苏省机械工业厅以苏机技〔1985〕245号文，下发了《关于加强重视电镀行业的通知》，转发了座谈会纪要，公布了协作组筹备组名单。

1986年4月1—6日，第一届全国中小城镇电镀工作者技术交流大会在苏州召开。这次会议是由苏州市私立殷乃德非金属电镀研究所发起和主办，并经苏州市科委正式批准召开的。参加大会的代表大部分来自全国26个省(地区)的中小城镇，北京、上海、天津、广州、武汉等市派出顾问或特邀代表参加。

1986年5月5—7日，经过4次筹备工作会议，江苏省电镀行业协作组成立暨技术交流大会(图 3-1)在无锡召开,省科委、轻工业厅、劳动局、环保局等部门领导,省内重点电镀厂点及上海、广东等省市代表 124 人出席大会,确定协作组成员单位 90 家,涵盖省内主要专业电镀厂、企业内设电镀车间、环保设备企业、原辅材料企业及相关科研单位。协作组下设秘书组、技术组、企管质量组及环保组,省机械工业厅为组长单位,协作组简称“省镀协”。

图 3-1　江苏省电镀行业协作组成立暨技术交流大会会议代表合影

1986 年 7 月 28 日,省镀协领导小组扩大会在南京召开,由安美特公司与南京轻工业机械厂合资成立的中外合资电镀添加剂供应企业——南安电镀技术工程有限公司在南京成立,合资期 10 年,明确南安电镀工程技术有限公司为省表协秘书处挂靠单位,其中中方董事长魏长贵为省镀协第一副组长,公司副总张升达为省镀协秘书长。

1986 年 8 月,中国第一条不向环境排放一滴电镀废水、不浪费一滴电镀溶液的电镀生产线在海军驻徐州 4813 工厂正式投入生产。这条电镀生产线用的是镀件漂洗水自然闭路循环工艺,该工艺得到了省电镀协作组与有关上级部门的支持。

1986 年 10 月 28 日,省镀协行业简报《江苏电镀》创刊(图 3-2),省机械厅陆荫总工在首期上发表题为《重视电镀行业:加快技术改造》的重要文章。刊物发刊词要求这一省级电镀行业的刊物应是及时宣传、报道党和国家有关方针政策特别是有关法规的阵地;介绍推广省内外新工艺、新技术、新材料、新装备,电镀同行交

图 3-2　省镀协行业简报《江苏电镀》

流经验、切磋技艺的园地；同时也是传播行业内外各类产供销动态及技术情报信息的窗口。《江苏电镀》是当时全国电镀行业首家省级行业刊物。

1986 年 11 月 1—5 日，省镀协在无锡举办多层镍电镀技术讲座，着重介绍国外镀镍技术动向特别是多层镍工艺，美籍专家梅安迪等到会讲课，121 位业内人士参加学习。

1986 年 12 月 1—12 日，省镀协在无锡举办铝精饰新技术培训班，推广铝合金阳极氧化、电解着色及常温快速封闭工艺这一国内最新成果，湖南大学两位老师授课，42 人参加。

1987 年 7 月 28—30 日，省镀协在张家港举办仿金和铜镍铬装饰性电镀技术交流会，21 个会员单位参加。会议除了经验交流之外，还进行了现场操作表演、参观相关工厂及优秀工艺评选活动。

1987 年 9 月，省镀协、南京环保所及无锡电镀协会对江苏省内电镀之乡无锡杨市 7 个电镀厂及相关企业进行了调研，其中包括无锡电镀厂等 4 个有一定规模的企业。

1987 年 11 月 21 日，省镀协在常州召开电镀阳极材料座谈会(图 3－3)，34 家单位共 45 位代表出席。常州遥观电镀阳极材料厂陆建法介绍了该厂产品及发展情况，武进横林电镀厂及剑湖电镀厂等介绍了使用情况，省镀协副秘书长桑保华主持了会议。

图 3－3　省镀协第四次领导小组扩大会议

1988 年 2 月，省镀协张升达、陈泉荣、王春林等电镀专家编写《江苏电镀资料汇编》，三册共 60 万字，为同行提供了极大的便利，深受欢迎。

1988 年 4 月 24—26 日，经三次会议的准备后，省镀协第二届年会在常州市举行(图 3－4)，美国电镀化工协会会长米斯先生等到会做了热情洋溢的发言，大会举行学术报告及经验交流。会议由省镀协组长余彧强主持，中镀协代表蒋宏义、江苏省环保工业协会侯雨亭理事长、上海市电镀协会林裕生原理事长、陈永福秘书长、山东省镀协代表冯涛及安徽工艺专业化办公室牛和宜、合肥镀协徐光、南京大学庄瑞舫，以及吴其毅、王士逯等业内人士 200 余人与会。大会选举 35 家单位组成以省机械工业厅为组长单位的二届理事会，对常州电镀厂、南京轻工业机械厂、徐州电镀五金厂 3 家企业及徐金玉、王惠龙、于新家、宋继华、丁立津、张升达、杨成森、王素林、孙月芳、桑保华等 10 位先进个人进行了表彰。

图 3-4　江苏省镀协第二届年会留念

1988 年，“电镀行业技术经济指标体系评价方法”审定会在张家港市举行，会议主题是强化管理，提高管理，促进电镀的生产效率，参会代表 50 人。

1988 年 11 月 15—16 日，省镀协与省环境科学学会、省环保工业协会等联合在无锡召开电镀废水污染防治学术研讨会，省科委、省机械厅领导、相关协会负责人李耀东、纪学文、余彧强、张升达、杨楫、武进明、张绍荣、姚锡禄、胡铁骑、蒋锡华及有关专家 43 人出席，收到论文 10 篇，13 人会上发言。会议提出：电镀废水处理必须坚持预防为主，实行综合治理，积极推广各种先进清洗方法，要结合实际，因地制宜，优选组合，加强回收。

1989 年 3 月 2 日，省镀协与南安公司联办电镀技术讲座，美国专家米斯做学术报告，省内外 200 余名代表参加。

1989—1991 年，省镀协在南安公司协助下，举办了三期装饰性镀镍短训班，省内及上海、北京等地 250 人次参加，对多层镍工艺的全面推广起到推动作用。

1989—1990 年，省镀协按制定的行检标准，完成了对省内 12 家企业的行业检查，并于 1990 年 11 月 11 日在江阴召开总结会议，余彧强出席、孙月芳主持会议，桑保华做总结报告，38 位相关人士出席。会议对 12 家企业发放行检合格证(图 3-5)，并授予南通市电镀厂、苏州电镀厂、常州市电镀厂、无锡市电镀厂及盐城市电镀厂五厂家行检优秀单位锦旗。

1990 年 10 月 29 日—11 月 1 日，第三届电镀与精饰学术年会在南京举行，代表 420 人，收到论文 200 篇。

图 3-5 “江苏省电镀行业年检先进企业”获奖单位代表留影

1991 年 6 月 12—16 日，省镀协组织、参与了江苏省涂装、电镀、清理、清洗技术装备展览会，60 家企业参展，省镀协南安公司、南京轻工机械厂、无锡出新环保设备公司、无锡市电镀设备厂等 10 家会员参展，季允石副省长等出席开幕式。

1992 年 3 月 20 日，省镀协召开常务理事扩大会，同意按民政厅的要求加入江苏省机械工业工艺管理研究会，成为其下属电镀专业委员会，全称为江苏省机械行业工业工艺管理研究会电镀专业委员会，简称“省镀委”。

1992 年 6 月 22—23 日，江苏省电镀行业第三届年会在南通召开，省机械厅、轻工厅、环保所等 84 家单位 124 名代表参加，张升达做工作报告，桑保华做实施条例介绍，大会总结并认可了第二届理事会工作，同意更名，推举以省机械厅为主任委员单位的 23 名委员组成的领导机构，并表彰了南通市电镀厂、丹阳市埤城电镀厂、无锡县轻工电镀厂、南京电力自动化设备厂、无锡市电镀总厂、南安电镀技术工程有限公司、徐州电镀机械厂、常州市电镀厂、盐城市电镀厂、武进遥观电镀阳极材料厂 10 家先进企业及徐金玉、朱广盛、曹金喜、邱国海、黄正宗、范金铮、宋继华、万云贤、孙刚、朱成光、陈观炎、钱振庭、桑保华、陈泉荣、王春林、陆建法等 16 名先进个人。

1992 年 11 月，省镀委举办“高效镀硬铬、化学镀镍、多层镍电镀”新工艺培训班。

1993 年 5 月 28—29 日，省镀委在常州召开行业管理厂长交流座谈会，34 位代表出席，常州市电镀厂徐金玉、苏州机械仪表电镀厂夏国灿、南通市申海精饰厂樊健及无锡电镀总厂钱振庭做经验介绍。桑保华总结提出“观念更新敢于闯，抓住机遇外向型，竖延横拓求发展，求精开拓上档次”的发展思路。

1993 年 11 月 28—30 日，省镀委与无锡市镀协联办电镀四新交流推广展示会，来自苏、浙、沪、京、川、豫、赣、晋 8 省市科研院校、行业协会、企业代表共 150 余人参加，相关专家做专题报告。会议进行了相关设备现场展示及有关企业的参观。

1995 年 4 月 17—20 日，省电镀行业表彰暨技术交流会在无锡召开，香港特别行政区及 6 个省市的代表共 140 余人到会。省镀委对常州电镀厂、无锡市电镀二厂、武进县万绥五金电镀厂、南通市电镀厂、南京钢锯厂锯架分厂、金陵机械厂电镀分厂、南京轻工机械厂电镀技术工程公司、南通市申海特种镀饰厂、无锡县轻工电镀厂、丹阳市埤城电镀厂、徐州电镀机械厂、江宁县方山电镀厂、无锡出新环保设备厂、江阴市镇流器二厂、江苏益民环保电镀涂装设备制造公司 16 家单位进行了表彰，会议还进行了论文交流。

1996 年 4 月，因工作需要，经批准，江苏省机械工业工艺管理研究会更名为“江苏省机械工业工艺协会”，省镀委相应更名为其下属的电镀分会。

1996 年 6 月 8—9 日，经过一段时间准备，省镀协成立十周年庆典暨换届大会在南京召开(图 3-6)，省内代表及 10 个兄弟省市来宾 300 余人出席，中镀协胡铁

图 3-6　省镀协成立十周年庆典暨换届大会在南京召开

骑秘书长、上海镀协理事长秦宝兴到会致贺，省机械厅许汉文厅长专程到会讲话。省环保局杨楫处长、省轻工厅徐顺生先生、武进电镀研究周晓兴理事长及原省机械厅总工陆荫也即席发言，桑保华副总干事代表三届委员会做工作报告。会议表彰了常州电镀厂等 26 家企业，选举出了以省机械厅为理事长单位的由 30 家单位组成的第四届理事会，最后进行了技术交流。

1997 年 3 月，《江苏电镀》改版为一年四期的彩色季刊(图 3 - 7)。

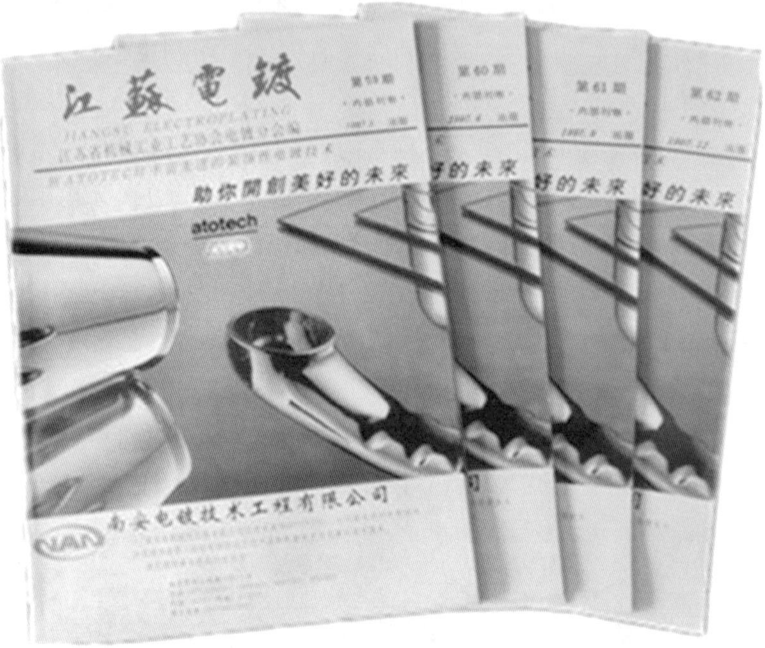

图 3 - 7　改版后的《江苏电镀》杂志

1997 年 5 月 30—31 日，省镀协在南京举办大型环保工作讲座，省内及吉、浙、鄂、皖、川代表 110 余人参加，省环保局华凤林、南京环科所叶海分别做了“江苏省环境污染及防治途径”“乡镇电镀工业污染控制途径”等报告，介绍了行业污染的严峻形势、国家最新要求及三废治理技术最新发展趋势。

1998 年 11 月 2—3 日，江苏省暨苏州市电镀企业管理与技术交流大会在苏州召开，京、沪、苏、浙、粤、鲁、豫、皖、湘、鄂等 10 个省市同行共 240 人出席。省、市、工经联，省环保局科技处领导到会指导。南京航空航天大学金学禹教授、祁瑞听高工、高传高工、储荣邦高工、曾祥德高工及美国吉诺公司盖瑞博士分别做专题报告。会议代表还参观了昆山城北同心电镀厂及三兴化工(昆山)有限公司。

2000 年，在 1999—2000 年度全国电镀行业优秀企业评选中，江苏地区的常州电镀有限公司、无锡市电镀二厂、昆山同心电镀厂等 27 家企业获得表彰，占全国获奖企业总数的 21%。

2000 年 4 月 20—21 日，江苏省暨无锡市电镀行业年会及技术交流大会在无锡召开，中国电子电镀专委会蒋宇侨主任、中国表面工程协会涂装分会副秘书长乐惠明、上海镀协秦宝兴理事长、北京镀协马捷秘书长及金华镀协陈金龙秘书长等兄弟协会代表、业内专家、企业家、工程技术人员 250 余人出席。桑保华代表四届理事会做题为"为振兴江苏电镀事业而不懈努力"的工作报告。大会表彰了 37 家 1998—1999 年省行业优秀企业和 37 位优秀厂长(经理)，名单见表 3-1。

表 3-1　江苏省行业优秀企业/领导名单(1998—1999)

企　业	领导	企　业	领导
无锡市电镀二厂	陈国兴	无锡出新环保设备厂	曾　湧
锡山市威华电泳涂料厂	杨仁根	锡山市环宇轻工电镀有限公司	万云贤
锡山市电镀厂	侯进宝	江苏江阴云德电镀厂	周云德
无锡市太湖电力铁塔厂	陆菊兴	锡山市洋溪电镀厂	吴加兴
锡山市鸿声电镀厂	谢鸿南	无锡市电镀设备厂	徐荣海
锡山市钱桥助剂厂	龚路承	南通市申海特种镀饰厂	仇士学
丹阳市轻工电镀厂	朱富顺	江宁县方山电镀厂	李乐顺
武进市万绥五金电镀厂	潘永康	武进市华美电镀材料公司	陆建法
武进市江飞电镀厂	施小平	武进市罗溪昂达防腐节能电器厂	谢　忠
武进市南勤电镀厂	张中协	盐城市城区长坝电镀厂	陈福华
常州电镀有限公司	徐金玉	金坛市天涯电控设备厂	林培森
丹阳市埤城电镀厂	邵腊苟	吴江区北库团结电镀厂	张明华
如东县电镀厂	胡国亮	苏州长风有限责任公司表面处理厂	梅　里
昆山市同心电镀厂	张梅生	苏州大学特种化学试剂实验公司	阙浩泉
吴县市电镀中心	苏福祥	张家港市东宝电镀材料公司	王国祥
张家港市第二电镀厂	李建芳	南京四方表面处理设备厂	袁　华
昆山市整流器厂	王建中	苏州华海表面精饰有限公司	张建华
张家港超普过滤机厂	朱成光	张家港市亨昌镀饰焊材厂	朱建明
张家港市南丰电子设备厂	季岳清		

省镀协还对丁乐太、于新家、王佩仁、王春林、石裕民、孙月芳、朱剑石、朱广盛、许金福、华树芳、任芳勇、庄瑞舫、余彧强、时长华、张升达、张天明、张胜林、张士文、张仲仪、祁瑞听、杨成森、杨仲兴、陈观炎、杨晓网、杨楫、陈建中、陈泉荣、邵伯珊、周晓兴、倪玉英、祝荣生、施小平、胡国亮、徐顺生、徐金玉、唐玉红、奚兵、顾福林、钱振庭、曹金喜、黄正标、黄正宗、陶维练、蒋建新、蒋慕贤、储荣邦、曾祥德、潘志平、戴昭文、魏长贵等50位在1996—1999年热心镀协工作的同仁进行了表彰，授予他们“行业先进工作者”光荣称号。大会总结了上届理事会工作，选举产生了新一届理事会、常务理事会。蒋宇侨、秦宝兴、顾福林、乐惠明、陈亚、万云生等专家应邀做了学术报告，大会还举办了小型产品展示会。

2001年4月，由南京四方表面处理设备厂设计、制造的全国首条全自动活塞环镀铬生产线在安庆帝伯格茨有限公司建成投产。

2001年11月5日，省电镀行业新世纪首届年会在常州市召开，省内外业界人士200余人参加，省镀协袁华秘书长主持会议，桑保华副秘书长做工作报告。中镀协熊刚副秘书长到会祝贺，省机械工业联合会江建春部长到会讲话。常州市科协殷副主席、武进市环保局周晓兴副局长、常州市胜利电镀厂朱祥荣厂长分别致辞，德国科兹公司总裁科兹先生及南大沈文霞教授等9位专家做学术报告。会间，44家企业参加了小型产品展示会，与到会代表零距离交流，收到良好效果。常州电视台、常州日报对会议专程采访报道。

2002年4月24日，省镀协在南京召开纳米复合镀技术研讨会。自20世纪80年代起，纳米材料因其特有性质及作用在科技领域崭露头角，以西南师范大学李声泽教授为代表的专家们经长期努力，在镍基纳米复合镀工艺上取得实质性突破。会上，蒋宇侨、沈文霞和万云生3位专家分别介绍了纳米镀的理论、研发现状及在汽摩零件上应用实况的介绍，代表们还观看了纳米复合镀工艺处理后的样件。

2002年9月11—12日，由国家清洁生产中心、中国表面工程协会和北京电镀协会举办的“北京2002电镀行业清洁生产”研讨会在京举行，国家经贸委、北京市经委、环保局等政府部门代表，中国表面工程协会沈烈初理事长、欧盟专家珍妮·皮特到会做报告，联合国环发署佛里茨·鲍尔库处长发来贺电。省镀协常务副秘书长桑保华高工代表省镀协与23家兄弟协会代表共同签署了《国际清洁生产宣言》，对推动行业生产、维护美好环境做出了郑重承诺。

2002年10月16日，中镀协五次会员代表大会在武汉召开，千人与会。中镀协表彰了133家2001—2002年度优秀企业会员，江苏地区27家获奖。大会产生的新一届理事会成员中，江苏有22名，江苏省袁华和张梅生当选中镀协副理事长。

2003 年 3 月 8 日，江苏省首个电镀工业园区——占地 1.45 平方千米的无锡金属表面处理科技工业园区在杨市奠基开工。该工业园前期的环评工作由南京环科所完成，其中该园电镀工艺、三废状况由省镀协储荣邦、陈越伟、桑保华积极配合调研并参与编写。

2003 年 6 月，因机构改革，省机械厅撤销，行业工作改由江苏省机械工业联合会主管。根据工作需要，省镀协变更为联合会直属的表面工程分会，并于 2003 年 6 月完成相关手续。

2003 年 8 月 13 日，南京四方表面处理设备厂设计制造的中国第一条国产卷板电镀锌彩涂连续生产线在江苏宿迁正式投产，省科技厅、宿迁市及张家港市领导出席开工典礼并讲话。桑保华代表省表协到场祝贺，各方代表及同行 200 余人出席并参观了生产现场。该线全长 250 米，镀速可达 40 米/秒，镀层误差小于 1 微米，采用高强度定向远红外辐射烘干固化，大幅度提高了产品外观，拓宽了彩板应用领域。

2003 年 11 月 21—22 日，省表协常务副秘书长桑保华应邀参加省科协主办的“333 工程”沿江开发科技活动，与省内院校近 30 位专家交流研讨。

2004 年 3 月 10 日，自 2004 年第 1 期(总第 87 期)起，《江苏电镀》更名为《江苏表面工程》(图 3-8)。

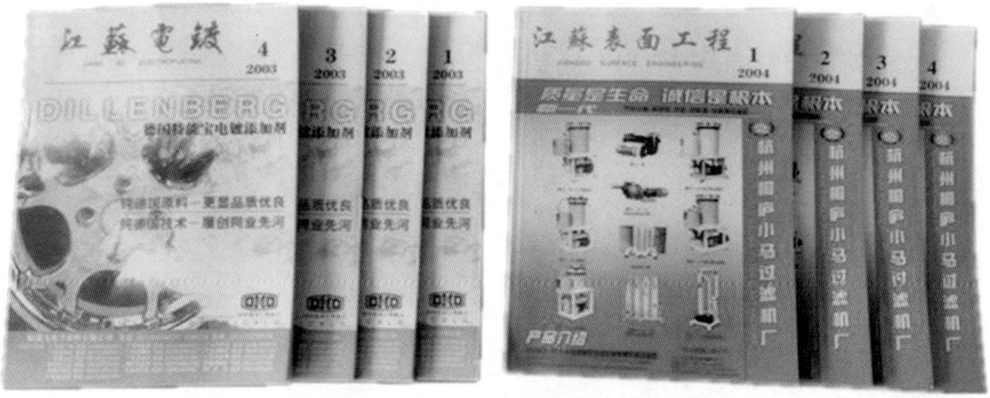

图 3-8　《江苏电镀》更名为《江苏表面工程》

2004 年 4 月 17—19 日，省表协第一届年会在江苏丹阳召开，省内外同行 280 余人出席会议，中镀协胡铁骑理事长受中国表面工程协会沈烈初理事长委托，专程到会做重要讲话。丹阳市金国平副市长到会致辞。

大会表彰了 2002—2003 年 40 家优秀企业及 40 位先进领导，名单见表 3-2。

表 3-2 省表协第一届年会企业/领导表彰名单(2002—2003)

企　业	领导	企　业	领导
南京华天精细研究所	万云生	江苏梦得电镀化学品有限公司	杭冬良
丹阳市轻工电镀厂	朱富顺	常州市太平洋电镀有限公司	罗川生
江苏华明实业公司	贝齐建	宿迁市楚霸体育器材有限公司	张学礼
无锡出新环保设备厂	曾　湧	南通市申海特种镀饰有限公司	仇士学
南京方山电镀厂	李乐顺	南京大驰科技有限公司	陈越伟
江苏轻扬电镀实业公司	庄坚飞	南京海波电镀器材有限公司	余　波
常州市小平电镀	施小平	常州现代金属表面处理有限公司	王国建
常州市昂达电镀挂具厂	谢　忠	常州市华美电镀材料有限公司	陆建法
金坛市天涯电控设备厂	林培森	无锡市环宇轻工电镀有限公司	万云贤
无锡市电镀二厂	陈国兴	无锡市太湖金属标牌厂	钱建平
无锡市广益电镀厂	吴荣良	南京财礼电镀实业有限公司	关才礼
无锡市电镀设备厂	徐荣海	无锡市钱桥洋溪电镀厂	吴加兴
无锡威华电泳涂料厂	杨仁根	无锡市星亿涂装环保设备有限公司	匡优新
宜兴市吉泰电子器件厂	马　军	无锡市中捷减震器有限公司	魏鹤良
江阴市汇丰电筒厂	缪如玉	无锡出新表面工程设备有限公司	匡云程
张家港市新港机械厂	包根才	苏州市甘泉自动化工程有限公司	方　辉
苏州维可电镀有限公司	姜志刚	张家港市超普过滤设备有限公司	朱成光
吴江区北库团结电镀厂	任四龙	扬州市邗江振兴电镀有限公司	尤启武
洪泽县云飞电镀厂	梁学云	仪征双环活塞有限公司	程德兴
如东县电镀厂	胡国亮	盐城市城区长坝电镀厂	陈福华

本次大会通过选举组成了以江苏省机械资产管理有限公司为会长单位的新一届理事会——第六届江苏省机械工业联合会表面工程分会(2004 年 4 月—2010 年 3 月)。

名誉理事长：	江苏省机械工业联合会	苏泽民
理事长：	江苏省机械资产管理有限公司	江建春
常务副理事长：	南京四方表面处理设备厂	袁　华
副理事长：	南通市申海特种镀饰厂有限公司	仇士学
	无锡表面工程协会	蒋建新
	中化建常州涂料化工研究所	竺玉书

	丹阳市电镀协会	潘志平
秘书长：	江苏省表面工程行业协会秘书处	桑保华
副秘书长：	南京华天精细化工研究所	籍正甫
	南京大驰科技有限公司	陈越伟

2004年8月16日，国家发改委、环保局第16号令《清洁生产审核暂行办法》发布实施。

2004年9月7日，全国表面工程（电镀）地方协会内部刊物负责人会议在杭州召开，决定设立《全国电镀刊物信息交流网》，推举《太原表面处理》为网长单位，《江苏表面工程》为副网长单位之一。

2004年9月6—8日，在杭州召开的第八届全国电镀与精饰学术年会期间，省表协推荐的仪征双环公司（程德兴）、南京四方表面处理设备厂（袁华）、南通市申海特种镀饰有限公司（仇士学）、江苏美乐车圈有限公司（王国宝）、常州现代金属表面处理有限公司（王国建）、丹阳市新光电子有限公司（封新柳）及常州晶鑫电镀有限公司（谭建文）被中镀协授予2003—2004年度优秀会员单位及优秀经理（厂长）。

2005年5月，国家科技部授予常州全国首家新型涂料产业化基地。常州已有相关企业200余家，年产涂料23万吨，销售50多亿，其中新型涂料年产8万吨，占全国五分之一。

2005年6月2日，国家发改委、环保总局联合发布2005年第28号公告《电镀行业清洁生产评价指标体系（试行）》。

2005年6月16—17日，江苏省表面工程行业2005年年会在泰州召开（图3-9），省内外业界代表200余人出席，大会主题是“积极开展清洁生产，促进行业健康发展”。省经委、环保厅等有关部门负责人强信然、陈法林、方超英、陈克平等到会做重要讲话，泰州市王振南副市长到会致辞，中镀协理事长发来贺信。孙官荣等10位业内专家做学术报告，40余家厂商举办产品展示，泰州市电视台等媒体对会议进行了采访报道。

2005年8月25日，《江苏表面工程》杂志首届编委会在南京成立，编委会由南大沈文霞教授任主任委员，顾福林高工、竺玉书高工、沈立高工、陈国平教授任副主任，万云生高工等19人为编委，储荣邦兼杂志主编，李勤忠、张喜成兼副主编。这些编委所涉专业涵盖行业各分支，编委会的成立使《江苏表面工程》的水平及质量有显著提升。

2005年10月17—25日，省表协推荐的贺守邦、陈越伟、桑保华等7人参加在杭州举办的国家清洁生产审核师培训班（总第二期），都顺利通过考核获得了相应资格。

图 3-9　江苏省表面工程行业 2005 年年会

2005 年 10 月 26—28 日，中国表面工程协会特种涂层专业委员会在江苏无锡召开了成立大会暨 2005 年达克罗技术发展及产业化论坛，来自全国各地 67 家单位的 89 位代表出席，桑保华秘书长代表省表协参会，选举产生了毕顺为理事长、沈品华为常务副理事长的领导层。

2005 年 11 月 14—15 日，省表协承办的闽、苏、鲁、浙、晋 5 省协会负责人工作研讨会在南京召开。陈贞坤、江建春、冯涛、杨信仰等出席，会议对相关议题进行了研讨。

2006 年 6 月 20 日，江苏省表面工程行业协会网站 www.jssea.cn 开通运行，网站开办得到南京金曼科技有限公司的大力支持。

2006 年 7 月，《江苏表面工程》杂志 2006 年第 2 期安排为"安全生产"专辑，刊登危险化学品安全管理条例，剧毒化学品购买和公路运输许可证件管理办法等相关文章、资料 18 篇。

2006 年 9 月 20 日，省表协成立 20 周年庆典大会在南京文化艺术中心隆重举行，德、日、印等境外及省内外业界同仁 300 余人出席盛会。中镀协理事长胡铁骑、中国表面工程协会副理事长秦宝兴、江苏省经贸委强信然处长、省发改委袁友芳副处长、省环保厅成杰科长、省清洁生产中心刘伟京主任、省机械工业联合会苏泽民副会长、解缙秘书长等出席。大会收到了中国表面工程协会电镀分会、涂装分会、设备材料工作委员会、中国电子电镀专委会、中汽电镀专委会及北京、上海、福建、山东、浙江、重庆、河南、金华、西安、宁波等30余家兄弟协会及30余家企事业单位给大会发来的贺电、贺信，有20余家协会负责人专程到会祝贺。大会由省表协顾福林副理事长主持并宣读了中国表面工程协会理事长沈烈初博士的贺信，胡铁骑高工即席发表热情洋溢的讲话，强信然、成杰、刘伟京、苏泽民也做了重要讲话。省表协常务副理事长袁华做了工作报告，回顾20年的光辉历程，展望更美好的未来，号召全省同仁继往开来、与时俱进、共同拼搏，为江苏由表面工程大省向表面工程强省跨越、为全省经济新的腾飞、为中国表面工程事业新的辉煌做出贡献。大会授予南京海波电镀器材有限公司等35家企业及余波等35位负责人以2004—2005年度省行业优秀企业及优秀领导称号，见表3-3。

表3-3　江苏省行业优秀企业及优秀领导(2004—2005)

企　　业	领导	企　　业	领导
南京海波电镀器材有限公司	余　波	南京四方表面技术有限公司	袁　华
南京财礼电镀有限公司	关才礼	南京方山电镀厂	李乐顺
南京宏光空降装备厂	刘新安	南京市江浦区高旺喷塑厂	雍学云
丹阳市延中助剂有限公司	唐国珠	丹阳市开发区华兴眼镜厂	蒋炳和
丹阳市轻工电镀厂	朱富顺	江苏梦得电镀化学品有限公司	杭冬良
丹阳东江医疗康复器械厂	王礼生	丹阳市新光电子有限公司	封新柳
常州市昂达电镀挂具厂	谢　忠	常州现代金属表面处理有限公司	王国建
常州市益丰电镀厂	张中协	常州市太平洋电镀有限公司	罗川生
金坛市天涯电控设备厂	林培森	常州市华美电镀材料有限公司	陆建法
无锡市太湖防腐材料厂	刘振兴	金坛市安稳特试验设备有限公司	吴海林
无锡市电镀二厂	陈国兴	无锡市环宇轻工电镀有限公司	万云贤
无锡出新环保设备厂	曾　湧	无锡市星亿涂装环保设备有限公司	匡优新
盐城市城区长坝电镀厂	陈福华	无锡市晶辉表面工程科技开发有限公司	钱建平
盐城市泰利达机械有限公司	吴文林	江阴市镍网厂有限公司	孙兴焕
洪泽县云飞电镀厂	梁学云	姜堰市龙沟电镀有限公司	王友林
宜兴市吉泰电子有限公司	马　军	南通市申海特种镀饰有限责任公司	仇士学
宿迁楚霸体育器材有限公司	张　永	江苏皓月汽车锁服务有限公司	曹茂盛

大会还为50位老同志颁发了荣誉纪念牌，他们是：

丁乐太	于新家	王佩仁	王春林	石裕民	孙月芳
朱剑石	朱广盛	许金福	华树芳	任芳勇	庄瑞舫
余彧强	时长花	张升达	张天明	张胜林	张士文
张仲仪	祁瑞听	杨成森	杨仲兴	陈观炎	杨晓网
杨　楫	陈建中	陈泉荣	邵伯珊	周晓兴	倪玉英
祝荣生	施小平	胡国亮	徐顺生	徐金玉	唐玉红
奚　兵	顾福林	钱振庭	曹金喜	黄正标	黄正宗
陶维练	蒋建新	蒋慕贤	储荣邦	曾祥德	潘志平
戴昭文	魏长贵				

俄、德及国内徐关庆、赵永武等知名专家共15人在大会做学术报告。大会编印了刊有80余篇论文的“论文集”，印制了精美的省表协20周年纪念册，同期举办的设备、材料展示会，武汉风帆公司等五十余家企业参展，给大家带来了许多新产品、新技术。会议收到近70家兄弟协会及业内同行的贺信(电)，得到近30家单位赞助。

图3-10　江苏省表面工程行业协会与福建省表协友好协会纪念

2006年11月2—4日，福建省表面工程行业协会首届二次大会(图3-10)在福建美丽的侨乡泉州召开，省表协袁华常务副会长、桑保华秘书长应邀出席。会议期间签署了江苏省表面工程行业协会与福建省表协结为友好协会的协议。江苏省表面工程行业协会聘福建省表协会长陈贞坤为顾问，福建省表协聘袁华常务副会长为顾问。

2007年1月5日，江苏省经信委在南京召开工商领域行业协会工作会议，明确省经信委是全省工商领域行业协会的业务主管部门。会上，李春江副主任做了讲话，3个行业协会代表做了协会工作经验介绍。会议下发了《省经信委关于工商领域行业协会管理暂行办法》(征求意见稿)。

2007年2月1日，由国家环保总局提出、批准的电镀行业清洁生产标准HJ/T 314—2006正式实施。

2007 年 3 月 30—31 日，长三角地区表面工程（电镀）行业协会第十二次秘书长联席会在上海召开，15 家地方协会负责人参加，桑保华秘书长出席。其间，各位代表一致同意提出“关于维护长三角地区电镀行业正常生产、适当提高电镀加工价格”的倡议书。

2007 年 6 月 16 日，由江苏省嘉庆水务发展有限公司建设、总投资 1.6 亿元、占地 100 亩、一期投资 3 000 万元、占地 30 亩的嘉庆环保科技园在省级溧水经济开发区开工。省环境保护学会理事长、原省环保厅厅长袁克昌、开发区领导出席并讲话，省表协秘书长桑保华出席，共同为项目奠基培土。

2007 年 7 月上旬，《江苏表面工程》杂志第 100 期问世。在 20 年时间内，杂志得到众多专家的关心、广大业内同仁的喜爱及许多企业家的大力支持。

2007 年 10 月 30 日，2007 年江苏表面工程行业节能减排技术交流会在丹阳召开，业内人士 150 余人参加。会议由省表协副秘书长籍正甫主持，桑保华秘书长致辞，丹阳市王金祥副市长到会讲话。国内知名研究、开发单位安美特（中国）化学有限公司、上海轻工业研究所、厦门威士邦公司、南海美德耐公司、广州三孚公司、武汉风帆公司及南京海波电镀器材公司等在大会上做了专题报告。

2007 年 12 月 18—19 日，由省表协组织，省表协两副会长单位南京四方表面技术有限公司、南通市申海特种镀饰有限公司分别牵头起草的《电镀生产装置安全技术条件》及《电镀生产作业安全操作规范》，历时 1 年完成并通过了在杭州召开的国家安标委涂装分技委评审会议的专家评审。这是中国电镀行业首批安全生产行业标准。

2008 年 1 月 1 日，国内最严格的排污标准《太湖地区城镇地区水处理厂及重点工业行业主要水污染物排放限值》实施，该标准不但大大提高排放标准，还对行业允许排放水量进行了限制。太湖流域苏、锡、常全部及镇宁大部分电镀企业面临重大冲击。

2008 年 1 月 18 日，由香港信时国际公司投资 4 950 万美元、占地 273 亩、拟建面积 14 万平方米、可处理污水 10 000 吨的镇江华科环保电镀专业区在镇江新区开工奠基，镇江市冯士超副市长及市经信委裔玉乾主任等相关部门领导出席，项目董事长奚玉先生致辞，项目总经理王文慧介绍项目情况，入园企业代表讲话，省表协秘书长桑保华致贺词，冯副市长代表市府讲话，中国表面工程协会电镀分会发来贺电。

2008 年 6 月 23—25 日，由省表协组织，省表协常务理事单位、安美特（中国）化学有限公司南京分公司起草的《电镀化学品运输、贮存、使用安全规程》标准，通过了全国安标委化学品分技委组织的在京召开评审会议的专家评审。

2008 年 8 月 1 日，《电镀污染物排放标准》(GB 21900—2008)开始实施。该标准对金属离子排放限制大大提高，多数达原值的 1/10，并突出了对 COD、BOD、氨氮、总氮及总磷的要求，还提出了单位产品排水量标准，且宽限期只有两年。

2008 年 9 月初，为更好地宣贯国家环保部颁布的《电镀污染物排放标准》，省表协常务副会长袁华、秘书长桑保华及部分专家对江苏省太湖流域及苏中地区的 21 家企业进行了调研走访，了解了企业执行新标准的困难和希望，提出不少建设性的建议，并向省有关部门做了反映。

2008 年 11 月 7 日，金华市电镀协会成立 10 周年，省表协组织 40 余家企业的 50 多位代表赴婺参加庆典，并参观了该市的新光集团及森美电镀公司。

2009 年 1 月 1 日，由省表协组织有关会员单位起草编制的三项电镀行业安全标准由国家安监总局批准发布并开始实施。它们是：由安美特(中国)化学有限公司南京分公司牵头起草的《电镀化学品运输、储存、使用安全规程》(AQ 3019—2008)；由南通市申海特种镀饰有限公司牵头起草的《电镀生产安全操作规程》(AQ 5202—2008)；由南京四方表面技术有限公司牵头起草的《电镀生产装置安全技术条件》(AQ 5203—2008)。

2009 年 4 月 7 日，金华镀协一行 50 人由秘书长陈金龙率领来苏参访，受到省表协常务副会长袁华、秘书长桑保华等负责人热情接待。省表协顾问、江苏省环保产业协会副会长黄友璋参与会见。在参观南京四方表面技术有限公司时，公司总经理林源做了热情介绍，公司顾问、南理工大知名环保专家贺启环教授介绍了江苏省电镀行业污染治理现状及相关技术的发展趋势。

2009 年 12 月，中国表面工程协会清洁生产指导委员会(台州)工作会议在台州温岭召开(图 3-11)，产生了由樊景星任主任委员、43 名委员组成的二届委员会，江苏省桑保华、李玉文、顾福林、匡优新、朱建文及王万等 6 人被聘为二届委员。

2010 年 3 月 16 日，根据江苏省机械工业联合会 2010 年 49 号文通知，省表协推荐上报的南通市申海特种镀饰有限公司的“铌基超导丝材表面连续涂覆新技术”、无锡市星亿涂装设备有限公司的“XY 型清洁环保电镀自动生产线”获 2009 年度省机械工业科技进步二等奖；南京四方表面技术有限公司的“碱性连续电镀锌、磷化、耐指纹卷板自动化生产线”获省机械工业科技进步三等奖。

图 3－11　中国表面工程协会电镀分会与中国表面工程协会清洁生产指导委员会工作会议参会代表合影

2010 年 3 月 20 日，省表协第二次会员代表大会在镇江召开，70 余家会员代表单位参加大会，省有关部门领导及镇江新区领导出席。省机械工业联合会顾问、原省科技厅副厅长詹世平及新区负责人做大会讲话。袁华主持会议，桑保华做一届理事会工作报告，余波宣读对 2006—2009 年度工作成绩显著的 24 家企业及负责人的表彰决定，并授予朱向平等 48 位同志“行业工作先进个人”称号。

大会无记名选出以袁华为会长、桑保华为副会长兼秘书长的新一届理事会，发表论文 11 篇。会议期间举办了产品展示，与会代表还参观了镇江华科环保电镀专业区。会议收到中国表面工程协会设备材料工作委员会、上海市镀协等 20 余家兄弟协会的贺电、贺信。

2010 年 3 月 28—29 日，“2010 年长三角表面工程行业协会联席会议暨长三角先进制造业（表面工程）建设高峰论坛”在杭州三台山庄宾馆隆重召开，116 人出席，江苏省表面工程行业协会秘书长桑保华在会上做了《将电镀园区办成社会的“放心园”、企业的“新家园”》的主题发言。

2010 年 4 月 24 日，由行业权威主流媒体《材料保护》组织的表面工程领域 5 个“十佳”评选活动在北京揭晓，江苏地区收获多多，在 50 佳中占据 11 席，获得十佳知名品牌的有安美特（中国）化学有限公司、江阴市天马电源制造有限公司；获得十佳企业家的有无锡出新环保设备有限公司的董事长兼总经理曾湧、南通市申海特种镀饰有限责任公司的董事长兼总经理仇士学、南京四方表面技术有限公司的董事长袁华；获得十佳诚信企业的有江苏梦得电镀化学品有限公司；获得十佳供应商的有无锡宏联电镀设备有限公司；获得十佳环保产品的有无锡市星亿涂装环保设备有限公司。其中，江苏省表面工程行业协会会长袁华、副会长仇士学、常务理事曾湧（无锡表协会长）、昆山同心公司董事长张梅生等均得以当选“十佳企业家”，这是江苏表面工程行业的光荣。

2010 年 5 月，全国首项“行业清洁生产先进技术评选”项目，由安美特（中国）化学有限公司研发、南通申海特种镀饰有限公司等 4 家单位成功应用的“绿色电镀技术-防腐蚀镀层组合实用技术”专家评审会在海门市进行。评审专家对项目给予了高度评价，认定该技术上已处于国际先进水平，具备了在锌酸盐镀锌生产中广泛应用的条件。江苏省表面工程行业协会秘书长桑保华应邀作为专家参加评审。

2010 年 6 月，《现代电镀手册》出版，包括上册（300 万字，2010 年 6 月出版）、下册（330 万字，2011 年 7 月出版）两册，主编沈品华。其中《江苏表面工程》主编储荣邦应邀以第一副主编身份加入该书的编写工作。省表协专家吴元康、王祖源和杨胜奇等也都应邀参加了该书的编写工作。该书得到了电镀行业资深专家的充分肯定。

2010 年 11 月 10 日，无锡出新环保设备有限公司成立 30 周年庆典大会在无锡杨市隆重举行，各级领导及友好 200 余人与会。

该公司是业界知名企业、设备供应领域的老标杆，也是省表协的老成员。省表协秘书长桑保华代表协会和袁华会长专程前往致贺，所赠云锦挂件上题“曾一马当先，勇于创业开先河；历卅载风雨，发展源自善出新”，表达了江苏省广大同仁的良好祝愿。

2010 年 11 月 22 日，由重庆市镀协李荣强秘书长带队，重庆同仁一行 8 人到镇江华科环保电镀园区参观考察，受到公司陆副总等热情接待，双方进行了交流。桑保华秘书长陪同考察。

2011 年 1 月 6 日，江苏省表面工程行业协会理事单位江苏天瑞仪器有限公司在深交所上市。

2011 年 3 月 10—12 日，应主办单位苏州市电镀协会邀请，省表协率领南京、扬州、宿迁、镇江等地会员单位代表 40 余人组团参观在苏州工业园区举办的第六届苏州国际电镀、涂装表面处理展，大家与展会参展商进行了广泛接触，获得不少新信息。

2011 年 4 月，《江苏表面工程》杂志组成了以沈文霞教授为名誉主任、赵永武教授为主任、顾福林、沈立、王文慧、吴浩、刘千喜为副主任委员的新一届编委会。

编委会组成在立足省内、以高校科研单位为基础的同时，兼顾小行业及区域分布，并充分考虑了有一定技术水平的企业家入选。

2011 年 6 月，广东(广州)协会组团来苏交流观光，协会一行 24 人由副会长陈尊科及秘书长范晓勤带队，在参加了镇江园区会议后参观了南京海波科兹表面技术有限公司及江苏梦得电镀化学品有限公司，与江苏、南京两协会进行了友好交流。

2011 年 6 月 11—12 日，由省表协与镇江华科环保电镀专业区联合发起并承办、由中国表面工程协会电镀分会与中国表面工程协会清洁生产指导委员会共同主办的首届全国电镀园区(集中区)建设、交流运营研讨会在江苏省镇江市召开。来自全国各地电镀园区、行业协会、相关企业及科研单位代表 300 余人到会，原机械部老部长沈烈初、中国表面工程协会会长黄小鸥、中国环保产业协会副会长祝兴祥、镇江市副秘书长桂祁亮等出席。

中国表面工程协会秘书长马捷做《建设可持续发展园区，打造电镀行业绿色航母》主题报告，来自苏、粤、渝、浙、闽及新加坡等地代表发表了 5 篇特邀报告及 5 份技术交流。通过讨论，会议围绕园区建设运营、废水处理及政府、协会和其他社会组织如何提供支持与服务等方面提出了 6 项共识，并商定 2012 年在广东江门召开二届会议。

2011 年 6 月，以会长陈贞坤为团长的福建省表协组团来苏参访，客人们参加了首届电镀园区研讨会，参观了南京宁联表面处理有限公司及南京紫金电子集团表面处理有限公司。江苏、南京两会领导袁华、李玉文、余波、桑保华、许建伟等与福建客人进行了交流联谊活动。

2011 年 9 月 8 日，河南沁阳市副市长葛元彬及河南、焦作、沁阳三级环保部门领导一行 7 人在河南省表协主任、郑州市镀协理事长冯绍彬教授陪同下到省表协常务理事单位镇江华科环保电镀园区交流考察，华科公司王文慧总经理向客人介绍了园区建设过程及体会并回答了相关问题。省表协秘书长桑保华全程陪同。

2011 年 11 月 2—6 日，省表协组织业内企业家赴韩考察，一行 24 人由常务副会长余波带队，在韩期间先后参访考察了韩国生产技术研究院、韩国 SKC 公司、韩国互进电镀科技有限公司、安山市 BC 公司及 J·美凯龙有限公司，并与韩国同行进行了专业交流。韩国同仁以先进的技术、有特色的产品及与时俱进的理念给参访团留下深刻印象。

2011 年 11 月 22 日，省表协常务理事单位江苏省嘉庆水务发展有限公司承担、南京农业大学参加的南京市科技项目“生物-硅藻土复合絮凝剂的制备和应用关键技术与工程示范”，在南京通过了南京市科技委组织的会议验收。省表协秘书长桑保华参加验收。

2011 年 11 月 30 日，省表协副秘书长籍正甫因病救治无效逝世，享年 69 岁。籍正甫是原南京电镀厂厂长，也是江苏省表面工程行业协会的前身江苏省电镀行业协作组创建人之一，为协会、行业特别是南京电镀的发展做了大量的工作。

2011 年 12 月，由省表协组织，省表协副会长单位、江苏中矿大正表面工程有限公司牵头起草的《电弧热喷涂设备安全技术条件》(AQ 5211—2011)及江苏省表面工程行业协会常务理事单位、江苏达克罗涂装技术有限公司牵头起草的《鳞片状锌(铝)粉/防腐涂层作业安全规定》(AQ 5213—2011)获得国家安全生产监管总局批准颁布，开始实施。

2012 年 4 月 20 日，在重庆召开的中国表面工程协会电镀分会第七次会员代表大会，对部分长期从事电镀行业协会工作并做出了贡献的老同志颁发了“协会工作成就奖”，省表协桑保华、储荣邦、陈泉荣获此殊荣。

2012 年 9 月 14 日，由环保部科技标准司主持的“GB 21900—2008《电镀污染物排放标准》实施情况”评估会在京召开，环保部污防司、环监司、环境工程评估中心、环境标准研究所、环保部华南督查中心、环保部华东督查中心代表及省表协推荐的顾福林高工等两名同志与会。

2012 年 9 月 24—27 日，第十届全国化学镀会议在南京召开，来自全国各地高校、研究所及企业的代表 70 余人到会。省表协常务理事、南京德磊科技有限公司董事长吴浩任组委会主任，省表协会长袁华到会致辞。这次会议是全国化学镀会议时隔 20 年再次在江苏南京召开。首届全国化学镀会议 1982 年在南京六合召开。

2012 年 10 月 15 日，因原江苏省机械工业联合会更名为江苏省机械行业协会，原江苏省机械工业联合会表面工程分会相应更名为江苏省机械行业协会表面工程分会，简称仍为“江苏省表协”，启用新印章。

2012 年 12 月 10 日，由《江苏省表面工程》杂志主编、《现代电镀手册》第一副主编储荣邦高工主持、王宗雄、吴双成等专家参与、在第一版基础上编著的《简明电镀手册》(第二版)由机械工业出版社出版，该书保留了原书的精髓，增选了大量国内外先进实用电镀新技术，内容贴近生产实际，是电镀工艺人员及技工的好教材、好工具。

2012 年 12 月 18 日，中国表面工程协会市场工作委员会二届二次理事(扩大会)在南京召开，陈金龙理事长做 2012 年工作总结与 2013 年工作计划报告。会上，余波增补为常务副秘书长、杭冬良增补为副秘书长、周建军增补为监事。江苏省表面工程行业协会秘书长桑保华参会并致欢迎词。

2012 年 10 月，江苏表面工程杂志编委会副主任、省安科院副院长沈立教授编著的《涂装工程安全技术》一书出版。本书从系统工程角度提出了涂装工程的工艺设计、设备制造及生产作业，科学地提出安全生产要求的实施办法，对涂装安全生产有很好的指导作用。

2013 年 4 月 23 日，省表协一届三次常务理事会在南京举行，讨论了协会 2013 年工作计划，通过了对理事会的调整建议，研究决定了南通年会的相关问题，20 位常务理事出席会议。

2013 年 4 月 23 日，菲希尔测试仪器有限公司主办、江苏省表面工程行业协会协办的表面处理行业测量技术应用研讨会在南京举办，省经信委及省机械行业协会领导出席，200 余位代表参会。

2013 年 6 月 18 日，江苏省表面工程行业在南通召开年会，业内同仁 200 余人参加，中国表面工程协会秘书长马捷、省经信委王云处长、省机械行业协会江建春、贾杏林副秘书长及沪、川、渝、津等兄弟协会领导出席。会议通过了理事会组成调整，表彰了 24 家优秀企业(图 3－12)，名单见表 3－4。此外，会议还进行了技术交流。

图 3－12　江苏省表面工程行业协会 2013 年(南通)年会表彰优秀企业

表 3-4 江苏省表面工程行业优秀企业名单(2013)

企 业 名 称	企 业 名 称
江苏省嘉庆水务发展有限公司	安美特(中国)化学公司南京分公司
南京德磊科技有限公司	南京造币有限公司
仪征双环活塞环有限公司	南京高旺金属表面处理有限公司
镇江华科生态电镀科技发展有限公司	江苏梦得电镀化学品有限公司
江苏达克罗涂装技术有限公司	常州现代金属表面处理有限公司
常州市鑫群金属表面处理厂	常州市武进遥观电镀有限公司
常州市太平洋电镀有限公司	无锡出新环保设备有限公司
无锡苏泰金属制品有限公司	靖江永固轿配涂装厂
嘉腾液压技术(苏州)有限公司	昆山秀博表面处理有限公司
江苏增钬云表面处理有限公司	扬州精泽汽配有限公司
南通绮丽镀饰有限公司	南通市申海工业技术科技有限公司
南通恒瑞电镀有限公司	南通菲希尔测试仪器有限公司

2013 年 8 月 15 日,省表协桑保华秘书长、吕建来副秘书长赴扬州精泽汽配有限公司、扬州曙光精铸精饰装饰有限公司等新老会员单位进行了走访调研。

2013 年 9 月 26 日,由广东高力集团举办、江苏省表面工程行业协会协办的"共创绿色江苏·表面处理新技术交流会"在苏州召开,哈尔滨工业大学李宁教授课题组、华南理工大学曾郑欧教授课题组做有关报告;省表协副会长兼秘书长桑保华代表协办单位致辞,对高力集团公司致力于技术创新和推广表示赞赏,并对高力集团公司以此举为契机,对江苏省表面工程行业发展的推动充满期待。

2013 年 10 月,无锡表协曾湧会长及省表协桑保华秘书长联袂拜会了武汉材料保护研究所吴勇、毛祖国两位副所长及《材料保护》杂志社柳斌社长等同仁,交流了有关工作。

2013 年 10 月,省表协及时组织有关会员单位就国家安监总局拟将镍盐列入危化品目录的打算做出反应,提出不同意见。

2013 年 11 月 18 日,由中国表面工程协会设备材料工作委员会、市场工作委员会联合举办的首届中国表面工程设备材料行业"出新环保杯"十佳评选工作落幕。这次评选共设杰出人物奖、民族品牌奖、材料十佳奖、设备十佳奖、涂装十佳奖及十佳会员奖等 6 大奖项,共评选出 58 个奖项,其中除杰出人物奖为 8 位,其他均为十佳。江苏省企业(个人)获表彰的共 22 项占获奖总数的 38%左右,本次获奖中,省表协会员(含特邀会员)获奖 21 项。省表协秘书长桑保华作为专家应邀参加了评选工作。

“杰出人物奖”获得者：林益庭（省表协常务副会长）、曾湧（省表协常务理事）、匡优新（省表协常务理事）、杭冬良（省表协常务理事）。

“民族品牌奖”获得者：无锡出新环保设备有限公司、无锡市星亿涂装环保设备有限公司、广东新大禹环保工程有限公司、江阴天马电源制造有限公司、宜兴市星光陶瓷研究所。

“十佳材料奖”获得者：江苏梦得电镀化学品有限公司。

“十佳设备奖”获得者：无锡出新环保设备有限公司，无锡市星亿涂装环保设备有限公司、无锡出新环保表面工程有限公司、温州意达石化泵业有限公司，无锡市电镀设备厂、江阴天马电源制造有限公司。

“十佳会员奖”获得者：上海瑞勇实业有限公司、常州市武进天工机械制造有限公司、南京海波科兹表面技术有限公司、南京四方表面技术有限公司。

本次评选充分展示了江苏省行业的实力及在全国行业中的地位。在全部六类58个奖项中省表协会员单位共斩获21项，可谓收获颇多。

2013年11月30日—12月8日，由省表协会长袁华率领的江苏省表面工程行业协会赴台湾参访考察团一行28人，顺利完成考察工作。在台期间，受到台湾地区表面处理工业同业公会蔡英标理事长、吴文兰总干事、黄盛郎总经理等的热情接待（图3-13），两协会进行了交流讨论并达成缔结友好协会的意向。考察团一行还

图3-13　台湾地区表面处理工业同业公会蔡英标理事长向江苏省表面工程行业协会赠送礼品

参观了著名电镀企业金利精密工业股份有限公司(图 3－14)及福业电子股份有限公司,与企业同行进行了面对面的交流,收获不小。

图 3－14　参观金利公司后合影留念

2014 年 2 月 13 日,常州展会组委会工作小组第三次工作会议在南京召开,小组成员桑保华、周建军、侯焕新、王维明、吕建来、戴昭文参加了会议,组委会成员杭冬良应邀出席,会议由桑保华主持,会议对 50 多家已有意向参展的企业进行了梳理,明确了企业联系人。会议还对下一轮参展展会相关资料等具体问题进行了讨论。

2014 年 3 月,省表协两会员单位南通市申海工业技术科技有限公司董事长仇士学、南京佳盛机电器材制造有限公司副总经理周铨荣获"江苏省机械行业优秀企业家"荣誉称号。

2014 年 4 月 19 日,江苏省首届国际电镀、涂装及表面处理展在常州国际会展中心召开,此次展会由江苏省表面工程行业协会主办、华人电镀网承办、南京表面处理行业协会等单位协办。省表协会长袁华、中国表面工程协会设备材料工作委员会、中国表面工程协会市场工作委员会、上海市电镀协会、天津市电镀协会、福建省表面工程行业协会及武汉、金华、兰州、南京、无锡等兄弟省市协会领导冒雨参加了开幕式。业界知名学者、专家陈智栋、储金宇、赵健伟、梅天庆、储荣邦、戴昭文等也到会指导并做学术报告及现场答疑解惑。

2014 年 6 月 10 日，由慧聪表面处理网主办的“2013 年度第八届表面处理行业十佳品牌盛会”在慧聪网总部基地慧聪园内举行，无锡金属表面处理工业园从上千家参选者中脱颖而出，荣获“2013 年度优秀电镀工业园”称号。

2014 年 6 月 15 日，靖江市电镀集中区运行管理研讨会在靖江召开。应园区建设单位靖江市华晟重金属防控有限公司邀请，来自省内外的业内专家及靖江市有关人士 16 人出席研讨会。靖江市政府沈南松副市长出席会议并致辞，泰州市环保局洪建明副处长出席会议，靖江市环保局局长朱靖主持会议。应邀到会的有中国表面工程协会清洁生产指导工作委员会樊景星主任、福建省表面工程行业协会陈贞坤理事长、江苏省表面工程行业协会桑保华秘书长、南京师范大学钱谊教授、江苏省环科院涂勇所长、无锡杨市电镀园区环保办潘增炎主任、镇江环保电镀专业区黄树帜总助、威士邦（厦门）环科公司王滨董事长、苏州市电镀协会戎馨亚副理事长等。桑保华秘书长在会上做了“实事求是地选择电镀园区建设模式”的发言，省表协专家戴昭文也就园区建设中若干应注意事项发表了见解。

2014 年 6 月 26 日，省表协会长袁华等一行 3 人对镇江、丹阳两个园区进行了调研，希望通过调研，对江苏省电镀园区现状有一个全面了解，将园区对政府及协会的要求带上来，将共性问题形成报告，报上级省经济、环保部门，供他们在对行业进行指导时参考，以利江苏省电镀行业特别是园区建设健康有序发展。桑保华、戴昭文全程参加了调研。他们了解到，江苏丹阳采用“一升二入三关闭”整治电镀行业——丹阳境内电镀企业，除少数几家集团企业外，其余普遍存在生产规模小、布局分散、工艺技术和生产装备落后、环境状况差、安全隐患多等问题。为此，丹阳市根据上级要求，结合实际，对 68 家电镀企业进行“一是升级优化，二是统一入园，三是铁腕关闭”的整治，力求提升电镀行业安全发展新水平、打造发展新格局。

2014 年 8 月 3 日，省表协就 8 月 2 日江苏省昆山开发区一台资企业昆山中荣金属制品有限公司汽车轮毂抛光车间在生产过程中发生剧烈爆炸这一事故，下达苏机协表字（2014）06 号文《关于加强安全生产工作、严防安全事故发生的紧急通知》。通知提出“各单位要认真学习有关安全生产的规定，使‘安全生产第一’的观念扎根于每一个员工、每一位干部，特别是企业主要负责人脑海中”等 6 点要求。

2014 年 8 月 30 日，江苏省表面工程行业 2014 年（常州）厂校联谊会在常州召开。此次联谊会是由省表协和王国建副会长与周建军副秘书长共同发起的，其目的是搭建常州大学与省表协常州地区会员单位进行友谊交流的平台，常州的 20 余家省表协会员单位参加了会议，江苏省表面工程行业协会桑保华秘书长出席了会议。会议由王国建副会长主持。

2014年9月16日，中国表面工程协会成立30周年庆典大会在京召开。会议向30年来对行业发展做出重要贡献的单位、个人进行了表彰(表3-5)。在中国表面工程协会成立30周年庆典大会期间，还出版了《中国电镀史》一书，《江苏表面工程》主编储荣邦应邀以《中国电镀史》副主编的身份参加《中国电镀史》的编写工作。

表3-5 中国表面工程协会成立30周年庆典大会江苏地区获奖名单

奖　项	获奖单位/个人
优秀行业协会奖	江苏省机械行业协会表面工程分会 苏州市电镀协会 无锡表面工程协会
产业园区管理创新奖	镇江华科生态电镀科技发展有限公司
清洁生产示范单位	南通绮丽镀饰有限公司 南通恒瑞电镀有限公司 苏州华海通讯电子有限公司
高新技术产业贡献奖	昆山同心表面科技有限公司 南通市申海工业技术科技有限公司 无锡市星亿涂装环保设备有限公司
技术服务支持奖	江苏梦得化学品有限公司 江阴市天马电源制造有限公司 南通菲希尔测试仪器有限公司 南京四方表面技术有限公司 无锡宏联电镀设备有限公司
技术服务支持奖	江苏梦得化学品有限公司 江阴市天马电源制造有限公司 南通菲希尔测试仪器有限公司 南京四方表面技术有限公司 无锡宏联电镀设备有限公司
行业诚信供应商奖	昆山恒捷化工科技有限公司
特别贡献奖	无锡出新环保设备厂/曾湧
协会工作组织贡献奖	苏州市电镀协会/张梅生
协会先进个人奖	江苏省机械行业协会表面工程分会/桑保华

2014年9月18日，“2014电镀废水治理主题论坛”在南京国展中心举办。此次论坛由省表协具体承办、桑保华秘书长主持，业界同仁、企业领导近百人参加。

会议分别邀请了上海轻工业研究所有限公司、镇江环保电镀专业区、南京大学环境学院、上海瑞勇实业有限公司、南京德磊科技有限公司五家业内相关单位代表做了报告。报告反映了电镀废水治理的重要性，受到各界的广泛关注。

2014 年 11 月 2 日，南通恒瑞电镀有限公司、南京四方表面技术有限公司、中海油常州涂料化工研究院有限公司、无锡市星亿涂装环保设备有限公司、南通市申海工业技术有限公司及江苏增钬云表面处理有限公司联名向省民政厅提交成立“江苏省表面工程行业协会”的请示。

2014 年 11 月 8 日，江苏省机械行业协会表面工程分会一届四次常务理事会在南京召开。30 位常务理事单位代表出席会议，顾福林、张梅生、周发宝、吴海清、任晓明、赵晓东和王友林等 7 位因事请假。陈越伟、汪建、吕建来、周建军 4 位副秘书长及秘书处成员列席了会议。袁华会长出席并主持了会议。

会议听取了桑保华秘书长对 2013 年 4 月一届三次常务理事会以来协会工作的总结及 2015 年协会工作打算，到会代表对这一段时间的协会工作做了充分肯定。对于 2015 年工作打算，常务理事会原则认可。大家认为长期以来，因为是分会的原故，协会在会员接纳、对外交流等诸多方面受到了一定影响。现在江苏紧跟中央步伐，出台行业协会等 4 类社团直接登记管理暂行办法，给本会带来了机遇。到会单位都愿意做发起单位，全力支持成立“江苏省表面工程行业协会”，希望秘书处抓紧做好各项准备工作，尽早实现成立一级协会的目标。

会议听取了桑保华秘书长对由省表协承办、即将在南京召开的中国表面工程协会五届一次会员大会（换届大会）及国际表面处理新动态研讨会的筹备情况。

会议同意袁华会长因另有工作安排，辞去省表协会长的请求；一致推举常务副会长林益庭为代理会长。林益庭愉快地接受了大家的推举，表示一定不辜负大家的期望，将和各位同仁一起齐心协力，争取将协会工作做得更好，为推动江苏省表面工程行业发展做出贡献。

2014 年 12 月 17 日，中国表面工程协会第五次会员代表大会及五届一次理事（扩大）会在南京国际会议大酒店隆重召开。中国机械工业联合会于清笈执行副会长出席会议并讲话。来自全国表面工程及相关企业的 400 余名代表出席了会议。中国表面工程协会第四届理事会理事长黄小鸥同志主持会议，于清笈代表中国机械工业联合会宣读了同意中国表面工程协会换届方案的批复。大会听取并审议通过了四届理事会副理事长兼秘书长马捷同志代表中国表面工程协会第四届理事会所做的工作报告及五届协会理事会工作规划。

大会以无记名投票方式选举产生了由袁华等210人组成的中国表面工程协会第五届理事会，选举袁华为中国表面工程协会第五届理事会理事长，选举马捷等21人为副理事长，选举马捷为中国表面工程协会第五届理事会秘书长，选举袁华等71人为常务理事，聘任卢乐松、孙长兰为中国表面工程协会第五届理事会副秘书长。

本次会议由江苏省机械行业协会表面工程分会与南京表面处理行业协会共同承办。

2014年12月17日，由中国表面工程协会设备材料工作委员会、中国表面工程协会市场工作委员会主办，江苏省机械行业协会表面工程分会、南京表面处理行业协会承办的第七届中国·国际表面处理新动态研讨会在南京召开。会议上半场由省表协秘书陈露梦及江苏梦得电镀化学品有限公司杭康采用双语主持会议。中国表面工程协会设备材料工作委员会上官文龙理事长致开幕辞。

南京四方表面技术有限公司董事长助理周丹晨、安美特(中国)化学有限公司高俊健博士、上海新阳半导体材料股份有限公司王溯博士分别做了学术报告。

下半场专家互动环节由中国表面工程协会设备材料委员会上官文龙主持，中国表面工程协会副理事长兼秘书长马捷、广东电镀协会理事长、广州二轻研究所所长赵国鹏、武汉材料保护研究所副所长毛祖国、重庆表面工程协会会长胡国辉等嘉宾参与了互动。嘉宾和与会代表就国家环保、安全生产等相关政策对表面工程行业发展的影响等问题进行了交流。

2015年1月21日，《江苏电镀史》首次编写工作会议在协会办公室召开。参加这次会议的有无锡表协名誉会长顾福林高工、苏州市电镀协会常务副秘书长王万、《江苏表面工程》主编储荣邦高工和编委戴昭文、原常州市电镀协会秘书长祁瑞听高工、南通天华电镀有限公司刘建华总经理及嘉腾液压技术(苏州)有限公司王学新顾问，他们都是在江苏省多地电镀行业工作了几十年的老专家。大家决心克服年岁大、资料收集难等多种困难，做好这项工作，也希望秘书处做好各项相应的联络、衔接工作。

2015年2月25日，“江苏省表面工程行业协会”的发起单位南通恒瑞电镀有限公司等6家企业联名向民政厅递交了“社会组织名称核准申请表”。

2015年3月4日，“江苏省表面工程行业协会”首次筹备工作会议在南京召开。发起单位南通恒瑞电镀有限公司、中海油常州涂料化工研究院有限公司、南通市申海工业技术科技有限公司、无锡市星亿涂装环保设备有限公司、南京四方表面技术有限公司及江苏增钬云电镀有限公司，江苏省表面工程行业协会副会长单位南京海波科兹表面技术有限公司、丹阳市轻工电镀厂、常州现代金属表面处理有限公司、镇江华科生态电镀科技发展有限公司、无锡表面工程协会及南京表面处理行业协会、江苏梦得电镀化学品有限公司、江苏省表面工程行业协会秘书处等 14 家单位 17 位代表参加会议。会议听取了省表协秘书长桑保华对前阶段筹备工作进展情况的介绍，对省表协秘书处提供的《江苏省表面工程行业协会章程（草案）》进行了认真讨论，对章程（草案）进行了近 10 处修改并将修改稿上报民政部门审核。同时，成立了“江苏省表面工程行业协会”筹备工作组，推选林益庭为组长、桑保华为副组长。

2015 年 3 月 9 日，江苏省民政厅给南通恒瑞电镀有限公司等 6 家单位下达了《社会组织名称核准通知书》，准予核名为“江苏省表面工程行业协会”，要求按规定履行相关手续。

2015 年 3 月 18 日，江苏机械行业协会一届四次会员代表大会在南京召开。省领导丁解民、省经信委秦雁副主任出席会议并讲话，来自全省业内企业、院校等单位两百多人参会。会议由协会贾杏林副秘书长主持，协会许祖元会长做工作报告；协会江建春副秘书长、苏泽民、杨学锦高级顾问分别宣读了关于表彰“全省机械行业创新型先进企业”“2014 年全省机械工业科技进步奖获奖项目”及“全省装备制造业专利产品”的决定；领导们一起为获奖单位颁奖，省表协桑保华秘书长参加了会议。在 17 日下午召开的协会理事会上，桑保华及南通菲希尔测试仪器有限公司林益庭被增补为江苏省机械行业协会副会长。

2015 年 6 月 17 日，江苏省表面工程行业协会筹备工作组召开第二次筹备会议，通报了相关筹备工作进展及协会理事、常务理事、副会长、会长、监事人选推荐情况及有关成立会议相关资料准备情况。

2015 年 6 月 24 日，省表协第三次筹备会议在南京召开，有关人员 12 人出席会议。会议对第一次会员代表大会的议程及相关手续予以认可。

2015 年 6 月 24 日，省表协第一次会员代表大会在南京隆重召开，协会会员代表、各兄弟协会代表、嘉宾及业内同仁近 300 人出席了大会。协会筹备工作小组副组长桑保华主持大会，协会筹备工作小组组长林益庭做筹备工作报告，筹备工作小组成员程道广做了协会章程（草案）编写说明。会议举手表决通过了章程；筹备工作小组成员匡优新介绍了协会会费收取标准，会议举手表决通过了该标准；成员胡靖玮向大会报告了第一届理事会组成原则及组成方案；成员王国建介绍了大会选举办法及监、计票人选，大会举手表决通过了选举办法，推选王国祥先生为总监票人，汪建等6人为监、计票人。经过无记名投票，大会选出以林益庭为会长、周斌等14人为副会长、桑保华为副会长兼秘书长的协会领导机构及68人组成的协会理事会(图3-15)。

图3-15　江苏省表面工程行业协会第一次会员代表大会表决现场

中国表面工程协会会长袁华、中国印制电路行业协会(CPCA)名誉秘书长王龙基、上海市电镀协会秘书长王国祥分别代表中国表面工程协会、中国印制电路行业协会、各兄弟省市协会致贺。王龙基先生还代表中国印制电路行业协会向省表协赠送了象征吉祥如意、欣欣向荣的大象雕塑。江苏省民政厅代表姜磊、省经信委代表王云分别做了重要讲话。会议收到省内外30余家兄弟协会的贺信贺电，36家业内同仁的资助。

2015年7月22日，江苏省表面工程行业协会桑保华秘书长应邀专程去合肥出席安徽省表面处理工程协会成立大会，并作为兄弟协会代表致辞。安徽省表面工程技术研究中心主任刘万青当选首任会长，合肥华清金属表面处理有限公司董事长助理穆占亮当选首任秘书长。

2015年8月，由江苏省环科院、江苏省环境监测中心牵头起草、江苏省环保厅提出的江苏省地方标准“表面涂装(汽车制造业)挥发性有机物排放”(报批稿)出台。

2015 年 9 月 6 日，江苏省表面工程行业协会微信群建立并启用。

2015 年 9 月 9 日，江苏省表面工程行业协会会员单位扬州佳境环境科技股份有限公司挂牌上市仪式在京举行，该公司自行研制的“TFS－ZLD 高效低耗零排放含锰、镍废水处理系统”可广泛应用于电镀 PCB、化工加工镍锰矿行业及冶炼行业。

2015 年 9 月 11 日，无锡表协 30 周年庆典在锡举行。中国表面工程协会会长袁华、秘书长马捷，上海市电镀协会秘书张王国祥，金华市表面工程协会秘书长陈金龙及业内老专家秦宝兴、胡如南出席大会。江苏省表面工程行业协会会长林益庭、秘书长桑保华联袂赴会致贺。林益庭代表江苏省表面工程行业协会致辞，并题词“风雨三十载、明珠侧畔放光彩；拼搏新起点、与时俱进新常态”以示祝贺。桑保华作为颁奖嘉宾两次上台为授奖企业颁牌。

2015 年 9 月 20 日，江苏省表面工程行业协会致电中国表面工程协会涂装分会，祝贺该会成立 30 周年。桑保华题词“涂装行业，绿色创新，前程远大；协会事业，博采众长，再铸辉煌”致贺。

2015 年 11 月 1 日，国家工信部制定的《电镀行业规范条件》公告自 2015 年 11 月 1 日起施行，列入公告的企业即进入所谓行业“白名单”，将在今后得到有关的优惠与支持，这是政府进行行业规范的重要动作。

2015 年 11 月 11 日，江苏省表面工程行业协会林益庭会长、桑保华秘书长同赴宁波出席宁波市电镀协会 30 周年大庆。中国表面工程协会马捷秘书长、上海市电镀协会王国祥秘书长、金华市表面工程协会陈金龙秘书长、杭州市表协范财富会长等嘉宾到会致贺。

2015 年 11 月 12 日，江苏省表面工程行业协会秘书长桑保华应邀前往浙江衢州电镀园及巴菲尔（衢州）有限公司，实地考察该公司无氰镀铜锡合金项目。

2015 年 11 月 13 日，江苏省机械行业协会组织的无锡市星亿涂装环保设备有限公司实施的“智能环保型电镀自动化生产线”新产品鉴定会在无锡举行（图 3－16）。鉴定委员会由江苏省机械研究设计院的陆辉、南京航空航天大学的徐九华、北京航空航天大学的胡如南、江苏省表面工程行业协会的桑保华和南京工程学院的张四弟组成。

2015 年 11 月 17 日，中国表面工程协会涂装分会成立 30 周年庆祝大会在沪举行，江苏省表面工程行业协会林益庭会长作为该会副理事长致欢迎词，菲希尔公司承办晚宴，桑保华秘书长专程到会致贺。

图 3-16　无锡“智能环保型电镀自动化生产线”新产品鉴定会

2015 年 12 月 19 日，江苏省经信委在南京召开行业准入座谈会，省机械行业协会、省农机协会、省紧固件协会、省铸造协会及江苏省表面工程行业协会与会。省经信委申高青处长主持会议，省铸造协会徐林源秘书长介绍了试行 3 年来的体会。代表们考察了中航金城集团南京精密铸造有限公司。此次会议意味着电镀行业实施《电镀行业规范条件》工作即将展开。江苏省表面工程行业协会桑保华秘书长表示，将努力做好这项有效推动企业转型升级的工作。

2015 年 12 月 22 日，江苏省表面工程行业协会秘书长桑保华及助理黄雷专程拜访了江苏省汽车工程学会曹寿凤副秘书长及李传兵及南京汽车协会朱晓武副秘书长，进行了友好沟通交流。

2016 年 1 月 11 日，中国表面工程协会电镀分会七届八次常务理事(扩大)会议在扬州召开。电镀分会常务理事和部分理事、会员代表共 78 人参会，江苏省表面工程行业协会秘书长桑保华出席会议。江苏省表面工程行业协会常务理事、扬州佳境环境科技股份有限公司董事长张临苏针对《创新绿色科技助力电镀产业可持续发展》做了介绍，随后会议代表参观了扬州佳境环境科技股份有限公司。

2016 年 3 月 17 日，苏州市电镀协会成立 30 周年庆典在苏州国际博览中心隆重举行。苏州市电镀协会秘书长朱建文主持会议并致辞。会议同期举办了《苏州电镀史》首发仪式。江苏省表面工程行业协会会长林益庭、副秘书长吕建来、秘书长助理黄雷参加了庆典。

2016 年 3 月 30 日，江苏省机械行业协会一届五次会员代表大会在南京召开。会长徐祖元就江苏机械工业"十二五"发展概况和 2015 年经济运行态势及机械工业"十三五"发展目标和任务等内容做工作报告。会议对优秀企业家、全省机械行业科技进步奖获得者、全省装备制造业专利新产品进行了表彰和颁奖。

2016 年 4 月 7 日，江苏省表面工程行业协会一届一次理事大会在南京召开。协会各理事、监事单位共 50 人参加会议。大会由副秘书长吴忻刚主持，林益庭会长在会上做重要讲话，桑保华秘书长即席发言。会议讨论了 2016 年展会工作，重点研究了协会 30 年大庆的各项筹备工作。

2016 年 5 月 9 日，江苏省表面工程行业协会 30 周年庆典大会在常州隆重举行，江苏省经信委处长王云、中国印制电路行业协会名誉秘书长王龙基、中国表面工程协会副理事长兼秘书长马捷、江苏省机械联合会副秘书长贾杏林、江苏省环保协会代表及各地方协会领导与行业知名专家到会祝贺，江苏省表面工程行业协会会长林益庭做了题为"江苏省表面工程协会 30 年回顾与展望"的主题报告(图 3－17)。

图 3－17　林益庭会长在 30 周年庆典上做主题报告

江苏省表面工程行业协会秘书长、《江苏电镀史》的执行主编桑保华对《江苏电镀史》编纂工作做了详细的介绍，中国表面工程协会副理事长兼秘书长马捷受理事长袁华委托致辞。

会议对近年来行业内表现突出的企业及个人进行了表彰,鼓励行业同仁不断努力进取,为推动行业发展做更多贡献。会议颁发了优秀表面加工企业(21家)(图3-18)、优秀设备仪器商(6家)、优秀环保工程商(5家)、优秀配套商(13家)、优秀电镀园区奖(2家)、行业优秀青年(16位)、行业奉献奖(11家27位)、刊物合作奖(12家)、行业杰出奉献奖(5位)、优秀会员(13家)等奖项。

图3-18 "优秀表面加工企业奖"获奖者代表上台领奖

2016年6月23日,江苏省铸造协会理事会秘书长徐林源访问江苏省表面工程行业协会,并与桑保华秘书长进行了友好交流。

2016年7月9—10日,江苏省表面工程行业协会秘书处工作会议在南通恒瑞电镀有限公司召开。秘书长桑保华、副秘书长陈越伟、吕建来、周建军、秦勇飞、吴忻刚及办公室主任杨萍出席会议。会议对协会重组升格一年来的工作进行了回顾总结,并对下一步工作进行了讨论。

2016年8月9日,江苏省表面工程行业协会完成《江苏省太湖水污染防治条例》实施完善的建议稿,并上传江苏省经信委。

2016年9月19—21日,第19届世界表面精饰大会暨展览会在京举办(图3-19)。会上,江苏省表面工程行业协会会员单位和个人获得多个奖项,其中企业获奖数 16 个，个人获奖数为 9 人。江苏省表面工程行业协会会员单位菲希尔测试仪器有限公司和安美特化学有限公司获“社会责任特别贡献奖”；南京四方表面技术有限公司获“社会责任贡献奖”；江苏梦得新材料科技有限公司及无锡市太湖防腐材料有限公司获“绿色材料供应商”奖；南通菲希尔测试仪器有限公司、南京四方表面技术有限公司、杭州桐庐盛通环保设备有限公司获“绿色设备供应商”奖；扬州佳境环境科技股份有限公司获“绿色环保供应商”奖；扬中市永新镀业有限公司获“绿色加工企业”奖；无锡星亿智能环保装备有限公司、江苏宏联环保科技有限公司获“创新型企业”奖；曾湧获“终身成就奖”；林益庭、桑保华、匡优新、张梅生、吴欲、杭冬良获“风云人物奖”；杭康、匡泓获“优秀青年企业家”奖。

图 3 - 19　第 19 届世界表面精饰大会暨展览会颁奖现场

2016 年 10 月 26 日，江苏省表面工程行业协会技术委员会成立大会在常州大学召开。协会秘书长桑保华主持会议，会长林益庭出席会议并致辞。省内有关院校和企业技术管理专家、学者共 40 人出席会议。会议推举常州大学材料与工程学院陈智栋院长为主任委员，南工大徐炎华院长任副主任委员，赵晓兵博士任秘书长，林益庭会长授牌并向首批 32 位委员颁发聘书。

2016 年 11 月 10 日，江苏省表面工程行业协会秘书长助理王浩铭出席中国表面工程协会在惠州召开的“2016 全国表面工程、电镀行业协会理事长、秘书长联席会”。中国表面工程协会副理事长兼秘书长马捷主持会议。会议讨论了《电镀行业规范公告管理办法》《行业调结构促转型增效益》并进行工作交流，会后参观了惠州龙溪园区。

2016 年 11 月 23 日，江苏省表面工程行业协会参加江苏省经信委召开的省级行业协会工作会议。

2016 年 11 月 28 日，江苏省表面工程行业协会秘书长桑保华及秘书长助理王浩铭应邀出席广东省电镀行业协会成立 10 周年庆典。会前江苏省表面工程行业协会已向广东省镀协去电致贺。

2016 年 11 月 29 日，江苏省表面工程行业协会代表参加“2016 广东国际机器人及智能装备博览会”，其间参观香港电镀商会展览、参加国际表面处理新动态研讨会和第 29 届国际表面处理展（图 3－20）。

图 3－20　桑保华、王浩铭参观第 29 届国际表面处理展

2016 年 12 月 2 日，江苏省表面工程行业协会完成协会非营利组织免税资格申请。

2016 年 12 月 17 日，江苏省表面工程行业协会桑保华秘书长应邀出席扬州佳境环境股份有限公司战略研讨会。

2016 年 12 月 18 日，由江苏省表面工程行业协会特别协办的 2016 中国（苏州）互联网＋电镀产业新时代峰会在苏州召开。来自全国各地的 300 多名行业精英参会，桑保华秘书长及杨萍、王煜卿参加了此次峰会（图 3－21）。

图 3－21　桑保华参加第二届 2016 中国(苏州)互联网＋电镀产业新时代峰会

2016 年 12 月 19 日，中国表面工程协会五届二次常务理事(扩大)会议在上海召开，协会五届常务理事和部分理事代表近百人参会。中国表面工程协会理事长袁华主持了本次会议。省表协理事单位南京海创表面处理技术有限公司被增补为理事单位。

2017 年 2 月 28 日，环球电镀网创始人、CEO 冯梦龙先生拜访江苏省表面工程行业协会。

2017 年 3 月 1 日，江苏省表面工程行业协会技委会在南京举行顾问聘任仪式。技委会秘书长赵晓兵主持会议，技委会主任陈智栋向肖合森、李勤忠、华树芳、戴昭文、顾福林、储荣邦、祁瑞听、吴元康、蔡建宏及张喜成等 10 位老专家颁发了顾问证书。江苏省表面工程行业协会秘书长桑保华在会上介绍专家并致辞。

2017 年 3 月 9—10 日，江苏省表面工程行业协会秘书长桑保华带领 26 人团队赴安徽广德参加中国表面工程协会和中国电子电路行业协会联合举办的“智能制造与环保技术研讨会”。中国表面工程协会秘书长马捷向智能装备专业委员会主任林益庭颁发“中国表面工程协会智能装备专业委员会”印章。王龙基等有关专家分别做了报告，与会代表参观考察了广德园区。

2017 年 4 月 10 日，沪苏皖表面工程(电镀)友好协会签字仪式在南京举行。江苏省表面工程行业协会秘书长桑保华主持会议。中国表面工程协会理事长袁华应邀出席会议并讲话。林益庭会长致欢迎词并分别与上海电镀协会秘书长王国祥、安徽省表协会长刘万青在友好协议书上签字。三地协会 30 余位主要负责人及同仁见证了这一时刻。

2017 年 4 月 10 日，江苏省表面工程行业协会与中国电镀行业知名网站“环球电镀网”签订战略合作协议（图 3－22）。

图 3－22　江苏省表面工程行业协会与“环球电镀网”签订战略合作协议

2017 年 4 月 10 日，江苏省表面工程行业协会智能制造委员会成立大会暨第一次全体大会在南京召开，秘书长桑保华主持会议，会长林益庭到会祝贺并发表讲话。江苏梦得新材料科技有限公司董事长杭冬良被聘任为智能制造委员会主任委员，吴欲、季雪明及张永任副主任委员，王浩铭兼任秘书长，朱银德为副秘书长。

2017 年 4 月 10 日，江苏省表面工程行业协会一届二次常务理事会在南京召开，会长林益庭主持会议并讲话。会上表决通过了陈智栋为技委会主任委员、杭冬良为智委会主任委员、王浩铭任江苏省表面工程行业协会专职副秘书长的决议。会议审议通过了 2016 年协会工作报告、2017 年工作计划等相关报告及《会员管理暂行办法》。

2017 年 4 月 19 日，科文特亚环保电镀技术（江苏）有限公司项目在苏州高新区浒墅关镇开工奠基。江苏省表面工程行业协会秘书长桑保华应邀出席奠基仪式。

2017 年 4 月 20 日，江苏省表面工程行业协会秘书长桑保华被中国表面工程协会市场工作委员会聘为顾问。

2017 年 4 月 21 日,电镀产业互联网联盟(electroplating industry internet alliance,简称“EIIA”)成立大会在苏州召开。来自全国各地百余位电镀企业家与精英、学者、相关机构共同见证了联盟的成立。环球电镀网创始人兼 CEO 冯梦龙先生任联盟主席,江苏省表面工程行业协会副会长兼秘书长桑保华先生担任联盟高级顾问。

2017 年 5 月 8—9 日,长三角地区电镀行业协会第十九届联席会议在扬中召开。上海市电镀协会、江苏省表面工程行业协会、安徽省表面工程协会等相关单位 40 位领导出席会议。会议由扬中市绿岛环保协会杜庆新会长主持,上海市电镀协会王国祥秘书长致辞,扬中市环保局郑鲁军局长讲话。“长三角地区电镀行业协会联席会”是加强和促进长三角地区行业交流与合作的平台。

2017 年 5 月 14 日,2017 全国各地方表面工程(电镀)行业协会理事长、秘书长联席会议在湖南常德召开。中国表面工程协会副理事长兼秘书长马捷主持会议,江苏省表面工程行业协会秘书长桑保华出席会议。会议就 2017 年国际表面精饰会议等议题进行了讨论并针对协会相关工作进行交流。

2017 年 5 月 15 日,江苏省表面工程行业协会桑保华秘书长应邀参加湖南省电镀行业协会成立大会暨 2017 湖南首届表面处理(电镀)技术研讨会。湖南省兆亮电镀有限公司董事长熊明水当选湖南省电镀行业协会首任会长。会议代表参观考察了常德表面处理产业园。

2017 年 5 月 20 日,环保部办公厅印发《重点行业排污许可管理试点工作方案》,确定 11 个省级环保部门和 6 个市级环保部门牵头负责或参与相应重点行业排污许可证的申请与核发试点工作。江苏省负责牵头电镀行业试点工作。

2017 年 5 月 22 日,江苏省表面工程行业协会召开《排污许可证申请与核发技术规范》征求意见稿座谈会,桑保华主持会议,镇江华科生态电镀科技发展有限公司吴晓哲、苏州联科纳米净化科技有限公司吴文明、南京机电液压工程研究中心高长青等专家出席会议。会上各位专家对《排污许可证申请与核发技术规范》提出了 19 条修改意见。

2017 年 5 月 23 日,应南京市环保局相关部门邀请,江苏省表面工程行业协会组织高长青、桑保华、张仲仪等三位专家到南京红山表面处理中心进行调研,并对园区工作提出了改进建议。

2017 年 5 月 31 日,江苏省表面工程行业协会将《排污许可证申请与核发技术规范》修改意见上报中国表面工程协会电镀分会。

2017 年 6 月 5 日，由江苏省人民政府、国家环保部主办的 2017 国际环保新技术大会在南京举办。大会以“环保新技术推动绿色发展”为主题，重点围绕大气、水、固体废物（含生活垃圾）、重金属、黑臭河道污染防治、土壤及生态修复、环境监测（含环保大数据）等主题举办了 10 余场高层次国际研讨会及技术交流会议，同时举办国内外环保技术与产品展示与推介会。江苏省表面工程行业协会在本次会上举办了“2017 年表面处理环保新技术论坛”，解放军后勤工程学院欧忠文教授、中国表面工程协会电子电镀专委会主任胡国辉高工、苏州联科公司朱浩君教授等专家发表相关技术论文。

2017 年 6 月 16 日，杭州市电镀行业协会召开第五次换届会员代表大会，江苏省表面工程行业协会林益庭会长去信致贺。会议选举丁立新等 35 位同志组成的新一届理事会，选举徐加祥为会长、曹伯仁为秘书长，推举四届会长范财富为名誉会长。

2017 年 6 月 21 日，江苏省表面工程行业协会秘书长桑保华携协会秘书处全体工作人员走访扬中市绿岛环保协会，与杜庆新会长及李峰顾问沟通交流如何在新形势下发挥协会的协调作用、维护会员权益、全心全意为会员单位做实事、开拓思路和提高创新意识。

2017 年 6 月 24 日，江苏省表面工程行业协会秘书长桑保华、副秘书长王浩铭应邀参加南京表面协会成立 20 周年庆典及换届大会。该协会四届秘书长许建伟主持会议，四届会长石建峰做回顾工作报告。会议选举石建峰为五届会长，许建伟为秘书长。

2017 年 7 月 11 日，江苏省表面工程行业协会在常州大学召开《排污许可证申请与核发技术规范 · 电镀工业（征求意见稿）》讨论会。业内专家陈智栋、高长青、戎馨亚等省内部分地、市（县）协会、电镀园区、电镀企业骨干等 23 人与会，对征求意见稿进行了认真学习和研讨，并形成文件报送江苏省环保厅及国家环保部。

2017 年 7 月 21 日，江苏省表面工程行业协会秘书长桑保华参加省材料产业协会组织的“多元醇汽车保温材料”（南京宁美表面技术有限公司开发）鉴定会。该项目获得与会专家的肯定。

2017 年 8 月 4 日，江苏省表面工程行业协会 2017 秘书长扩大会议在南京召开，协会专职副秘书长王浩铭主持会议。秘书长桑保华发言说，因身体原因，经会长同意决定由专职副秘书长王浩铭主持协会秘书处日常工作。会议提出了下半年的五项工作任务。

2017 年 8 月 16 日，江苏省表面工程行业协会秘书长桑保华会见江苏省纺织机械器材工业协会秘书长王志杰，双方就相关事宜进行了交流。

2017 年 9 月 25 日，江苏省表面工程行业协会专职副秘书长王浩铭参加中国表面工程协会电镀分会第八次会员代表大会暨八届一次理事会，会议在上海召开，中国表面工程协会理事长袁华出席会议并发表《电镀分会第七届理事会工作报告》，王浩铭接任中国表面工程协会电镀分会常务理事。经电镀分会马捷理事长提议，会议推举秦宝兴、胡如南、刘宝玺、王殿光、石金生、叶昌松、陈光坤、陈金龙、桑保华、董方钰、曾湧及霍栓成为分会顾问。

2017 年 9 月 26—27 日，江苏省表面工程行业协会专职副秘书长王浩铭参加在上海召开的中国表面工程行业年会暨 ProSF2017 国际表面工程论坛。

2017 年 10 月 10 日，江苏省表面工程行业协会秘书长桑保华、副秘书长王浩铭拜访江苏省涂料行业协会执行副会长丁智。双方就协会现状、会员发展、专业培训、安全生产等进行了广泛交流，并达成合作意向。

2017 年 10 月 15 日，江苏省表面工程行业协会林益庭会长、桑保华副会长及专职副秘书长王浩铭参加无锡星亿智能环保装备有限公司成立 30 周年庆典，省表协副会长程道广、杜庆新、梁学云、万云贤、杭冬良等到会致贺。江苏省表面工程行业协会向星亿公司赠送了“星亿闪耀、卅载历程硕果累累；争优创新、智能制造再铸辉煌”大幅团龙云锦挂屏。星亿公司是中国电镀设备制造的排头兵之一，为电镀行业装备的技术进步作出了卓越贡献。参会致贺的有来自中国表面工程协会、全国各地方协会领导，公司客户、供应商及业内同仁 500 余人。

2017 年 10 月 16 日，江苏省表面工程行业协会秘书长桑保华、专职副秘书长王浩铭赴无锡拜访无锡运通涂装设备有限公司总经理、无锡表协会长华万清，双方就涂装领域工作进行了有益的交流沟通。

2017 年 10 月 21 日，江苏省表面工程行业协会主办的 2017 电镀节能减排技术交流会在太仓召开。本次交流会由扬中市绿岛环保协会协办、太仓易水环境有限公司承办，王浩铭主持会议，扬中市环保郑鲁军局长、太仓市环保周洪海副局长到会指导，扬中市绿岛环保协会杜庆新会长、张国平秘书长、省内电镀企业有关人士及业界同仁共 29 人出席了本次交流会。

2017 年 11 月 3 日，山东省表面工程协会成立 30 周年，江苏省表面工程行业协会去信热烈祝贺。

2017 年 11 月 6—7 日，江苏省表面工程行业协会桑保华秘书长、季雪明常务理事及高长青高工一行三人走访了南通华灿电镀科技公司及姜堰市龙沟电镀有限公司、如东电镀集中区、大丰电镀园区(图 3 - 23)。如东开发区环保局曹晛宇局长、江苏安泰公司杜洪董事长、林碎永总经理、龙沟公司丁章安总经理及华灿公司史孝友经理热情接待。

图 3 - 23　江苏省表面工程行业协会桑保华秘书长一行走访龙沟电镀有限公司

通过了解,两园区发展顺利,将对当地及周边地区制造业发展起到有力保障。龙沟公司与上海杜行公司紧密合作,强势进入通用汽车铝轮毂配套序列,可望成为该行业国内排头兵。

2017 年 11 月 16—17 日,福建省表协刘明灿会长携考察团赴江苏省表面工程行业协会会长单位南通恒瑞电镀有限公司、副会长单位南通申海工业科技有限公司及理事单位南通绮丽镀饰有限公司走访考察,江苏省表面工程行业协会林益庭会长专程由沪返通接待,秘书长桑保华、专职副秘书长王浩铭全程陪同。

2017 年 11 月 24 日,航天科技集团公司 2017 年技术交流会在南京高淳召开,此次会议由江苏省表面工程行业协会常务理事单位南京宁联表面处理有限公司承办,桑保华秘书长应邀出席交流会。会上,10 余位航天领域的表面处理专家进行了技术交流。

2017 年 12 月 1 日,江苏省表面工程行业协会代表参加在东莞召开的中国表面工程协会五届五次理事会。会议由中国表面工程协会袁华理事长主持。马捷做工作报告，会议决定成立中国表面工程协会监事会、设立中国表面工程协会标准化技术委员会、中国表面工程协会教培委员会两分支机构，并增补了两位副理事长及四位常务理事。

2017 年 12 月 16 日，江苏省表面工程行业协会专王浩铭应邀赴杭州参加第三届 2017 互联网＋电镀产业峰会。此次峰会由环球电镀网主办、苏州湛清环保科技有限公司协办，旨在汇聚国内外知名业内专家、学者、企业骨干共同探讨电镀行业环保新技术发展之路，以交流合作为主线，实现互补和共赢。

2017 年 12 月 18 日，江苏省表面工程行业协会在苏州召开《江苏表面工程》杂志暨官网广告客户迎新年座谈会，副秘书长王浩铭、主编储荣邦和来自省内外的近 20 家客户代表参加了此次座谈会。会议得到苏州市华婷特种电镀有限公司的大力支持。

2017 年 12 月 19 日，江苏省表面工程行业协会一届二次理事（扩大）会议在南京召开，秘书长桑保华主持会议、专职副秘书长王浩铭做工作报告，有关同志做财务报告及监事会报告，林益庭会长发表讲话（图 3－24）。会议审议通过了《协会会

图 3－24　林益庭在江苏省表面工程行业协会一届二次理事会上发表讲话

员管理制度(试行)》,增补无锡万宝公司、苏州联科公司、常州华婷公司、扬州佳境公司为常务理事单位;南京三超公司、南京海创公司、江苏群凯公司、常州威登公司、江苏安特稳公司、江苏如意公司、宜兴吉泰公司、江苏天瑞环境公司、江苏安泰公司、南通杰中捷公司为理事单位。会议还授予扬州佳境公司陈永平副总经理"行业见义勇为先进个人"称号。

2018 年 1 月 23 日,2018 年江苏地区表面处理(电镀)园区建设运营研讨会在扬州召开(图 3-25)。此次会议由江苏省表面工程行业协会主办、扬州佳境环境科技股份有限公司承办,专职副秘书长王浩铭主持会议,10 家表面处理园区和部分企业领导共计 40 余人到会。会议讨论了电镀老园区升级改造、园区运营模式优化、安全环保综合治理、三废治理及资源回收技术等课题。

图 3-25　2018 年江苏地区表面处理(电镀)园区建设运营研讨会在扬州召开

2018 年 3 月 14 日,江苏省表面工程行业协会秘书长桑保华、副秘书长王浩铭及环保顾问吴慧玉一行走访丹阳电镀园区,与园区管委会朱国强主任及封新柳、万留备、束全明、胡玉明等区企业家就园区及协会工作进行了交流讨论。

2018 年 5 月 17 日,江苏省表面工程行业协会 2018 年年会在常州召开,协会秘书长桑保华主持会议,上海电镀协会王国祥秘书长及多位业内专家、学者和行业精英 200 余人参加了此次年会。北京航空航天大学朱立群教授、中国 CPCA 副会长黄盛郎先生、重庆表面工程协会胡国辉会长及梅天庆、方成刚、王维明、郑元良、吴浩、吴欲、王磊等业内人士在大会期间进行了学术交流。

2018 年 5 月 18—20 日，2018 年第三届江苏国际电镀、涂装及表面处理环保展览会在常州召开(图 3-26)。展会除了有一批电镀设备、材料商参展，还开设了电镀加工展区及园区展区。中国表面工程协会理事长袁华及朱立群、黄盛郎、胡国辉等多名省内外专家参加了此次展会相关活动，江苏省表面工程行业协会林益庭会长致欢迎词。

图 3-26　2018 年江苏省表面工程行业年会在常州召开

2018 年 5 月 18 日，江苏省表面工程行业协会一届四次常务理事会在常州召开。会议讨论通过了王浩铭担任常务副秘书长的决定，批准了多家会员入会和退会，并决议免去王浩铭兼任的江苏省表面工程行业协会智委会秘书长一职，改由该委吴欲副主任兼任。

2018 年 5 月 18 日，江苏省表面工程行业协会一届三次理事会在常州召开。秘书长桑保华主持会议，常务副秘书长王浩铭做 2017 年度工作报告。会议同意无锡表协改由吴欲代替万云贤出任江苏省表面工程行业协会副会长，同意一届四次常务理事会有关决定。

2018 年 5 月 18 日，江苏省表面工程行业协会技委会工作会议在常州召开。常务副秘书长王浩铭主持会议，18 位委员出席会议。会议同意扬州佳境环科院长王辉出任技委会常务副秘书长；听取、讨论并通过了赵晓兵秘书长对技委会的后续工作安排。

2018 年 5 月 18 日，江苏省表面工程行业协会智委会召开工作会议，杭冬良主任、吴欲副主任等 16 名委员出席会议。江苏省表面工程行业协会秘书长桑保华、常务副秘书长王浩铭到会。会议决定吴欲副主任兼任省智造委秘书长，聘任宏联公司吴林蔚为副秘书长。会议讨论通过了智造委 2018 年工作计划。

2018 年 5 月 28—29 日，应扬州江都区环保局要求，江苏省表面工程行业协会组织相关专家对该区 22 家电镀企业进行了一轮调研诊断，高长青、靳惠明、杜庆新、桑保华参加了本次调研。

2018 年 6 月 7 日，四川省经信委环资处张军处长等一行 4 人来江苏，对江苏省电镀行业进行调研，考察了镇江华科环保电镀专业区，得到江苏省表面工程行业协会副会长、园区总经理周斌的热情接待。江苏省经信委刘旭东科长及省表协桑保华秘书长陪同考察。

2018 年 6 月 19—21 日，应扬州江都区环保局邀请，江苏省表面工程行业协会组织戎馨亚、王万、李峰、刘致平、高长青、吕建来、桑保华等一行 7 位专家，分组对江都区景杨公司等 22 家企业进行为期两天的咨询诊断，并向环保局提交了书面报告。

2018 年 6 月 26 日，江苏省表面工程行业协会组织召开《污染源源强核算技术指南　电镀(征求意见稿)》座谈会。会前江苏省表面工程行业协会秘书处已向相关行业协会、电镀园区、电镀企业广泛征求了意见，到会的南工大、常州大学、无锡园区、南通申海等单位与会的专家代表提出了有关修改意见和建议，形成文字上报环保部。

2018 年 6 月 28 日，南通菲希尔测试仪器有限公司 20 周年庆典在上海国际会议中心隆重举行，来自政府部门、行业协会、科研院校、合作伙伴等单位 400 余人参会。菲希尔基金会主席、海安市副市长马忠平、深南电路有限公司杨之诚总经理、CPCA 王龙基名誉秘书长及中国表面工程协会秘书长马捷等嘉宾先后致辞。南通菲希尔公司是大陆产销高端测试仪器的外资企业，20 年来，对促进提高中国电镀的技术水平、产品质量做出了很大的努力。该公司热心于行业工作，是中国表面工程协会工作的积极参与者和支持者，为全国及江苏省表面工程行业协会工作作出了卓越的贡献。江苏省表面工程行业协会匡优新、杜庆新、杭冬良、桑保华等多位副会长及王浩铭常务副秘书长参加了这一盛会。

2018 年 7 月 4—5 日，江苏省表面工程行业协会秘书长桑保华陪同环保部环评中心张松安一行 5 人赴镇江华科生态电镀工业园及靖江市华晟重金属防控有限公司两家电镀园区进行“标准化园区建设”课题调研，得到两家企业领导的热情接待。

2018 年 7 月 28 日，金华市表面工程协会 20 周年庆。中国表面工程协会袁华理事长、马捷秘书长到会祝贺并发表了讲话，各地协会代表到会表示祝贺。江苏省表面工程行业协会秘书长桑保华及王浩铭常务副秘书长到会祝贺。

2018 年 8 月 30 日，为推动协同创新、合作共赢，促进农机、工程机械中小企业发展，江苏省农机协会在常州召开产业协作配套会，业内 400 余人参会。江苏省表面工程行业协会作为工艺配套行业首次被邀出席此类会议，江苏省表面工程行业协会桑保华到会作主题介绍。

2018 年 8 月 30 日，受江苏省表面工程行业协会常务理事单位扬州佳境公司邀请，江苏省表面工程行业协会技委会、智造委一行 14 人由常务副秘书长王浩铭长带队，赴河北省魏县精密紧固件制造产业园进行了调研和考察，聚银园区董事长赵恩及佳境公司董事长张临苏陪同考察，双方就表面处理园区建设、工艺装备、环境保护进行了广泛交流，并达成合作意向。

2018 年 9 月 13—14 日，以“绿色园区协同发展 · 表面工程智享未来”为主题的第五届全国电镀园区建设、运营研讨会在天津滨港电镀产业基地召开。中国表面工程协会理事长袁华、副理事长兼秘书长马捷，全国各地电镀（表面处理）行业协会的代表和表面工程领域的专家学者及企业代表等近 600 人参加会议。江苏省表面工程行业协会桑保华参加会议。

2018 年 9 月 16 日，《鳞片状锌（铝）粉/防腐涂层作业安全规定》（AQ 5213—2011）标准修订启动会在镇江句容江苏达克罗涂装技术有限公司召开，对修订工作进行了安排。桑保华、王浩铭出席了会议。

2018 年 10 月 30 日，由李保松、桑保华、蔡德华 3 人组成的江苏省表面工程行业协会评审专家小组应扬中市环保局要求对扬中市永新镀业有限公司、扬中市宏飞镀业有限公司、扬中市锦程电镀中心、扬中市胜利电镀有限公司四企业的环保整治方案进行了评定。

2018 年 11 月 5 日，江苏省表面工程行业协会秘书长桑保华、王浩铭在扬州兴乐公司召开扬州市江都区部分电镀企业座谈会。扬州景扬公司、扬州兴乐公司、扬州禾基塑业等 6 家企业参加座谈，该区环保局周志刚副局长及污控科陈国云科长出席了会议。

2018 年 11 月 7 日，江苏省表面工程行业协会秘书长桑保华应邀参加了南京迪威尔公司高端海上平台管理项目规划选址及环保事宜咨询会。

2018 年 11 月 8 日，江苏省表面工程行业协会秘书长桑保华、高长青、蔡德华一行应邀赴宜兴市吉泰电子有限公司，对废水处理装置进行了解，并提出了整改意见。

2018 年 11 月 9 日，江苏省表面工程行业协会李保松、桑保华、蔡德华 3 人组成的专家小组对扬中市江苏沪运制版有限公司、江苏圣大中远电气有限公司、镇江大全金属表面处理有限公司三家公司的环保整治方案进行了评定。

2018 年 11 月 16 日，江苏秀博新材料有限公司首届技术研讨会在昆山召开。近百名企业家及企业技术人员参加会议。江苏省表面工程行业协会桑保华、王浩铭出席，桑保华做了即席发言。会议就行业发展、行业先进技术等进行了有效交流。秀博公司是行业新秀，在青年企业家王洪明率领下，勇于创新开拓，为汽车行业装饰提供了优质服务。

2018 年 11 月 18 日，江苏省表面工程行业协会桑保华、常务副秘书长王浩铭参加会员单位科文特亚环保电镀技术（江苏）有限公司高新区浒墅关镇新工厂开业仪式。该公司是法国科文特亚集团投资设立的亚太区总部及研发中心。该公司是著名跨国公司的大陆子公司，其高规格、高质量的产品，数年来取得了骄人的业绩。

2018 年 11 月 27 日，为促进大丰电子电路工业园的健康发展，帮助大丰博敏电子尽快正常投产和江苏好山水环保科技有限公司顺利运营，CPCA 副理事长、江苏省表面工程行业协会会长林益庭专门邀请江苏省环保厅吴慧玉处长、江苏省表面工程行业协会秘书长桑保华、常务副秘书长王浩铭、CPCA 名誉秘书长王龙基、《印制电路信息》杂志社常务副社长包含洁等就园区环保政策等进行讨论和研究。

2018 年 12 月 11 日，江苏省表面工程行业协会秘书长桑保华和协会专家李保松、蔡德华一行 3 人对扬中市的华鹏集团新坝塑料电镀厂、天源华威集团有限公司及扬中市瑞通化工镀业有限公司的环保整治方案进行了评定。

2018 年 12 月 11 日，应宿迁市经信委邀请，江苏省表面工程行业协会由高长青、梅天庆及桑保华组成了专家组，对江苏省龙悦公司承担的宿迁金属表面处理中心含氰化电镀准入问题进行了评估。

2019 年 1 月 17 日，江苏省表面工程行业协会常务副秘书长王浩铭、办公室主任杨萍走访江苏省自行车电动车协会并与该协会理事长陆金龙、秘书长梁正进行了友好会谈和交流。

2019 年 1 月 22 日，江苏省表面工程行业协会秘书长桑保华、常务副秘书长王浩铭应邀走访南京鼎腾石墨烯研究院有限公司，与该公司董事长兼总经理赖中平、董事吕静喻及研究部副总张国兴进行了座谈，对石墨烯在表面工程行业中的应用前景及双方合作事宜进行了探讨。

2019 年 1 月 28 日，江苏省表面工程行业协会秘书长桑保华和扬州佳境环境科技股份有限公司张临苏董事长在江苏中绿佳境环境研究规划设计院为省表协技委会标准化小组 & 表面处理园区规划研究中心揭牌，并就规划研究中心及标准化小组的工作方向达成了共识。

2019 年 2 月 14 日，江苏省表面工程行业协会秘书长桑保华、王浩铭、杨萍一行春节期间探望技委会顾问储荣邦、华树芳、蔡建宏、戴昭文、吴元康、张喜成等老同志，送上新春的祝福。

2019 年 3 月 1 日，江苏省特种涂层行业部分企业座谈会在靖江召开。此次座谈会由靖江市达克罗涂覆工业有限公司承办，靖江达克罗公司杨善庆等来自江苏省内 13 家企业负责人参会，江苏省表面工程行业协会常务副秘书长王浩铭主持会议。座谈会就达克罗技术发展面临的环保问题及行业自身建设等进行了广泛交流，并就加强社会组织及行业标准化工作达成共识。

2019 年 3 月 28 日，河北省魏县县委书记卢健、常务副县长王常智等一行来苏考察无锡杨市电镀园区及江苏宏联公司，江苏省表面工程行业协会副会长杭东良、吴欲，常务副秘书长王浩铭及赵晓兵、王辉、高长青等接待并陪同考察（图 3－27）。

图 3－27　河北省魏县县委书记卢健、常务副县长王常智等一行来苏考察

2019 年 5 月 10 日，长三角地区电镀行业协会第二十一届联席会在绍兴召开（图 3-28）。来自长三角地区的电镀行业联席协会会长、秘书长等相关单位 80 余人参会，江苏省表面工程行业协会桑保华、常务副秘书长王浩铭与会。此次会议旨在充分发挥长三角地区电镀行业联盟的作用，进一步加强省际的互动交流，促进长三角地区电镀行业健康快速发展。会议就电镀产业发展、地方电镀排放标准制定及电镀园区建设等进行了广泛交流。会议授予陈金龙、王一夫、桑保华、曾湧、王国祥、董方钰、范财富、蔡建宏、李长春、王万等十位老同志“重大贡献奖”，表彰他们多年来为电镀行业做出的奉献。中国表面工程协会马捷秘书长到会讲话。

图 3-28　长三角地区电镀行业协会第二十一届联席会参会人员合影留念

2019 年 5 月 26 日，江苏省表面工程行业协会不锈钢表面处理研发中心在兴化市戴南新源环保有限公司挂牌成立。挂牌仪式由江苏省表面工程行业协会技委会秘书长赵晓兵主持，江苏省表面工程行业协会秘书长桑保华、技委会主任陈智栋、戴南镇党委书记夏爱东、佳境科技董事长张临苏共同为中心揭牌。陈智栋为中心负责人封立平颁发聘书。30 多名代表还实地考察了公司配送生产线及废水零排放系统。就不锈钢酸洗标准编制、废气零排放等进行了研讨。该中心的成立将为中国著名不锈钢产业基地的转型升级提供技术支持。

2019 年 6 月 18 日，江苏省表面工程行业协会一届五次常务理事会在无锡召开。林益庭会长主持会议，协会副秘书长列席会议。会议听取审议了协会 2018 年工作报告和财务报告，通过了 2019 年协会工作计划，通过了《江苏省表面工程行业协会分支机构管理（暂行）办法（2019）》，同意增聘卢俊进为协会副秘书长。

2019 年 6 月 18 日，江苏省表面工程行业协会一届四次理事会召开，会长林益庭主持会议。会议审议了协会秘书处 2018 年工作总结和财务报告，讨论了 2019 年理事会工作计划。会议同意常州现代公司、镇江华科公司辞去协会副会长，增补南通海安润泽公司、扬州佳境环境公司为副会长单位。同意桑保华因年龄及身体原因辞去秘书长一职，选举王浩铭为秘书长。

2019 年 6 月 19 日，江苏省表面工程行业协会一届二次会员代表大会在无锡召开。江苏省表面工程行业协会会员代表、专家学者和参加“2019 全国各地表面工程（电镀）行业协会理事长、秘书长联席会”的代表出席了大会。桑保华副会长主持会议，林益庭会长致欢迎词，新任秘书长王浩铭做工作报告，会议向六家企业授予“2017—2018 年度社会公益先进单位”称号，授予扬州佳境公司陈永平“社会公益先进个人”称号。

2019 年 6 月 19 日，2019 年全国表面工程（电镀）行业各地方协会理事长、秘书长联席会议在苏州召开。30 多家协会的 40 余名代表出席本次会议。会议由中国表面工程协会副理事长兼秘书长马捷主持。会议介绍了中国表面工程协会六届代表大会、2019 上海展会及相关论坛的准备情况；中国表面工程协会技委会林安主任介绍了行业职称评审及科学技术奖申报工作；会议还讨论了相关问题。

2019 年 6 月 26 日，江苏省表面工程行业协会副会长桑保华应昆山市应急管理局邀请，在昆山市电镀企业负责人培训班上做“电镀企业的安全生产”报告。

2019 年 6 月 28 日，江苏省表面工程行业协会秘书长工作会议在南通恒瑞电镀有限公司召开。协会副会长桑保华、秦勇飞，秘书长王浩铭、副秘书长吴忻刚、周建军、卢俊进出席会议。王浩铭主持会议，强调了下半年协会的工作重点。

2019 年 7 月 20 日，江苏省表面工程行业协会副会长桑保华、秘书长王浩铭走访协会副会长单位——无锡表面工程协会，与无锡表协会长华万清、常务副会长匡优新、秘书长万云贤等进行了互动交流。

2019 年 9 月 26 日，江苏省表面工程行业协会副会长单位无锡星亿智能环保装备股份有限公司签约 5G 新材料项目重点实验室。国内无线通信天线系统及基站射频子系统的领军企业摩比集团，携 5G 和新材料生产技术与星亿签订了建设通信技术联合重点实验室的项目。此项目将带动无锡当地产业相关多元化和上下游延伸，打造微基站、智慧城市应用等配套产业集群。

2019 年 10 月 1 日，江苏籍电镀专家秦宝兴先生和吴元康教授荣获“庆祝中华人民共和国成立 70 周年纪念章”。秦宝兴曾获 1979 年全国劳模称号，1985 年全国五一劳动奖章获得者，15 次当选上海市劳模，1984 年被评为国家有突出贡献中青年专家，首批享受国务院特殊津贴，第六、七、八届人大代表，六届人大常委，是电镀行业的杰出代表。吴元康，东南大学教授，曾担任硕士研究生导师，在东南大学先后从事教学和科研工作，出版过多部著作或教材，并有多项发明专利和实用新型专利，承担的“钢材无熔盐覆盖热浸镀铝新技术”为“九五”国家级科技成果推广项目，1995 年获省科技进步二等奖，1998 年获国家发明奖四等奖。

2019 年 10 月 11 日，应江苏省应急局教培中心要求，江苏省表面工程行业协会副会长桑保华参加了该中心组织的省应急系统人员培训班，并做“电镀行业安全生产要点”的报告。

2019 年 10 月 20 日，经过五年多的努力，由江苏省表面工程行业协会技委会顾问、《江苏表面工程》杂志编委金品充高工主编、曾华樑为副主编的 165 万余字的《电镀生产线设计手册》一书由化学工业出版社发行。金品充高工是中国电镀设备设计生产的开拓者之一，该书是其近 50 年从业生涯的经验与心血结晶，是一本不可多得的工具书。

2019 年 11 月 16 日，由江苏省机械行业协会紧固件分会、江苏省表面工程行业协会联合主办的首届江苏省装备制造紧固件产业协作配套交流会在江苏省江阴市隆重召开。本届大会以“互融共享发展，创新共建未来”为主题，旨在整合紧固件上下游产业链优质资源，展示和推荐新技术、新材料、新工艺、新产品，促进供需多方信息交流，为产业链企业提供更多合作契机。江阴市人民政府副市长赵强先生、江苏省机械行业协会紧固件分会会长蒋永峰先生及江苏省表面工程行业协会桑保华、王浩铭等约 500 人出席会议，江苏省表面处理行业 30 多家企业到会交流。

第二章
南京表面处理行业协会

第一节　简　　介

南京表面处理行业协会是经南京市民政局批准登记成立的市级社会法人团体，业务主管单位是南京市经信委。协会成立于 1998 年底，经过不断发展壮大，目前已覆盖了南京市的主要表面处理企业及表面处理分厂（车间），还接受了部分与表面处理业务有关的外地企业的会员申请。航天部晨光集团公司、金城集团公司、信息产业部南京有线电厂、熊猫集团公司、南京四方电镀技术工程有限公司、南京邮电通信设备有限公司等国有大中型企业或其表面处理分厂（车间），外商独资企业安美特（广州）化学有限公司南京分公司、南京电镀材料服务部、南京海波电镀器材有限公司等材料供应商，郊区企业江浦高旺喷塑厂、南京高旺五金有限公司、南京宁联表面处理公司等，在南京的大专院校和研究所信息产业部电子十四研究所、南京航空航天大学等均是首批会员单位。协会得到蔡建宏研高工、王秉初研高工、庄瑞舫教授、何建平教授、储荣邦高工等一批老专家、老教授的积极支持。

南京表面处理行业协会成立以后，加入了中国表面工程协会电镀分会并担任常务理事，严格遵守协会章程、按时交纳会费、积极参加活动、支持镀协工作。南京表面处理行业协会还是长三角地区表面处理联席会议的发起单位之一。

南京表面处理行业协会成立有着广泛扎实的基础，之前已有南京表面处理研究会（成立于 1983 年）、南京市职工技协电镀协会（其前身为南京市总工会职工技术交流队，成立于 1956 年）在开展学术活动、职工技术交流、加强会员与行业间的联系及发展与兄弟城市表面处理协会、学会之间的友谊方面发挥着重要的作用，为南京表面处理行业协会的成立奠定了基础。南京表面处理行业协会成立以后，同南京表面处理研究会紧密合作、协调工作，“二会”互有领导出任对方协会的领导。多年来，协会在市政府部门的督促和支持下充分发挥政府和企业之间的桥梁作用，开展为企业排忧解难、协调企业间的关系等为行业服务的活动，深受企业欢迎。

随着国家发展模式的转型，我国已将环境保护、生态文明定为基本国策，把实施清洁生产列为可持续发展战略。协会敏感意识到对表面处理这样一个产值低、污染大但又不可或缺的行业，只有树立科学发展观，改变粗放型管理模式，实施清洁生产才是企业生存的基础，否则将毫无出路。在 2001 年 9 月在上海召开的有 11 个城市的行业代表参加的两省一市联席会议上，南京表面处理行业协会承办“电镀清洁生产”为主题的江浙沪两省一市首届城市技术交流会，南京地区乃至全国表面处理行业从此步上了实施清洁生产的征程。作为一个省会城市行业协会，南京表面处理行业协会理所当然要为中国表面处理事业的发展、为地方经济的振兴作出应有贡献。

第二节　历届理事会成员名单

第一届理事会（1998 年）

会　　长：王建国

副 会 长：续正奎　袁华　陈龙江　蔡建宏　王金华

秘 书 长：余良才

副秘书长：骆莅铭

第二届理事会（2004 年）

名誉会长：蔡建宏

会　　长：李玉文

副 会 长：续正奎　陈龙江　沈国平　何建平　袁　华　杨　凡　余良才

秘 书 长：余良才(兼)

第三届理事会（2009 年）

终身名誉会长：蔡建宏

会　　长：李玉文

副 会 长：许建伟、续正奎、沈国平、何建平等10人
秘 书 长：许建伟(兼)
副秘书长：王维明

第四届理事会（2014年）
终身名誉会长：蔡建宏
会　　长：石建峰
秘 书 长：许建伟
副秘书长：王维明

协会工作成果奖名单
获2012年中国电镀行业协会工作成果奖：蔡建宏、余良才。

第三节　成员活动部分照片

2007年，南京表面处理行业协会召开《南京电镀史》编委部分老同志座谈会，座谈会合影照如图3－29所示。

图3－29　《南京电镀史》编委部分老同志座谈会合影
（前排左起：胡振国，李玉文，丁国柱，张士文，余良才；后排左起：骆莅铭，陈龙江，蔡建宏）

2007 年,第五届南京表面处理研究会选举时部分代表合影,如图 3－30 所示。

图 3－30　第五届南京表面处理研究会选举部分代表合影

(左起：储荣邦,李根寿,蔡建宏,丁国柱,王秉初,卓兆敏)

2013 年 6 月 1 日,南京表面处理研究会和南京表面处理行业协会联合举办退休老同仁聚餐会,图 3－31 是部分老同仁合影。

图 3－31　南京表面处理研究会和南京表面处理行业协会部分退休老同仁合影(2013 年)

(前排左起：邵建梅,余良才,戴昭文,许建伟,石建峰)
(后排左起：卓兆敏,张琴娣,张士文,胡振国,蔡建宏,王新翔)

第三章 无锡表面工程协会

第一节 简　　介

无锡表面工程协会是无锡市从事表面工程(电镀、涂装、热喷涂、防锈、刷镀、转化膜、真空沉积)的企业及相关的设计、科研、教育、设备、原辅材料制造和经营单位自愿组成的全市性团体法人。自 1984 年 10 月成立以来,在无锡市民政局、工商联合会、经信委等主管部门领导下,通过历届理事会和全体会员的共同努力,行业协会得到了快速有序的发展。目前无锡电镀、涂装企业有 150 多家,行业直接年产值 80 亿余元,关联产值达到 560 亿余元,为国内、国际广泛配套的重要性行业。

无锡表协主要围绕以下几个方面做工作:

① 做好政府和企业沟通的桥梁和纽带,为行业服务,为企业服务,为政府服务;

② 配合市经信委、市环保局做好电镀企业的清洁生产审核、清洁生产培训、咨询、现场评价等工作;

③ 优化布局结构,推进工业园区建设;

④ 开展学术交流、设备与材料展示活动;

⑤ 加强人员培训;

⑥ 开拓视野,促进企业交流;

⑦ 搭建信息平台,促进技术创新;

⑧ 树立典型,开展评优活动等。

无锡表协接受政府部门的委托,参与本行业规划的制定和技术改造方案的论证，以及对本行业产品质量、三废治理等进行检测评比；经常对本行业开展典型抽样调查、统计，收集整理本行业各项基本资料，向政府有关部门提出发展表面工程经济技术政策、环境政策和发展方向的建议；根据行业特点制定行规行约和生产经营的指导性规划，协助政府部门加强行业管理和参与经济仲裁。

无锡表协定期出版《无锡电镀与涂装》(季刊)，提供信息资料，宣传和贯彻国家的产业政策，向企业提供国内外表面工程技术、生产、经营、清洁生产、重金属整治和行业发展趋势的信息；宣传企业形象和产品，提供企业交流平台。

无锡表协清洁生产审核中心在2005—2015年这11年间共咨询审核74家表面工程行业的企业，实施有效清洁生产方案，取得了一定的经济效益和环境效益。清洁生产审核绩效情况汇总如下：无/低费方案333个，中/高费方案126个；节电550.86万度/年，节标煤1 286.63吨/年，节水62.16万吨/年，节重金属镍、铬酐、锌、银等以及减排总磷、COD、总氮等污染物，平均减污率70%，投入资金6 931.08万元，经济效益3 244.67万元/年。

第二节　历届领导成员名单

第一届理事会领导成员名单(1984年10月8日)

会　　长：赵根生

副 会 长：顾敏(常务)、徐顺林、杨仲兴、华祖根、成安信

秘 书 长：韩伟仁

顾　　问：秦宝兴、顾云生、郑祖德

第二届理事会领导成员名单(1988年11月19日)

会　　长：金仑粟

副 会 长：蒋慕贤(常务)、顾敏、成安信、杨仲兴

秘 书 长：顾福林

顾　　问：秦宝兴、顾云生、郑祖德

第三届理事会领导成员名单(1994年3月26日)

会　　长：韩晓江

副 会 长：顾敏（常务）、陈宇锋、华志倩、刘伯诠、蒋慕贤、顾福林、曾湧、万云贤

秘 书 长：顾敏（兼）

第四届理事会领导成员名单（1997 年 10 月 20 日）

会　　长：韩晓江

副 会 长：顾敏（常务）、陈宇锋、华志倩、万云贤、陈国兴、顾福林、曾湧、刘伯诠、周利生

秘 书 长：顾敏（兼）

顾　　问：薛济良、金仑粟

第五届理事会领导成员名单（2000 年 4 月 19 日）

会　　长：徐宪清

副 会 长：陈宇峰、顾福林、曾湧、陈国兴、万云贤、杨仁根、周利生、范光启

秘 书 长：蒋建新

名誉会长：韩晓江

第六届理事会领导成员名单（2005 年 5 月 27 日）

会　　长：张青

副 会 长：陈宇锋、曾湧、陈国兴、曹光群、顾福林、万云贤

秘 书 长：蒋建新

2006 年 3 月，因贯彻无锡市政府文件精神，政府主管部门领导不能担任协会主要领导职务，经研究并经理事会通过以下变动。

会　　长：曾湧

副 会 长：陈国兴（常务）、顾福林、陈宇锋、万云贤、马军、匡优新、柳袱赓、魏中、华万清、邱坚良、潘增炎、姚伯龙、朱虬、吴欲

秘 书 长：顾福林（兼）

名誉会长：张青

第七届理事会领导成员名单（2010 年 3 月 26 日）

会　　长：曾湧

副 会 长：陈国兴（常务）、万云贤、马军、匡优新、柳袱赓、魏中、华万清、邱坚良、潘增炎、曹光群、杨仁根、钟争光（注：柳袱赓于 2011 年 6 月辞职）

秘 书 长：陈国兴（兼）

名誉会长：张青、顾福林、陈宇锋

第八届理事会领导成员名单（2014 年 12 月 14 日）

会　　长：华万清

副 会 长：万云贤（常务）、陈国兴、匡优新、潘增炎、魏中、马军、邱坚良、朱虬、吴欲、姚伯龙、周南星、任晓洪、刘振兴、曾为群、杜志高

秘 书 长：万云贤（兼）

名誉会长：曾湧

资深顾问：顾福林

第三节　大 事 记

1984 年 10 月 8 日，无锡电镀协会正式成立。在成立大会上，市经委调整办副主任顾敏等 15 人当选组成第一届理事会，共有团体会员 43 个，个人会员 31 名。

1984 年 10 月 13 日，无锡电镀协会第一届理事会召开第一次会议，选举产生常务理事会和领导机构、聘请顾问。顾敏当选理事长，徐顺林、杨仲兴、华祖根、成安信当选为副理事长，韩伟仁当选为秘书长，于新家为副秘书长，秦宝兴、顾云生、郑祖德为顾问。

1985 年 3 月 11 日—4 月 1 日，无锡电镀协会举办首届电镀工艺和三废治理技术培训班，学员 99 人。

1985 年 4 月 2 日，东湖塘助剂二厂委托无锡电镀协会研制 BE－853 镀镍光亮剂，经用户单位生产应用，通过正式鉴定。该项目是无锡表协第一个技术咨询项目。

1985 年 12 月 14 日，无锡电镀协会举办技术讲座，由秦宝兴高工主讲“国内外表面处理发展动态”，李鸿年老师主讲“基础电化学”。

1986 年初，根据无锡市经委、环保局锡经调（86）1 号文《关于开展电镀行业创五好活动、检查评比的通知》要求，在全市电镀行业开展以生产布局好、三废治理

好、企业管理好、产品质量好、经营作风好为主要内容的创五好活动。1986 年 6 月 25 日由市经委、环保局以锡经调(86)第 10 号文对东风电镀厂等 8 个先进单位、市电镀厂等 27 个单项先进厂点给予表彰。同时,对 46 个三类厂点限期整改。

1986 年 11 月 1 日,宁波、苏州、合肥、济南、无锡五市电镀协会秘书长第二次联席会在无锡市召开。

1986 年 12 月—1987 年 12 月,无锡电镀协会协助市经委颁发城乡电镀生产许可证,制订了发证暂行规定和实施细则,举办二次厂长培训班,共发 124 张许可证。

1986 年,无锡轻工科学技术学会印发《铝及铝合金彩色氧化工艺》内部书籍,深受一线工人欢迎。该书作者是沈亚光、王祖源。

1987 年 3 月,无锡电镀协会与市标准计量局联合编印《电镀质量标准汇编》。

1987 年 5 月 28 日,无锡电镀协会召开 1986 年年会。会上通过设立会长制的提案,并推选轻工局副局长金仑粟任无锡电镀协会会长,聘请无锡市电镀厂副厂长殷海春为协会顾问,发表论文 6 篇。

1987 年 10 月,无锡电镀协会会同市轻工环保监测站举办化验员培训班,共培训 40 名学员。

1988 年 8 月 8 日,无锡市经委批准由无锡电镀协会协助市经委制订的电镀行业市级企业标准并要求在全市电镀行业中贯彻执行。

1988 年 11 月 19 日,无锡电镀协会召开 1987 年年会暨换届大会,产生金仑粟等 23 人组成第二届理事会。在二届一次理事会上选举出会长金仑粟,副会长顾敏、蒋惠贤(常务)、成安信,秘书长顾福林,副秘书长韩伟仁(常务)、华祖根、陈跃、周芮、杜长智,顾问王炳生、徐顺林、郑祖德、殷海春。

1989 年 8 月 24 日,无锡电镀协会对刘潭助剂厂生产的镀锌光亮剂进行质量监制。

1990 年 11 月 20 日,经无锡市民政局批准,无锡电镀协会社团注册,法人代表金仑粟。

1991 年 1 月 24—26 日,无锡电镀协会与无锡市标准化协会联合举办金属与非金属覆盖层培训班,参加学习的有 34 个电镀厂点共 41 名学员结业。

1991 年 8 月 10 日,无锡电镀协会召开电镀行业双优表彰大会暨 1990 年度会员大会。会议表彰了 1990 年度优秀企业：无锡市电镀总厂、无锡市电镀二厂、无锡第二真空镀厂、无锡县轻工电镀厂、无锡县三坝电镀厂、江阴市云亭电镀厂、宜兴市川埠电镀厂、江宁机械厂电镀分厂、宜兴市电子器件厂电镀分厂,优秀厂长：蒋慕贤、顾福林、沈学明、安石坚、徐建新。

1992 年 2 月，无锡电镀协会协助无锡市经委编制《无锡市电镀行业“八五”发展规划》和十年设想。

1992 年 5 月 6—7 日，无锡电镀协会举办电镀行业首期统计工作培训班，有 74 家企业、75 名统计人员参加学习并结业。

1993 年 10 月，无锡电镀协会配合无锡市经委、无锡市环保局在无锡市蓉湖庄饭店召开 CS 低铬镀铬添加剂新技术讲座会，协助刘潭助剂厂生产的 CW 宽温低浓度镀铬添加剂通过省级鉴定。

1993 年 11 月 28—30 日，在无锡友谊饭店召开由江苏省电镀专业委员会主办、无锡市镀协承办的江苏省电镀四新技术交流会，报告人有秦宝兴、郑祖德、钱达人、张升达、顾福林、曾湧、陈惠国、蒋慕贤、万云贤等。

1994 年 3 月，无锡电镀协会更名为“无锡表面工程协会”。

1994 年 3 月 26 日，无锡表协召开三届委员代表大会。会上，选出会长韩晓江，副会长陈宇锋、华志倩、顾敏（常务）、刘伯铨、蒋慕贤、顾福林、曾湧、万云贤。秘书长顾敏（兼），副秘书长黄尧钧、华祖根、荣伟仁。

1994 年 4 月 13 日，无锡市经委和环保局颁布《关于进行电镀行业生产许可证复查工作的通知》（锡经技（94）10 号、锡环发（94）10 号）。

1995 年 4 月 17 日，无锡市经济委员会文件《关于表彰无锡市表面处理行业先进企业、优秀厂长（经理）的通报》（锡经技（95）16 号）。无锡市 1993—1994 年度表面处理行业先进企业有无锡市电镀二厂等 14 个，优秀厂长有曾湧等 5 人。

1995 年 4 月 17 日，三届二次理事会聘任张永荣工程师为无锡表协副秘书长。

1996 年 9 月 3—7 日，在广州召开的中国表协电镀分会三届二次理事扩大会上，无锡表协被评为九五年度全国优秀地方协会并颁发奖状。

1997 年 9 月，无锡表协与无锡轻工业大学联合开设电镀专业大专进修班，进修班共授课 800 小时，1 年半时间，学员 30 人。

1997 年 10 月 8—10 日，无锡表协在锡山市威华电泳涂料厂召开 1997 年年会暨换届大会，无锡市经委副主任、协会会长韩晓江做了题为“高举邓小平理论伟大旗帜，振兴无锡表面工程行业”的报告。

1997 年 10 月 20 日，无锡表协召开四届一次会议。会议选出会长韩晓江，副会长陈宇峰、华志倩、顾敏（常务）、万云贤、陈国兴、顾福林、曾湧、刘伯铨、周利生，秘书长顾敏（兼），副秘书长韩伟仁、钱振庭，顾问薛济良、金仑粟。

1998年6月5日，无锡表协聘任无锡市经委蒋建新为副秘书长。

1998年9月24—25日，召开1998年年会暨厂长经理联谊会，增补中国一汽集团无锡汽车制造厂为副会长单位，聘章伟国为副秘书长。

1999年5月8—11日，在无锡出新环保设备厂召开了中国表面工程协会第二届第二次常务理事扩大会议，中国表面工程协会领导沈烈初、王林、陶福山分别主持会议，无锡市经委李延人主任、市环保局陈宇峰副局长到会祝贺并讲话，蒋建新副秘书长代表无锡表协做了发言。

1999年8月26日，无锡表协召开了四届六次理事会议，同意韩晓江辞去会长职务，聘请韩晓江为名誉会长，增选市经委徐宪清为本会会长、锡山市环宇轻工电镀有限公司万云贤为副会长、市经委蒋建新为秘书长。

2000年4月19日，无锡表协召开会员代表大会，一致通过了第五届理事、常务理事和副理事长、理事长组成名单：理事长徐宪清，副理事长陈宇峰、顾福林、曾湧、陈国兴、万云贤、杨仁根、周利生、范光启，秘书长蒋建新，副秘书长韩伟仁、钱振庭、章伟国。续聘韩晓江为名誉会长，华志倩、刘伯铨为顾问。

2000年4月19日—21日，江苏省电镀协会和无锡表协联合在华晶宾馆召开了省、市1999年年会，无锡市经委主任李延人和环保局副局长陈宇峰，市经委副主任、协会名誉理事长韩晓江到会并讲话。

2000年7月6—7日，无锡表协举办了表面覆盖层技术培训班，有33个企业代表参加了学习，其中28人考试及格，领到了由无锡表协和市质量技术监督局产品质量公正事务所颁发的结业证书，由顾福林副理事长等组成的教师队伍和秘书处做了大量工作。

2000年12月，无锡表协配合江苏省镀协编写《常见电镀工艺故障及排除》实用指导手册。无锡表协成立由顾福林副理事长为主、10余位专家参加的编写小组。

2001年6月22日，在无锡汽车制造厂举行涂料与涂装学术交流会，7位专家做了论文交流。

2001年10月15日，无锡表协召开理事会扩大会议。会议做了人事调整，由经贸委投规处张青副处长任协会理事长，徐宪清任名誉理事长。

2001年12月13—14日，召开无锡表协2001年度年会暨技术交流展示会，中国表面工程协会电镀分会理事长胡铁骑、副理事长秦宝兴等领导应邀出席会议。会上表彰了中国一汽无锡汽车制造厂等23家企业为2000—2001年度先进企业，同时表彰了 2001 年度获奖论文郑祖德等 8 篇论文作者。

2000 年 9 月—2002 年 5 月，由无锡表协与江南大学联合举办了表面处理涂料与涂装专业证书大专班，17 位学员通过一年半的学习，学了 13 门基础和专业课程，经考试合格，于 2002 年 5 月获大专证书。

2002 年 12 月 13 日，在无锡出新环保设备厂召开了无锡表协五届五次理事会议，会上由盛俊宝高工介绍了惠山区电镀科技园的规划管理及筹建情况、无锡机械工业设计院吴湘智高工做了对电镀企业技术改造的系统介绍。

2003 年 3 月 8 日，上午 9:48 举行了无锡市金属表面处理科技工业园区奠基暨一期 8 万平方米标准厂房开工典礼，协会代表出席，表示热烈祝贺。

2003 年 5 月 1 日，原"无锡表面工程通讯"改版为"无锡电镀与涂装"彩色季刊，无锡经贸委沈宁宁副主任为刊头题字。本刊高级顾问有沈宁宁、秦宝兴、陈明清、乐惠民，主编张青，常务副主编顾福林，副主编蒋建新、钱振庭、章伟国。

2003 年 6 月 22 日，在无锡出新曾业精饰有限公司召开了环保涂料清洁涂装技术研讨会。无锡市涂料涂装行业的厂长(经理)、工程技术人员以及江南大学师生 30 余名代表参加了这次技术研讨会，中国表面工程协会涂装分会副秘书长乐惠民高工就涂料涂装行业开展清洁生产工作做了重要发言。

2003 年 7 月 29—8 月 1 日，无锡表协在无锡市张泾镇举办首期无氰电镀培训班，学员 60 余名。

2003 年 8 月 20—21 日，无锡表协在江阴举办无锡市第二期无氰电镀培训班。

2003 年 11 月 18 日，无锡表协技术服务中心测试中心成立。中心以 721 厂、江南大学等单位为主体，对各种镀层、涂层、金相、材质、电介质溶液等进行测试服务并提供有资质的测试报告。

2003 年 11 月 19—21 日，在河南油田无锡度假村，无锡表协 2002—2003 年年会暨设备材料展示会开幕，200 多名领导、国内外专家、企业家和代表们汇聚一堂，共商无锡表面精饰业实现跨越发展大计。出席这次会议的领导有无锡市经贸委副主任沈宁宁，无锡市环保局副局长崔凤山，中国表面工程协会副理事长胡铁骑、秦宝兴等。张青理事长在大会上做了题为"以清洁生产为主线促进无锡表面工程行业可持续发展"的报告。同时，会议表彰了江苏锦绣铝业有限公司等 25 家企业为 2002—2003 年度先进企业，姚伯龙等 8 篇论文的作者获 2002—2003 年度优秀论文奖。

2004 年 3 月 1 日，无锡表协发布《关于将无氰电镀试点列入 2004 年清洁生产计划》(锡表协(2004)03 号)的报告，推荐选择无锡市东泽金属制品装饰厂、无锡市中捷减震器厂、无锡市环宇轻工电镀有限公司率先开展无氰镀锌、无氰镀铜清洁生产试点，请政府有关部门列入 2004 年市清洁生产计划并在经费支持和工作上予以指导。

2004 年 4 月 17—19 日，在丹阳市召开江苏省机械工业联合会表面工程分会第一届年会。会上表彰了 2001—2003 年度江苏省电镀行业优秀企业及厂长（经理），无锡 13 个优秀企业和 13 名先进厂长（经理）荣获表彰。

2004 年 6 月 3 日，在江南大学化工学院举行了涂料和涂装新技术应用信息交流研讨会，无锡市表面工程涂料涂装行业及高校的代表共 45 人出席了会议。

2004 年 6 月 25 日，无锡市经贸委、环保局联合发文《关于做好 2004 年清洁生产工作的意见》（锡经贸资源（2004）12 号，锡环计（2004）13 号）要求 28 家工业企业开展清洁生产审核。无锡表协所属 3 家被列入试点单位，分别是无锡市环宇轻工电镀有限公司、无锡市中捷减震器有限公司和无锡市东泽金属制品装饰厂。

2004 年 8 月 21—27 日，无锡表协组织一行 16 人前往山东济南和青岛等地参观学习，与山东省表面工程协会和青岛市电镀协会进行了广泛深入的交流，还参观了电镀园区现场，学到了不少先进经验，增进了兄弟协会之间的友谊。

2004 年 9 月 6—8 日，中国表面工程协会电镀分会第八届全国电镀与精饰学术年会暨设备材料展示会在杭州市召开。无锡表协顾福林、钱振庭参加了此次盛会，无锡市 8 家优秀企业及法人代表获大会表彰。

2004 年 9 月 8 日，无锡市府办转发市经贸委、市环保局《无锡市电镀行业推行清洁生产促进规范发展的意见的通知》。文中制定 6 条意见，要求全市电镀行业认真贯彻执行。

2004 年 9 月 27 日，无锡市经贸委发文《关于无锡市电镀行业产业升级规划纲要的汇报》（锡经贸（2004）16 号）。

2004 年 11 月 28—30 日，在无锡成功召开了中国表面工程协会清洁生产指导委员会成立暨首次大会。会议由无锡市经贸委副主任沈宁宁主持，中国表面工程协会沈烈初理事长、国家发改委环资司毕俊生处长、胡铁骑副理事长、秦宝兴副理事长等领导出席会议，无锡市谈学明副市长、副秘书长兼经贸委主任叶永福及无锡市政府有关部门领导到会祝贺。会议实到人数 450 余人，全国 17 个省市的地方协会领导、专家、企业代表参加了会议。会议产生了 33 人组成的中国表面工程协会清洁生产指导委员会。会上，马捷副主任做了题为“表面工程行业要坚持科学发展观，走可持续发展之路”的工作报告。会议出版了顾福林主编的《清洁生产资料汇编集》,该资料集共 20 万字、105 篇文章。

2005 年 5 月 27 日,无锡表协第六次会员代表大会召开,会议听取了张青理事长做的五届理事会工作总结、蒋建新秘书长做的财务情况汇报及顾福林副理事长做的第六届理事会换届准备工作汇报,并提请与会代表审议。经审议一致通过了三个报告。会议选举出第六届理事会:理事长张青,副理事长陈宇锋、曾湧、陈国兴、曹光群、顾福林、万云贤,秘书长蒋建新。

2005 年 6 月 20—26 日,中国表面工程协会清洁生产指导委员会在无锡举办了首期培训班。经严格闭卷考试后,共有 60 名学员取得环保部和国家清洁生产中心颁发的合格证书。无锡市获得合格证书的有:顾福林、蒋建新、姚伯龙、陈宇锋、匡优新、钱振庭、魏建华。

2006 年 4 月 10—12 日,无锡表协与无锡市清洁生产领导小组联合举办无锡市电镀行业首期清洁生产培训班。培训班共有 85 家企业、122 个学员参加,学员们认真听讲,做好笔记,经严格考试成绩全部及格,得高分者很多。

2006 年 5 月 18 日,无锡表协六届四次会长扩大会议在无锡市星亿涂装环保设备厂召开,会议决定规划编撰《无锡表面精饰大全》并将其作为向 2007 年 11 月在无锡召开的"全国表面工程行业节能节材减排创新交流大会"献礼,一致同意以会长曾湧为编委会主任、秘书长顾福林为主编的编辑机构。经过刻苦努力,该书终于在大会前夕顺利出版。

2006 年 9 月 20 日,江苏省表面工程行业协会成立 20 周年庆典大会召开,省表协副理事长、无锡表协副理事长顾福林研究员级高工主持会议并致辞,大会宣读了中国表面工程协会理事长沈烈初的贺信,胡铁骑教授级高工做了热情洋溢的重要讲话。在会上宣布了江苏省电镀行业 2004—2005 年优秀企业、优秀厂长(经理)和先进个人名单,无锡获奖名单:无锡市晶辉表面工程科技开发有限公司(钱建平)、无锡市星亿涂装环保设备有限公司(匡优新)、无锡市太湖防腐材料厂刘振兴、无锡市电镀二厂(陈国兴)、无锡出新环保设备厂(曾湧);先进个人有顾福林、于新家、钱振庭、蒋建新、蒋慕贤。

2006 年 12 月 23 日,无锡表协在无锡中捷减震器有限公司召开了无锡市涂装骨干企业工作座谈会,共商行业和谐发展大计,讨论提高企业自主创新能力。有 21 家企业 30 多位领导、专家和工程技术人员参加了会议。会议由章伟国副秘书长主持,曾湧会长做了总结讲话。

2007 年 11 月 17—19 日,全国表面工程行业清洁生产大会在无锡召开,国家环保总局副局长周建到会讲话，中国表面工程协会理事长沈烈初博士宣布大会开幕，中国电器工业协会名誉理事长陆燕荪讲话，无锡市副市长谈学明致辞并参加会议。无锡表协编撰发行了《大会会刊论文政策汇编》(25 万字)和《无锡表面工程精饰大全》(20 万字，图片 100 幅)，主编顾福林。

2008 年 9 月 17 日，顾福林副会长、钱振庭副秘书长参加无锡金属表面处理园区废水站改进论证会。

2008 年 11 月 30 日，无锡表面工程行业清洁生产审核验收合格企业 11 家，节能减排成效显著。

2009 年 5 月 17—20 日，中国表面工程协会电镀分会在广州召开第十届全国电镀与精饰学术年会，无锡协会副会长、秘书长顾福林与副秘书长钱振庭参会。

2009 年 6 月 5 日(世界环境日)，为推动行业发展，慧聪网"2008 年度中国表面处理行业十佳评选"颁奖盛典在北京钓鱼台举行，无锡协会曾湧、顾福林、匡优新、吴欲、潘增炎、史金良、龚路承、邹鹏飞等领导参会。在大会授奖项目中无锡企业收获颇丰。

2009 年 8 月 18 日，无锡协会在无锡市苏泰金属制品有限公司召开六届 11 次正副会长会议，并发展无锡鼎亚电子材料有限公司等 3 家新会员、增补无锡鸿鹰金属制品有限公司等 7 家企业为理事单位。

2009 年 12 月 11 日，中国表面工程协会清洁生产指导委员会第二次全体会议在台州召开，在会上通过了由 43 名成员组成的新一届中国表面工程协会清洁生产指导委员会，顾福林和匡优新为指导委委员。

2009 年 12 月 15 日，无锡市表面工程行业 2009 年清洁生产审核验收合格企业 10 家，节能减排成效显著。

2010 年 3 月 26 日，无锡表协第七届会员代表大会在无锡召开，陈国兴常务副会长主持会议，无锡市民政局、工商联、经信委、中小企业局等领导出席了会议并讲话，会议听取了曾湧会长做的第六届理事会工作总结报告和顾福林秘书长做的财务情况报告，提请会议代表审议并一致通过。七届当选理事 55 名、常务理事 27 名、正副会长 13 名、秘书长 1 名，曾湧当选七届会长，陈国兴当选为常务副会长兼秘书长，聘请张青(无锡市中小企业局处长，原理事长)、顾福林(六届副会长秘书长研究员级高工)、陈宇峰(六届副会长，原无锡市环保局副局长)3 位为名誉会长。七届副会长为陈国兴、万云贤、马军、匡优新、柳楸赓、魏中、华万清、邱坚良、潘增炎、姚伯龙、朱虬、吴欲。经秘书长提名聘请韩伟仁为常务副秘书长，蒋建新、王锡松、钱振庭、章伟国为副秘书长。

2010年4月30日，七届一次正副会长会议召开。会议讨论明确了2010年工作计划，明确秘书处工作职能，完善协会各职能机构的组织建设，通过顾福林名誉会长兼任清洁生产审核中心常务副主任和《无锡电镀与涂装》杂志常务副主编。

2010年6月7—9日，“2010国际表面工程展览会暨研讨会”在上海光大会展中心隆重开幕。无锡表协组团参展的装备、材料企业有21家，并专程组团20多家企业代表前往上海参观。

2010年7月15日，由精工盈司电子科技（上海）有限公司日本高纯度化学公司、无锡表协、中国国际表面处理网联合举办的电镀层质量分析会在无锡召开。来自上海、无锡等地的电镀行业领导和科技人员80余人参加了研讨会，听取了日本专家就电镀层最新加工工艺、镀层质量检测和X射线荧光分析法等新工艺新技术的介绍与交流。

2010年9月13日，中国表面工程协会秘书长马捷率北京、南京、镇江和无锡等地表面工程协会有关领导及电镀界专家学者胡如南、蒋胜利、桑保华、张仲仪、陈国兴、顾福林、匡优新、赵永武、姚伯龙、王文慧、黄树帜等12人到无锡杨市表面处理工业园考察调研。各位领导和专家在听取园区领导陶晓凌副主任和潘增炎的汇报和实地参观考察后，提出了很好的建议和指导意见，并委托顾福林、桑保华编写专家意见。

2010年11月9日，第十六次长三角地区表面工程行业协会联席会议在无锡金属表面处理科技工业园区召开，来自长三角地区19个城市的表面工程协会、电镀协会及广州三孚化工有限公司、菲希尔测试仪器有限公司、广州东莞市东元环保科技有限公司、无锡中捷减震器有限公司、宜兴市星光陶瓷研究所、慧聪网和中国环境网等企业、媒体的代表40多人出席了会议，中国表面工程协会副理事长、秘书长马捷和中国表面工程协会副理事长、北京航空航天大学资深教授胡如南应邀出席会议，东道主无锡市金属表面处理科技工业园区陶晓凌主任致欢迎词并介绍了园区的建设、运行和发展情况，上海电镀协会秘书长王国祥介绍了上海的电镀行业的“十二五”发展规划（讨论稿），金华市电镀协会秘书长陈金龙介绍了协会工作经验及安全生产管理经验等，苏州、杭州、宁波、绍兴等地方协会的秘书长都各自介绍了协会工作的特色，与会代表很受启发。

2010年11月10日，无锡出新环保设备有限公司成立30周年庆典隆重举行，中国表面处理行业领导与专家悉数到会，沈烈初、黄小鸥、马捷、张绍恭、秦宝兴、胡如南、王锡春、郁祖湛、石金生、邬德浩、王瑞祥、陶伟民、桑保华、余良才、储荣邦等均亲自到会祝贺，共同回首无锡出新环保设备有限公司与改革开放同行的不平凡的三十年历程。

2010 年 12 月，无锡表面工程行业按国家标准清洁生产审核企业 13 家，13 家企业均验收合格。

2011 年 3 月 9 日，第十七次长三角城市表面工程行业协会联席会议在苏州召开，无锡表协名誉会长、清洁生产审核中心常务副主任顾福林、副秘书长韩伟仁、钱振庭参会。顾福林在会上做了无锡表协开展清洁生产审核的基本情况、做法、成效体会和历程回顾的重要发言。

2011 年 1 月 16 日，无锡表协开展清洁生产审核与咨询工作，研究课题《无锡电镀行业清洁生产审核综述》。文章曾于 2009 年发表，荣获中国管理科学研究院优秀论文一等奖，作者顾福林。自 2005 年 12 月至 2010 年 12 月无锡表面工程行业共审核并验收合格的企业累计 48 家，其中 2 家为重点企业。

2011 年 4 月 12 日，第五届中国电镀行业十佳评选颁奖庆典在北京隆重举行，顾福林作为专家应邀与会。在本次评选中获奖无锡企业及个人有：无锡出新环保设备有限公司、无锡金科涂装有限公司、无锡鼎亚电子材料有限公司、无锡出新环保设备有限公司，曾湧获评 2010 年度十佳电镀风云人物。

2011 年 7 月 30 日，无锡表协召开协会第七届三次正副会长扩大会议，曾湧会长传达全国各省市电镀(表面工程)协会 7 月 13—15 日联席会议精神，陈国兴秘书长传达无锡市人民政府专题会议纪要“关于涉铅电镀行业专项整治工作”的通知，名誉会长、审核中心常务副主任顾福林汇报了今年无锡市重点企业清洁生产审核的形势与任务并提出加强审核师队伍建设的建议。

2011 年 10 月 14 日，无锡表协召开 2011 绿色涂装清洁生产技术交流会，会议在江南大学召开，与会代表 120 人。会议由华万清副会长主持，江南大学陈明清院长和曾湧会长致辞，涂装专家王锡春在会上交流了“汽车涂装节能减排之新技术”，国家机械工业设计院涂装所董军所长交流了“工程机械涂装设备节能减排新技术”，江南大学姚伯龙博士交流了“功能涂料/清洁生产技术发展与应用”，与会代表受益匪浅。

2012 年 3 月 17 日，无锡表协在无锡市太湖防腐材料有限公司召开七届四次常务理事扩大会议，参加人员 20 多人，曾湧会长传达中国表面工程协会电镀分会在苏州召开的会长秘书长联席会精神，陈国兴秘书长汇报无锡表协 2011 年工作总结及 2012 年工作安排，顾福林名誉会长汇报无锡市电镀行业基本情况。与会代表建言献策，踊跃发言，共商2012年协会工作。会议发展江苏清涵环保科技有限公司和江阴仁有环保科技有限公司入会。

2011年12月，协会清洁生产审核中心勇挑重担，克服重重困难，共审核完成并验收合格21家企业，取得历史上最好成绩。其中，20家为重点企业清洁生产审核，取得显著节能减排成效了实施无/低费方案183个，实施中/高费方案72个，投入资金4 384.05万元，效益2 049.07万元/年，节电241.1万度/年，节水36.68万吨/年，节镍3.46吨/年，节六价铬0.86吨/年，减排磷0.32吨/年，减排COD 1.9吨/年。无锡鼎亚电子材料有限公司等7家企业被推荐为无锡市环保局创模工作中优胜企业。

2012年4月20日，中国表面工程协会电镀分会第七次会议在重庆召开。无锡表协曾湧和匡优新当选副理事长，曾湧等6人当选常务理事，陈国兴等15人当选理事，顾福林、曲绍奎荣获中国电镀行业"协会工作成就奖"。

2012年5月10—12日，在杭州召开的第十七次长三角表面行业联席会议暨清洁生产技术论坛会，无锡表协名誉会长、清洁生产审核中心常务副主任顾福林及副秘书长韩伟仁、钱振庭与会，顾福林受无锡杨市电镀工业园区委托做了"电镀园区可持续发展之路"的报告。

2012年11月15—17日，中国表面工程协会涂装分会第七次会员代表大会在无锡召开会议，选出了新一届理事会。无锡表协承担会务和资金支持，曾湧会长致欢迎词。

2013年2月24日，无锡表协召开七届五次理事扩大会议，会议由名誉会长顾福林主持。会长曾湧致新年贺词，秘书长陈国兴汇报无锡表协2012年工作总结及2013年工作打算，与会代表建言献策。曾湧会长要求进一步制定2013年工作计划并落实，尤其是三个专委会都要开展实质有效的工作，争取政府支持，依靠会员单位把协会工作做得更好。

2013年6月18日，江苏省表面工程行业协会在南通隆重召开江苏省表面工程2013年年会，无锡出新环保设备有限公司、无锡市苏泰金属制品有限公司获得省行业优秀企业称号。

2013年7月8日，全国电镀行业地方协会理事长秘书长联席会议在上海召开。中国表面工程协会清洁生产指导委主任樊景星对新修订的《电镀行业清洁生产评价指标体系（初稿）》做了详细说明，中国表面工程协会电镀分会马捷理事长简要介绍了中国表面工程协会电镀分会成立30周年的筹备进展情况。与会代表介绍各地工作情况及体会，对开展工作起到积极的促进作用。无锡协会名誉会长、清洁生产常务副主任顾福林参会并发言。

2013 年 9 月 9 日，《中国电镀史》编辑委员会第一次会议在上海召开。中国表面工程协会电镀分会副理事长、上海电镀协会秘书长王国祥主持会议，《中国电镀史》主编吴跃介绍编撰计划等情况。会上宣布中国电镀史编委会组成人员，无锡表协顾福林是编委委员。

2013 年 9 月 12 日，无锡表协在武汉风帆表面工程股份有限公司召开了首届(2013)中国表面工程设备材料行业"出新环保杯"十佳评选领导小组、专家组联席会议。曾湧、匡优新为领导小组成员，顾福林为专家组成员。

2013 年 10 月 22—24 日，2013 中国客车新型涂装工艺、装备技术交流暨新能源应用研讨会在无锡召开。滨湖区副区长孙海荣、国联资源网总裁钱晓钧、无锡运通涂装设备有限公司董事长华万清、无锡表协会长曾湧、中国表面工程协会涂装分会秘书长吴伟玲等出席，参会人员 200 余人。领导讲话后，会议安排了专家论文交流，与会者受益匪浅，会议务实成功。

2013 年 11 月 18 日，在金华市会议中心召开了首届(2013 年)中国表面工程设备材料行业"出新环保杯"十佳评选表彰大会，中国表面工程协会电镀分会理事长马捷等领导出席并做重要讲话，各地方协会领导参会，无锡表协曾湧、匡优新、顾福林参加。会议做出了十佳评选表彰决定，无锡有十家企业与二位杰出人物获奖。

2013 年 12 月 5 日，2013 长三角表面工程协会联席会议在安徽召开。会议由上海电镀协会秘书长王国祥主持，金华协会陈金龙就电镀行业安全生产标准化建设进行重点发言，各地市的代表都做了工作交流，会议气氛热烈，发言踊跃。无锡表协顾福林和曾维群参会，顾福林做怎样配合政府部门开展电镀企业污染整治工作的体会发言。

2014 年 9 月 16 日，在中国表面工程协会电镀分会成立 30 周年庆典大会上，无锡表面工程行业奖得 6 项表彰，见表 3-6。

表 3-6 光荣榜

奖　项	获奖单位/人物	备　注
优秀行业协会	无锡表面工程协会	全国共 15 个
社会责任贡献奖	无锡出新环保设备有限公司	全国共 6 个
技术服务支持奖	无锡宏联电镀设备有限公司	全国共 9 个

续 表

奖　　项	获奖单位/人物	备　　注
高新技术产业贡献奖	无锡市星亿涂装环保设备有限公司	全国共10个
特别贡献奖	无锡出新环保设备有限公司/曾湧	全国共10个
杰出青年奖	无锡市凯灵电镀设备有限公司/李敏峰	全国共9个

2014年12月14日，在无锡明都大酒店召开无锡表协第八届会员代表大会及八届一次会议。会议经选举产生理事55名，常务理事27名，正副会长单位16人，会长华万清，副会长陈国兴、匡优新、潘增炎、万云贤、魏中、马军、邱坚良、朱虬、吴欲、姚伯龙，常务副会长兼秘书长万云贤，名誉会长曾湧，资深顾问顾福林，常务副秘书长章伟国，副秘书长秦超。

2015年1月27日，无锡表协在无锡运通涂装设备有限公司召开了八届二次正副会长会议。在会上明确了无锡表面工程协会第八届组织机构网络及2015年工作打算。会议开得团结、开拓、创新且圆满成功，八届协会秘书处地址在无锡市勤学路49号，会员单位141家。

2015年4月13—14日，中国表面工程协会电镀分会刘娥部长、许士均工程师，环保部对外协作组江工一行三人，到无锡调研铬雾抑制剂PFOS使用情况，无锡表协顾福林、章伟国、马骏陪同调研。他们先后调研了无锡杨市表面处理科技工业园、无锡永发电镀有限公司、江阴云德电镀有限公司、江阴文林电镀有限公司，调研工作顺利，取得了预计的效果。

2015年5月13日，无锡表协组织30多位会员企业代表参观了在苏州举办的2015第十届华东国际电镀涂装展。展览是一个享有商贸合作、技术交流、信息共享的高端平台。

2015年5月，为提高无锡市表面工程行业清洁生产管理与技术人员的清洁生产管理水平，协会秘书处主动与中国表面工程协会清洁生产指导工作委员会联系，并推荐上报6位学员参加环保部清洁生产中心在北京举办的第592期清洁生产审核培训班的培训学习。经考核合格，由环保部清洁生产中心颁发"清洁生产审核培训合格证书"，为企业培养了清洁生产管理人才。

2015年9月10—12日，2015中国新能源汽车、轨道交通绿色智能涂装技术研讨会在无锡锦江花园酒店举办，来自机械工业第一设计研究院、中昊北方涂料工研究设计院、比亚迪汽车工业有限公司、青岛四方机车车辆股份有限公司、江南大学、全国表面工程行业和无锡表面工程协会等 400 多位业内同仁出席本次研讨会，会议以“新能源、新技术、新未来”为主题进行技术交流。

2015 年 9 月 11 日，无锡表面工程协会 30 周年庆典大会在无锡锦江花园酒店隆重召开。中国表面工程协会理事长袁华，常务副理事长兼秘书长马捷，中国表面工程协会副理事长、涂装分会理事长陶伟民，中国表面工程协会副理事长、上海电镀协会秘书长王国祥，中国表面工程协会副理事长、江苏省表面工程行业协会会长林益庭，北京航空航天大学教授胡如南，教授级高工秦宝兴以及全国表面工程行业兄弟协会和无锡表面工程协会等 400 多位业内同仁出席本次大会，无锡表面工程协会会长、无锡运通涂装设备有限公司董事长华万清致欢迎词，无锡市惠山区曹区长致辞。会上表彰了 51 家先进企业和 53 名先进个人，创优评先，积极向上，并安排先进企业代表和个人走上红地毯为先进点赞。同期召开了《无锡电镀与涂装》期刊出版第 100 期交流座谈会。

2015 年 5—11 月，受无锡市金杨新型电源有限公司委托，协会清洁生产审核中心顾福林高工、章伟国高工、姚伯龙教授帮助该公司做重点企业清洁生产审核报告工作。他们本着对企业负责、对环保负责、对社会负责的精神，围绕清洁生产审核的目标认真开展工作。经锡山区环保局和专家组现场勘查、技术质询和书面报告审议，以及清洁生产审核评估专家意见的整改完善，通过了该公司重点企业清洁生产审核评估。2016 年 1 月 22 日，经考核研究，同意通过无锡市金杨新型电源有限公司清洁生产审核验收。

2015 年 11 月 18 日，无锡表协组织行业精英参加上海第 28 届中国国际表面处理展览会。本次展会上无锡溪龙重防腐涂覆有限公司与西班牙公司达成引进机器人替代人工操作项目的意向，共同合作探讨企业可持续发展的创新成果；无锡星亿智能环保装备股份有限公司、无锡宜奥龙环保设备有限公司等企业打响无锡品牌，展示出企业最新产品亮点和绿色环保设备，受到中外客户的青睐，赢得了企业发展的商机。

2016 年 3 月 15 日，由无锡表协与中国表面工程协会教育培训中心联合举办的“第 69 期电镀工艺、化验员、废水治理”培训班，在惠山区杨市社区会议室正式开学。这次培训班采用集中培训管理模式。经过 24 天的半脱产培训学习以及严格的考核，37 位学员考试合格，由国家人社部颁发的中、高级职业技能资格证书。

2016 年 5 月 5 日，由无锡表面协、无锡运通涂装设备有限公司、无锡南方智能物流设备股份有限公司与中昊北方涂料工业研究设计院、机械工业第一设计研究院、德国威堡(亚洲)公司等单位联合举办的“第十八届全国涂料与涂装技术信息交流会暨汽车、轨道交通、工程机械涂装技术研讨会”在无锡隆重召开,来自全国涂料、涂装、表面工程、汽车、轨道交通、研究院以及德国、挪威等国家的代表400余人参加了会议。大会就中国制造2025、新能源汽车、高端轨道交通装备,以及低碳环保涂料等新工艺、新技术、新装备进行交流研讨,收到科技论文57篇,共同倡导“创新、协调、绿色、开放、共享”的理念,助力推动行业新发展。

2016年5月11日,山东省表面工程协会理事长夏玉海、秘书长亓海滨带领的山东省表面工程协会代表团33位代表到无锡对表面工程行业进行交流考察参观,秘书处主动联系杨市表面处理科技园4家具有电镀特色的优秀企业为交流考察参观企业。

2016年6月15日,协会组织理事会员单位70多位代表前往上海国家会展中心参观上海国际水展、国际环保展、国际泵管阀展。这次展览盛会面积达15万平方米,有30多个国家、2 600多家参展商、58 000多件展品集中展示,参观代表获益匪浅,行程圆满。

2017年2月,无锡表协被市民政局评为AAAA级社会组织,同年被授予市级行业“十大特色工作协会”的荣誉,被中国表面工程协会授予“组织贡献奖”殊荣。

2017年8月24日,无锡表面工程协会、无锡艾比德泵业有限公司、无锡运通涂装设备有限公司、无锡南方智能物流设备股份有限公司等联合中设协涂装产业发展中心、国联资源网在无锡隆重举办汽车涂装智能化、绿色升级高峰研讨会,来自国家政府、地方政府、行业协会、科研院校、汽车主机厂及配套供应商等近400位汽车上下游行业精英齐聚一堂,共同参加汽车涂装智能化、绿色升级高峰研讨会专题盛会。

2017年6月5日(世界环境日),无锡表协组织会员单位80多位行业同仁前往南京参加由国家环保部和省政府主办的2017国际环保新技术大会,了解当前国内外环保新技术、新产品、新发展,参观表面工程行业环保新技术的四新成果展览会,使与会的行业同仁通过本次展会了解行业发展动向趋势,提升了企业向外拓展的动力与信心。

2017年7月21日,无锡表协组织行业的企业家赴江苏如东经济开发区表面处理园区考察交流,了解如东经济开发区的建设和发展,切磋交流先进表面处理园区建设规划的经验。

2017年8月22日,淮安市工商联徐主席带领淮安市行业协会商会会长、秘书长一行 15 人，在无锡市工商联吴处长的陪同下，到无锡表面工程协会学习交流。秘书处章伟国重点汇报了无锡表协法人治理结构、诚信自律建设、健全内部机制等工作，与大家分享协会工作的经验，希望今后双方增强彼此的交流和合作。

2017 年 9 月 25—28 日，中国表面工程协会主办的 2017 国际表面精饰展暨中国表面工程行业年会在上海跨国采购会展中心举办，无锡表协精心组织七家表面处理单位参展上海国际表面精饰展。

2017 年 11 月，省经信委、环保厅下发文件《关于推进挥发性有机物清洁原料替代及综合治理工作的通知》。江南大学姚伯龙教授、无锡表协章伟国高工等行业专家协同市、区政府部门，深入机械装备、包装印刷等 50 多家重点企业进行现场督查、项目评审，促进行业企业技术转型升级，依法督促重点企业切实履行 VOCs 治理的主体责任，确保清洁原料替代及综合治理工作加快建成和稳定运行，为江苏省《“两减六治三提升”专项行动方案》发挥行业协会应有的作用。

2017 年 12 月，无锡表协副会长单位江苏宏联环保科技有限公司自主研发的“HJZ 智能环保型表面处理生产线”被江苏省经济和信息化委员会认定为江苏省首台(套)重大装备产品。

2016—2017 年，无锡表协组织收集了有关环境保护、安全生产、电镀技术书籍《预防环境污染犯罪宣传手册》《安全生产实用指南》《上海市电镀行业废水分析实用技术》等 200 多册，由协会秘书处及时赠送给会员单位学习与宣传。

2018 年 2 月，无锡表面工程协会会长华万清被授予“无锡市优秀协会会长”荣誉。

2018 年 4 月，无锡表协和中国表面工程协会涂装分会在无锡运通涂装设备有限公司举办油漆涂装系统培训班，来自全国各地涂装涂料行业企业 40 多位学员参加培训。本次培训是一期规格较高的专题培训，从培训效果来看，实用性、针对性和可操作性均较强，为企业培养涂装专业人才，提高了从业人员的专业技术水平，得到了培训学员的一致认可。

2018 年 6 月 17 日，江南大学化工学院 21 名大学生到无锡运通涂装设备有限公司进行为期 1 个月的实践学习和产学研合作。

2018 年 6—9 月，无锡表协受无锡市人社局委托，联合江苏行德律师事务所和江南大学的老师，在太湖防腐、南方智能、星亿环保等会员单位分期开展工伤预防培训讲座。共有 263 人员参加了培训，共收到评选满意度调查表 222 份，满意度为 99%。

2018 年 11 月 21 日，由无锡市经信委，惠山区经信局、环保局，无锡表面工程协会，无锡杨市表面处理科技工业园区管委会召集无锡鸿运电镀有限公司、无锡维科瑞表面处理有限公司、无锡谨宸表面处理有限公司四车间、十车间等 4 家电镀生产企业，在无锡杨市表面处理科技工业园区召开电镀生产线装备技术升级改造评审会。与会行业专家北京航天大学胡如南教授、北京科技大学孟惠民教授、南京航空航天大学何建平教授、江南大学姚伯龙教授、无锡表协章伟国研高工等作为专家组人员参加了评审会议。

2019 年 1 月 13 日，无锡表协第九届会员代表大会暨第一次理事会在无锡太悦酒店隆重召开，中国表面工程协会副理事长兼秘书长马捷、副理事长上海电镀协会秘书长王国祥，江苏省表面工程行业协会副会长兼秘书长桑保华，无锡市工商联行业处处长刘小兵，无锡市民政局副调研员刘长风，无锡表协会会员单位和各兄弟协会等 200 多位代表出席了本次大会。会议审议通过第八届理事会工作报告、监事工作报告、财务审计情况报告，审议通过协会章程及章程修改说明、第九届理事会换届选举办法，无记名投票表决通过会费缴纳标准和管理办法，无记名投票选举产生第九届理事会：华万清当选第九届理事会会长，匡优新、万云贤、陈国兴、刘嘉东、马军、周南星、吴欲、姚伯龙、魏忠、杜志高、应建军、匡伟达、高钟谊、侯进法当选副会长，朱国源当选第九届理事会监事，丁玉强等 51 位当选第九届理事会理事。经第九届理事会会长华万清提议并提请会员代表大会通过：聘任万云贤为第九届理事会秘书长、章伟国为常务副秘书长，聘任刘振兴、曾湧为名誉会长。大会表彰了无锡市表面工程行业近 4 年来在发展经济、注重环境保护、技术创新中做出重要贡献的先进企业和个人，同意无锡运通涂装设备有限公司等 41 家企业为先进企业，华万清等 44 位为先进个人，并颁奖授牌。大会还授予应建军等 6 人为电镀工匠奖、授予郑伯泉等 9 人为涂装工匠奖，授予顾平原等 10 人为电镀装备工匠奖。

2019 年 4 月 20 日，由无锡表协主办、无锡昌兴冉乐会展服务有限公司承办的 2019 第三届长三角电镀、涂装及表面处理展览会在无锡太湖国际博览中心隆重开幕。来自福建、四川、广西、山东、重庆、沈阳、长春、厦门、成都、金华、苏州、镇江等行业协会领导，以及全国各地表面工程行业的企业家、专家、厂商等参加开幕式。展览会设展位 100 多个，集中展示全国表面工程行业的环保科技新材料、新技术、新装备，本次展会是一次共享表面工程行业高质量发展的盛会。

2019 年 5 月 8 日，无锡表协组织无锡运通涂装设备有限公司、无锡南方智能物流设备股份有限公司、江苏中捷精工科技股份有限公司、无锡市太湖防腐材料有限公司等企业，参加由无锡市委、市政府举办的“乐业无锡”百校千企技能人才供需合作洽谈会，搭建校企技能人才深度交流平台，促进表面工程行业企业与省内外院校和人力资源服务机构长期互利合作，拓宽技能人才引入渠道，助力产业升级，实现高质量发展。无锡表面工程协会被提名为无锡市首届“校企联盟”理事单位。

2019 年 5 月 17—18 日，无锡表协组织协会负责人和部分党员共 29 人，开展“不忘初心、牢记使命”为主题的传承红色精神教育活动，赴盐城瞻仰新四军纪念碑，重温入党誓词，参观新四军军部旧址和胡乔木故居等活动，感受红色情怀，追忆革命精神。

2019 年 6 月 3 日，无锡表协组织会员单位近百人赴沪参加在上海国家会展中心举办的世界环保博览会和上海国际泵管阀展等展览会。

2019 年 7 月 2 日，扬中市副市长林成春带领扬中市开发区管委会主任陈军、生态环境局局长匡越石、绿岛环保协会会长杜庆新等一行 10 人，专程来到无锡杨市表面处理科技园区进行考察调研。杨市表面处理科技园区管委会主任孙晨旭欢迎扬中市领导送经上门、莅临指导，无锡表协副会长杨市表面处理科技园环保办主任高仲谊详细介绍了杨市表面处理科技园的现状和发展，并参观了振华开祥科技公司、鸿运电镀公司、万宝电镀公司和星亿智能装备公司。无锡表协常务副会长匡优新、秘书长万云贤、常务副秘书长章伟国等全程陪同考察调研。

2019 年 10 月 18 日，华万清会长参加市政协、市工商联“法律助企进商会”活动推进会，并在会上作为市行业协会唯一代表做交流发言。同时，无锡表协等商会协会被市政协设立为“法律助企进商会”活动联系点，并获授牌。

2019 年 10 月 24 日，无锡市法联商会商事调解中心举办商会商事调解员聘任仪式。会议经审慎推荐考察，无锡表协会长华万清担任首届调解员，并颁发了聘书。

2019 年 10 月 29 日，中国表面工程协会第六次会员代表大会暨六届一次理事会议在上海茂业华美达广场酒店召开。在这次大会上，无锡运通涂装设备有限公司董事长华万清当选为中国表面工程协会副理事长，无锡星亿智能环保装备股份有限公司匡优新当选为中国表面工程协会副监事长，江苏宏联环保科技有限公司董事长吴欲、无锡溪龙重防腐涂覆有限公司朱根林当选为中国表面工程协会理事。

2019 年，按照省经信委、环保厅《关于推进太湖流域电镀行业环保整治的通知》和《关于推进挥发性有机物清洁原料替代及综合治理工作》的文件要求，无锡表协组织行业专家，参与政府有关部门做好电镀行业环保整治和涂装行业挥发性有机物清洁原料替代及综合治理工作的技术咨询、项目评审等工作，尤其在执行产业政策、环境政策、绿色工艺、先进装备、环保技术等方面发挥了行业专家的优势作用，为政府服务、为企业服务、为行业发展服务。协会2019年服务于30多家企业，按整治要求，结合企业实际情况，提出科学合理、行之有效的改善建议和措施方法。

2019年12月9日，2019无锡表协年会暨九届五次理事会在无锡鲁能万豪隆重召开。中国表面工程协会理事长马捷专程赶来无锡到会祝贺，福建省表面工程行业协会也为大会发来贺信，无锡表协会长华万清在会上做了热情洋溢的讲话，江苏崇宁律师事务所鲍波律师做"环保新政下企业环境保护法律风险控制"专题讲座，无锡表协副秘书长芮露婷受协会秘书处委托向全体会员做了2019年度工作汇报和2020年工作安排。会上颁授了第九届理事会成员和监事、专家证书。无锡运通涂装设备有限公司总裁华宏宇、无锡南方智能物流设备股份有限公司董事长周南星、无锡艾比德泵业有限公司总经理杜志高、昆山美宝环保设备有限公司销售总经理王晓璐等分别对各自企业的发展和前景进行交流，阐述了经济与环境和谐发展的经营理念，展示他们心系青山、造福大众的精神风貌。会议还举行了无锡表协专家组见面会。中国表面工程协会涂装分会、上海涂装行业协会也在无锡同期举办年会。

第四章 苏州市电镀协会

第一节 简　　介

苏州市电镀协会成立于1985年12月20日，主管部门是苏州市经济贸易委员会。苏州市电镀协会是1991年2月26日经苏州市民政局登记核准的一级协会，是苏州地区从事电镀及相关的设计、科研、教学、设备与原辅材料制造与经营的单位自愿组成的行业组织，是为企业服务的非营利性社会团体，协会现拥有全行业全民、集体、民营、“三资”等企事业单位，团体会员309家，个人会员60余人。协会年电镀加工产值150多亿元。

1985年12月20日，苏州市电镀协会成立大会在苏州阀门厂召开。参加会议的有苏州市政府、经委、科委、环保局、人民银行、苏州电台、工业局和各县经委的同志，以及首批58个会员单位电镀工艺作业厂点代表和苏州大学等特邀顾问单位的有关领导，还有无锡、合肥等兄弟城市电镀协会和本市职工技协、铸造协会(筹)、热处理协会(筹)等单位的代表98人。在大会上，协会筹备组向全体代表汇报了协会的筹备过程，并推选产生了第一届理事会。

协会宗旨是以经济建设为中心，坚持“双向服务”，发挥中介组织作用，面向企业、面向行业、面向市场、面向新世纪，以预测、导向、交流、服务为工作方向，整合电镀行业各方面的力量，谋求共同利益，调动多种积极因素，落实科学发展观，实施清洁生产、科技兴企、人才强业的可持续发展战略，为电镀行业发展作出应有贡献。

协会职责是组织电镀行业的学术研究与探讨，开展行业管理、技术交流、人员培训、市场调查、宣贯标准、咨询服务等有利于提高会员企业经济、环境和社会效益的各项服务工作，并进行大胆地探索和有效的创新实践，是政府与企业的桥梁和纽带。

协会法人是理事长张梅生；协会机构设企业经营管理服务部和技术咨询服务部；秘书处是协会常设机构，由专（兼）职人员负责处理协会的日常工作；协会会刊是《苏州电镀通讯》。

第二节　历届理事会成员名单

第一届理事会（1985—1989）

1985 年 12 月 20 日，苏州市电镀协会在苏州阀门厂召开了第一届理事会第一次会议，与会理事 19 人。会议选举产生了第一届理事会。

苏州市电镀协会第一届理事会领导成员：

理 事 长：殷顺宝

副理事长：许金福、陈观炎、陆志勇、杨听敖、朱荫嘉

秘 书 长：徐秋平

第二届理事会（1989—1992）

1989 年 5 月 3 日—5 日苏州市电镀协会召开第二次会员代表大会暨第二届技术交流会，168 名代表参加了会议。会上通过了修改协会章程的报告，成立了第二届理事会，表彰了一批热心于行业工作的先进集体和先进工作者，并对各种论文、译文 30 多篇做了交流，向 168 个团体会员单位颁发了会员证。

苏州市电镀协会第二届理事会领导成员：

理 事 长：殷顺宝

副理事长：许金福（常务）、冯兵、陈观炎、陆志勇、杨听敖

秘 书 长：周嘉瑜

副秘书长：王万

第三届理事会（1992—1998）

1992 年 4 月 10 日—12 日，苏州市电镀协会第三次会员代表大会暨首届电镀精饰技术、设备和原辅材料展示会在苏州召开。来自各会员单位的代表 200 多人，

广西、天津等地30多个设备原辅材料单位的代表300多人参加了这次盛会。会议表彰了先进个人与集体，通过了新的协会章程，选举产生了第三届理事会，并进行了电镀与精饰学术交流及电镀设备、原辅材料展示活动。中国表面工程协会电镀分会和中国表面工程协会电镀分会秘书长等分别表示祝贺。

苏州市电镀协会第三届理事会领导成员：

理 事 长：殷顺宝

副理事长：许金福(常务)、陆志勇、杨听敖、周嘉瑜、夏国灿、袁祥林、强凤才

秘 书 长：周嘉瑜(兼)

副秘书长：王万、张淮英、陶维练、潘荣秋

1995年10月6日，苏州市电镀协会在苏州吴都饭店召开了第三届理事会第七次扩大会议，会议根据协会章程，协商调整了本届理事会，苏州市经委工艺专业化办公室副主任、中国表面工程协会电镀分会常务理事许金福高级工程师当选为理事长。会议听取了"十年会庆暨四次年会"筹备工作小组汇报各项工作进展情况；评定了电镀行业"十佳企业(车间)和厂长(主任)"及"先进团体会员""电镀行业先进工作者"；在录用的28篇论文里评出一、二、三等奖共8篇优秀论文。

三届七次理事(扩大)会议调整后的理事会领导成员：

理 事 长：许金福

副理事长：马迁、刘伟星、朱凤泉、任金根、陆志勇、杨听敖、周祥发、周嘉瑜

秘 书 长：周嘉瑜(兼)

副秘书长：顾志平、周玉福、陶维练、潘荣秋、郑凤鸣

第四届理事会(1998—2002)

1998年9月4日，苏州市电镀协会在苏州吴都饭店举行换届会议。会议通过了由许金福等29人组成的第四届理事会；一致赞同由周嘉瑜等8人为本届理事会顾问；一致通过了新的协会章程。新章程共六章合计二十条，体现了协会是政府与企业的桥梁；体现了电镀协会以经济建设为中心，面向企业、面向行业、面向国内外两个市场的宗旨。

苏州市电镀协会第四届理事会领导成员：

理 事 长：许金福

副理事长：张梅生(常务)、丁树忠、任金根、张明亮、陆志勇、杨听敖、梅里、顾志平

秘 书 长：周玉福

副秘书长：徐业伟（常务）、陶维练、潘荣秋、戎馨亚

第五届理事会(2002—2008)

2002年4月18日，苏州市电镀协会第五届会员代表大会及2002年苏州电镀行业年会暨电镀设备材料展示会在张家港召开。中国表面工程协会电镀分会理事长胡铁骑到会并做了重要讲话，他对苏州市电镀协会的各项工作给予了高度评价，他说："苏州市电镀协会在全国是搞得最好的行业协会之一。"

2004年3月12日，苏州市电镀协会五届一次理事扩大会议选举了张梅生等组成的新一届理事会，同意陆志勇等7人退出协会原岗位的请求，并聘请他们为协会顾问。本次扩大会议上，增补了陈宏为常务理事，殷惠良、黄建强、朱伯生为理事。

苏州市电镀协会第五届理事会领导成员：

理 事 长：张梅生

副理事长：任金根、张明亮、顾志平、周玉福、金仪新、朱成光、朱建文、戎馨亚

秘 书 长：陶维练

常务副秘书长：黄建强

副秘书长：金巧林

名誉理事长：许金福

名誉副理事长：丁树忠、庄伟民

第六届理事会(2008—2013)

2008年10月，苏州市电镀协会第六届会员代表大会在苏州中华园饭店顺利召开，同时召开的还有长三角城市表面工程行业协会联席会议，并于次日举办了2008年中国苏州表面处理行业展览会。在第六届会员代表大会上，苏州市有关部门的领导出席会议，对有关经济、环保、安全生产方面发表了重要讲话，希望苏州市电镀协会今后在各方面大步迈进。

苏州市电镀协会第六届理事会领导成员：

理 事 长：张梅生

副理事长：朱建文、任金根、张明亮、周玉福、金仪新、朱成光、戎馨亚、张建华、季岳清、陶维练、康兢

秘 书 长：朱建文

常务副秘书长：黄建强

副秘书长：王万、陈伟

名誉理事长：任金根

名誉副理事长：丁树忠、庄伟民

第七届理事会(2013—2018)

苏州市电镀协会第七届会员代表大会于2013年10月25日在苏州白金汉爵大酒店召开，来自苏州各市区会员单位的代表、电镀原辅材料供应商、全国各兄弟城市的电镀协会和苏州其他行业协会的嘉宾共230多人参加了会议。苏州市经信委、环保局、民政局、公安局、工经联和中国表面工程协会电镀分会的领导到会讲话。张梅生理事长做了题为“齐心协力求发展，开创未来谱新篇”的协会五年工作报告，并修改了协会章程，审议了财务工作报告。大会选举产生了新一届理事会成员，表彰了苏州市电镀行业中的优秀电镀企业和优秀供应商，举行了学术交流研讨会等。这次大会得到了各地兄弟协会和苏州市其他行业协会的赞扬。

苏州市电镀协会第七届理事会领导成员：

理 事 长：张梅生

副理事长：朱建文、张明亮、张建华、潘金光、周玉福、金仪新、陈宏、戎馨亚、季岳清、王国梁、林益庭、陶维练

秘 书 长：朱建文(兼)

副秘书长：王万(常务)、陈伟

名誉理事长：任金根

名誉副理事长：程革、孙昕

第八届理事会(2018至今)

苏州市电镀协会第八届理事会领导成员：

理 事 长：张梅生

副理事长：金义新、朱建文、张明亮、张建华、潘金光、季岳清、陈宏、王国梁、林益庭、李建芳、张淮英、邱慧慧

秘 书 长：金义新(兼)

副秘书长：王万(常务)、陈伟

第三节　历届理事会的主要工作

一、协助政府实施电镀生产许可证制度

苏州市电镀协会从1986年开始协助苏州市经委工艺专业化办公室对全市电镀厂点实行发放电镀生产许可证制度工作。当时，由苏州市经委牵头，苏州市环保局等有关部门联合组成了电镀工艺专业化调整协调领导小组，并从苏州市电镀协会各副理事长单位苏州电镀厂、苏州机械仪表电镀厂、苏州缝纫机厂、苏州长风机械厂、苏州五二六厂抽调技术管理人员组成工作小组，对全市电镀厂点进行调整、检查、验收和发放电镀生产许可证工作。

苏州市经委工艺专业化办公室专门发出了《苏州市电镀工艺专业化管理办法》《关于进一步加强电镀工艺专业化调整及电镀许可证管理工作的通知》等文件，苏州市电镀协会也协助制定了《电镀生产许可证申请书》《电镀企业基本情况表》及《电镀生产许可证调整、检查、验收和发放工作计分明细自查表》。

1986年12月25日，苏州市电镀协会协助市经委工艺专业化办公室对全市电镀厂进行了调整、检查，并将有正式许可证的59家单位和持有临时许可证127家单位名单刊登于苏州日报。

电镀生产许可证管理工作的具体做法是：组织力量、加强领导——成立了由各级政府部门参加的调整协调小组；宣传标准、统一认识——召开各种类型的座谈会，反复宣传，要求做好自检、迎检的准备工作；组织验收、促进整改——在验收工作中发现市区的电镀作业点，通过前几年的企业各项基础工作整顿后，都有了不同程度的提高。而大多数乡镇厂点的基础管理工作只是刚刚起步，规章制度不健全，统计资料不完整，通过发放电镀生产许可证，对照验收标准后自查自检，都想方设法修订、补充、完善、健全各项规章制度和管理手段。有不少乡镇厂点，在经营方向上积极开拓行业渠道，发展横向联合。

苏州市电镀协会接受市经委、市环保局等政府部门的委托，在全市实行电镀生产许可证制度，并且每三年进行复查、验收、换证工作，为电镀行业实施清洁生产，强化“三废”治理打下了较好的基础。

二、开展电镀企业达标证工作

苏州市电镀协会从2006年开始由行业协会发放苏州市电镀企业达标证，以科学的管理、规范的生产工艺，来控制电镀污染源的产生；以提高技术水平，实现节能、降耗、减污、增效为目标。

到2014年底，苏州市有92家企业取得了电镀企业达标证，获得了如下一些基本数据信息：92家电镀企业总的占地面积有1 612 235.5平方米，生产建筑面积740 347.3平方米，电镀企业员工人数11 849人，92家电镀企业中是专业电镀厂的有64家，工厂内部的电镀车间有48个。这些数据反映出苏州市电镀行业已具有相当的规模和较强的生产加工能力。

92家电镀企业的电镀加工总产值为1 193 202万元，净利润为51 743.16万元，注册资金为185 632.03万元，企业固定资产原值为270 730.6万元，固定资产净值为134 793.4万元。以上数据说明了电镀企业的产值比较高，但加工利润非常薄，只占总产值的4.34%，反映了电镀企业存在的一个普遍问题。

92家电镀企业中拥有电镀自动生产线246条，拥有电镀半自动生产线264条，拥有电镀手工生产线276条。从数据可以看出苏州市电镀加工行业的自动化程度并不高，特别是缺少由计算机控制全过程的电镀自动化生产流水线，企业在装备的改造升级及各项技术的整合应用上有着巨大的潜力。

电镀企业对环境保护工作非常重视，环境意识不断增强，治理设施不断健全，清洁生产、节能降耗、循环回用已成为电镀行业的首要任务。92家电镀企业废水处理设施投资10 788.84万元，废气处理设施投资3 185.28万元，占到固定资产总投资的5.16%，每天废水处理能力24 007吨，每天废水排放量13 590.54吨。

综上所述，电镀企业达标证是一个企业在电镀行业中具有领先水平，具有承接外来加工业务的能力和生产技术先进、产品质量可靠的能力的标志，是电镀企业的无形资产。通过开展达标证工作，可以帮助电镀企业在节约资源、循环经济方面做得更好，可以促进电镀企业提升水平。开展电镀企业达标证工作是清洁生产的有效途径，也是电镀企业长期发展的有效措施和电镀行业进行长效管理的有效办法。

三、举办行业展览会

首届苏州电镀行业清洁生产技术展览会于2006年12月21—23日在苏州国际环保产品技术交易中心隆重召开，由此全面展示当今电镀行业清洁生产的新技术、新工艺、新材料、新设备及新理念，体现电镀行业可持续发展动向和趋势的平台也孕育而生——从此苏州拥有了自己的电镀、涂装涂料暨表面处理行业的专业展会。

苏州市首届电镀行业清洁生产展会吸引了全国90多家电镀行业的相关企业参展。参展的产品主要集中在电镀废水、污泥处理，电镀测试仪器仪表，电镀原料，电镀新工艺等方面，展现了当今电镀行业清洁生产的最新技术和最优秀的生产解决方案。同时，展会期间还举办了“电镀行业清洁生产标准”“电镀行业废水减量化技术”等专业性会议，进一步提升了展会的专业性。

由苏州市经济贸易委员会、苏州高新技术产业开发区管委会主办，苏州高新区环保局、苏州高新区经济发展和改革局承办的2007第二届苏州电镀行业清洁生产技术展览会于2007年9月7—9日在苏州国际环保产品技术交易中心举行。展会认真贯彻落实了《中华人民共和国清洁生产促进法》和第六次全国环保大会的精神，全面推行清洁生产，推广清洁生产技术，推动电镀行业产业升级。本届展会具有展出规模大、观众水准专业、高附加值等几大特点。

2008第三届苏州国际电镀行业清洁生产技术展览会于2008年10月16—18日在苏州国际环保产业技术交易中心举行。本届展会规模进一步扩大，展会现场效果明显，进一步推动了苏州地区电镀行业向清洁生产高新技术方向发展，在国际贸易、市场拓展、产业投资、技术研发、技术转移等方向起到实质性的推动作用。

第四届中国苏州国际电镀行业清洁生产技术展览会于2009年6月24—26日在苏州高新国际会展中心举行。本次展会面积首次达到15 000平方米。展品内容涵盖了电镀生产工艺与材料、表面处理与精饰设备及工程、涂装设备及生产线、热喷涂技术及设备、控制分析及测量仪器、环保表面处理产品、表面处理工业园、清洁生产认证机构等。本次展会从招展、招商、宣传、活动、服务等方面都有所创新，凸显了几大特点：政府单位主办、行业协会支持、知名厂商云集、媒体密集型宣传。

2010年展会更名为“苏州国际电镀、涂装表面处理展览会”（图3-32），并移至苏州国际博览中心举行，展会现场硬件设施的改善极大地提升了展会现场的效果，并同期举办了电镀行业清洁生产技术高峰论坛，在广大用户与厂商之间构筑了直接沟通的桥梁，对进一步推进电镀行业快速、可持续的健康发展起到了重要作用。

2012年展会名称变更为“华东国际电镀涂装展”，展位数达到210个，并且增加了精品展示区，为精品电镀企业提供了展示优质电镀精品的平台。该展会成为了华东地区电镀行业较为专业、发展迅速的表面处理行业展会之一。

图 3－32　2010 年第五届苏州国际电镀、涂装表面处理展览会开幕典礼剪彩现场

2013 年展会获得了无锡表协、苏州化工行业协会、南京表面处理行业协会等多家行业协会的支持，使展会参展企业更加丰富，苏州市电镀协会的多位电镀专家专门现场答疑。

2015 年 5 月第十届华东国际电镀涂装展览会成功举办。苏州市电镀协会邀请了众多电镀和材料设备知名企业参展，这些厂商带来了最新的展品和技术，在展览会上取得了良好的交流效果，让专业观众在洽谈交流的同时了解到了更多更新的行业资讯。

2016 年 3 月 16—19 日在苏州工业园区国际博览中心举行的工博会期间，苏州市电镀协会继续支持并举办了第十一届电镀涂装展览会，这次展览会展示了新的电镀和环保技术，取得了良好的展览交流效果，同时让参观者了解到了更多更新的行业资讯。

长三角电镀清洁生产及表面处理展览会于 2018 年 5 月 8—10 日在苏州市广电会展中心成功举行。本次展会由苏州市电镀协会和华人电镀网合办。展会共计有约 50 家企业近 80 个展位。现场气氛融洽、交流热烈，多家企业现场进行了签单。

苏州市电镀协会还积极利用各种机会免费组织会员单位参观各种与电镀有关的会展活动，如“中国环境博览会”“中国电子展”“荷兰阿姆斯特丹水处理展”“汽车零配件及模具展”等，努力推广行业新技术、新工艺、新材料、新设备。

四、开展培训和举办会议

苏州市电镀协会经常开展一些有关电镀工艺、环保治理、安全生产、质量管理、测试仪器等方面的技术培训及讲座，据不完全统计，先后开展了 43 次培训和讲座，培训人数达到约 3 115 人次。以下是主要的培训和讲座情况。

1986 年 5 月 20 日，苏州市电镀协会和苏州市企业管理协会联合组织的首期电镀行业企业管理干部短训班在苏州缝纫机厂正式开办，来自苏州各市（县）电镀作业厂点的 33 名领导参加了学习。

1987 年 3 月 29 日，苏州市电镀协会和苏州市总工会电镀技术交流队联合举办了复合电镀技术讲座，天津大学郭鹤桐教授等 5 人主讲了这次讲座，听讲学员近 150 人。

1991 年 5 月 22 日，苏州市电镀协会举办的电镀“四新”系列讲座在苏州正式开课，协会会员单位、持电镀生产许可证单位及设备仪器单位的厂长和工程技术人员参加了学习培训。

1996 年 11 月 22 日，武汉风帆电镀技术有限公司应苏州市电镀协会邀请，在苏州阀门厂举办了电镀技术新工艺讲座、演示和交流，苏州市电镀行业骨干 30 多人参加了这一活动。

2000 年 1 月 19 日，苏州市电镀协会与安美特（中国）化学有限公司南京分公司联合举办了电镀光亮剂应用技术研讨会。

2004 年 5 月 25 日，苏州市电镀协会和 INCO 公司联合在苏州广场酒店举办了镍产品在电镀中的使用分析和无氰电镀技术推广应用会。

2004 年 11 月 26 日，苏州市电镀协会开展了电镀知识讲座和技术咨询活动，上海应用技术大学张炳乾教授、苏州市电镀协会顾问陆志勇高工进行了授课。

2006 年 10 月，苏州市电镀协会在苏州虎丘山庄举办了有关地方职称培训，来自苏州各地的学员参加了第一期地方职称培训班，学习了《电镀工程》《电镀液故障处理》《常用电镀溶液的常规快速分析》等课程。

2009 年 12 月，苏州市电镀协会在平齐路的莫泰酒店举行了为期两天的电镀技术培训，培训单位是来自长三角地区的会员单位，协会邀请了顾问、专家为学员讲课。

2010 年 12 月，苏州市电镀协会与苏州市环保局、中小企业协会，中国移动苏州分公司等单位在胥城大厦共同举办环境保护、清洁生产培训，苏州市环保局监察支队的许皓副支队长、固废管理中心的唐剑飞主任和苏州市电镀协会的王万副秘书长等清洁生产审核师讲课。

2012 年 3 月，苏州市电镀协会成功举办了苏州国际表面处理技术论坛，在论坛上交流的有德国菲希尔测试仪器有限公司、中国台湾青烽有限公司、上海轻工业研究所有限公司、上海瑞勇实业有限公司、韩国釜咏产业集团。

2012 年 11 月 29 日，苏州市环保局、苏州市经信委和苏州市电镀协会联合召开了太湖流域电镀企业环保整治动员培训大会，参加会议的有苏州姑苏区、相城区、吴江区等地的电镀企业人员共 200 多人。会议解读了江苏省 293 号《太湖流域电镀企业环保整治计划》的文件，讲解整治标准、规定和要求，分析了一些案例，以及清洁生产、节能减排的方案。

2013 年 12 月 13 日，苏州市电镀协会联合江苏天瑞仪器股份有限公司和中国移动通讯集团苏州分公司在苏州南亚宾馆举办了电镀环保免费培训，参加培训的主要是电镀协会的会员单位、电镀厂商和部分设备厂商，人员共 50 多人，培训的教员分别是苏州市环保局污防处副处长王志斌，电镀协会顾问专家孙承根及副秘书长、清洁生产审核师王万。

2014 年 9 月 25 日，苏州市电镀协会组织召开了苏州市电镀行业安全生产宣传培训大会，苏州市经济和信息化委员会李忠副主任、苏州市安全生产监督管理局韦锋副局长到会做重要讲话，专家宣讲了“危险化学品及其环境管理”和“爆炸危险场所防爆电气应用技术”等专题。

2017 年 5 月 11 日，由苏州市电镀协会和华人电镀网主办、苏州禾川化学技术服务有限公司协办的“2017 环保新材料、新技术与发展高峰论坛”成功举行，表面处理、材料技术、水处理等方面的行业专家学者、研究机构出席，共同交流探讨行业的发展趋势，展示创新成果，推进绿色发展新方向。

2019 年 11 月 28 日、12 月 17 日，苏州市电镀协会分别组织常熟、太仓区域的会员单位进行交流培训活动，常熟活动由外资企业麦德美科技有限公司讲解了先进的电镀化学生产技术，太仓活动由上海瑞勇实业有限公司讲解了智能环保管家在电镀行业中的应用，太仓创造电子有限公司介绍了一体多用重金属在线监测仪器。

苏州市电镀协会还组织举办全国性的或地区性的各类会议，如下。

1988 年 10 月 20 日，国家经委“七五”重点技术改造专业电镀厂厂长座谈会在苏州举行，参加会议的有北京电镀总厂等 6 家企业，与会厂长围绕各自的“七五”技改进展情况和电镀行业面临的问题做介绍和讨论。

1989 年 5 月 17—18 日，全国电镀行业技术经济与综合管理标准会议在苏州召开，会上与会代表对电镀行业技术经济与综合管理标准展开了广泛讨论。

1997 年 4 月 17—22 日，中国表面工程协会电镀分会三届五次常务理事扩大会在苏州市凯旋门饭店召开，24 位常务理事和来自全国各主要工业城市的地方协会负责人共 68 位代表出席了会议，市经委韦仲焕副主任、市环保局龚荣元局长到会祝贺并做了讲话。

2001 年 5 月 24—27 日，全国电子电镀学术年会暨产品展示会在苏州会议中心隆重举行，这次会议是电子电镀行业在新世纪召开的第一次盛会。

2003 年 11 月 4—6 日，苏州市电镀协会成功举办了第八届海峡两岸表面精饰联谊会暨电镀清洁生产技术与装备、材料展示会，来自京、津、沪、渝、苏、浙等 20 多个省市，以及台湾地区、香港特别行政区、新加坡、美国、印度、日本、韩国等地区和国家的表面精饰界领导、专家、学者、企业家和协会同仁 620 多人汇聚一堂，共商表面精饰发展大计。

2005 年 3 月 21 日，苏州市电镀协会在三兴化工(昆山)有限公司召开了苏州市“三资电镀企业”同仁联谊会，参加这次活动的有日本、新加坡、香港特别行政区、澳门特别行政区及台湾地区等 20 多家企业代表。大家共同学习了《电镀行业产业升级工作文件精神》，讨论修改了《电镀行业产业升级评分标准》，相互加强了联络和沟通，倾听了会员的心声和建议。

2008 年 10 月，召开长三角城市表面工程行业协会联席会议，并于次日举办了 2008 年中国苏州表面处理行业展览会。

2010 年 3 月，苏州市电镀协会和德国菲希尔测试仪器有限公司在苏州金鸡湖畔的凯宾斯基酒店联合举行新产品发布会，参加会议的有 130 多人，新产品发布会上菲希尔公司还举办了有关测厚仪的技术讲座，让到会的客户了解更多关于测试仪器的性能和技术。

2011 年 3 月，苏州市电镀协会在苏州工业园区举行第十七次长三角城市表面工程行业协会联席会议，与会单位主要交流了长三角城市的电镀环保发展情况，学习先进的环保方法和管理经验，推进长三角城市电镀行业共同发展。

2012年3月8日，中国表面工程协会电镀分会召集全国各省市电镀协会的理事长、秘书长联席会议，来自全国各地31个协会的理事长、秘书长参加了会议，中国表面工程协会电镀分会理事长马捷、苏州市电镀协会理事长张梅生、上海市电镀协会秘书长王国祥分别主持会议。

苏州市电镀协会已经成立30周年了，三十年来苏州的表面处理、电镀行业发展迅速，已经形成了镀种齐全、工艺先进、装备领先的制造产业链基地，推动了苏州市电镀行业的技术进步和转型升级。

2016年3月17日，为了总结三十年来的历程，展望未来苏州电镀行业的发展，苏州市电镀协会在苏州工业园区国际博览中心，隆重举行苏州市电镀协会成立30周年庆典大会，苏州电镀行业的200多位企业领导、技术骨干，欢聚一堂，共庆协会成立30周年。庆典大会上举行了《苏州电镀史》首发仪式，同时召开了技术研讨和产品推广交流会，会上交流了技术信息，切磋了专业技术，研讨了大家关注的行业话题。

庆典大会收到了中国表面工程协会、中国表面工程协会电镀分会、江苏省表面工程行业协会、山东省表面工程协会、金华市表面工程协会、温州市电镀行业协会、无锡表面工程协会等发来的贺信。

五、组织国内外考察交流活动

苏州市电镀协会自成立以来非常注重与国内外同行和协会之间的交流，这些年分别与中国表面工程协会电镀分会、北京电镀协会、上海市电镀协会、江苏省表面工程行业协会、无锡表面工程协会、沈阳表面工程协会、金华电镀协会、温州电镀协会、宁波市电镀协会、成都表面工程行业协会、大连表面工程协会、重庆市电镀行业协会、杭州电镀协会、太原电镀协会、福建表面工程协会、南京表面处理行业协会、济南表面工程协会、西安热处理电镀协会、青岛电镀协会等电镀同仁进行了交流学习和参观考察。

第五章
靖江市电镀协会

为配合靖江市进行的电镀行业规范化整治和电镀集中区建设开展行业管理，由靖江市环保局和靖江永固轿配涂装厂、江苏华明实业有限公司和江苏皓月汽车锁股份有限公司3个规模电镀企业于2011年5月发起成立了靖江市电镀协会，行业主管部门是靖江市科学技术协会，其宗旨是落实科学发展观，以靖江经济发展战略为指导，组织开展电镀科研攻关、技术创新、技术服务、技术咨询等活动，在行业管理中发挥积极作用，实施清洁生产，发展循环经济，为会员和行业服务，为靖江市电镀行业健康发展服务。协会实行入会退会自愿的原则，首届团体会员51个。

第一节　简　　介

协会：

① 充分发挥行业与政府之间的桥梁和纽带作用，向政府提出表面处理行业经济、技术政策和发展方向的建议，反映行业与会员诉求，加强行业管理，促进行业发展。

② 开展对本行业基础情况调查、收集、统计和整理工作，接受政府部门委托，参与本行业规划的制定和有关技术方案的论证。

③ 研究制订进入市电镀中心的准入条件，探讨电镀中心电镀废水集中处理方案，负责电镀中心环境保护等日常事务管理工作。

④ 根据行业特点，健全自律性管理制度，维护会员合法权益，大力推动行业诚信建设，规范会员行为，协调会员关系，维护公平竞争的市场环境。

⑤ 向会员提供国内外表面处理技术、生产经营和行业发展趋势的有关信息，组织技术咨询和交流，推广新工艺、新技术、新设备、新材料，为企业提高产品质量，提高经济效益服务。

⑥ 参与制订行业标准、行业准入条件等，宣传和贯彻电镀国家标准、行业标准及国际标准，积极促进行业水平提高。

⑦ 切实为企业服务，掌握国内外行业发展动态，收集、发布行业信息。依照有关规定创办刊物和网站，开展法律、政策、技术、管理、市场等咨询服务，受政府委托承办或根据市场和行业发展需要举办交易会、展览会等，为企业开拓市场创造条件。

⑧ 配合政府有关部门，对电镀行业开展清洁生产的审核、验收等各项工作，参与行业资质认证、新技术和新产品鉴定及推广、事故认定等相关工作。

⑨ 根据行业发展要求，组织人才、技术、管理、法规等培训，帮助会员企业提高素质、增强创新能力、改善经营管理。

⑩ 与国外、境外同行组织，开展经济、技术方面的合作和交流活动，主动参与协调对外贸易争议，维护正常的进出口经营秩序。

⑪ 承办政府部门或会员单位委托的其他事项。

第二节　工 作 开 展

自成立以来，靖江市电镀协会在靖江市委、市政府的领导和市科协、环保局的指导下，以分秒必争的观念、务实的工作作风，在推进电镀集中区建设上做文章，在规范电镀企业搬迁行为上寻找对策，充分发挥桥梁和纽带作用，扎实推进集中区建设和电镀行业整治进程。

一、配合市政府开展电镀行业规范化整治

① 优化整治方案。为从根本上解决靖江市电镀行业的污染问题，根据江苏省和泰州市相关文件精神，靖江市委、市政府决定由市环保局负责，从 2011 年起，用 2～3 年的时间，开展对靖江市电镀行业进行规范化整治，在对生产配套规模型电镀企业实施深化整治的同时，规划建设电镀集中区，引导小型电镀企业集中生产，统一治污，走集约化经营之路，这样既能解决电镀行业污染治理和监管困难的难

题，又能在发展企业、繁荣经济、造福民生等方面取得显著成效。

根据江苏省关于设立电镀集中区的政策，报经泰州市政府同意整治方案为“1＋5”的工作目标，即1个集中区，在新港园区青龙港以西沿江公路南侧规划占地100亩、建设100条自动电镀生产线的生产车间及配套的“三废”处理设施；5个深化整治的电镀企业，即主要为本企业产品做配套电镀的江苏华明、永固轿配、皓月车锁、荣联电子和量具公司也将按比照电镀集中区“三废”处置标准，在规定的时间内完成提标升级改造工作。

在规划调整和方案报批中，靖江市电镀协会全程参与，在做好全市电镀行业重金属排放总量平衡、集中区选址确认等方面做了大量基础工作，而且多次采取分片座谈、约谈的方式征求电镀企业意见，对《靖江市电镀行业规范化整治方案》及相关扶持政策进行完善补充。

② 进行企业分类。参与对37家电镀企业的排查，并进行分类汇总，在报经市电镀行业整治领导小组同意后，明晰了各企业的整治方向，江苏华明实业有限公司等五家企业规模企业作为电镀控制点，其余32家电镀企业统一搬迁至电镀集中区，集中生产，统一治污。2013年1月23日与市监察局联合在《靖江日报》进行了公示，为市政府展开电镀行业整治做了准备。

③ 制定标准，组织专家评审。搬迁入驻电镀集中区企业，不是简单的生产线平移，而是要求采用国家二级以上清洁生产水平的工艺技术装备，最大限度地减少污染物产生量，为此要制定建设标准。市整治领导小组召开了专题会议，在征求相关专家意见的基础上，讨论通过了《入驻靖江市电镀集中区企业标准化建设要点》，就生产工艺、设备、清洁生产、环保管理和原址环境整治等方面做了具体规定，并要求各入驻企业要严格按照标准化建设要点，结合自身实际，编制建设方案，细化各环节管理措施。各企业在方案编制完成后，要多方征询意见，修改完善后，申请专家评估。

二、参与电镀集中区建设

① 搭建建设平台。2011年9月份，由协会倡议并在政府支持下成立了由市国资集团和4家规模电镀企业组成、注册资金2 000万元的“靖江市华晟重金属防控有限公司”，负责金属表面处理业重金属污染控制中心建设和运行；后又随工程的建设和管理需要对公司资本和股东进行了两次重组，形成了目前的注册资金6 000万元的国有公司。

② 参加工作组。协会参加了金属表面处理业重金属污染控制工程建设环保工作组,进驻华晟公司,做好跟踪服务和指导,工作组以环境效益、社会效益、企业效益和股东利益的有机统一为宗旨,对集中区工程的建设和运营实行全过程环境监理和清洁生产审计,督促华晟公司严格按照《电镀处理技术规范》建设环保治理设施、严格按照《电镀行业清洁生产标准》的要求提升工艺水平,确保环保"三同时"设施到位、污染物达标排放。努力将集中区工程建成电镀生产和环境保护相协调的样板工程,多次组织新闻通讯稿,对电镀集中区建设、电镀行业整治政策和进程进行宣传报道。

③ 争取专项资金。协会在配合市环保局完善市电镀行业规范化整治的政策、加快办理集中区各项审批手续的同时,努力做好与上级部门的沟通联络,争取拿到国家重金属污染防控专项补助资金。2012 年 6 月,根据财政部、环保部重点支持重金属污染防治重点示范区建设的政策及省环保厅的要求,加班加点,在省和泰州市环保部门的协助下,组织编制并及时上报了《靖江市重金属污染综合防治实施方案(2012—2015 年)》,方案中重点突出了对重金属污染严重、环境投诉多的西来镇已关停的电镀企业和市电镀行业整治过程中被搬迁的企业重金属污染场地进行修复治理,方案通过了国家环保部的专家复核,获得了 2012 年中央重金属治理专项资金 6 420 万元。

三、开展技术交流和攻关

① 发挥技术优势,组织专家论证,确保废水处理工艺国内领先。电镀废水处理是电镀整治和集中区建设的重点环节,为了确保废水处理工程建设更为科学合理,少走弯路,尽快建设,全面达到预期目的。协会分别在 2012 年 5 月和 10 月,会同华晟公司和江苏皓月车锁股份有限公司对重金属废水治理回用方案进行筛选,选择了国内顶级设计院和专业公司提供的方案,通过了由中镀协、东南大学、南京理工大学专家、教授组成的专家组的技术评审,得到了较高评价,一致认为该几家治理方案有效地解决了电镀行业废水处理与利用关键技术,处于国内领先水平。为靖江市电镀集中区的废水处理工程的建设和运营奠定良好的基础。

② 组织电镀废水的深度处理。对废水的重金属实现深度处理,使其排放指标从现有的《电镀污染物排放标准》(GB 21900—2008)中的表 2 标准提高到表 3 标准。目前这两级处理方案通过了由中镀协、南京师范大学等教授组成的专家组的技术评审,得到了较高评价,一致认为几家治理方案有效地解决了电镀行业废水处

理与利用关键技术,处于国内领先水平。

③ 发挥产业集聚优势,探索新方法,开展行业自律和技术攻关。电镀集中区建成运行后,将有近35家电镀企业在这里集中生产,这里既是电镀生产企业集中地,也是电镀生产技术交流的场所和协会工作的大舞台。集中区一是要召开电镀协会会员大会,推选代表,成立入驻企业业主班子,参加集中区管理,相关部门做好管理对接,完善集中区管理制度,谋划行业自律;二是打破电镀企业原有生产上自我封闭的格局,多种形式,组织电镀生产实用技术的交流,以提高电镀生产效率、产品合格率、入驻企业的经济效益,真正实现电镀集中区"设施先进、管理规范,技术一流"的目标。

第六章
表面处理(电镀)研究会、商会

第一节　南京市表面处理研究会

南京地区的表面处理科技工作者在南京市科协学会部的支持之下,南京表面处理研究会于1983年3月正式批准成立。

南京表面处理研究会下设涂料、防锈、电镀3个学组和1个情报资料组。理事会由19名同志组成,顾昌寅高级工程师任理事长,李士嘉副教授、庄瑞舫副教授和蔡建宏高级工程师任副理事长,秘书长由蔡建宏兼任。

历届学会的理事会都非常重视发挥学会人才荟萃、信息量大的优势,在市科协的正确领导下,认真贯彻学会成立的宗旨,积极组织各种形式的学会活动,为表面处理科技工作者和表面处理企业服务。二十年来,学会在理事会的领导下,曾组织过许多有益的活动,为提高南京地区的表面处理技术水平发挥了重要的作用。

一、富有成效地组织不同规模的表面处理学术交流会

为了推动本地区表面处理技术的进步,学会曾先后组织过5届南京地区表面处理学术交流会,每次参加交流会的人数均达到百人以上,不仅本地区的表面处理科技工作者和企业领导积极参加,还有国内其他城市的表面处理专家和专门从事表面处理化学药品及装备的制造商们,积极地参加交流和展销。每次交流会的主题明确,并出版论文集。

学会还曾3次联合苏州、无锡、扬州等7个城市的电镀协会(学会)、防腐学会等同行业科技群众团体,在无锡、扬州、南京共同组织过省内各城市电镀技术交流

会暨材料设备的展销会，参会的人数每次都超过200人，并将通过征文得到的论文资料印成论文集，会议得到了参会代表的肯定。

1990年学会接受中镀协的委托，在南京承办第三届全国电镀与精饰学术交流大会暨材料与设备展销会获得成功，参加学术交流和展销的人数超过了400人。

2002年学会与南京表面处理行业协会，共同主办了以“清洁生产”为主题的2002江浙沪14市首届电镀技术交流会暨材料与设备展销会，会议规模超过了450人。会上，南京表面处理研究会与南京表面处理行业协会和其他13个城市的电镀协会一起向全国电镀行业发表实施清洁生产的倡议书，这是学会首次在正式的专业会议上就重大的原则问题阐明自己的观点。

2009年，在南京由老专家组和南京市表面处理研究会合办电镀污水国家排放标准研讨会(图3-33)，参加会议的有郇德浩、石金声、庄瑞舫、王一夫、党学政、蔡建宏和周新币等人。

图3-33　电镀污水国家排放标准研讨会现场(2009年)

二、围绕表面处理工艺技术及热点课题举办专题讲座

学会非常重视用“专题讲座”的形式开展学术交流活动，因为专题讲座的主题

明确、耗时少,因此易于吸引听众,同时讲座的技术准备和组织也比较方便。据粗略的统计,1983—2003 年期间,学会曾围绕表面处理技术中的新工艺、新技术、热点课题、工艺基础技术,举办过近 200 次的专题报告或科普专题讲座,听众总数超过 1 万多人次。在 20 世纪 80 年代末期和 90 年代中期,学会曾两次在武汉材料保护研究所张立茗高工的支持下,分别邀请日本学者小西三郎教授和夏本英彦教授在南京做专题报告,介绍日本电镀技术的发展状况和国外合金电镀发展的趋势。

三、重视对表面处理科技人才的培训

学会理事会一班人学习党中央领导“科学技术是第一生产力”的精神,响应“科教兴国”的号召,根据《中共中央关于教育体制改革的决定》中有关鼓励高校挖掘潜力多招学生,以满足社会对人才需求。继续推行用人单位委托学校培养学生的方式的要求,倡议实行学校和学会联合办学,举办两年制的电镀工程大专班,为南京市培养一批表面处理专业的大学生。该倡议立即得到南京航空学院和南京市科协领导的批准,双方很快就签订了办学协议,学院负责教学和对学生的管理,学会负责向需要年轻表面处理科技人员的企业有偿地推荐学生。在李士嘉教授和顾云生副教授的主持下,克服了种种困难,用最短的时间办妥了申请参加全国统一招生的手续和电镀工程大专班开班的一切准备工作,于 1985 年 9 月初迎来了 41 名代培生,其中为南京培养 32 名,为扬州、苏州等城市培养 9 名。在学院老师们的精心培育下,全班学生于 1987 年 9 月以优异的成绩如期毕业,走上了工作岗位,并经过多年的社会实践,成长为南京处理科技队伍的骨干。

20 世纪 80 年代初,为了帮助各企业中从事表面处理技术工作时间较短的技术人员尽快胜任工作,系统地选择了 52 个专题,编印了 52 份讲义,大约每半个月举行一次讲座,讲座持续了近一年半的时间才结束。

四、努力办好内刊《南京表面处理通讯》

学会成立不久,董恩和顾云生等理事会领导成员就倡议筹办内部刊物,以加强学会与会员之间的联系和学会与国内各兄弟学会之间的交流,倡议得到理事会的一致支持。刊物定名为《南京表面处理通讯》,由董恩高工兼任主编,与钱达人副教授、李根寿、储荣邦、李勤忠诸高工们一起,担负起从筹稿、审稿、编辑、组织印刷和发行的全部工作。刊物的经费得到南京电镀服务部陈龙江经理的支持。起初的刊物不定期出版，大约创刊一年以后确定为季刊。刊物在钱达人副教授和储荣邦、李勤忠两位高工的主持下坚持出版，16 年来从未间断过，在同行业中具有一定的影响。南京表面处理行业协会成立以后，从 1999 年开始，这份内部刊物改为由两会合办，刊物的内容除了科技文章之外，增加了管理和信息交流的内容。

2001 年该刊物更名为《南京表面处理》，同时征集彩色版和单色版的广告，增加刊物的栏目，提高了可读性。在编辑部的努力下，刊物的质量逐年提高，发行量也逐步地增加，使之更好地发挥联系会员和同行业的纽带作用。

五、成立表面处理技术咨询部

表面处理技术咨询部成立于 1984 年第三季度，学会聘请丁国柱(图 3－34)、薛林鑫两位老工程师担任咨询部的正副主任，负责技术咨询业务。两位老同志退休前曾分别是江南光学仪器厂和金城机械厂电镀车间的主任，具有丰富的实践经验，同时富有奉献和敬业的精神。在他们的默默耕耘下，咨询业务不断扩大。他们自己或者组织学会中的有关专家、科技人员，帮助企业解决电镀生产过程中出现的技术难题，推广新工艺，向企业提供先进、稳妥、可靠的电镀工艺技术，为企业的扩建和技术改造设计电镀生产线的工艺流程、选择设备，指导企业配制新生产线上的溶液、调试新的生产线直到能够正常的生产，帮助企业培训技术工人、化验员等，创造

图 3－34　丁国柱九十岁时的寿照

了许多有效的技术服务形式，取得了很大的成绩。技术咨询服务的客户不仅遍及南京市四郊五县的乡镇企业，还扩大至镇江、苏北地区及邻近南京的安徽和浙江一些县的乡镇企业。由于他们出色的工作，为南京表面处理研究会赢得了信誉。

六、组织新材料、新设备的推荐活动

中国实行改革开放以后，表面处理的新材料、新设备不断地涌现，学会就利用自己的优势发挥中介的作用，积极为国内外制造优质表面处理材料和设备的知名制造厂商组织产品的推荐会，向南京地区的表面处理企业和科技工作者推荐，使大家不仅在广告中了解产品的特点，还能够从技术上更进一步地了解其性能、使用方法及部分企业试用后对产品质量的反应，同时也为制造商打开南京地区的销售市场创造了一些条件，这类中介性质的活动取得了较好的效果。学会通过组织这类活动，使学会与许多知名的制造商建立了良好的关系。譬如，学会曾帮助广东南海风帆表面技术研究所在南京地区打开他们研制生产的 A-1 低氰镀锌光亮剂的销售市场。

七、学会曾得到广泛的支持

由于表面处理是一门跨行业的制造工艺技术，本地区有许多从事表面处理业务的单位愿意支持学会，希望学会成立以后，选择无挂靠的发展路子，决心依靠学会理事会一班人和积极分子的共同努力，建设和发展学会。

长期以来，学会的建设和发展始终得到市科协的支持和关心，市科协学会部的周京京部长、苏亦铭、聂磊等领导对学会提供了很多具体的帮助和支持。

学会多年来能够为发展南京地区的表面处理科技事业做出应有的贡献，与历届理事会班子的团结是分不开的，只要是理事会通过的决定，大家都会努力地去实施。历届学会能够做成许多有益的工作，还因为拥有一个富有敬业精神、奉献精神和辛勤工作的秘书班子，先后有董恩、李根寿、季金荣、丁国柱、薛林鑫、骆莅铭、张琴娣、梅天庆等同仁承担过秘书处的工作，组织学会活动的大量繁杂、琐碎、细致的准备工作，无一不是由他们去完成的。

南京航空学院材料系系主任李士嘉教授和 902 教研组的专业老师们，自学会成立那天起就是学会的强大技术后盾，无论是学会举办学术交流会、专题讲座、办内部交流刊物、举办培训班甚至是办电镀工程大专班，如果没有他们无私的支持，是不可能获得成功的。

数十年来，学会之所以能够较有成效地组织各种学术交流活动，还与许多热心表面处理事业的学者、专家们的辛勤工作是分不开的，他们中有的同志长期以来一直担任学会的理事，为组织学会活动出谋划策、为学术交流撰稿和担任报告人、为筹集学会经费奔走，为学会工作倾注了大量的心血；有的同仁一直是学会的积极分子，只要学会组织活动，他们一定前来参加，学会有困难，他们一定会鼎力相助，如李士嘉教授、庄瑞舫教授、蔡建宏研高工、王秉初研高工、虞胜安、陈亚、储荣邦、张康夫、余良才、祝荣生、马庭峻、李勤忠、马辛卯、陈志顺、洪琪、王纪生等同仁。

太平电镀材料设备公司的张宁总经理和南京电镀材料服务部陈龙江经理，长期以来为学会提供办公条件、市场信息及必要的资金，特别是陈龙江经理，他非常关心和爱护学会，南京电镀材料服务部已成为南京表面处理研究会实际上的挂靠单位。研究会同样不能忘记本地区的许多企业团体会员和他们的领导人多年来对学会的热心支持和帮助，如晨光集团公司表面处理分厂、十四所三分厂、麒麟电镀厂、紫金集团表面处理事业部、安美特化学公司南京分公司、金鞍环保涂装设备厂、盛花涂料工程公司、风格涂装设备厂、正工线材电镀设备厂等。

中镀协胡铁骑理事长、中镀协学术委员会张立茗主任、上海电镀协会秦宝兴名誉理事长、电镀界的老前辈张绍恭高工、上海永生助剂厂沈品华厂长、武汉风帆电镀技术公司杨江成总经理、南海风帆表面技术研究所马冲所长、天津电镀工程学会郭鹤桐教授和梁启民理事长、安美特化学公司的黄盛郎先生和龚楚怡先生、苏州市电镀协会许金福理事长、无锡表协顾福林副理事长均对南京表面处理研究会予以了大力支持和关心。

第二节　常州市电镀研究会

一、简介

常州电镀行业相关单位于20世纪70年代初在常州市科协下面成立了电镀小组，参加的单位有常州无线电厂、常州市开关厂、常州自行车厂、常州市电子仪器厂、常州第四无线电厂和陈渡电镀厂。随着电镀厂点的增加，几年内又增加了常州北港电镀厂、常州戚墅堰电镀厂、常州戚墅堰机车车辆厂、常州三井电镀厂和常州照相机厂，会员人数增加到30余人。

1979年常州市电镀研究会成立，成立大会上选举徐金玉（常州市电镀厂）、严怀友(常州自行车厂)、张国起(常州无线电厂)、田明远(常州市环保局)、胡纪清(常州照相机厂)、孙宇迪(常州市开关厂)、祁瑞听(常州戚机厂)等7人为理事会成员,徐金玉为理事长,杨成森为秘书长。第二届年会决定增加高鸿宝(常州无线电电镀厂)和杨成森(常州自行车电镀厂)2人为理事会成员,理事会由9人组成,由祁瑞听接任秘书长。10多年来,理事会的成员变化不大,理事会秘书长先后由杨成森、祁瑞听和刘全兴担任。1995年在胜利电镀厂召开会员大会,选举新一届电镀研究会理事会,理事会由朱祥荣(常州胜利电镀厂)、陆伯兴(常州市新丰电镀厂)、沈正荣(常州市戚墅堰电镀厂)、赵兴中(常州北港电镀厂)、张小旦(常州西林电镀厂)、薛叔寅(常州无线电电镀厂)和段伟年(常州市环保局)等7人组成。朱祥荣担任理事长,张小旦任秘书长。随着城市的改造,加上企业的转制,常州市胜利电镀厂、北港电镀厂、常州自行车电镀厂及各电子元件厂的电镀车间先后被撤并,人员调动频繁,研究会活动难以开展,于2013年撤销,武进电镀研究会也因为同样的原因撤销。

二、主要工作

常州市电镀研究会成立以后,起到了电镀行业与政府沟通的桥梁和助手作用,协助市、区环保局对电镀厂点的废水、废气进行调查、摸底,提出整改方案,开展技术革新,举办电镀知识讲座,在提高工人素质,提高产品质量等方面做了大量的工作。

(一)协助常州质量技术监督局开展产品质量大检查

1988年由常州质监局刘连成科长负责,组织常州市电镀研究会、武进电镀研究会对当时一市三县的电镀企业及厂属电镀车间的产品质量进行检测。检测标准是江苏省标准局提供的国家标准,检测仪器是质监局指定的验收合格的仪表工具,主要是中性盐雾试验和醋酸盐雾试验。参加检测人员是常州市电镀研究会的徐金玉、杨成森、祁瑞听和武进电镀研究会的石裕民秘书长,负责人是质检局的技术科长刘连成。取样人员到各厂点现场取样、编号、封样,检验结果返回各厂,并发给质量合格证书。在取样的同时对各厂的镀种、镀槽容量、废水处理设备进行调查、摸底,制表汇总,向常州市环保局汇报,制定整改措施。这项活动,虽然花费时间较长,但是对于常州电镀产品质量提高有很大的促进作用。

(二)协助常州电镀厂车间进行工艺设计

常州电镀厂归属常州市郊区后,于1984年开始扩建新的电镀车间,经常州市科协与常州市电镀研究会协商，并与有关单位商榷同意，决定派戚机厂祁瑞听与自行车厂杨成森两位同志协助电镀厂搞工艺设计。从土地丈量开始到设计完工共用了55天时间，其间完成了车间铜、镍、铬全自动生产线的工艺布置。对选用的整流器规格、平面布置导电铜排的规格、长短均做了论述，并为风、水、汽、电、废水设计提供设计资料，编制了各镀种的工艺文件。设计完工晒成图纸后，请上海轻工设计院的张绍恭高工、上海轻工学校的李鸿年老师、长征电镀厂的秦宝兴高工、光明电镀厂的吴顺山等专家教授来常州评审，得到了这些专家的一致好评，认为这样高水平的工艺设计是非常了不起的。不久，厂房建设好后，由无锡市电镀设备厂(原高泾电镀设备厂)承建自动线。当时这在江苏省内是屈指可数的电镀自动线，先后有省内外许多电镀厂来参观，该车间的建成对电镀产品质量的提高、减轻工人劳动强度起了很大的作用，同时也对常州地区自行车的配件电镀做出了贡献。

(三) 开办电镀知识培训班提高工人素质

早在1978年在常州市科协的组织下，市科协电镀小组在科协会堂举办电镀培训班，教材选用上海轻工业学校的教科书《电镀化学基础》《电化学工艺学》，由张国起和祁瑞听两位担任教师，学员来自常州无线电厂、常州自行车厂、常州钟表厂、常州戚墅堰电镀厂、常州第一电子仪表厂、常州第二电子仪表厂、常州纺织仪器厂、常州开关厂、常州拖拉机厂和常州电镀厂等，主要是工厂管理人员和电镀班长，共30余人。学习结束举办了考试并颁发结业证书。

武进电镀研究会成立以后，于1986年在武进金融干校再次举办电镀培训班，教材仍采用轻工学校的教科书，学员来自武进各电镀厂的生产骨干、车间主任和技术人员共80余人，教师仍为张国起和祁瑞听，时间是每周二、四、六下午，学习结束举办考试并颁发结业证书。

通过系统的学习，武进地区的电镀工作者了解到：中国的电镀历史已有100多年，电镀是用电解的方法在金属和非金属表面沉积金属的过程。这门技术并不像大家想象的那么简单，它涉及物理、化学、机械、电工学多门学科，同时电镀又是产生有害废水、废气和废渣的工业过程，会对环境产生严重的污染。我们在提高产品质量的同时要保护环境，造福子孙后代。

电镀培训班的开办对常州地区电镀发展有很大的推动作用，许多学员后来都成为企业的骨干，有的还当上车间主任、科长、厂长，有的成为拥有数千万产值的电镀企业的企业家。

(四) 积极推广新工艺新技术

1978年,原常州电镀厂的严怀友、常州照相机厂的胡纪清开始酸性镀铜的新工艺试验,并参加上海长征电镀厂酸性镀铜新工艺的鉴定,回来后在全市各厂点推广。

1982年起,常州大力推广钾盐镀锌、锌酸盐镀锌,以代替氰化镀锌,最先应用的是常州电镀厂、横林电镀厂、遥观电镀厂、马杭电镀厂,不久就在常州地区全面推广。1990年开始,常州电镀厂首先推广使用南京航空学院试验成功的无机镀锌添加剂,巩固了锌酸盐镀锌的成果,提高了镀锌产品质量。

常州戚机厂电镀车间自1978年起试验酸性镀铜、双层镍铁套铬工艺、钾盐镀锌、焦磷酸盐镀铜,是常武地区首个不再使用氰化钠的电镀车间。该厂还成功进行了镀铁试验,采用刷镀的方法修复内燃机配件,1984年使用该技术的活塞修复项目获得铁道部双革四新三等奖。

随着塑料工业的发展,常州地区的在塑料电镀方面也不甘落后,迅速起步。常州照相机厂的王裕新、常州第四无线电厂的周俊朝最早将铬酸粗化,胶体钯、硝酸银活化、化学沉铜等应用于塑料电镀前的处理中。1990年武进第二电镀厂(太平洋电镀公司)在第四无线电厂周俊朝的协助下,建成塑料电镀手工电镀线,批量生产各种ABS塑料配件。有了这一良好的开端,其他电镀厂如横林电镀厂、崔桥电镀厂、洛阳电镀厂也相继开展了塑料电镀作业,更可喜的是到2013年横林电镀厂又将塑料电镀的前处理改成了自动线生产,不但减轻了劳动强度,降低了生产成本,更重要的是减少了对环境的污染,使得废水容易分类处理,达标排放。

(五)"请进来走出去"组织参观学习

常州市电镀研究会成立以来,按常州市科协的要求,每年定期在文化宫门口举办科普宣传活动。科普图片由科协提供,研究会主要负责管理和讲解。

常州市电镀研究会先后组织人去上海、南京、扬州、苏州、无锡、连云港等地参加六省一市电镀技术交流会和江苏省镀协年会。派人员去广州、武汉、上海、南京参观电镀工艺技术展览会和参加学术讲座。1991年12月徐金玉和祁瑞听作为研究会代表前往哈尔滨参加日本电镀技术报告会。

1986年常州市电镀研究会邀请上海轻工业专科学校李鸿年老师、上海长征电镀厂秦宝兴高工来常州文化宫小礼堂作镀铜、镀镍专题讲座,而后两位专家又受武进电镀研究会的邀请去常州横林电镀厂做专题讲座,并亲临车间现场,指导生产、解决实际问题，受到常州武进地区电镀工作者的一致好评。

1990年邀请江苏省标准化委员会副主任、南京航空航天大学李士嘉教授、钱达人、顾寅生副教授来常州做表面处理标准化讲座，指导常州地区如何开展电镀标准化工作，并指定常州电镀厂制定镀镍添加剂的常州市地方标准。

第三节　无锡惠山区表面处理行业商会

无锡市惠山区表面处理行业商会是于2014年8月28日正式成立(图3－35)的全国首家表面处理行业商会，位于无锡金属表面处理科技工业园区，经无锡市惠山区工商联(总商会)批准设立，由无锡万宝电镀有限公司、无锡鼎亚电子材料有限公司、无锡金信表面处理有限公司、无锡永发电镀有限公司、明通飙升表面处理(无锡)有限公司、无锡骏达表面处理有限公司6家单位共同发起组建。商会成员主要由无锡金属表面处理科技工业园区的表面处理企业及相关配套企业组成，共有会员单位40家，其中正副会长单位7家，理事单位13家，会员单位产品主要涵盖汽车零部件、半导体框架、电子元器件、灯饰五金和塑胶材料等的表面处理及加工组

图3－35　无锡市惠山区表面处理行业商会成立大会全体代表合影

装配套。

商会所在地区建设规模大，基础配套设施完善，电镀镀种齐全，电镀工艺和电镀装备条件居国内先进水平。表面商会的成立对无锡市表面处理行业的可持续健康发展发挥了积极推动作用。

商会宗旨：遵守和贯彻党和国家的有关方针、政策及法律法规，坚持科学发展观，反映行业内会员的整体利益，维护会员的合法权益，坚持团结协作，引导有序竞争，不断增强会员企业在行业内的核心竞争力，共同促进行业健康可持续发展，维护行业经营的良好道德风尚，发挥沟通政府与工商界的桥梁纽带作用。

商会方针：遵循自愿参加、自选领导、自筹经费、自我管理、自我服务和诚信民主的方针开展工作。

商会总的职责：贯彻政策、服务会员、协调关系、发展经济。

附　录

一、江苏省电镀加工及相关企业简介

如同全国各个行业一样，自电镀行业诞生、特别是中华人民共和国成立以来，其格局经历多次大的变革。解放前及解放初期，电镀行业的主体是小型私营企业及个体户。公私合营浪潮后的近 40 年中，企业基本是以国营企业和大集体形态存在的，20 世纪 90 年代后期，江苏以苏南模式为代表，陆续改制为乡镇(社队)企业为主体，21 世纪以来，又逐步演变为以民营企业为主体。

在江苏电镀发展进程中，不少企业的贡献不可磨灭。本附录收录的企业是目前仍在正常运营，并且在江苏省或本地区有一定代表性和影响力的电镀加工企业，或是为电镀加工企业服务的相关设备、原辅材料、环保等企业。由于信息资源有限，定会有遗漏，在此致以歉意。

(一) 南 京 地 区

南京四方表面技术有限公司

南京四方表面技术有限公司已发展成国内领先的专业从事各类表面处理设备及环保工程设备的设计和制造的高科技公司，为众多行业提供表面处理生产线及环保设备的设计、制造、安装、调试、人员培训，以及包括相关控制软件和所需各种耗材在内的完整解决方案(如交钥匙工程等)和综合服务。

四方公司创新性地在企业内实现“可复用项目管理模式”，对定制化非标制造实现精细和标准管理，实现研发、设计、采购、制造、供应链、安装、培训及财务的标准化、模块化和可复用化，极大地提高了企业运营效率和产品质量，降低了企业成本,提升了经济效益。四方公司“可复用项目管理模式”的本质是“知识的可复用化”,为制造性企业在知识经济时代的管理创新做了有益的尝试。

在商业和盈利模式上,四方公司成功实现了制造业的“服务化”。不仅向客户一次性地提供硬件产品,同时持续地向客户提供运营所需要的耗材和服务。例如,四方公司不仅向耐指纹板生产线的客户提供相关耗材,同时派遣精干的管理团队负责客户的生产管理。四方公司通过此类管理外包服务获得持续性的现金流,实现了供需双方的双赢。

在中国目前经济结构调整、制造业亟须转型升级的历史时期,四方公司努力在更需要创造力“微笑曲线”的两端提高盈利能力和市场竞争力,实现了企业的可持续发展。

南京海波电镀器材有限公司

南京海波电镀器材有限公司创建于1997年,占地面积10 000平方米,建筑面积8 000平方米。经过二十多年的稳步发展,已成为一家集电镀器材研发、生产、经营和服务于一体的专业化企业。

2001年海波与德国科兹公司合作,成为德国科兹公司电镀系列产品中国大陆地区总代理,主要为进口的德国汽车管路电镀线配套供应耗材。2002年海波通过了ISO 9001质量管理体系认证,建立了完善的管理体系,配备了充足的资源,确保了质量体系的合规性、充分性和有效性;2003年荣获“重合同、守信誉”企业;2004年被评为AAA级信用单位;2005年海波荣获中国表面工程协会电镀分会先进企业;2006年与德国科兹公司总经理Volker Kunz先生和工程师Hermann Donsbach先生共同投资成立中外合资南京海波科兹表面技术有限公司,引进先进的生产、检测设备和管理理念,生产经营除油剂、镀锌及锌合金添加剂、钝化剂和封闭剂等系列产品。

2007年海波公司与南京晶晶表面技术公司合作,产销的硬镀铬系列产品达到国际先进水平,并且成为国家标准《金属覆盖层　工程用铬电镀层》(GB/T 11379—2008/ISO 6158:2004)的起草单位。2009年荣获江苏表面工程行业优秀企业。2010年Haibo商标通过国家工商行政管理总局注册,注册号:第6115666号。2011年成立海波技术中心(南京大洋金属表面技术有限公司),总投资1 256万元,在南京表面处理中心购标准电镀厂房2 000平方米,设有3条镀锌及锌合金生产线,铜、镍、铬自动线1条,对外承接电镀加工,同时使用海波产品为海波及客户现场培训电镀技术人员。2011年公司成为南京市表面处理行业协会副会长单位。

2012年公司成立东方商学院海波分院，构建学习型组织，为海波长期发展培育更多的优秀人才；2013年成为江苏省机械行业协会表面工程分会常务副理事长单位；2014年获中国表面工程协会设备材料委员会“出新环保杯”十佳会员称号；2015年公司董事长余波获任江苏省表面工程行业协会监事会主席。

公司主要产品有镀锌系列：低泡钾盐镀锌、铵盐镀锌、高速硫酸盐镀锌、环保碱性镀锌等添加剂；镀锌合金系列：锌镍、锌铁、锌钴、锌铝和锌锡合金镀添加剂；硬铬催化剂、无氰碱铜添加剂；三价铬和六价铬钝化剂系列、封闭剂系列；电镀材料、电镀设备、压延锌板、压延锡板、压延铅板、压延银板。

南京海波电镀器材有限公司的产品广泛应用于汽车、航空、石化、煤炭、建筑和五金电子等行业。

安美特(中国)化学有限公司南京分公司

安美特是全球最大石化集团之一、法国最大企业道达尔集团的子公司，是目前世界最大、技术领先的集设备、工艺、技术、产品和服务为一体的供应商，专为通用五金电镀、半导体和印刷线路板行业提供生产工艺、电镀化学品和设备系统，拥有强大的研发、应用分析和生产能力，在装饰性电镀、功能性电镀和电子及电路板电镀之技术领域中拥有庞大市场占有率和竞争力。安美特拥有数千个专利，产品在全世界享有盛誉。

1980年，美国M&T Harshaw公司在香港成立安美特化学有限公司；1988年，安美特选址在南京，与南京轻工业机械厂合资成立南安电镀技术工程有限公司，正式以企业实体进驻中国表面处理行业。南安公司不仅引进了世界上最先进的全线表面处理产品、技术、理念，更是在南京设立了主产品生产基地，提供快捷高效的优质服务。南安公司在上海、天津、沈阳、长沙、贵州、重庆等多地设立了办事处/分公司，更加密切了与各地表面处理界的联系与合作。1999年，因合资期满，南安公司结束运营，业务转予新成立的安美特(广州)化学有限公司南京分公司，南京分公司另设有青岛服务部、武汉服务部等外地附属机构。2006年底，安美特(广州)化学有限公司更名为安美特(中国)化学有限公司。2017年，位于扬州的安美特另一个产品生产基地建成，为安美特的本地化服务增添强劲动力和活力，表达了安美特将继续为中国表面处理行业服务的美好愿望。

安美特提供综合性的系统解决方案，已经成为表面处理领域的诚信合作伙伴。公司为设备、化学品及服务提供完美的匹配，业务涵盖了钢铁、铝、工程塑料等各种材料的表面处理技术，涉及汽车、工程机械、卫生、电子行业、首饰及家用配件等诸多领域，可以为每一项要求提供相应的环保工艺，满足装饰性应用、功能性电镀、防腐蚀以及耐磨损等各项需求，让客户始终处于技术领先地位。基于对各种应用具有多年的经验，安美特提供的咨询及本地化服务是客户选择他们作为主要合作伙伴的重要因素。公司于 2006 年获得了 ISO 9001、ISO 14001 认证。

安美特南京分公司是江苏省表面工程行业协会的常务理事单位，在省表协的领导和组织下，以南京分公司为主起草的国家安全生产行业标准《电镀化学品运输、储存、使用安全规程》(AQ 3019—2008)于 2008 年底颁布、2009 年起正式实施，这是第一个有关电镀化学品的国家安全标准，对行业的安全生产具有指导意义。

展望未来，安全、合规、可持续发展仍然是安美特南京分公司要做好的三大工作重点，公司将延续安美特的发展策略，充分利用总公司的各种优势资源，积极和业界保持密切沟通与合作，加力推广新工艺和绿色环保产品，加强及时、优质的本地化服务。

南京造币有限公司

南京造币有限公司(图 1)隶属于中国造币有限公司，公司 1985 年成立以来，以科技创新为发展动力，以观念创新赢得机遇，以机制创新激发活力，以管理创新提高效率，以产品创新增加效益。经过 30 多年发展，逐渐成为生产流通硬币生产、印制专用机械研发制造和增值税发票印制的综合性企业。

2001 年，南京造币有限公司从加拿大威斯坦姆公司引进了电镀铜锡合金生产线，开启了南币公司的电镀之路。由于造币行业的特殊性，国际上目前尚无成熟的无氰电镀工艺可以满足造币生产要求。为保障货币发行，公司目前仍采用有氰电镀铜锡合金体系，在传统高氰电镀体系的基础上，公司自主研发了氰化物用量更少的中氰电镀体系，使用三乙醇胺作为配合剂部分代替氰化物与铜配合，在满足镀层工艺质量的同时，减少氰化钾用量约 30%。

公司铜锡合金电镀线采用全自动程序控制，生产现场设主控室，对药品添加、行车运行等电镀线整体运行进行控制，进料系统由 AGV 系统控制，自动将坯饼加

图 1　南京造币有限公司

入料斗中，通过自动加料装置完成滚筒加料，电镀过程中滚筒由行车按设定程序运行进行电镀，出料系统同样通过自动装置完成，并由传送带运输到下道工序。整条生产线自动化程度高，除进料关闭滚筒盖板、电镀过程中人工巡视、出料时坯饼质量检测外，整个电镀过程无须人工操作。

镀后漂洗由三级逆流漂洗改进为四级逆流漂洗，有效降低了漂洗水的使用量。电镀滚筒进入镀后漂洗前，滚筒在镀槽上方有足够的停留时间，尽可能多地沥出滚筒的带出液，减少镀液的带出。

2019 年，根据上级要求，工厂采用镀镍工艺取代氰化镀铜锡合金减少了安全生产隐患。目前有 3 条镀镍自动线正常运转。

南币公司 2002 年起通过 ISO 9000 质量管理体系、ISO 14000 环境管理体系和 OHSAS 18000 职业健康安全管理体系 3 个体系的整合性认证，并且每年通过中国方圆认证公司江苏分公司的第三方审核认证，并多次获得管理体系认证优秀组织称号。公司连续五年获得南京市“绿色等级企业”称号，2012 年荣获南京市环境友好型企业，新中国 60 年全国企业精神 60 佳，先后获得江苏省文明单位标兵，机械工业协会现代化管理企业，江苏省企业技术中心，江苏省高新技术企业，中镀协社会责任贡献奖等荣誉称号。公司现为江苏省表面工程行业协会常务理事单位。

中国航天科工南京晨光集团(307厂)

南京晨光集团有限责任公司隶属于中国航天科工集团有限公司，其前身是1865年李鸿章创办的金陵机器局，系中国近代四大兵工厂之一，被誉为中国近代民族工业的摇篮，见证了中国民族军工和航天事业的崛起，经历了从机器制造到智能制造的巨变。

晨光集团是国家高新技术企业，曾多次获得国家科技进步特等奖和一等奖，拥有1个研究院，3个研究所，1个国防工业技术中心，3类CNAS/DILAC实验室，2个军用校准和测试实验室，1个国防科技工业3213二级计量站。

晨光集团占地面积156.4万平方米，职工人数约2 500人。公司设有博士后工作站，拥有享受国务院津贴专家11人，国防科技工业"511"人才31人，学术技术带头人20人，江苏省"333"高层次人才15人。获航天基金奖24人，中华技能大奖1人，全国技术能手5人，江苏大工匠1人，省部级首席技师3人。

晨光集团是一家集高新技术产品研发制造、生产服务、园区经营为一体的大型集团，下辖11个分公司和8个子公司。公司重点发展智能制造产业、高端装备产业、节能环保产业、生产服务业和现代服务业五大产业。

晨光集团制定了"一个载体、三大平台"产业发展战略，将依托业内领先的航天技术优势，以1865创新科技产业园为载体，打造公共技术服务平台、产业技术协同创新平台和产业化发展平台，加快建设产业发展示范基地，形成创新发展新能力。

航空工业金城集团有限公司(511厂)

航空工业金城集团有限公司(511厂)是中国航空工业总公司(原航空工业部)下属大型航空装备制造企业。公司成立于1949年，与共和国同龄。企业发展高峰期为1990—2005年期间，曾入列中国企业500强，和江苏省十大企业集团，航空工业部(总公司)各项经济指标龙头企业，出口创汇每年一亿多美元。

公司生产的航空装备类包括：航空液压零部件，航空电源零部件，航空辅助动力零部件，航空环控零部件，航空燃油零部件，航空电子零部件，军(民)用液压绞盘，小型发动机，专用车。民用产品主要是金城牌摩托车。

航空工业金城集团有限公司自成立以来，特别是在2000年前后，对南京周边以及苏、浙、皖部分地区有较强的技术引领和经济拉动作用，军(民)制造，尤其是摩托车制造的表面处理加工需求达每年数亿元，带动了江苏丹阳、常州、无锡、扬中、浙江宁波等周边诸多电镀企业的快速发展，镀种有摩托车配件电镀铜镍铬、电镀锌、磷化及涂装等。2005 年金城的表面处理随同军品结构调整，并入南京机电液压工程研究中心。

公司表面处理分厂、冶金技术科(处)集聚了数十位表面处理和腐蚀与防护专业的技术人才和技能人才，他们多数毕业于南昌航空工业学院(学校、大学)、南京大学等大专院校，为金城集团表面处理专业的发展贡献了毕生的力量。其中的杰出代表有王春林、薛林鑫、张康夫、高长青等，他们在工作期间及退休后，积极参与江苏省表面工程行业协会、南京市表面处理研究会、南京市表面处理行业协会组织的技术交流活动，与南京航空航天大学、南京大学、北京航空材料研究所(621 所)的专家学者开展技术协作和科研攻关。

公司表面处理分厂表面处理加工涉及的金属基体原材料包含各种铝合金、镁合金、铜合金、不锈钢、高强度结构钢等数十个品种，拥有 40 多个表面处理镀种，使用了 200 多种化学药品、助剂。分厂在汽缸及轴类零件镀硬铬，转子、栓塞及分油盘铸件材料的减磨磷化等专业镀种积累了大量详实的数据，并拥有明显的技术优势。分厂在污水处理方面，采用电解汽浮法处理含铬废水，电解食盐水法处理含氰废水，处理成本低，效果好，一直是南京市环保局废水达标排放的先进企业。

公司表面处理分厂紧随中国航空工业的发展步伐，广泛开展国际合作，先后配合完成了英国"斯贝"起动机国产化、Su-27 飞机国产化。与美国 Parker、Lucas、Honeywell、Eaton、Emerson 等跨国企业开展转包生产，为波音、麦道飞机提供零部件等，我们期待金城的表面处理专业为中国航空工业的发展做出更大贡献。

南京宏光空降装备有限公司

南京宏光空降装备有限公司是中国航空工业集团公司成员单位，隶属于中航机电系统公司，创建于 1951 年 4 月，是中国最早从事降落伞研制和生产的专业化厂家，"一五"期间苏联援建的 156 个重点项目之一。

公司占地约 12 万平方米，现有职工 1 000 余人，其中研究员 6 人，高级专业技术人员 40 余人，专业技术人员及技师 200 余人。公司通过了 GJB 9001B—2009 版质量体系认证、武器装备科研生产许可认证、飞机安全带适航认证、ISO/TS 16949 质量管理体系认证以及武器装备科研生产单位保密资格审查认证。1996 年被确定为国家机电产品出口基地，是中国汽车安全带定点生产厂家和第一个引进达克罗涂覆技术的厂家。

六十多年来,作为中国降落伞事业的摇篮和基地,公司一直致力于空降空投和航空救生装备的生产、研制、开发,创造了数十项国内第一,曾为中国第一次核试爆、载人航天工程等国家重点科研项目做出积极贡献。军用空降空投产品形成投物伞、伞兵伞、阻力伞、回收伞等九大系列,航空附件有飞机安全带、液压手摇泵等产品;民用领域有运动伞、高楼救生伞、热气球等五大系列,同时也积极开发了汽车附件、达克罗涂覆溶液及设备等系列民品。公司产品达到或接近世界先进水平,被广泛应用于陆、海、空军和民航,并出口到世界多个国家和地区,成为这些产品领域内的重要厂商。

宏光空降装备有限公司的表面处理开始于 20 世纪 60 年代末,主要为降落伞金工件进行表面处理,当时为机械加工车间的一个工段,镀种较为单一,主要为镀锌,镀槽也很少,设备简单。到 1982 年,由于生产量的提升,原有生产能力已满足不了需要,为此公司决定新增一个热表处理车间,主要对公司的降落伞金工零件进行表面处理和热处理加工。筹建后,成为了当时全国最为先进的拥有镀锌、镀铜镍铬、阳极化、电抛光等镀种较全、工艺完备的表面处理车间。

20 世纪 90 年代初,公司根据军转民需要决定和国际上著名的安全带制造公司奥托立夫合资生产汽车安全带产品,并于 1992 年首家引进了具有世界先进水平的"DACROMET"涂覆表面处理生产线,也就是现在俗称的达克罗涂覆的表面处理加工方式。而后,公司自主研发了具有国际先进水平的达克罗涂覆的溶液及生产线,并于 2002 年开始成立公司对外销售。与此同时,为了使得该项涂覆技术有章可循,作为主要标准起草单位,该公司张伟明研高工起草了达克罗涂覆的国家标准《锌铬涂层　技术条件》(GB/T 18684—2002)并于同年被批准实施。

2018—2019 年,公司投入资金 1 200 万元,对原有车间进行了升级改造,现拥有全自动电线生产线 4 条,占地 1 000 平方米左右。

南京佳盛金属表面处理有限公司

南京佳盛金属表面处理有限公司成立于 2010 年,注册资本 1 300 万元,投资额 2 亿元,占地 30 亩,生产用厂房面积达 16 000 平方米。公司为中国表面工程协会会员单位、江苏省表面工程行业协会理事单位、南京市表面处理行业协会理事单位。

公司创建之初就以起点高、质量优、能耗低、服务好、绿色环保为企业发展目标,以工作质量零差错、产品质量零缺陷、售后服务零抱怨为企业质量追求的终极目标。公司于2013年3月份通过ISO 9001质管理量体系认证;2015年12月份通过TS 16949汽车行业质量管理体系认证;2017年3月份通过了ISO 9001:2015质量管理体系认证转版;2018年3月份通过IATF 16949汽车行业质量管理体系认证转版。公司于2015年11月获得江苏省排污许可证书,2017年6月获批通过环评验收。

公司拥有20多名中高初级职称的专业技术人员,检测和计量设备先进齐全,拥有德国进口X光荧光测厚仪、分光光度计、色差仪、电子天平、pH计、电导率检测仪、高速离心机、滴定分析仪、电解式测厚仪、电磁性测厚仪、盐雾机、湿热机、哈氏槽、漆膜硬度计等多种检测和计量设备;拥有实验室、化验室各1个。这些为公司对电镀原料的检测和筛选,电镀工艺的现场维护和监控,产品质量的测试和监控以及对新产品、新工艺的研发提供了强大的保证。公司于2018年10月份收购南京润埠水处理有限公司,拥有的污水处理站为南京红山表面处理中心电镀厂污水处理提供保障,可保证生产过程中产生的污水经处理后达标排放。

公司拥有近40个镀种的表面处理能力。现有镀锌线3条(挂镀线2条、滚镀线1条),镀锌镍铬合金线2条,铝氧化线2条,热镀锌线1条,化学镀镍线3条,镀锡线2条,镀铜镍铬,硬铬线2条,镀铜镀锡共用线、镀金镀银共用线、综合镀银线、发蓝磷化线、不锈钢钝化线、预处理生产线、退镀线、钛合金清洗线、钛合金电镀线各1条。

公司目前主要为金属制品企业提供表面处理和服务,特别为军工产品、航空航天、电子行业、电力行业、通信行业、汽车行业、造船业、轨道交通、健身器材、卫浴、机械制造、科技制造等提供表面处理和服务,服务对象广泛。

南京佳盛金属表面处理有限公司将继续本着"绿色、环保、优质、低耗"的企业经营方针,热忱为广大客户服务,为中国的电镀行业做出新的、更大的贡献。

南京海创表面处理技术有限公司

南京海创表面处理技术有限公司总部位于素有"鱼米之乡"之称、长江中下游地区"湖熟文化"发源地的南京湖熟工业园内,创建于2003年8月,经过十几年的努力,公司已成为一家专为国防装备提供高品质表面处理的专精特新技术企业。

公司目前在南京、扬州及武汉拥有4家工厂,建有标准化厂房17 000多平方米,拥有全新的喷涂设备30多台(套),多条喷涂生产线,其中两个喷涂净化车间,内设风淋房、微正压送风系统,净化等级在一万级,在国内同类喷涂环境中处于领先地位；拥有电镀生产线10多条，功能性电镀工艺20多种类；拥有机加设备10多台(套)，适用于各种机械加工；同时拥有一批高素质的团队，高级技术人员及分析镀液成分的化学实验室、X射线荧光测厚仪、盐雾试验箱等检测设备及仪器，能满足各类国防装备的表面处理要求。

公司江宁分厂有标准的工业化厂房6 000平方米，喷涂设备20台(套)，为军工企业及研究所提供油漆加工、铭牌制作、印字等服务。六合分厂拥有标准的工业化厂房2 500平方米，拥有标准化电镀生产线10多条，为军工企业及研究所提供电镀加工服务。扬州分厂位于扬州市，标准化厂房2 000多平方米，拥有电镀生产线及喷涂设备多条(台)，为军工企业及研究所提供油漆加工、铭牌制作、印字等服务。武汉分厂建有标准化厂房6 800平方米，拥有10多台(套)机加设备；电镀生产线及油漆生产车间，二期建设正在规划中，将为华中地区军工企业及研究所提供高品质、高质量的机加及表面处理服务。

南京海创表面处理技术有限公司通过了质量体系认证、环境影响评价、安全生产评价等，同时该公司是中国表面工程协会理事单位、江苏省表面工程协会理事单位、江苏省商会理事单位、南京表面处理行业协会副会长单位。

南京台兴汽车零部件制造有限公司

南京台兴汽车零部件制造有限公司(简称“台兴公司”)原名南京标牌厂，是由台商投资的合资企业。公司现有工程技术人员40多名，企业占地80 000平方米，生产厂房40 000平方米，办公用房30 000平方米，固定资产近亿元。主要从事各类摩托、汽车零部件的加工制造，目前规模、生产能力、技术水平、产品品种、产品品质均居全国同行业前列，是江苏省明星企业。公司于1999年11月取得ISO 9000:1994认证证书，2002年升级为ISO 9001:2000认证证书；2001年1月取得QS 9000:1998认证证书；2011年3月通过TS 16949质量体系认证。

公司目前具有CAD/CAM设计管理，模具设计制造、塑料电镀、数十台大小型注塑机的塑料注塑设备、全自动的丝网印刷流水线、高频热合型机器生产高中低档各类汽车遮阳板、各种材料喷漆、高光切削、超声波焊接、喷砂氧化、化学腐蚀、塑表烫印、金属加工等多条生产线，以及手段齐全的产品理化检测中心。

公司主要产品类别为汽车、摩托车镀铬标牌，各种金属铭牌、汽车侧窗开启、汽车空调出风口、汽车遮阳板、客货车顶窗、汽车装饰条、汽车方向盘、汽车轮箍盖、汽车门护板、各种注塑塑料件、丝网印刷等。

公司主要供货客户为上汽通用、上汽大众、一汽大众、广汽本田、依维柯、东风、奇瑞汽车、江铃汽车、长安福特、北汽福田、北京奔驰、沈阳金杯、上汽通用五菱、厦门金龙、东南得利卡、江西五十铃、亚星奔驰、南京金城、南京长安、川汽等。

2010 年公司投资 2 000 余万元的自动电镀生产流水线在南京溧水生产基地已建成运营，年电镀加工产值可达 5 000 万元以上。此线已实现电镀废水零排放，得到国家相关部门的认可，获得了政府的大力支持。

未来，该公司将一如既往地奉行“以人为本，创和谐环境；持续改进，赢顾客满意”的质量方针，把公司建成国内知名的汽车、摩托车零部件生产基地。

中国电子科技集团公司第十四研究所

中国电子科技集团公司第十四研究所是中国电子系统工程领域中历史久、规模大、专业覆盖面广、研发力量强、技术成果丰富的大型综合性高科技研发基地。

第十四研究所的前身是民国国防部第六厅建立的“特种电信器材修理所”，该所于 1948 年改为雷达研究所，1949 年 4 月南京解放，雷达研究所为中国人民解放军接管。这个 100 多人的雷达研究所即成为中华人民共和国最早的雷达工业基地。60 多年来，十四所坚持走自力更生、艰苦奋斗的道路，从一个单一的雷达研究所，发展成为国内规模最大的从事国防科学技术研究和军用与民用电子工程相结合的大型综合性电子技术研究所，在 50 余年的发展历程中，功勋卓著，硕果累累，为中国科学技术进步和国防现代化建设做出了突出贡献。

60 余年来，十四所从修配仿制到自行研制出具有先进水平的军事电子系统装备，并扩展到国民经济诸多领域和国际市场；从为抗美援朝提供设备到圆满完成“两弹一星”“载人航天”“三峡水库”等多项国防尖端配套任务和国家重点工程，其中无不凝聚了电镀车间的干部、工人和技术人员的心血。

20 世纪 50 年代，随着新中国第一个五年计划国防工业建设的大规模开展，十四所也进入了第一个快速发展阶段，在完成原先的修理任务的同时，开始了新型电子装备的仿制和自行研制工作。在此情况下，电镀加工不仅工作量有较大增加，技术要求更高，仅仅依赖外协加工已满足不了当时新型电子装备的零部件对电镀的要求，建立一个专业性强、技术先进的电镀车间迫在眉睫，包括电镀和油漆两部分的表面处理车间在 1957 年 9 月前后诞生。

1957 年 9 月，表面处理车间正式成立，由韩步荷担任车间主任，下设电镀工段和油漆工段两个工段，另设计划调度组和工艺组。在以后几年中又先后从南京

511厂借调3位师傅，从东北某军工厂调入了3位中高级技工，从南京714厂调入了1位技术员董学智，后来担任工艺组长的王淳中也是从外地调入电镀车间的。

随着军事雷达发展的需要，十四研究所分成七二零厂、九二四厂、十四所三个单位；与此同时，电镀车间也进行了分"家"，领导和技术人员中，韩步荷、史锁芳、黄淳中、董学智、戴昭文等分到七二零厂，也为九二四厂培养了部分电镀技术工人。在以后的数年中，十四所电镀车间又不断向新建单位输送了一批批领导、技术人员及工人骨干，如葛永璋、王春培等到三十八所，金正先到三十九所，张焕生到二十四所。至20世纪60年代，余良才奉派到西安二十研究所、扬州宝成无线电厂、吉林无线电厂、辽宁精密仪器厂、白城无线电厂和大连无线电厂等帮助建设电镀车间，传授电镀工艺，还为辽宁省无线电工业公司所属近20家企业举办电镀骨干培训班。

（二）镇 江 地 区

江苏梦得新材料科技有限公司

江苏梦得新材料科技有限公司（原名：江苏梦得电镀化学品有限公司）（图2）位于丹阳市延陵镇，是专业从事研制、开发电镀化学品的高新技术企业，创建于1996年，并于2000年7月转制，2016年1月更名。江苏梦得新材料科技有限公司丹阳分公司成立于2002年，主要经营电镀添加剂、中间体、电镀材料及化学试剂。公司先后设立温州代表处、东莞分公司、深圳分公司、佛山分公司、惠州分公司、嘉兴分公司，并健全了销售网络。

图2　江苏梦得新材料科技有限公司

多年来，梦得公司始终坚持以质量为生命、以市场为导向，坚持不断创新，追求品质卓越。2001 年，通过 ISO 质量管理体系认证。目前已经研制出百余种电镀特殊化学品和多项新型环保工艺。其主要产品有酸性镀铜中间体系列、镀镍中间体系列、镀铜光亮剂系列、镀镍光亮剂系列、镀锌光亮剂及镀锡光亮剂系列、精细化学品系列，特别是酸性镀铜、镀镍中间体系列在行业中具有领先地位。相关产品广泛应用于五金电镀、化学镀镍、PCB 及电解铜箔制造行业。

经过多年对电化学及相关材料的研究，公司开发出许多具有梦得特色的电镀中间体和添加剂，并且通过长时间试验和不断改进，已得到市场信赖与肯定，产品覆盖五金电镀、塑胶电镀、电子电镀和电解铜箔等各个领域。产品从起初单一的镀铜中间体，到现在覆盖铜、镍、铬、锡、锌各种镀种的上百种产品；从以前仅依靠经验判断产品是否合格，到现在利用各种先进仪器设备经行产品检验；从粗犷式的公司管理，到现在科学、精细化的企业管理，走出了一条独有的梦得特色的发展之路。

目前公司不仅拥有花园式的厂区，而且还拥有现代化生产车间及高端技术研发中心，拥有各类高级技术人才多名、数台高端检测仪器。公司先后与沈阳理工大学、江苏科技大学、常州工学院建立了战略合作伙伴关系。

公司 2002 年被中国表面工程协会电镀分会评为“优秀企业”，2004 年被江苏省机械工业协会电镀分会评为“先进企业”、2008 年“梦得”被评为镇江市知名商标。2013 年被评为江苏省机械行业协会表面工程分会优秀企业，中国表面工程设备材料行业（材料类）十佳企业奖，安全生产“四化”管理合格企业。2014 年，被评为江苏省民营科技企业、江苏省科技型中小企业。2016 年，被评为江苏省表面工程行业协会优秀会员、优秀配套商；申报通过镇江市表面处理工程技术研究中心。2017 年，被镇江市总工会评为“模范职工之家”，被镇江市工商行政管理局评为诚信之星，被认定为高新技术企业；通过知识产权管理体系认证。2019 年，被评为延陵镇财税增幅先进单位。

企业蒸蒸日上的同时，企业的领军人物也得到了社会的高度认可。董事长杭冬良先生被中国表面工程协会评为“杰出人物”“双强党员”“丹阳市优秀政协委员”等称号，总经理杭康先生获得“行业优秀青年”“丹阳青年先锋”等称号。

扬中市永新镀业有限公司

扬中市永新镀业有限公司（图 3）由地方国营扬中市电镀厂改制建立，始创于 1962 年，至今已 50 余年，公司地处扬中市三茅街道锦程永勤河东首，泰镇高速泰

图3　扬中市永新镀业有限公司

州大桥南侧，交通便捷，物流顺畅。

公司现有员工 500 多人，其中大专技术人员 28 人，管理人员 120 人，占地面积 47 000 平方米，固定资产 5 500 万元，年加工金属表面处理工件 8 万～15 万吨，加工值达 3.5 亿元。是本市及周边城市表面处理行业中的优秀企业，是中国热浸镀锌协会秘书长单位和江苏省表面工程行业协会副会长单位及中国绿色批量热浸锌企业。

公司现有 15 个车间，9.6 米×1.8 米×2.8 米、9.6 米×1.6 米×2.9 米、7.5 米×1.5 米×2.5 米热浸锌生产线 3 条，日生产金属制品和钢结构件热浸镀锌能力达到 250～400 余吨，年产值近 2 亿元。其他镀种主要经营金属产品是铜-铝牌镀锡、镀银，其中镀锡槽 8.5 米×1 米×1.1 米生产线 2 条，6.5 米×1 米、1 米×1.2 米生产线 6 条，镀银槽 8.5 米×0.8 米×1 米生产线 1 条，小件镀银生产线 2 条等，年加工能力逾万吨，产值达 1.5 亿元。

公司注重经济发展和社会效益的统一，坚持绿色和可持续发展，不断提升污染物治理力度，逐年增加环保设施投入。每个热浸锌加工车间按照最先进理念和技术，酸洗槽钢封闭运行，烟气集中收集处置。各车间废水分质、分类回收处置，污水管网高空架设。投资 720 万元新建了一座日处理能力 500 吨、占地面积 1 500 平方米的污水处理站，配套纳滤装置，安装一类污染物在线监控，废水回收利用率达到60%以上。这使得稳定达标排放能力提高，得到了各级环保部门的充分认可。

镇江华科生态电镀科技发展有限公司

注册资金3 100万美元的香港独资企业——镇江华科生态电镀科技发展有限公司是镇江环保电镀专业区的建设运营主体。镇江环保电镀专业区（下称专业区）位于江苏省镇江新区（即国家级镇江经济技术开发区），区位优越，经济发达，市场前景广阔。专业区占地273亩，总投资9 800万美元，建筑面积15万平方米，电镀废水处理1万吨/天，电镀重金属污泥废液回收利用处置2.53万吨/年，与环保部门实施24小时在线联网监测，排放符合《电镀污染物排放标准》(GB 21900—2008)。

专业区加工范围涉及镀金、银、铜、镍、锌、锡、铬、塑料电镀、电镀合金、合金电镀、磷化等，可配套服务于航空航天、汽车、IT、电器电子、五金等相关产业，专业区可集聚60余家大中型专业电镀企业，是“江苏省重点培育小企业创业基地”。

华科公司负责专业区的投资建设、营运管理和环保综合治理，可承接各类镀种加工，可提供标准厂房或定制厂房，并为入区企业提供招聘、培训、融资、代维、安保、餐饮等公共服务平台。

华科公司曾任江苏省表面工程行业协会副会长单位，并曾与江苏省表面工程行业协会共同促成、承办了首届全国电镀园区研讨会。该公司还是中镀协常务理事单位、江苏省环保产业协会副会长单位、“江苏省表面处理行业实训基地”，与江苏大学合作共建了“中小企业发展研究中心”，通过了ISO 19001:2004环境管理体系认证和清洁生产审核。

该公司自行开发的电镀污泥综合利用工程项目采用湿法萃取工艺，是国内先进的处理工艺。将电镀污泥中的重金属资源加以回收利用、变废为宝，化害为利，既能消除对环境的不利影响和对生物的毒害，还能最大限度地利用电镀污泥、废液的潜在价值，在获得巨大的经济效益和社会效益的同时，缓解铜、镍市场的资源短缺问题。该项目已投入1 700万元，建成电镀污泥、废液处置车间2 425平方米，包括浸出系统、重金属回收系统、酸气处理系统、反应釜、萃取箱等。2012年7月30日获得环评批复（镇环审[2012]138号）。2013年12月，已完成环保竣工验收，投入使用。

华科公司在2013年1月15日取得危险废物经营许可证，其经营范围包括：处置利用电镀污泥（HW17）2 500吨、电镀废液（HW17）1 000吨、锌渣（HW23）75吨、废酸（HW34）250吨、废碱（HW35）250吨。

江苏达克罗涂装技术有限公司

2002 年毕业于南京理工大学机电专业的孙海先生从国营一一零一厂辞职走上创业之路。他选择国家环保总局(1999)185 号文件推广的新技术“达克罗技术(DACROMET)”以此开始了艰难的创业历程。国内最早赴日本学习达克罗技术的肖合森先生应邀担任总工程师。

达克罗技术是美国钻石公司(Diamond Shamrock)马丁教授发明,初期主要用在汽车工业解决冬天撒盐化雪造成汽车底盘零部件腐蚀问题,在西方“巴黎会议”被定为禁止向社会主义国家输出技术之一,该技术具有耐腐蚀性能好、工艺环保、没有废水废物排放的优点,是可以替代电解镀锌的一项高新技术。

孙海和肖合森各带领一组工人在江苏、浙江两地施工完成了两套设备的设计、制造、安装、调试,掘得了第一桶金,年底就购买了液压剪板机、液压折弯机、钻床、铣床、冲床、等离子切割机、焊机、卷筒机、商务车等生产资料和生产工具,并正式注册“南京达克罗涂装技术有限公司”。

2004—2014 年的 10 年间,公司为韩国、中国重汽、平顶山高压开关厂、郑州宇通、成都风电、徐州风电、包头风电、靖江永固、常州永凯、淄博电力等 10 余家设计、制造成套达克罗生产线。2007—2008 年公司承担南京第一条过江隧道 1800T 盾构螺栓的涂覆加工业务,涂覆质量、进度均得到了指挥部的表扬。2009 年后涂覆加工业务大幅度增加,公司在江苏句容市郭庄镇兴建新厂房、办公楼、仓库、宿舍共 5 000 平方米,又新注册江苏达克罗涂装技术有限公司,两个公司为京沪高铁涂覆道钉螺柱 2 000 多吨,有力支援了中国的高铁建设。

2013 年公司为安徽海程公司设计、制造了一条大型达克罗生产线,涂覆加工矿用大型通风管道,该管道直径 1.2 米,长 8 米,重 8 吨/根;生产线前后用轨路引导管道进入生产线,固化炉长 24 米,生产线总长 60 米,是至今国内最大的达克罗涂装生产线。2015 年公司已经过 10 多年发展,在软实力方面也有了长足发展,2016 年应化学工业出版社约稿,肖合森与孙海编著出版了当时中国第一本达克罗专业书籍《锌铝涂层技术》,该书目前已再版两次,深受行业内欢迎,被称为“行业宝典”。

2011 年公司承接国家安全生产行业标准《鳞片状锌(铝)粉/防腐涂料涂装作业安全规定》(AQ 5215—2011)的起草编写,是句容市第一家主持编写国家行业标准的企业。2012 年企业被授予“江苏省民营科技企业”称号。2010 年至今企业获发明专利 4 项、实用新型专利 6 项,受理发明专利 3 项。

随着江苏达克罗涂装技术有限公司的逐步探索、创新，该公司正向技术创新、智能制造着力发展。

扬中市宏飞镀业有限公司

扬中市宏飞镀业有限公司(图 4)位于扬中市三茅街道兴阳工业园区，创建于2000 年，是扬中市第一家金属表面处理中心，也是集电镀和喷涂为一体的综合性加工企业，现有职工 230 人。

图 4　扬中市宏飞镀业有限公司

公司占地面积 60 000 平方米，其中生产车间 30 000 平方米，办公楼 5 000 平方米，废水处理站 2 600 平方米，仓库 1 500 平方米。相关配套设施：配电房 220 平方米、锅炉房 150 平方米、气站 100 平方米、绿化 4 000 平方米、活动场地 2 000 平方米、停车场 1 600 平方米、道路 6 000 平方米。

现有喷涂生产线 6 条、镀锡生产线 3 条、铜镍铬生产线 1 条、镀镍生产线 4 条、镀锌生产线 3 条、镀银生产线 2 条、高压局部镀银生产线 1 条、发黑 1 条、ENP 化学镍 1 条，共计 22 条生产线。镀种有镀铜、镀镍、镀铬、镀银、镀锡、镀锌、镀化学镍等。

江苏美乐车圈有限公司

江苏美乐车圈有限公司成立于 1996 年，位于丹阳市司徒镇，公司共有员工 600 多人，公司主要从事自行车钢圈、铝圈加工生产。公司最大生产能力为自行车钢圈 1 200 万副/年、自行车及电动车铝合金车圈 600 万副/年。中国最大的自行车产业的生产基地，其中 80%产品销往国外市场，美乐牌车圈荣获全国名优产品和全国同行业十佳品牌称号。

多年来，该公司对环境保护工作一直很重视，先后在环境治理方面投入了1 000多万元，对污水治理设备进行了改造，2008年6月根据丹阳市人民政府丹政发(2008)53号《关于印发丹阳电镀行业升级达标整治工作实施方案的通知》文件，公司积极响应国家节能减排的环保管理要求，结合本企业电镀工业废水处理实施情况，又投入800多万元对原电镀设施进行了改造；2009年为了达到太湖流域废水排放标准，该公司投资了200万元增加污水设施，对电镀等工业废水进行分质分类深度处理，实现了生产废水全面达标排放。2014年江苏美乐车圈有限公司和江苏华久辐条制造有限公司被列为丹阳6家电镀就地升级改造保留的企业之一，公司投入了1 500多万元对电镀生产进行了升级改造，以进一步削减废水及其污染物排放量，为全厂废水处理及达标排放奠定了基础。

爱普生表面工程技术(镇江)有限公司

爱普生表面工程技术(镇江)有限公司(图5)是日本精工爱普生集团于2011年6月在华设立的集开发、生产、销售为一体的表面处理新基地。公司引进世界先进的表面处理设备，搭建了1k/10k等不同等级的洁净车间，不仅为精工爱普生集团手表、打印机等事业部提供精密器件的表面处理支持，而且在广泛的产业领域内为全球客户的零部件提供高附加值表面处理加工。

图5　爱普生表面工程技术(镇江)有限公司

为了保持公司在市场上领先的品质和良好的声誉，爱普生表面工程技术着力打造高品质的产品和技术，完成了多个具有国际领先水平的高技术项目。如半导体封装行业，公司完成了从材料技术、工艺开发、并结合设备开发和改善的一条龙产业化。同时，公司取得了 ISO 14001:2004、ISO 9001:2008、TS 16949、AS 9100、SS 577 等国际质量体系的认证，以更好的服务迎接更广泛的客户群。目前公司产品涵盖了半导体元器件加工（如微电子封装、晶圆电镀）、手表处理（如表壳、手表机芯组件）、汽车制造业、医疗器械、石油/天然气、航空航天产业等，已成为一家国际知名的精密表面处理企业。

公司综合利用电化学沉积、真空镀膜两项技术，以真空镀膜作为籽晶层，在非金属基材表面进行三层或以上电镀，成为电子、半导体行业客户独一无二的一站式电镀服务供应商。针对客户选择性电镀的特殊需求，他们自行开发了无槽电镀技术（以产品内部施镀部分为反应槽）和电镀液位精确控制系统，大大节约了化学品和能源，更加环保。为解决手表玻璃面反光和刮花问题，公司成功研发了具有高硬度、防划伤并具备自动清洁特质的超清晰膜层（可消除 99%以上的反射光），成功应用于世界第一款太阳能 GPS 手表（精工 Astron）上，实现了产业化。

江苏中远稀土新材料有限公司

江苏中远稀土新材料有限公司（图 6）是江苏圣大中远集团的主公司之一，是

图 6　江苏中远稀土新材料有限公司

一家专业从事多元稀土合金热镀锌相关技术开发的高新技术企业。

公司地处美丽富饶的水上花园城市——扬中，其隶属镇江，南邻常州，并与古城扬州隔江相望，黄金水道长江环抱全岛，京沪铁路和沪宁高速公路擦岛而过，水陆交通方便快捷。公司占地面积 40 000 平方米，建筑面积 20 000 平方米，现有员工 227 人，其中工程技术人员 48 人，高级职称人员 4 人，拥有 3 条机械化热镀锌吊镀生产线，分别为 7 米×1.4 米×2.8 米、8.2 米×1.55 米×2.8 米、3.5 米×1.4 米×2.5 米，另有 1 条高温小件热镀锌生产线为 2.0 米×1.1 米×0.8 米。年生产薄型板材构件热镀锌能力 6 万吨。公司主要的镀锌产品有：桥架、船管、光伏支架、抗震支架、钢结构件、电力金具、高速护栏板、铁路器材等。

公司是国家高新技术企业、江苏省民营科技企业、科技型中小企业，也是国际锌学会、中国腐蚀与防护学会及江苏省表面工程行业协会的会员单位；此外该公司还通过了 ISO 9001 质量管理体系认证、ISO 14001 环境体系认证等。

公司目前拥有 1 项发明专利、14 项实用新型专利，并先后与华南理工大学、江苏大学、常州大学、上海电力大学、上海交通大学、华东理工大学、武汉材料保护研究所等高校和院所进行产学研合作，还参与制定了 3 项国家标准。

公司热镀锌产品涉及的领域囊括电力、交通、船舶、建筑、铁路、新能源、市政工程、地铁等工民用行业，该公司加工的热镀锌产品已销往美国、日本、韩国、印度、尼日利亚、澳大利亚、印尼等 140 多个国家和地区，服务于国内三峡核电站、国家大剧院、葛洲坝等大型工程，得到了用户的一致好评。

（三）常州地区

常州威登电子设备有限公司

常州威登电子设备有限公司（图 7）坐落在风景秀丽的常州市滨江经济开发区，拥有超过 30 年的自动化成套设备的研发、制造经验，为全球客户提供高品质和全方位自动化设备增值解决方案。

公司主导产品 PCB 水平生产设备，精密蚀刻设备，废气处理设备及各类全自动电镀设备，广泛用于电路板行业、蚀刻行业、环保行业、国防军工以及表面处理行业。任江苏省表面处理行业协会理事单位，江苏省智能委员会会员单位，南京市表面处理行业协会副会长单位。产品为中国电子科技集团第十四研究所、南京空降

图 7　常州威登电子设备有限公司内景

装备有限公司研究所等多家军工企业及大型厂家长期配套使用，性能居国内领先水平，受到了用户的一致好评。

未来威登将秉承“开拓创新，共同发展，用户至上”的理念一如既往地为客户提供生产高效、性能稳定、绿色环保的高品质产品及更加专业、优质的服务。

中车戚墅堰机车车辆工艺研究所有限公司

中车戚墅堰机车车辆工艺研究所有限公司始建于 1959 年，是中国中车旗下全资子公司，是中国轨道交通装备材料及制造工艺的专业研究机构和国家级高新技术企业。

公司占地近 80 万平方米，配备各型先进设备 2 000 余台(套)，目前已形成了轨道交通装备关键零部件、齿轮传动系统、工程机械、汽车零部件、柴油机零部件等主要产业板块。2015 年，公司实现销售收入突破 52.6 亿元。

依托多专业技术集成开发的综合优势，中车戚墅堰所迅速提升自主创新能力。截至 2015 年底，公司取得各类科研成果 621 项，其中国家及省部级以上 213 项；制修订标准 626 项，其中国家标准 12 项，行业标准 614 项；拥有专利 716 项，其中发明专利127项。

一系列新技术新产品的开发应用为中国轨道交通装备发展提供了有力的技术和产品支撑。公司研制的齿轮传动系统成功应用于世界上运营速度最快、科技含量最高的CRH380A型动车组,世界最大功率6轴9 600千瓦交流传动电力机车和谐内-5型大功率内燃机车以及各型城市轨道交通车辆。公司自主研发的CRH6型城际动车组用齿轮传动系统成功应用于中国首列城际动车;公司研制的车钩缓冲装置、基础制动装置成功应用于各速度等级动车组;公司研制的移动式焊轨车在京津、武广、郑西、京沪等高速铁路钢轨铺设中广泛使用,完全替代了进口设备。

站在新的历史起点,中车戚墅堰所将继续秉承"诚信、敬业、创新、超越"的企业精神,以打造最具社会责任的行业先锋为目标,向着世界一流企业迈进。

常州震宇金属表面处理有限公司

常州震宇金属表面处理有限公司成立于1995年,是一家专业从事无氰镀锌、镀铬的金属表面处理公司,2008年12月完成技改搬迁,2010年3月完成设备调试,5月12日投入试生产。公司占地面积18 750平方米,厂房面积15 000平方米,有日处理120吨污水处理站一座,总投资约4 500万元,其中环保累计投入约680万元。于2016年组织编制《常州震宇金属表面处理有限公司金属表面处理(无氰镀铬、无氰镀锌、低氰镀银)加工项目自查评估报告》并取得备案;在2018年电镀行业整治工作中,顺利完成整治目标和计划,2019年6月9日通过验收,2018年初公司被省环保厅列入《江苏省第十四批清洁生产审核重点企业名单》,2019年5月22通过审核验收。

公司拥有员工120人,其中专业技术人员15人;建有电镀生产线11条,其中自动镀铬生产线2条、机械镀铬生产线2条、自动挂镀锌生产线4条、半自动滚镀锌生产线2条、半自动镀银生产线1条,建设规模具有"年镀铬10.4万平方米、无氰镀锌13 000吨、低氰镀银4万平方米"的生产能力。公司现有立式、卧式镀槽10只,最大加工直径2.5米,长度20米;并配有磨床、抛床等机加工设备。公司与德国博世力士乐(常州)有限公司、韩国常州现代液压机器有限公司、江苏长龄液压股份有限公司、国机重工集团常林有限公司、江苏恒立液压股份有限公司、徐州徐工液压件有限公司、常州液压成套设备有限公司等多家知名企业长期合作,长年为大型水利、冶金、食品、造纸、五金、电子等行业工程机械进行镀件配套。

公司生产工艺先进,质量管理严格,检测设备齐全,坚持"强化质量管理体系,追求质量第一，坚持持续改进，确保顾客满意”的质量方针，秉承“勇于开拓市场，不断创新技术，一切为客户着想”的理念，取得了良好的经济效益和社会效益，2018年完成产值 4 300 万元，2019 年完成产值 4 500 万元。

常州广宇蓝天表面技术科技发展有限公司

常州广宇蓝天表面技术科技发展有限公司(图 8)位于常州市武进区湖塘纺织工业园，成立于 1989 年 1 月，公司由常州广宇花辊有限公司与原常州武进马杭化工电镀厂根据企业各自发展需要合资成立。2008 年电镀行业整治，公司与常州广宇花辊有限公司共同出资，企业整体搬迁，在武进区湖塘纺织工业园杨区路 12 号新征用地新建厂房，于 2009 年厂房建成正式搬迁投运，成立常州广宇蓝天表面技术科技发展有限公司。

图 8　常州广宇蓝天表面技术科技发展有限公司内景

公司是专业从事电镀、化学镀、铝氧化、电泳漆等表面处理的企业，涉及镀铜、铬、镍、锌、金、银、铝氧化、电泳等镀种。占地面积约 31 741 平方米，总建筑面积约 42 049 平方米，企业营业执照范围包括“特殊材料表面研发、电镀技术开发及转让；电镀加工；热轧机械及零部件制造”。企业目前共有 48 个电镀车间，共有 59 条电镀生产线。

公司年生产能力约120万平方米,年销售收入约12 000万元,利税约720万元。公司重建后淘汰了原落后的生产工艺,生产设备大部分更新,采用了先进的自动电镀生产线,提高了劳动生产率。同时公司对电镀废水、废气和废渣的收集和处理投入了资金约1 150万元,污水处理站设计处理能力为600吨/天,实际处理废水约350吨/天。废水采用分类收集,架空管道输送至污水处理站的方式,最大可能减少对环境的污染,努力把公司打造成节能、低耗、一流的电镀企业。

常州市太平洋电镀有限公司

常州市太平洋电镀有限公司创始于1968年,原为大队队办企业,规模很小,以抛光、镀锌为主。在改革开放浪潮的推助下,经过整顿和整合,重新建成了武进第二电镀厂,主要以镀铜、镍、铬为主,镀锌为辅,年产值近百万元。1990年开始,小型塑料电镀件汽配市场的兴起,给电镀行业塑料电镀带来新市场机遇,在外界技术力量的支持下,经过努力,工厂建成了两条塑料电镀手工线。

随着改革开放的不断深入,1995年武进第二电镀厂转制为民营企业,改名为太平洋电镀有限公司。为了适应电镀发展的需要和满足环境保护的要求,公司淘汰了电镀手工线,拆除破旧厂房,建成25条全自动电镀生产线,车间地面铺设四层防渗层,并全部采用花岗石地坪,按照环境保护和清洁生产的要求,厂区道路和空余地坪全部硬化处理,污水流淌全部明管化,各车间设置初级处理池,安装总线路在线仪器、超声波流量计等,设立视频监控。与上级污染源控制中心联网,做好雨污分流工作,建成初级雨水池1座,事故应急池1座,电动阀门DN4001套;也与上级污染源监控中心联网,各车间的废气都分类收集,设置三级喷淋装置,加药中和,达标排放。对于产生的各类固体废物也进行专门的规范化收集、保管、登记台账和集中处理。

随着市场的变化,该公司不断开发新品种,优化产品结构,与日本产汽车、韩国产汽车和国产汽配商配套加工,新建了一条镀锌全自动生产线,在常州地区首先采用光能和太阳能加温,进一步节约能源,产品质量稳定,得到了客户的赞誉。

2013年产值2 800万元,利税总额155万元;2014年产值3 000万元,利税总额180万元;2015年产值3 650万元,利税总额250万元。公司3年年均产值3 000多万元,年均利税近200万元。

公司从2004年起曾连续三届担任江苏省表面工程行业协会的常务理事单位。

常州美邦涂料有限公司

常州美邦涂料有限公司(图 9)始建于 1971 年,前身为武进车辆电镀厂,1998 年企业改制更名为武进晶鑫电镀有限公司,2005 年收购常州幸福涂料厂后改为现名。

图 9 常州美邦涂料有限公司内景

经过多年的努力,公司已经初具规模,是常州市武进区电镀行业的骨干企业,废水处理全部是 MVR 浓缩后干化处理,冷凝水常规处理后,达标排放,在行业中处于领先水平。公司目前占地面积约 65 亩,厂房 33 000 平方米,员工 500 人,其中专业技术人员 120 人,2020 年固定资产总额超亿元,产值约 1.6 亿元,连续 5 年被武进区评为成长型企业,并获得"五一劳动奖状企业"。

公司已通过 ZS 09001 质量体系认证、ZS 014001 环境体系认证和 ISO 9001:2015 标准认证,2020 年信用等级为 AAA。美邦的励精图治,不仅创造了昔日的非凡业绩,更为明天的辉煌奠定了坚实之基,未来将一如既往,锐意进取,以严谨的态度为产品护航,真诚为客户服务,打造一流产品。

(四) 无 锡 地 区

无锡星亿智能环保装备股份有限公司

无锡星亿智能环保装备股份有限公司(图 10)主要产品有塑胶电镀、镀铜、镀锌、镀镍、硬铬、氧化、电泳、滚镀、环形电镀、连续镀等多种节能环保全自动生产线,致力于为客户提供包括设计规划、电镀生产线制造安装、智能控制系统、物料自动转运及仓储系统、成套环保设备、设备维护保养及设备升级改造等一站式总包服务。

图 10 无锡星亿智能环保装备股份有限公司

公司已在航空、军工、汽车、机械、电器、电力、卫浴、五金等多个行业领域成功实施项目 300 多个。为上海飞机制造有限公司、上海造币厂、中国航空规划设计研究总院有限公司、北京威卡威汽车零部件股份有限公司、无锡比亚汽车零部件有限公司、江阴模塑集团、敏实集团等配套安装了各种形式表面处理设备以及环保设备。产品已远销欧洲、美国、日本、韩国、埃及、越南等多个国家和地区。

总经理匡泓自 2012 年入职星亿以来带领公司取得了优异的成绩和长足的发展。不仅对外开拓了欧洲、美国、日本、韩国、埃及、越南等多个市场，同时在国内进一步拓展了航空航天、军工、五金、卫浴、电镀园区、售后服务等多个领域的业务。带领技术团队持续创新，推进标准化，完善已有设计和工艺标准，研发了新一代智能控制系统、智能仓储设备、废气处理装置等多个新技术新产品，同时不断改革和完善内部管理流程和体系，将一个传统民营制造企业改革成为一个现代化管理的股份有限公司。

江苏宏联环保科技有限公司

江苏宏联环保科技有限公司（图 11）原名无锡宏联电镀设备有限公司，位于无锡市惠山区堰桥街道漳鸿路 10～18 号，是一家为航空、航天、兵器及民营航空零部件、高铁零部件、汽车零部件等知名企业提供各镀种电镀、阳极氧化等表面处理生产线及其废气、废水处理环保系统的研发、制作、调试、售后等专业服务的高新技术企业。

图 11　江苏宏联环保科技有限公司

2005 年 5 月 13 日，无锡宏联电镀设备有限公司正式成立，注册资金 100 万元，在无锡市惠山区西漳路租用厂房 800 平方米。

2006 年 3 月 15 日，搬迁至无锡市惠山区洛社石塘湾工业区，注册资金增至 500 万元，租用厂房面积 2 500 平方米。

2012 年，公司被认定为“国家级高新技术企业”，注册资金增至 2 018 万元，承建的中航工业北京某项目整厂表面处理生产线通过 NADCAP 认证，同年合同签订额突破 8 000 万元。

2015 年，公司更名为“江苏宏联环保科技有限公司”。同年，新厂区建设完成，并于 12 月 28 日正式启用，建筑面积总计 28 000 平方米。

2016 年，公司聘请了香港工业专业评审局副院士、原香港亚洲电镀设备有限公司技术专家陈国强先生为公司总监，负责公司的人才培养、产品研发和品牌建设，在他的推动下，公司现已形成一套先进完善的技术研发和管理运行体系。

2017 年，由公司自主研发的“HJZ 智能环保型表面处理生产线”，被江苏省认定为“江苏省首台(套)重大装备产品”。该产品融合安全、环保、高效、智能的设计理念，采用模块化软件设计的智控系统，目前处于国内领先水平，系统具备生产管理信息化、质量管控自动化、诊断系统智能化、数据收集网络化等优势，具备很强的防纠错及高度柔性功能，可对整厂各镀种生生产线及废气、废水处理系统统一调控作业，适合多品种产品同时无序化生产，并可与工厂 MES 系统无缝对接。

2018 年，公司分别与北京航空航天大学、中国航发控制系统研究院、中航长沙设计研究院有限公司签订产学研合作协议及战略合作协议，并派专业技术团队前往德国考察。通过不断的交流、学习和消化，宏联建立了更加完善的技术研发管理体系和组织架构。

2019 年，为确保宏联的可持续健康发展，公司开始大力推行 6S 生产管理，优化生产流程、制造工艺和品质管控，投入巨资先后购置了喷砂房、喷漆房、烤漆房、自动焊接机器人、激光焊接机、激光切割机等多台套先进生产设备。

通过多年的经营与发展，公司已是国家级高新技术企业、中国表面工程协会电镀分会副理事长单位、中国表面工程协会智能装备专业委员会副主任委员单位、江苏省表面工程行业协会智能制造委员会秘书长单位、无锡市惠山区科技装备企业商会会长单位，吴欲董事长代表无锡表面工程协会出任江苏省表面工程行业协会副会长。企业先后通过 ISO 9001:2015 质量管理体系认证、ISO 14001:2015 环境管理体系认证、安全生产标准化三级企业(机械)认定、CE 欧盟市场产品准入强制性认证、江苏省环境污染治理工程设计能力评价(乙级)、江苏省环境污染治理能力评价(乙级)，拥有完善的质量管理和服务体系。

宏联始终秉持众志成城、业精于专、追求卓越的理念打造民族品牌。公司真诚为客户提供最专业、最优质的整厂表面处理设备规划、建设和长期有效的售后服务，为国防建设和智能制造业的发展做出更大贡献。

无锡出新环保设备有限公司

无锡出新环保设备有限公司位于太湖之滨、京杭大运河旁的洛社镇杨市社区。北依312国道、京沪高铁、沪宁城际、沪宁高速公路；东靠新长铁路、锡宜高速公路、洛南大道，厂前由锡杨公路直通无锡、常州，交通十分便利。

无锡出新环保设备有限公司专业生产电镀设备、涂装设备、环保设备，是中国表面工程协会常务理事单位、中国表面工程协会电镀分会副理事长单位、中国表面工程协会涂装分会副理事长单位、中国表面工程协会特种涂层委员会副理事长单位、中国表面工程协会设备材料委员会副理事长单位和无锡表面工程协会会长单位，通过机制改革优化组合成为股份制企业，现有员工120余名，占地面积35 000平方米，生产厂房和附属建筑25 000平方米，固定资产2 000万元，流动资金800万元，工厂拥有充足的生产库存物资及为用户服务的备品备件。2008年产值7 000万元，2009年完成8 000万元，2010年完成9 500万元，2011年完成近1亿产值，2012—2019年每年将近1亿产值。

公司内分设(冷作钣金、钳工装配、塑料焊接、工程管道)独立承包工程车间三个、机械加工车间一个、电器控制车间一个。在1991年与香港路华企业有限公司合资，引进国外先进技术和优质的配套设备。为突出专业特长公司成立了“锡山市电镀环保技术研究所”，1998年“江苏涂装技术工程联合公司”迁出并成立为新公司。1999年5月份公司成功举办了中国表面工程协会常务理事扩大会议。在全国行业专家、老师同仁的关心支持下，2000年首创成立“出新环保、电镀、涂装材料设备超市”(即新工艺技术信息的收集、推广应用、原辅材料及辅助配套设备市场)，简称“出新超市”。全公司形成了从设备设计加工制造、安装调试、工艺技术、原辅材料配套全承包及售后服务一条龙生产体系，面向用户企业设备更新改造及新建工厂提供交钥匙工程。

2010年，公司举办了30周年厂庆庆典活动，回顾了在行业发展中的历史，展望了更好的未来。

公司于2010—2020年获得专利27项，其中发明专利15项，同时2011年11月被认定为“高新技术企业”，2012年成为了“江苏省中小企业管理创新示范企业”,并经市政府批准成立了“无锡表面工程环保工程技术研究中心”。

在新形势下,曾湧先生带领全体员工狠抓工厂技术改造,强化企业管理、持续提升产品质量。集三十九年表面行业设计制造的经验,虚心向国内外行业同仁学习。

宜兴市星光陶瓷研究所

宜兴市星光陶瓷研究所成立于 2006 年 8 月 29 日,前身是宜兴市湖汶金属化剂厂。

研究所 1982 年从事 SP、M、N 酸铜光亮剂生产,由当时民办的南京金陵环境保护研究所监制,指导师傅是南京孙俊奇工程师(南京大学老师),销售依托上海轻工业研究所杨孟权工程师介绍酸铜用户。

1988 年成立宜兴市星光助剂厂。由上海徐汇区科技协会陈其中工程师提供技术,生产高温氯化钾镀锌光亮剂 HT,并在 1994 年《上海电镀》第 3 期上介绍了该产品。1989 年开发常低温铬镀铬 CH-501 稀土镀铬添加剂,在 1993 年《上海电镀》第 1 期介绍该产品。

2003 年,余姚一家民营企业做塑料电镀,第一次提出粗化液需要设备来解决塑料粗化老化液。当时国内根本没有这样的生产企业,全部靠国外进口,不仅价格昂贵,且售地难寻。由于添加剂业务原因,应建军结识了许多电镀企业老板,又因为宜兴是出名的陶瓷生产基地,所以电镀老板和应建军沟通产品的用途后,当时应建军就请教从事陶瓷工业的师傅,在他们的指导下,摸索做了几个样品,从此一发不可收,一头栽进了陶瓷行业。从开模、成型、干燥、烧制用了 3 年时间,每个工序经历了无数次的失败,最终获得成功,现在已获得国家 2 项发明专利,填补了国内空白。原先只有外资企业用,现在所有塑料电镀企业都在使用。过去的企业都是采用倒掉粗化废液补新液来维持生产,严重污染环境。宜兴星光陶瓷研究所研制的陶瓷隔膜不仅为塑料电镀清洁生产提供了坚实的设备保障,还为用户大大节约了成本。

2008 年该所开发了塑料粗化过滤机。粗化液经过滤后彻底把 ABS 塑料溶解的丁二烯(B)过滤掉,这样一来粗化工艺就永远没有报废液,全部回用到生产中去,达到了循环经济。为了有成套设备以满足企业需求,2010 年 6 月 4 日注册了无锡宜奥龙环保设备有限公司,专业制造三价铬电解机、粗化过滤机和铬液除杂器等。2015 年又研发了节能钛蒸发浓缩装置和 PVDF 抑铬雾浮球两个新产品。节能钛蒸发浓缩装置可将塑料粗化及镀铬液回收水浓缩回用，大大节约了成本，减少了污染，具有明显的经济效益和社会效益。

随着国家禁止使用含氟抑雾剂的标准出台，物理方法抑制铬雾越来越重要，该公司生产的PVDF浮球完全可以替代过去的PE、PP浮球(PE、PP类浮球在铬槽里都会出现腐蚀现象，使用寿命短还会污染镀铬溶液，且对电镀质量有影响还污染环境)，使用寿命可达20年以上。

宜兴市吉泰电子有限公司

宜兴市吉泰电子有限公司，原为宜兴电子器件总厂下属分厂，1998年改制为独立法人企业。多年来，致力于军用电子元器件金属外壳的研制和生产，并依托军工技术大力发展民用外壳，开拓外贸市场，企业得到了长足的发展。

公司技术实力较强，拥有一支研发能力较强的科技人员队伍和经验丰富的员工队伍；具有一套成熟的金属外壳生产工艺技术和完整的专业生产检测装备；获得国家授权发明专利8项，受理专利若干项；被认定为国家高新技术企业。

公司主要生产混合集成电路、微波器件、滤波器件、光电器件、传感器件、大功率器件等金属外壳，并自行配套电镀处理。产品被广泛应用于航天、航空、兵器、船舶、碳纤维布、电子和光电通信领域，曾多次承担部级科研攻关项目，并为国家重点工程项目配套，得到上级部门表彰和用户好评。

公司已通过ISO 9001、GJB 9001质量管理体系认证，具备相关的科研生产、承研承制资格。

公司一贯坚持和发扬"务实、诚信、高效、创新"的企业精神，秉承和恪守"产品精益求精，服务尽善尽美"的承诺，愿与国内外新老客户真诚合作，共创美好未来。

江苏三川宏新能源科技有限公司

江苏三川宏新能源科技有限公司成立于2007年，12年来经历了从无到有、从小到大的艰苦历程。公司员工队伍年轻而富有朝气，大部分员工拥有中高等学历和各类职称；以人为本的企业文化活动丰富多彩，多次获得行业的表彰。

在董事长唐文斌的带领下，大家一起顽强拼搏和艰苦创业，三川宏公司从成立初期的几人发展至今天有近百名员工；从一穷二白到今天拥有自建的办公大楼和2 000多平方米的现代化仓库、专业运输车队，并在全国各地建立有分支机构；货物由几十个品种到现在一百多个大类，近三千个品种。公司专业生产的明星产品是精密过滤机及耐酸碱泵浦，创建的三川宏品牌是过滤机泵浦行业的知名品牌，公司以雄厚的技术实力和优秀的产品质量，赢得了国内外客户的一致称赞，其产品销往国内 20 多个省市区及中东等国家和地区。

三川宏公司拥有专业的开发团队、全套现代化检验仪器和生产设备，及大批具有专业知识和丰富经验的工程师。优秀的企业管理方式、成熟的生产经验、完善的售后服务、质量优异而价格合理的产品，使公司具有极强的市场竞争力。公司有着完善的服务网络和经营队伍，本着团结、诚信、责任、创新和客户至上的经营理念，以科技领先、品质为本、服务至真、管理至善、团协至美的三川宏精神赢得了广大企业客户的高度认可，并且所生产的产品荣获台湾地区及大陆多项技术认可。

三川宏公司的主要产品：精密一体成型过滤机有 CH 滤心压板型、CB 锁牙型、CK 杨桃型、CP 滤纸型；耐酸碱泵浦有 ME 磁力泵，SEG 立式泵，NAB、NAG 大流量泵，KDN 卧式自吸式泵浦，NAC 型泵浦，SE. SEB 直立式耐酸碱等多种系列 PP/PVC/PPH/PVDF 管阀件及板材。此外，公司可根据客户要求定做各式阳极袋及滤心袋，并经营定量泵、气动泵、鲁氏鼓风机、冷水机、盐雾测试机。

公司具有特色 24 小时服务主要涵盖：为了支持客户的工作及日常运用，公司制定售后部及运输车队 24 小时为用户服务，并免费提供远程协助，电话支持。

江苏碧诺环保科技有限公司

江苏碧诺环保科技有限公司(图 12)整合全球优势资源，在日本全资设立研发中心并引进先进技术，结合宜兴强大的环保产业背景及装备优势，形成了“日本技术＋中国制造＋海外销售”的创新商业模式。

目前，叠螺污泥脱水机在法国、美国、加拿大、波兰、马来西亚、印度尼西亚、印度和中东地区等有独家代理商，在超过 60 个国家有超过 3 000 个项目，并成为马来西亚市场份额最大的品牌。经过多年研发试验，公司开发了具有自主知识产权的集椭叠污泥脱水机、叠螺污泥脱水机、超级污泥干燥机、污泥炭化炉、高温立式发酵罐、移动式脱水系统等一系列固体废弃物整体解决方案，目前申请及拥有发明专利共 8 项，实用新型专利 30 余项。“污泥减量资源化成套设备的研发及产业化”项目获得江苏省科技厅科技成果转化 600 万的专项资金，公司先后被评为“中国第六届环保创新创业大赛优秀奖”“环保装备创新挑战赛最高奖”“国际技术转移先进企业”先进集体，也是“陶都英才”项目的参加单位。同时，已申请并拥有多项国际性认证，如 ISO 9001 国际质量体系认证、ISO 14001 环境管理体系标准认证、CE 欧盟认证等。

图 12　江苏碧诺环保科技有限公司

在多年的发展中，公司形成了一支朝气蓬勃的营销管理团队和经验丰富的技术团队。创始人蒋子厚董事长，留学日本 10 年，胸怀环保，借力具有 40 年环保技术经验的日本老工程师川津一彦先生和日本热工专家山本信夫先生，带领一批有志向、敢拼搏的年轻团队归国创业，团队成员有留学日本、法国的高精尖人才，也有来自国内 985、211 高等学院的环境工程及环境科学专业的硕士研究生，人才梯队技术性及互补性强。2015 年，公司承接太湖蓝藻应急处理项目，利用物联网、云平台，完成设备制造商到方案解决商的转型。2017 年，公司进军畜禽粪污资源化领域，开启整县推进的新模式；同时成立碧诺商学院，建立健全内部培训以及人才成长体系，为促进彼此间的学习交流、资源共享提供了更好的平台。公司始终秉承不断为客户创造价值的使命，致力于成为固体废弃物资源化综合服务第一品牌。公司将紧跟国家战略规划，美丽地球环境，推动人类文明进步。

西门子中压开关技术(无锡)有限公司

西门子中压开关技术（无锡）有限公司是原西门子真空开关管（无锡）有限公司，由西门子输配电集团与无锡市电子仪表工业公司在 1997 年 11 月共同投资举办的中外合资企业，投资总额为 3 747 万欧元，西门子是主要股东。

公司位于江苏省无锡国家高新技术产业开发区内，主要从事陶瓷真空灭弧室、固封式真空断路器、气体绝缘开关柜以及有关产品的开发、制造市场销售及售后技术服务。公司在质量管理部门设立专门的环境管理模块，并有专职的环境管理人员。

公司内自设电镀车间，用于对自需的零件进行表面去油、清洗、镀金、镀银，使零件达到真空灭弧室生产所需要的表面要求。目前大部分工艺均采用自动化设备，工艺过程控制严谨，操作简单，废水废气产生量少；并配套有单独的废水、废气处理设施，确保达标排放。

公司一直关注环保，不断优化生产和污水处理设备，近几年来，引进了自动酸洗生产设备，降低了硝酸的使用量，每年减少氮氧化物排放 0. 391 2 吨，每年减少氨氮和总氮的排放 0. 257 8 吨；同时，优化了污水处理设施，增加了微滤处理工艺，进行清洁生产审核，进一步寻求方案降低污染物的排放，以满足法律规定的基本要求。

无锡市电镀设备厂

无锡市电镀设备厂始建于 1973 年，是国内最早从事制造电镀设备以及废水处理设备的专业生产厂家之一。工厂员工对于各类表面处理生产线和废水处理设备的设计、制造、安装、调试有着多年丰富的经验，因而该厂是一个集设计、制造、安装、调试、服务为一体的值得信赖的表面处理设备专业厂家。

目前，该厂生产的电镀设备主要有两大系列——直线系列和环形系列，它们均可实现挂镀或滚镀方式。废水处理设备采用化学处理方法加后续深度处理，处理全过程均为自动控制方式，并使处理溶液达标排放或部分回用。

工厂引入国外可靠、高效、洁净的表面处理自动生产线设计制造理念，拥有多项国内领先的核心技术，在国内同行业中处于领先水平。先后为几百家工厂提供了各类表面处理自动生产线和废水处理站，行业覆盖了军工、五金、钢铁、塑胶、电子电器、工程机械、油田装备、磁性材料、汽车等；处理工艺有电镀、阳极氧化、磷化、电泳、涂装等。

全厂正式职工百余人，其中工程技术人员 35 人，高、中级以上职称有 11 人，是一支训练有素、尽职敬业的专业队伍。工厂固定资产（原值）1 000 万元，流动资金 1 750 万元，近三年来实现年平均销售额 7 800 余万元。全厂占地面积 6 000 平方米。工厂拥有全套加工设备，是首家从德国引进聚丙烯板材自动热熔加压拼接和自动折弯加工设备2套。

工厂已通过ISO 9002国际质量体系认证;2003年6月又升级获得GB/T 19001—2000IDT ISO 9001:2000质量管理体系认证证书。工厂精心设计图纸、严把原材料入库,认真按图施工和安装,全过程实现上道工序对下道工序负责,下道工序监督验收上道工序,杜绝不合格零部件上线组装。

该厂长期与武汉材料保护研究所、洛阳机电第四设计院、北京航空规划设计院及安美特公司、乐思公司、日本荏原优来特株式会社等中外有关电镀、环保配套的知名厂商有密切的联系和合作。工厂设计研发在实践中努力借鉴和消化吸收国外先进技术,不断开发各类用户所需的新型结构产品。多年来,该厂先后为近百家工厂提供了各类表面处理自动生产线和废水处理站近千套。承揽了航空、航天、中船公司、铁道部等大、中型企业的表面处理技术改造项目。凭着技术领先、产品合格率高、为用户提供真诚服务的优势,赢得了客户的一致认可。

该厂目前已成熟地开发与设计了适应中国市场特点的两大类产品——表面处理全自动生产线和废水、废气处理设备,并已具有电镀和环保工程总体设计、工艺设计、设备设计和生产制造、安装、调试的能力,以及负责用户操作和维修人员的技术培训,成功地向用户实现交钥匙工程。该厂具有专项工程设计证书(业务范围:废水、废气。证书等级:乙级,发证单位是江苏省环境保护局)和江苏省环境污染治理资格证书(类别:工业废水、生活污水。证书等级:乙级,发证单位是江苏省环境保护产业协会)。

工厂运用CAD、局域网、万维网以做实、做精产品的系列化和通用化,多、快、好、省地满足市场所需,全厂职工在法人徐荣海带领下将持续拼搏,努力实现“创双亿优质品牌,让用户满意放心”的企业目标。

(五)苏州地区

库特勒自动化系统有限公司

库特勒自动化系统有限公司(图13)成立于1988年,专注于印刷电路板行业和光伏产业设备、整体自动化解决方案的研发、生产和服务,为全球超过100家客户提供高效快捷的产品和服务。公司自主研发制造的自动化设备及其整体自动化解决方案,广泛应用于德国、美国、日本、意大利、印度、俄罗斯等国家和地区,获得了

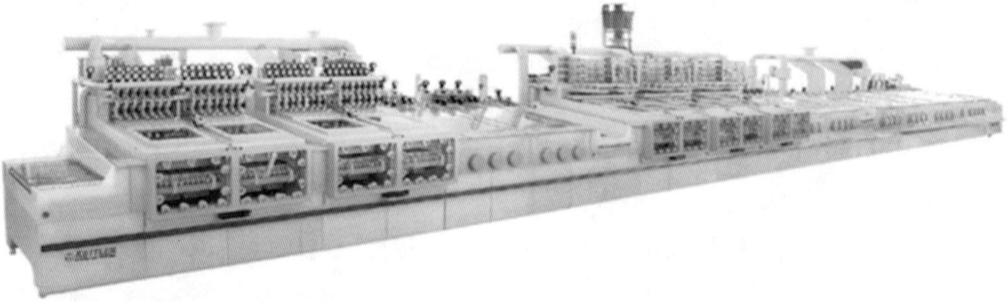

图 13　库特勒自动化系统有限公司设备

市场广泛赞誉。

为了更好地服务亚洲地区的客户，在成功引入新的投资方和合作伙伴的基础上，公司于 2002 年在中国苏州成立，公司注册地址为中国(江苏)自由贸易试验区苏州片区苏州工业园区胜浦路 118 号，主要制造太阳能电池生产专用设备、印刷电路板用生产设备、LCD 生产线用生产设备及以上产品的零部件，销售公司自产产品，提供售后服务，并从事以上设备零部件的进出口及零售业务。公司核心产品包括应用于印刷电路板和光伏等行业的高端自动化设备及解决方案——使客户始终领先于当今瞬息万变的全球市场竞争。

作为一个以科技和创新为驱动力的企业，库特勒研发并制造出在当前市场条件和当前生产设备基础上完全可行的解决方案，突破性的技术使其与客户在全球市场的竞争环境中携手并进、脱颖而出。库特勒以“源于欧洲，立足中国，服务世界”为己任，继续为全球客户提供优质服务。

江苏秀博新材料有限公司

江苏秀博新材料有限公司(图 14)创始于 2006 年，是一家专业从事表面处理材料研发、生产、销售，服务的高新技术企业。公司为电子电镀、汽车电镀和五金电镀企业提供优秀而富有竞争力的产品。公司总部位于江苏省昆山市北部高新区，占地面积 10 000 平方米，建筑面积 6 000 平方米。现有员工近 60 人，下设有重庆、天津以及浙江等 3 个办事处，销售及技术服务网络覆盖全国各个省市。

在汽车零件电镀上，公司特有的锌/锌镍合金/锌铁合金工艺，成为国内首家通过欧洲汽车认证的企业，成功为大众、奥迪、通用、本田、丰田、五菱等知名汽车零部件上配套使用。电子电镀的除油、微蚀、去溢料、褪镀等工艺，成为多家上市 IC 封装企业的首选工艺。

图 14　江苏秀博新材料有限公司

公司多年来一直专注并深耕于表面处理材料的研发，拥有近 1 000 平方米的研发中心，配备先进的仪器和设备，拥有经验丰富的专业研发团队，积极与常州大学、南京理工大学、武汉大学合作，贴近市场及客户的个性化需求，研发设计优势产品，持续不断地对产品进行更新换代。

2016 年，公司与德国表面处理行业巨头汉立德（Hillebrand）化学达成战略合作协议，积极引进国外先进技术和管理，服务于表面处理行业的中高端客户。

2018 年，公司在连云港赣榆化工园区征地 30 亩，项目位于连云港赣榆柘汪化工园区，项目总投资 1.2 亿元，占地 2 万平方米，建筑面积 1.1 万平方米，设计表面处理材料年产量 5 000 吨。新的工厂在 2020 年正式开工，项目将建成全自动生产化，节能、环保、精准控制生产线，为公司产品质量提供有力保障。这也标志着公司的发展迈上一个新的台阶。

江苏秀博以“为客户创造价值”为理念，积极推动中国表面处理行业的发展，致力成为行业受人尊重、受人推崇的优秀供应商。

苏州湛清环保科技有限公司

苏州湛清环保科技有限公司（图 15）成立于 2014 年，公司地址在江苏省昆山市玉带西路乐邦产业园。拥有清华大学技术团队，是一家专业从事工业废水污染治理的国家级高新技术企业。凭借多年的技术积累与行业经验，湛清环保首次提出了“工业废水专科环境医院”的创新模式。

图 15　苏州湛清环保科技有限公司设备

湛清环保拥有专业的研发团队与完善的实验设施，是昆山市首家高性能工业废水治理集成装备工程技术研发中心、昆山市级科技研发机构，并与清华大学、华东理工大学、苏州科技大学等高校科研团队建立了“产学研”深度合作，形成了针对“氮、磷、重金属”三大类特征污染物的完整技术体系，累计申请专利 40 多项（包含与清华大学联合申请专利 3 项），为表面处理、精细化工、医药农药、光伏锂电等多个工业领域的上百家企业提供了专业的技术服务，典型客户包括陶氏化学、松下电子、中国电子科技集团、中国兵器工业集团、尚德太阳能、新华制药、蓝帆化工等。

近年来所获科技和人才荣誉有“江苏省民营科技企业”“江苏省科技型中小企业”，江苏省 2016 年“六大人才高峰”高层次人才项目、昆山市 2016 年订制储备一批科技成果项目、昆山创新创业领军人才、姑苏创新创业领军人才、国家级高新技术企业、昆山市科技研发机构、“科技工作者之家”、昆山市高性能工业废水治理集成装备工程技术研发中心等。

湛清环保的主要产品有：高效脱氮设备 HDN - FT、脱氮集成装备 IDN -

BMP、重金属废液干化设备 ENS－DR、次亚磷去除剂、高效除镍剂和第三代重捕剂等。

苏州联科纳米净化科技有限公司

苏州联科纳米净化科技有限公司，2011 年在苏州成立，注册资金 5 900 万元，致力于电子、电镀、印染等工业废水的处理、设备研发和废水治理工程建设与运营的一家工业废水治理工程公司。公司为了在工业废水领域得到更好的发展以服务更多工业企业，解决工业企业在生产过程中各个环节的环保治理问题，在安徽省六安市舒城县杭埠经济开发区建设了舒城杭埠电镀工业园区项目。本项目占地面积近 200 多亩，目前入驻企业已达 30 多家，表面处理种类包括镀金、银、铜、铬、镍、锌和阳极阳化等众多表面处理工艺。园区内的污水处理中心设计日污水处理能力达 8 000 吨，中心总用地面积 114 480 平方米，总建筑面积 121 535 平方米，其中厂房面积 104 720 平方米，办公楼 10 320 平方米，污水处理厂及配套设施 6 495 平方米，预计投资规模 3.5 亿元左右。

该公司建设的安徽杭埠电镀工业园 8 000 吨/日污水处理工程，经评审被中国环境保护产业协会评为 2018 年重点环境保护实用技术示范工程。电镀废水高效生化处理-膜生物系统构建关键工艺研究与产业化项目，获得中国环境保护产业协会 2019 年度环境技术进步奖。

该公司负责人吴文明是安徽省六安市人大代表、舒城县人大代表，也是江苏表面处理工程协会专家委员会委员。

昆山东威科技股份有限公司

昆山东威科技股份有限公司（图 16）成立于 2001 年，是一家集研发、生产、销售为一体的设备制造企业。公司立足于 PCB 电镀设备的深入研发、专业和专注，以追求 PCB 业界最佳生产力为己任，不断提高 PCB 电镀技术，并提供最前沿的 PCB 电镀设备。

公司以生产传统 PCB 一次铜、二次铜、电镀镍金、PTH、黑氧化等设备为基础，力推新型专利产品——PCB 垂直连续电镀（VCP），逐步推出一系列与此相关的垂直连续电镀设备，并在行业内率先实现 VCP 电镀设备设计标准化、生产流程化、产业规模化。公司力求以全新的设计方式给 PCB 制造商提供性能更稳定、技术更先进、操作更简便、成本更经济的电镀设备。

图 16　昆山东威科技股份有限公司

公司的经营理念是创造客户需求，在过去的十余年，持续专注于电镀及表面处理设备制造，超过 40 名高级工程师和博士从事电镀、精饰及表面处理技术方面研究开发，每年把年销售收入的 8%用于研发方面，这使得他们在激烈的市场竞争中始终保持强有力的技术优势。

2015 年，该公司旗下 4 家不同定位的公司——昆山东威科技股份有限公司(集团产品、技术研创中心)、广德东威科技有限公司(集团产品生产基地)、深圳昆山东威科技有限公司(华南地区销售、备件、售后、信息反馈)、昆山东威机械有限公司(五金及表面处理设备制造)规范集合成一个集团公司——昆山东威科技股份有限公司。

科文特亚环保电镀技术(江苏)有限公司

科文特亚集团是一家跨国企业，从事表面处理行业化学品的研发、生产与销售，并提供产品应用的技术服务支持。集团总部位于法国巴黎近郊，在全球设有 12 个工厂和 9 个研发中心，为全球客户提供统一标准的产品和专业的客户服务。发展至今，涉及产品包括保护性电镀、装饰性电镀、功能性电镀、贵金属电镀、铝表面处理和水处理等添加剂，应用领域涵盖汽车、航空、石油、电子、建筑、奢侈品等诸多行业。集团拥有电镀阳极膜技术等多项专利，以及数十种高科技环保产品。

自 2005 年起，科文特亚集团全面开展中国事业，在苏州市吴中区设立科文特亚表面处理技术(苏州)有限公司。经过十余年的发展壮大,陆续在武汉、长春、东莞、青岛设立办事处,并积累了一大批优质客户资源。

为进一步向客户提供更全面、更优质的产品和服务,2018 年科文特亚集团加大了对中国事业的投入,在苏州购置土地设立新工厂并更名为“科文特亚环保电镀技术(江苏)有限公司”(图 17)。新工厂位于苏州市高新区浒墅关镇,总投资 2 500 万美元,占地面积约 12 500 平方米,建筑面积约 10 000 平方米。工厂年产量 2 万吨,是目前为止集团规模最大的生产基地。技术中心面积约 1 200 平方米,可提供试样、溶液分析、产品性能检测等一系列专业的技术解决方案。新工厂已取得 ISO 9001:2015 质量管理体系认证证书及中国合格评定国家认可委员会实验室认可证书。

图 17　科文特亚环保电镀技术(江苏)有限公司

苏州易歌环境科技有限公司

苏州易歌环境科技有限公司成立于 2017 年 2 月 13 日,坐落于太仓市科技创业园内,主要从事于环境保护专用设备的研发、生产、加工与销售。该公司拥有集规划、设计、咨询、施工、装备制造于一体的全产业链服务模式,发明专利及实用新型专利已总计达二十余项,现仍有十多项在申请中;于 2018 年被评为“江苏省民营科技企业”和“太仓市科技领军人才”企业。公司于 2019 年 6 月获得质量管理体系认证证书,2019 年 11 月被认定“江苏省高新技术企业”。

公司凭借领先的核心技术、强大的研发能力、优质的售后服务以及扎实的工程项目管理经验,与国家重点单位进行合作,不断整合和转化适合于实际应用的治理技术和服务能力，以持续地满足客户发展的需要。

公司的理念是“源头减废资源化回收，深度降解节能减排”，专注于以下问题的解决：为电镀企业提供全新资源化节能减排的方案，产线实现镍、铬资源化回收的同时废水减排；钢铁及其他产业的表面处理实现盐酸、硫酸、磷酸、其他混合酸产线资源化和危废减量化方案；2019 年垃圾分类实行，公司实现餐厨垃圾就地分解且水达标排放，垃圾领域的各种渗滤液的就地分解达标排；焦化、精细化学品、农药、医药领域各种不可生化处理的高浓度有机废水的降解、减排且达标排放；废水、药液、食品、循环水的智能过滤系统；参与多家院校、中科院、环保公司的研发项目，包括湖泊黑臭水的快速生化解决方案。

苏州康博电子有限公司

苏州康博电子有限公司是 2002 年由苏州康博通讯器材厂与港资合资成立。目前公司位于苏州相城区北桥镇灵峰村聚峰路。公司主要电镀加工电脑连接器零件、USB 接口、手机外壳不锈钢镀镍以及各种接插部件的滚镀、挂镀金、局部镀金、镀镍、镀锡和雾锡，并提供各种规格的金丝。

1996 年公司初建时，只有一条为高温导线厂家配套的线材连续镀银生产线。1998 年根据市场需求，公司进行技术改造，将原有的连续镀银生产线改造为连续镀金生产线。产品出来后提供给台商，替代台湾地区生产的镀金线且价格相比降低 100 元/千克，第一年就完成销售额 100 多万元。2000 年，深圳华为、中兴通讯、德润电子等公司的连接器接插件，针、孔类零件需镀金，并且要求金层表面具有较高的耐磨性、耐硝酸腐蚀和耐中性盐雾试验的性能，为此公司专门新建一条滚镀金流水线。2004 年，客户市场竞争激烈，为了既达到质量要求又降低成本，公司采用局部镀工艺将连接器的接插件接触部位镀厚金，其余部位镀薄金。这种电镀方法，可降低成本的 60%左右。

2011 年公司又根据用户要求，经过大量试验，采用 304 不锈钢带连续镀镍和砂丁镍后再冲压成小零件。这样经核算，降低了 30%～40%的成本，不但满足了老客户苹果的需求，也吸引了三星、摩托罗拉等新客户。康博公司当年增加销售额 1 500 万元。

2006 年公司通过了 ISO 9000 质量体系认证，形成了一套高效的运作体系和工作程序。坚持“全心全意为通信行业服务”的宗旨，与中国航天电器建立长期紧密的合作关系，多次被评为“突出贡献奖”。在完善的售前、售后服务基础上，公司还长期与多家上市公司如外资手机行业、通信行业的客户建立了良好的互信关系。

截至 2015 年，公司已拥有 7 条电镀生产线，其中 4 条为连续镀生产线。生产厂房 7 200 平方米，员工 58 人，到 2013 年底，康博电子注册资金 2 200 万元。

十多年来，公司站在高起点瞄准 IT 行业，迎难而上，坚持不懈，努力拼搏，开拓创新。产值以每年 30%的速度良性递增，2013 年达 6 000 万元，实现了人均产值 100 万元；2014 年每平方米厂房可达万元的产值。

常熟藕渠电镀有限责任公司

常熟藕渠电镀有限责任公司的前身是藕渠电镀厂，创始于 1979 年。建厂初期主要做氯化钾滚镀锌，加工的零件为钢窗配件，技术员是在上海电筒厂的一名职工。1984 年与常熟市无线电元件厂联营，对该厂高频头的微调片、铜件进行酸洗钝化及对高频头零件进行镀锡和镀镍。经过五年的不断改进，技术方面不断提高，至 1990 年产值已达到 300 多万元。1991 年工厂重新征地 10 亩，建造了 4 000 平方米的新厂房，对电镀车间重新设计，配套了 1 条半自动的滚镀锌线，1 条半自动的滚镀铜线，4 只 6 米×1.8 米×1.5 米的吊镀锌槽，对三废处理设施也进行了改造，使三废处理后的废水能确保达标排放。

1997 年企业转制，企业名称也由原来的“藕渠电镀厂”更改为“常熟藕渠电镀有限责任公司”。通过改制和企业领导职工的共同努力，取得了良好的效益。2001 年，为配合常熟市城市改造，企业征地二十亩用以重建。新建厂房面积达 9 000 多平方米，共建造 8 个车间，其中电镀车间 6 个，增加了五金、冲压车间各 1 个，工厂产能、硬件和环境都有了进一步提高。2002 年，企业销售达到 1 500 万元，三废处理能力也达到了当时常熟的先进水平，得到了市环保局的认可。

2003 年公司又新建了 1 条全自动龙门镀锌线和 1 条镀银半自动线；2004 年产值达到 3 500 万元；2008 年公司又建成了第 2 条全自动环形线，用于电子产品的镀锌生产；2010 年淘汰了落后的氰化镀锌工艺和六价铬钝化，采用三价铬钝化工艺；2012 年根据环保淘汰落后工艺和重污染工艺的要求，完成了手工线升级为自动线。在这期间还对环保设施进行了三次提标改造，通过了多次环保验收，2014 年公司产值达到了 6 500 万元的喜人业绩。公司将再接再厉，实现社会效益和经济效益的双丰收及企业的可持续发展。

太仓市汇湖电镀有限公司

太仓市汇湖电镀有限公司(图 18)的前身是太仓新湖电镀厂,创建于 1975 年,属新湖村一个村办小作坊,从砖砌镀锌槽的五个滚筒起家,为上海延安路螺丝商店镀锌加工螺钉螺母。

图 18 太仓市汇湖电镀有限公司

1990 年该公司增加铜、镍、铬镀种,电镀设备均为简易手工设备,职工 36 人,年销售收入近百万元,年利润却不足 6 万元。1993 年 10 月,电镀厂进行了改革,在抓好环保设施投入的前提下,进行技术改造和生产能力的提升。改革后,从资金、技术上得到了保证,拓展了硬铬、仿金、吊镀等镀种。1998 年新湖电镀厂由村办集体企业转制为股份制企业。2005 年底,汇湖电镀厂整体搬迁至太仓市双凤五金机械(电镀)集中区,2006 年投入生产。新厂区占地 40 000 平方米,建筑面积 25 100 平方米,绿地面积 7 467 平方米,公司总投资额 7 968 万元。其中设备投资 4 300 万元,环保设施投入 1 050 万元,企业拥有全自动生产线 28 条;污水处理站 1 座,日处理废水能力 1 500 吨;拥有成套水处理检测设备和生产工艺检测体系;职工总人数 650 人,其中工程技术人员 35 人。镀种有镀锌、镀铜镍、镀铜镍铬、挂镀铜镍、化学镍、硬铬等。电镀产品从单一民用产品加工,增加到 IT 领域、汽车配件、家电配套、注塑件等。

2014 年实现销售收入 16 300 万元,上缴国家税收 1 320 万元,已成为太仓电镀行业的排头兵。

2008年以来，企业认真贯彻执行上级清洁生产要求，切实抓好节能降耗、减污增效工作，通过了ISO 9001:2008企业管理体系认证，ISO 14001:2004环境管理体系认证，企业职业卫生现状评价和安全生产评价；又先后通过了第一轮、第二轮轮清洁生产审核验收；2014年通过了省级监控企业清洁生产审核验收。

太仓市锦飞电镀有限公司

太仓市锦飞电镀有限公司原名太仓县王秀电镀厂，始创于1974年，为上海第二五金实验仪器厂加工镀锌产品和其他五金产品。1976年电镀加工的产品主要有五金制品镀锌、纺机产品镀铬（主要是上棉21厂和20厂）以及煤矿机械产品的镀硬铬，这时的员工已有20多人，同时也聘请了一些上海电镀界的老师傅，还没有废水处理设施，电镀废水只能排入死河浜内。

1984年，王秀电镀厂改制为乡村两级联营，实施乡级管理，收益由乡村两级分配。1991年，厂里建了第一条铜/镍/铬一步自动生产线，专门电镀加工苏州车铃厂的自行车车铃。1994年，镇里一次性出资40多万元，收购了电镀厂，从此王秀电镀厂改为镇办企业。1999年，企业转制为民营企业，同时更名为“太仓市锦飞电镀有限公司”。

2002年，自行车行业萎缩，电镀行业务到受影响，所以拆除了车铃电镀自动线，厂房开始出租做其他电镀行业务。2010年10月的环保整治，企业开始转为股份制，吸收新的资金，推倒旧厂房，按新的环保标准设计和重建，用现代企业制度彻底改变公司的面貌。公司总投资5 000多万，征地23亩，新厂房18 000平方米，三废治理设施占地1 750平方米，现有固定资产3 636万元。

2011年9月，新车间陆续建成并投入生产。目前有17个车间，20条电镀线，其中自动线17条，手动线3条，采用蒸汽集中供热；员工350多人；镀种有镀锌、铜、镍、铬、锡、金和银，以及锌合金和塑料电镀多种；主要客户有苏州恒辉科技公司、苏州永利金属公司、苏州丰谷精密机械公司、海鑫国际精密通信器件公司、杭州紫光机械公司和常州雷市金属材料公司等。

企业废水站日处理能力1 000吨，实际每天用水约500吨，委托第三方“昆山蓝绿青环境工程公司”经营管理。新的锦飞公司抓住机遇，重获新生。2014年产值已达1.7亿元，基本达到每平方米厂房1万元的产值要求，步入良好的运营状态。

公司在2012年取得ISO 9001质量管理体系认证和ISO 14001环境管理体系认证，并通过了清洁生产审核。

苏州市金艺电镀有限公司

苏州市金艺电镀有限公司为专业性电镀企业，公司成立于2000年，由创建于1986年7月的原吴县电镀中心(部分)转制而建。公司占地面积35 000平方米，建筑面积20 000多平方米，现有员工300余人，并拥有众多专业的技术人员。公司还拥有现代化厂房和多条先进的全自动化电镀生产线以及相应的配套设施。公司具有多种类型的装饰性电镀和功能性电镀的加工能力，主要有塑胶电镀、LDS(MID)塑料产品的化学镀(铜、镍、金)和选择性电镀金、FFC软排线连续镀、通讯电子和电器产品电镀、高压电器产品电镀等。产品涉及手机天线和外壳装饰件、电脑、数码相机装饰件、汽车和家用电器外观装饰件等所有FFC连接线电子电器产品、汽车配件、通信设备、电子设备等。镀种主要有镀金、银、镍、铬、珍珠镍、三价白铬、三价黑铬等，还可以针对客户的特殊要求开发新镀种和提供技术服务。

金艺公司具有先进的检测手段和化验分析设备，配备了X射线镀层测厚仪、盐雾试验箱、高低温试验箱、冷热冲击测试仪、RCA纸带耐磨测试仪、全相显微镜、二次影像仪等先进测试仪器设备。企业于2002年通过了ISO 9001:2000版质量管理体系认证，2008年通过了ISO 14001:2004环境管理体系认证，2012年通过了TS 16949的质量体系认证，还顺利通过了诺基亚公司的审核并成为富士康集团优秀供应商。企业坚持“专业造就品质，信誉造就品牌”为立厂之本，不断发展壮大，2014年公司实现产值超亿元。

金艺电镀公司在发展经济的同时，没有忽视环境保护，公司领导和员工本着“倾心同护蓝天碧水、携手共建美好家园”的社会责任，投资2 000多万元，改造原有的电镀生产线和“三废”治理设施，新建中水回用系统，确保了电镀废水达标排放和对废气、固体废物的有效处理。使企业的环境质量提高标升3级，为公司的可持续发展奠定了基础。

张家港港区电子镀膜有限公司

张家港港区电子镀膜有限公司，原名巫山镀金厂，始建于1985年5月，是原沙洲县南沙公社巫山大队的一个作坊式手工作坊。主要加工产品为眼镜架，且以丹阳市场为主，占地面积仅230平方米，员工13人。后场地搬迁到现在的长江西路38号，扩产至1条相对规模较大的手工电镀生产线，产品以制笔类零件为主，主要客户为上海英雄金笔厂、永生金笔厂、丰华圆珠笔厂、北京金星金笔厂等。1990年正式注册更名为“张家港港区电子镀膜有限公司”，工业产值由建厂初的28万元增加到1991年的293万元，大幅提升了产品质量。自公司进入发展快车道后，先后承接了全国党代会“十四”“十五”次代表大会纪念笔、全国人大十一届代表大会纪念笔、公安部成立60周年纪念笔、班禅登基纪念笔、“九七”香港回归纪念笔、国外“派克”“克劳斯”名牌笔等，成为国内高档笔的电镀加工基地，获得了国内制笔类电镀领军企业的一致好评。

几年之后，公司领导以发展的眼光，添置了20台手动仪表机床，8台半自动六角仪表车床，向车制造笔类零件的领域发展，经过多年的努力，使公司有了长足的发展。

公司于1996年进行转制，组成股份制企业，这使企业注入了新的活力，1997年公司筹资80万元，对电镀生产线、厂房进行标准化改造，购置了更加新型的、精度更高的台湾地区产自动机床，加工的零件由制笔零件转移到通讯类电子零件。1998年产值达到1 100万元，利税150万元。由于公司有电镀配套，很受客户的信赖，开拓了中兴、华为、摩托罗拉等国际、国内的大型通讯电子企业的业务。客户订单大量增加，使企业经济效益和社会效益实现了双赢，同时企业更注重自身建设，高薪聘请相关技术岗位人员，对员工进行严格认真的培训，并注重员工的思想品德、职业道德、技能水平、服务意识等方面的教育培训，同时进一步提高员工的工资、生活待遇，公司从而凝聚力增强，质量得到保证，市场竞争力提高。

通过坚持不懈的努力，公司已发展到了一个较高的水平。现有员工195人，大专以上学历的员工为59人，占30%以上，2014年被认定为江苏省高新技术企业，通过了ISO 9001质量体系的复审和ISO 14001的环境体系认证。公司现有各类高新能数控机床58台，自动机床36台，各类检测、检验、辅助设备齐全，建有自动电镀生产线1条，镀金、镀银、镀铬、镀黑铬、镀黑镍、镀仿金支线各1条，化学电镀半自动生产线1条，2014年度产值超亿元，利税超2 700万元。

苏州华海通讯电子有限公司

华海通讯电子有限公司前身是苏州手表总厂理化分厂，20世纪末，在国有企业产权制度改革的大潮中，成功转制为民营股份制企业。华海公司在通讯、电子、精密机械零件的电镀和热处理方面形成了自己的特色和优势，已成为华东地区在该领域规模较大、镀种较全的电镀企业；并且华海公司是姑苏区唯一一家由国营企业转制成具有现代企业制度的民营电镀企业，多年来社会效益和经济效益双丰收，成为苏州电镀行业国有企业成功转制的范例。

1999 年 9 月 28 日，苏州手表总厂理化分厂向改革开放的市场经济迈出了完整的步伐，由国企转制为民营的股份制有限公司，完全脱离手表总厂母体，成立了具有法人地位的苏州市华海表面精饰有限公司。当时公司的主要设备设施有 1 条半自动滚镀镍线、1 条手工化镀线和 1 条手工镀金、镀银线，多台整流器、烘干机等，以及 1 套废水处理设备和 1 个理化试验分析室等；主厂房面积约 600 平方米(租赁)；主要镀种有滚镀金、滚镀镍、挂镀镍、化学镍、镀银。后经发展，在 2000—2003 年又增加了局部镀金、镀锡等业务，公司的年销售额由 1999 年的 800 万，发展到从 2000 年开始均超过了 1 000 万元。

公司在 2000 年通过了 ISO 9001 的国际质量体系认证，从系统管理方面保障产品实现的全过程都满足了客户的要求；在产品质量检测手段方面增加了各种检测仪器，如 X 射线测厚仪、盐雾试验箱等，从物质基础上保证了产品的优质实现。2003 年 10 月，公司又注册资本 1 500 万元，创建了苏州华海通讯电子有限公司，购买了土地约 25 亩，并建造了新厂房。2004 年 10 月公司从日规路迁入新址苏州工业园区车坊普惠路东，厂房面积 11 000 平方米，员工近 150 人。

多年来公司先后共投入了 600 多万元资金建立了污水处理站，采用了先进仪器设备和三废处理工艺，对废气、废水、废渣进行综合治理。2006 年通过了 ISO 14000 的国际环境认证，并开始全面推行清洁生产，并通过了企业清洁生产审核；同时还加强了剧毒品、危险化学品的规范化管理，被苏州工业园区管理委员会评为“清洁生产企业”，并在该公司驻设了工业园区危化品管理工作站。

经过 15 年的发展，公司已发展成为专门从事手机、电脑、汽车、机械模具、通讯电子件等配件的表面处理业务的企业，主要镀种已扩展到镀金、银、镍、锡、钯镍合金、黑镍、化学镍、局镀金、银、锡、连续镀等；服务对象包括世界 500 强企业如苹果、佳能、惠普、索尼、夏普、东芝、博世等；通过对不锈钢、盲孔件、精密小零件以及需多点局部镀的开发，积累了许多先进的工艺技术和经验，既传承了原苏州手表总厂理化分厂的电镀特点，更在其基础上得到了长足的发展和提高。

(六) 南 通 地 区

南通菲希尔测试仪器有限公司

南通菲希尔测试仪器有限公司(图 19)是德国 Helmut Fischer 集团(简称“菲

希尔”)在中国大陆的全资子公司,负责菲希尔产品在中国地区的销售、安装、维修、备品备件供应及技术咨询等服务。

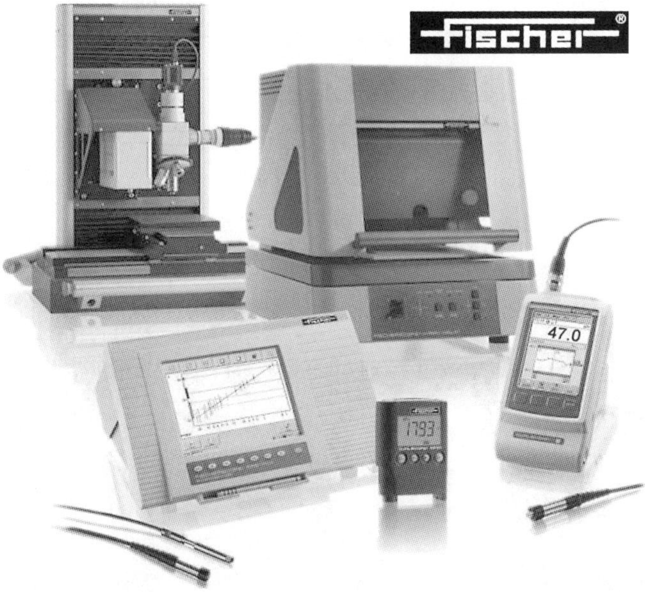

图 19　南通菲希尔测试仪器有限公司

菲希尔的各类测试仪广泛应用于航天工业、航空工业、造船工业、港口机械、电镀工业、显像管流水线、电子工业(包括印制电路和半导体封装等)、汽车工业、石油化工、太阳能光伏、卫浴装饰、黄金珠宝等行业,还被世界各地的政府检测部门和第三方测试机构、大专院校及研究院所采用。为了更好地为客户服务,南通菲希尔测试仪器有限公司在东莞建立了分公司;在北京、成都、青岛设立了办事处;并在昆山、苏州、南京、宁波等地建立了售后服务点。

菲希尔的产品在业内受到广泛赞誉,其中 X 射线镀层测厚仪和材料分析仪采用了先进的多毛细管光学系统和硅漂移探测器,能够在短时间内捕捉巨量的高分辨率测试信号,再通过菲希尔独有的完全基本参数法的计算,从而得到精确、稳定的测量结果。

菲希尔独有的 WinFTM 软件,经过三代几十个版本的发展,已经可以同时测量 24 种元素及镀层,真正实现了无标准片测量和自动材料分辨功能,配合全自动工作台使用还能在有效测量范围内绘制 2D 和 3D 厚度分布图,使质量控制变得直观而轻松。

菲希尔的 PHASCOPE 是一种采用先进的涡流相位法的测厚仪，和传统的涡流法相比，它在金属镀层的厚度测试方面有明显的优势，其以探头信号的相位替代振幅来计算涂镀层的厚度，可以大大降低因工件形状和探头放置对测量带来的干扰影响。

菲希尔公司热心于表面工程行业工作，在中国表面工程协会及地方行业协会出任领导职务，对多项重大活动予以了全力支持，对江苏省表面工程行业协会所开展的各项工作也给予了大力支持，为中国表面工程行业的发展和进步作出了重要贡献。

南通恒瑞电镀有限公司

南通恒瑞电镀有限公司（图 20）地处苏中交通枢纽重镇海安县，距上海仅 163 千米，沈海高速、江海高速、204 国道、328 国道、新长铁路、宁启铁路在境内交会，公司经营金、银、钯、钯镍、镍、铬、锌、铜等贵金属电镀加工，是国内专业从事通讯连接器电镀加工的知名企业。

图 20　南通恒瑞电镀有限公司

公司占地面积 20 000 平方米，总投资 3 000 万元，现有员工 80 余人，其中专业技术人员 18 人。公司拥有现代化自动电镀生产线 12 条，进口测量仪 3 台，具有较强的生产能力，年产值可达亿元。

公司拥有设施先进的化学分析实验室，具备完善的质量管理体系，公司主要服务于 Radiall（法国）、H＋S（瑞士）、IMS（德国）、Tyco（美国）、MTP（美国）、FCI（美国)、CONNOR(美国)、ANAREN(美国)、POLLMANN(奥地利)等多家跨国企业。我们将不断追求以人为本的管理理念,以"规范管理、用心服务、勇于超越"的质量方针进一步完善质量管理体系,为顾客提供超值的服务。

该公司的质量环境管理方针是"规范管理,关注品质精良与顾客感受,勇于超越自我;守法诚信,注重环境保护与污染预防,促进协调发展;循环利用,坚持预防为主与持续改进,追求卓越绩效"。

2015 年,该公司主要投资人林益庭代表公司出任江苏省表面工程行业协会会长一职。

南通申海工业科技有限公司

南通申海工业科技有限公司(图 21)成立于 1970 年,位于南通市海门区,是鹰普集团旗下子公司。公司占地面积 40 200 平方米、建筑面积 53 300 平方米,是专业从事表面处理的国家高新技术企业。

图 21　南通申海工业科技有限公司

公司具备先进的生产设备、完善的检测手段和科学的经营管理经验。拥有国内技术水平最为先进的各种半自动及全自动生产流水线 50 多条,是国内生产规模最大、加工镀种最全、科技含量最高的材料表面处理企业之一,在国内及国际表面处理行业中具有较高的知名度。公司拥有铝合金电镀、不锈钢电镀、锌铝涂覆、无铬镀锌、锌镍合金电镀、锌铁合金电镀、锡锌合金电镀、阳极氧化、化学镍、镀硬铬、铜-镍-铬电镀、连续电镀等镀种。国际核聚变ITER项目超导线的首选电镀供应商，也是美国能源部唯一向国内颁发的核电站主关件镀铬技术的认定证书，具备当今国际最齐全先进的表面处理检测和实验设备以及配套的净化水、纯水、污水处理设施。

公司通过ISO 9001质量体系、ISO 14001环境体系、TS 16949汽车行业质量体系、法国质量检验局AS 9100航空航天质量管理体系、美国航天航空和国防工业机构联合发的NADCAP特殊特种认证等专业机构认证。公司还是国家《电镀生产安全操作规程》(AQ 5202—2008)、《镀铬工艺专项标准》(HJB-1006—2017)、《镀镍工艺专项标准》(HJB-1006—2017)的起草单位。

公司现为"国家高新技术企业""火炬计划重点高新企业""江苏省民营科技企业""标准化良好行为企业""省两化融合试点企业""省节能环保先进企业""省科技小巨人企业""江苏省重合同守信用企业""江苏省民营科技企业"，是中国表面工程协会会员、江苏省表面工程行业协会副会长单位，建有"省级企业技术中心"和"省级绿色电镀工程技术中心"。

南通绮丽镀饰有限公司

南通绮丽镀饰有限公司，创建于2006年3月，是由南通福德实业有限公司和株式会社日本AMC、株式会社木原制作所三方共同出资组建的一家专业从事金属表面处理的中外合资企业。公司位于南通经济技术开发区，占地面积14 000平方米，其中生产主车间建筑面积7 500平方米。现有自动龙门式挂镀生产线3条，微型半自动滚镀生产线1条，半自动喷漆、喷粉生产线各1条，微型手动磷化线1套。2007年4月建成投产，2009年1月通过南通市环保局竣工验收。2011年11月被南通爱慕希机械股份有限公司整体收购，现有注册资金1 700余万元。

公司引用日本先进的管理理念和生产技术，采用最新工艺配方，专业进行无氰碱性镀锌和静电喷涂。钝化工艺有三价铬彩钝、蓝白钝、银白钝、黑色钝、军绿钝等十几个钝化工艺。公司注重产品质量，坚持走中、高端产品加工的路线，在长三角金属表面处理行业内享有盛名。

多年来，该公司坚持科学的管理理念，严格遵循质量、环境、职业健康安全及清洁生产等管理体系组织生产，质保体系健全，检测设施完备。为强化对企业环保工作的管理，该公司专门设置安全环保机构，配备专职人员负责安全环保监督管理工作，企业内部建有配套的污水处理设备。该公司于2008年先后通过GB/T 19001—2008质量体系认证、GB/T 24001—2004环境管理体系认证；2012年9月通过了企业安全标准化管理审核；2013年通过了GB/T 18001—2011职业健康安全体系审核；2013年被评为江苏省表面工程行业协会“清洁生产示范单位”。2013年、2015年公司两次通过了清洁生产审核。

2015年，该公司实施了包括新建事故应急池、电镀废气净化塔改造、生产设备整条线技术改造等环境保护项目，使公司在产品质量、降耗增效等方面的管理得到了大幅度的提高。在节能减排方面，该公司通过划小用水核算单位，分线安装计量水表，节约用水责任到人；采用逆流清洗工艺、二道水洗全部重复利用；前处理工序全部使用经处理后的电镀废水等节水措施，废水回用率达到40%左右，取得了良好的经济和环境效果，曾被地方环保部门认定为“绿色企业”。

该公司除满足自身关联企业的电镀加工任务外，还得到区内及周边地区许多外资企业的广泛认可。主要客户有日本小松、三菱重工、卡特彼勒、住友建机，九保田农机、丰田汽车、小森印刷等近30家中外企业，产品远销美国、法国、德国、日本等欧美和东南亚国家。公司年产值近2 000余万元，年实现利税总额近800万元。

绮丽公司是2013年江苏省表面工程行业“优秀企业”，现为江苏省表面工程行业协会理事单位。

江苏盟杰新能源科技有限公司

江苏盟杰新能源科技有限公司位于江苏省南通市通州区金沙镇聚丰科创产业园，成立于2017年9月19日，是一家拥有多项自主知识产权、雄厚的光学应用技术，集技术研究、产品开发、专业服务为一体的国家高新技术企业。公司在深圳、东莞、昆山、南通及台湾地区设有研发中心、制造基地及营销服务中心。目前销售网络广泛分布于海内外电子产业密集地，在华南、华东、西南、台湾等地区均设有分支机构，销售运营及售前、售后服务体系十分成熟。公司主要产品有智能自动研磨机、激光直接成像曝光机、丝网激光直接制网机、PCB外观检测机、全自动撕膜机、PCB湿制程表面处理设备、五金表面处理设备（阳极氧化、ABS电镀）、卷对卷电镀设备、太阳能光伏清洗设备、电解铜箔生产线等。

公司拥有多项发明及实用新型专利，并拥有“双软”证书，曾获国家颁发的连续磁力研磨机专利证书。

（七）其 他 地 区

扬州佳境环境科技股份有限公司

扬州佳境环境科技股份有限公司成立于2015年1月27日，其前身扬州佳境环境设备有限公司创建于2010年1月29日。2015年7月16日公司在全国中小企业股份转让系统（NEEQ新三板）挂牌上市。

佳境科技主要从事工业废水处理系统设备特别是重金属废水处理系统的研究和开发、制造和销售以及设备的运营管理。核心技术主要包括膜技术、重金属废水处理系统，以及对重金属废水处理过程和系统运行状况的远程监控和维护等，其来源和取得方式均是自主研发积累。公司已获得授权的专利28项（其中发明8项），这些技术是公司的核心竞争优势。佳境科技是国家高新技术企业、江苏省科技型中小企业、江苏省农业科技型企业，建有江苏省企业研究生工作站、江苏省级与扬州市级企业院士工作站（中国工程院张远航院士）、江苏省级与扬州市级重金属废水处理技术开发中心。佳境科技通过了ISO 9001—2015质量管理体系认证、ISO 14001:2015环境管理体系认证、OHSAS 18001:2007职业健康安全管理体系认证。TFS－ZLD高效低耗零排放含镍、锰废水处理装置是江苏省首台（套）重大装备，并被认定为江苏省高新技术产品。2019年6月公司被工信部列为符合《环保装备制造业（污水治理）规范条件》的首批33家企业之一。

经过多年的行业积累，佳境科技已经发展成为集废水处理规划、设计、实施和运营管理于一体的整体解决方案提供商，公司的生产基地已具备工业废水处理系统100台套/年的批量生产能力，年销售额接近7 000万元。

“资源全回收，废水零排放”是佳境科技在环保界提出的全新的业务理念。针对目前重金属废水污染严重的问题，佳境开发了TFS系统，可满足线路板、电子、电镀、电池、有色冶炼等有重金属废水排放的行业达到排放标准和高比例回用要求。近年来佳境公司已完成数十套TFS系统的安装、调试。用户包括盐城东山精密制造有限公司、盐城维信电子有限公司、北京科勒有限公司、潍柴动力扬州柴油机有限公司等众多知名企业，运行效果得到了环境监察机构和用户的广泛认可。

为适应公司战略发展规划的需要，有效利用扩大省会南京中心城市人才积聚的优势，促进公司的业务向环境更宽领域纵深发展，提升公司的持续发展能力和综合竞争实力，2017 年 9 月创建了江苏中绿佳境环境研究规划设计院有限公司。

佳境是污染零排放、资源零废弃的实践者，以创新和绿色理念，开发专用技术和装备，实现安全、健康、舒适与环保的和谐统一。由环保、建筑、化学、机械、电子、能源工程师和健康、安全专家组成的高科技团队长期致力于这一目标的实现。多年的积累已经形成了水质净化、空气清洁、资源回收等全系列的环境系统的解决方案。

佳境科技公司是江苏省表面工程行业协会常务理事单位，2019 年被增补为副会长单位。

扬州市景杨表面工程有限公司

扬州市景杨表面工程有限公司（图 22）成立于 2008 年，地处全国著名的历史文化名城——扬州市的北部，拥有数百年历史的古镇——江都区樊川镇，并且紧靠高速公路与机场，交通十分便利。

图 22　扬州市景杨表面工程有限公司

该公司本着“超越是永远的目标，人才是进步的动力，品质是发展的磐石，诚信是坚持的原则”的经营理念，致力于提供汽车零配件、电子元器件行业的表面处理服务。

2016年，扬州景杨公司被认定为上汽大众表面处理指定供应商；2017年，扬州景杨公司被认定为上汽通用表面处理指定供应商。

扬州精泽汽配有限公司

扬州精泽汽配有限公司(图23)位于扬州市维扬经济开发区高蜀北路，是中英合资专业从事金属表面处理的高新技术企业。

图23　扬州精泽汽配有限公司

公司占地2万多平方米，建筑面积1.8万平方米，现有全自动生产线12条。镀种齐全，服务于军工、电子、汽车产品，是大众汽车的配套供应商。对各种色彩的镀锌及化学镀镍有较领先的工艺，能满足各种电镀需求。

公司原名为“扬州兴达电镀有限公司”，成立于1980年，2005年因城市改造被拆除。由于电镀是工业生产中必不可少的配套工序，经多方努力，扬州维扬区环保局报市政府批准，2009年正式批复成立扬州精泽汽配有限公司，将本区的4个电镀企业退城进园，统一管理，规范治理，确保各类废水达标排放。

为了保证产品质量，公司购买了多台X射线荧光测厚仪、盐雾试验箱和多种先进的理化检测仪器，采用了先进的、环保的电镀设备和工艺。公司通过了ISO/TS 16949质量管理体系标准认证和清洁生产-审核，并长期获得军工和国际大公司的认可，在环保上建设了60吨/小时的电镀废水处理系统，确保各种废水达标持续、稳定排放。公司的管理队伍中，有高级工程师1名，高级技师1名，本科学历8人，大专学历 12 人，确保了各种产品生产的科学性、合理性。

扬州祥龙电镀有限公司

扬州祥龙电镀有限公司(图 24)成立于 2004 年 9 月。公司前身是江都市吴桥金属电镀厂，是 1968 年 4 月成立的一家集体所有制企业。公司占地 22 亩，现有职工 70 多人，是苏中地带享有较高声誉的电镀企业。该公司的业务目前分为两块：一是对外电镀加工，主要服务周边的车辆配件电镀需求；二是生产销售摩托车前减震滑柱，后减震储油桶，主要供货给广东、浙江减震器厂家。截止到 2013 年年底，自主产品的产值已占全厂的 70%，进一步发展壮大自主产品将是未来一段时间该公司的发展方向。

图 24　扬州祥龙电镀有限公司

该公司多次获得当地镇政府的嘉奖，2005 年获得江都市环境保护委员会的“环境保护先进集体”称号，江都市两次电镀行业现场会在该公司召开，该公司作为正面标杆企业获得嘉奖。

扬州禾基塑业有限公司

扬州禾基塑业有限公司是国家高新技术企业、江苏省民营科技企业、知名商标企业、A级守合同重信用企业，位于历史文化名城扬州市，江都区吴桥工业园，南距京沪高速2千米，北接328国道，扬泰机场近在咫尺，交通十分便利。公司占地面积50 000平方米，厂房26 000平方米，享有“花园式工厂”的美誉。

公司拥有国内先进的塑料挤出生产线、合金铜带生产线，行业领先的实验中心，年生产量两万多吨，已通过ISO 9001:2015质量体系认证，其产品均通过了SGS的ROSH指令检测以及上海电力电缆研究所和国家机械工业协会检测。产品（图25）主要用于电力电缆、通信电缆、控制电缆、信号电缆、装备电缆和光缆的护套及屏蔽层，销往全国各地，并多次被国家国资委所属企业中国西电集团评为“优质供货商”。

图25　扬州禾基塑业有限公司产品

公司研发团队从2014年起与相关科研院校联合开发RF同轴电缆屏蔽铜带，采用重金属离子吸附加表面处理的方法使导电率有了很大提高。经数家RF馈缆厂家多次反复试验，该公司新开发的“禾基牌”屏蔽铜带，机械性能及各项理化指标均能满足RF电缆技术指标要求，从而为RF馈缆生产厂家大幅度降本起到绝对的支撑作用，并于2017年初由国内顶级专家联合行业界人士制定“屏蔽铜带”企业标准。该公司愿与广大客户合作，共创美好未来。

仪征亚新科双环活塞环有限公司

仪征亚新科双环活塞环有限公司（图26）是一家专业从事研发、生产、销售各类活塞环的国家高新技术企业，前身是成立于1976年的仪征活塞环厂，1995年与美国亚新科集团合资。公司以高新技术为依托，先后与德国格茨公司、日本活塞环株式会社等国际一流同行进行技术合作，在全面创新的基础上，产品立足于高档次、高起点、高标准，广泛应用于各类重、中、轻型载重货车、工程机械、轿车、微型车、摩托车、船用发动机、通用汽油机等领域，年产能 1.8 亿片，品种规格 4 800 多个，国内市场占有率 25%，发动机配套面超过 90%，规模长期为同行首位。

图 26　仪征亚新科双环活塞环有限公司

公司设立了省级技术中心，江苏省博士后科研工作站、江苏省企业研究生工作站、江苏省企业院士工作站，通过了 ISO/TS 16949 质量管理体系、ISO 14001 环境管理体系、ISO 10012:2003 测量管理体系认证和 OHSAS 18001 职业健康安全管理体系认证；引进实施了 5S 管理、TPM 活动、六西格玛管理、杜邦公司的 STOP 管理和精益生产等管理模式。公司已进入"全国机械行业 500 强企业"、综合经济效益指数名列汽车工业百强行列，获得了机械工业"现代化管理企业""百佳汽车零部件供应商""十佳零部件合资企业"等荣誉称号，是国家环境友好企业、中国驰名商标、中国名牌产品。公司活塞环(图 27)主要表面处理有活塞环镀硬铬、陶瓷复合镀、金刚石复合镀、磷化和氧化。

图 27　仪征亚新科双环活塞环有限公司产品

为适应发动机，尤其是车用柴油发动机向高压缩比、高输出功率、低排放、长寿命方向发展的趋势，自 2002 年初开始，企业自行立项，分别在 2002 年和 2008 年研制开发铬基陶瓷复合镀层和铬基金刚石复合镀层活塞环工艺，填补了国内在这些领域的空白。其中，铬基陶瓷复合镀层活塞环及其加工技术获得国家发明专利，以及江苏省"六大人才高峰"建设项目 C 类资助，还先后获得了"中国企业新纪录"、国家重点新产品、机械工业科技进步三等奖、江苏省科技进步三等奖、中国国际专利与名牌博览会特别金奖等荣誉。

公司注重“产学研”合作、促进科技成果转化工作，先后与中科院、清华大学、东南大学、江苏大学、上海内燃机研究所等知名院所、高校建立了合作关系，建成了中科院-仪征双环高性能活塞环联合研发中心、东南大学-活塞环技术研究所、江苏大学-活塞环研发中心，建有江苏省优秀企业技术中心、江苏省外资研发机构、江苏省复合镀层工程技术研究中心、江苏省博士后科研工作站、江苏省企业院士工作站。

泰州市龙沟电镀科技有限公司

泰州市龙沟电镀科技有限公司(图 28)原名为姜堰市龙沟电镀有限公司，公司创建于 1966 年。到 2015 年底，公司占地面积 67 000 多平方米，建筑面积 45 000 多平方米，固定资产 8 200 多万元，员工 400 多人，其中专业技术人员 200 多人，从 2005 年至今销售均过亿。该公司是江苏省表面工程行业协会常务理事单位。

图 28　泰州市龙沟电镀科技有限公司

公司目前有汽车铝轮毂电镀自动生产线 3 条，电镀铝轮毂能力可达 50 万件以上，占全国的 30%左右；摩托车配件电镀生产线 2 条，年电镀消声器及配件系列 200 万件套以上；圆筒印花镍网生产线 15 条，年加工镍网能力 20 多万只。有齐全的检验、测量、化验设备，2015—2017 年年销售均达亿元、利税均过千万元。

公司非常重视环保，2007 年投资 328 万元，2013 年投资 419 万元，2015 年又投入 300 万元，先后对环保设施更新、提高完善，满足了环保及清洁生产要求。

公司拥有“龙沟牌”知名商标，是泰州市计量合格单位、采用标准先进单位、重合同守信用单位、市文明单位、多次获区财政贡献十强单位，江苏省名优企业、江苏省质量信得过企业，江苏省民营科技型企业，建有泰州市姜堰区表面处理工程研究中心、哈尔滨工业大学大学生实习基地、与哈尔滨工业大学建有“产学研”联合体，拥有铝轮毂电镀工艺发明专利、铝轮毂镀铬分体式挂具实用新型专利，同时正在创市表面处理工程研究中心，是已经通过 ISO 9001:2008 质量体系、ISO 14001:2004 环境管理体系及 ISO/TS 16949:2009 汽车行业认证的金属表面处理企业。

江苏东方镍网有限公司

江苏东方镍网有限公司成立于 1999 年 8 月，位于江苏省靖江市，投资总额 2 500 万元，占地面积为 14 000 平方米，建筑面积为 10 000 平方米，是国内最早从事镍网研发、销售的翟安民先生独资创立。公司现有职工 200 余名，其中本科以上学历有 50 余人。公司年销售过亿元，利税过千万元，历年来连续被评为靖江市“突出贡献企业”和“市百优企业”。2013 年被列为市“1153”培植工程企业，产品（图 29）在国家质检部门的历次抽检中，均获得国家检测中心产品质量合格认可证书，企业、产品及商标多次被评为“中国公认名牌”“质量、服务、信誉 AAA 品牌”“中国镍网市场首选第一品牌”“江苏省重合同守信用企业”“江苏省著名商标”等。被中国纺织工程学会授予“印花圆网制造技术支持中心”称号。企业还是国家行业标准 F2/T 92045—99 和 F2/T 92045—2008 标准的主要起草单位。

图 29　江苏东方镍网有限公司产品之一

江苏东方镍网有限公司是一家专业生产圆筒印花镍网系列产品的出口导向型企业，已通过 ISO 9001 国际质量体系认证。公司始终以“质量第一谋生存、服务优先取信誉、管理创新增效益、自强不息图发展”为企业发展宗旨，集研发、制造、销售、服务于一体，坚持将科技自主创新和工艺技术优化放在首位，并与一些大专院校常年挂钩合作，通过二十多年自身孜孜不倦的探索和研发，尤其是2006年以来，借助于欧洲的技术支持和嫁接，辅以完善的质量控制体系，目前已经掌握了国内生产高端镍网的一流的生产技术，引领行业的发展方向，拥有领先国内同行的二项发明专利和多项新型实用专利，公司开发的高开孔率印花圆网，被评为江苏省“高新技术产品”。技术的突破促进了产品质量的显著提高，产品品质领先于国内同行，并且达到欧洲同类产品的标准，同时出口到欧美、拉美、中东和东南亚的50多个国家和地区，连续多年荣膺中国镍网最大出口生产基地，跻身于世界一流的镍网制造企业行列。

江苏东方镍网有限公司在国内同行中最先采用车间通风设施，购置了酸雾废气吸收处理装置，结合清洁生产，通过了ISO 14001:2004标准环境体系认证。公司的废水、废气长期稳定达标排放，为此，公司多次获得了省市一级环保部门的好评，一直被列为靖江市环保“蓝色”企业和泰州市环境保护示范企业。

公司现为江苏省表面工程行业协会理事单位，江苏省民营科技企业协会会员。

靖江市永固轿配涂装厂

靖江市永固轿配涂装厂位于靖江经济开发区，创建于1978年，其前身为靖江市文教电镀厂，2002年更名为“靖江市永固轿配涂装厂”，是一家专业从事金属表面处理的企业。公司占地面积12 000平方米，主要经营电镀加工、表面涂装，可进行镀锌、镀铬、锌镍合金、镍磷合金、阴极电泳漆等多种镀饰加工。公司现有员工220多人，其中技术人员22人，质保人员56人。

该公司信奉“以人为本”的管理哲学，遵循“超越、求实、创新”的经营宗旨，坚持“平等互利、共创双赢”的基本原则，正受到越来越多国内外知名企业的关注和青睐。

公司有碱性锌镍合金吊镀自动生产线1条、碱性镀锌吊镀自动生产线3条、酸性吊镀锌自动线1条、碱性滚镀锌自动线1条、阴极电泳电动线1条、镀铬设备1套、前处理生产线2条、废水处理设备1套，并有盐雾试验箱、涂(镀)层测厚仪、酸度计、分光光度计、电导率仪、划格器、电光分析天平、X射线测厚仪、原子吸收分光光度计等主要检测设备。公司主要为上汽通用、上汽大众、一汽大众、日本爱慕希公司、盐城悦达、合肥华耀田村电气公司等提供配套镀涂(图30)。

2001年，公司率先在同行中实施ISO 9001质量管理体系，秉承“质量是法宝、创新为手段、精益求精、共创未来”的质量方针，以良好的产品质量、精湛的工艺服

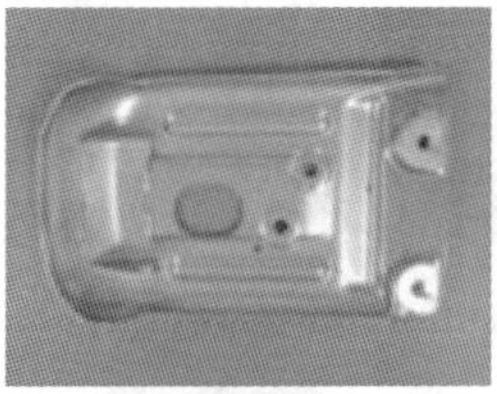
本田摩托美国4S店展示零件

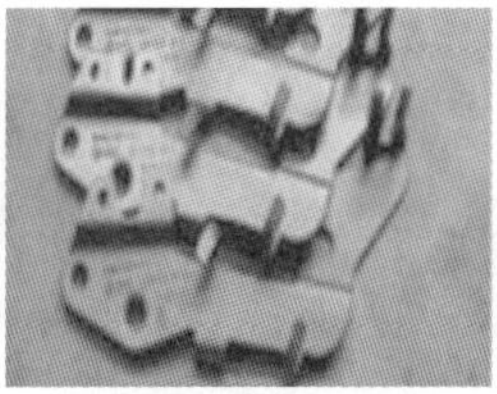
BOSCH公司锌镍合金彩色

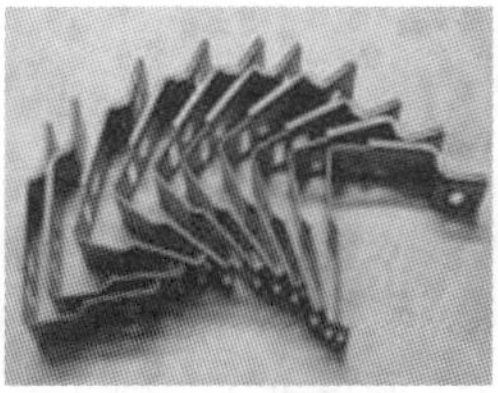
悦达公司锌镍合金黑色

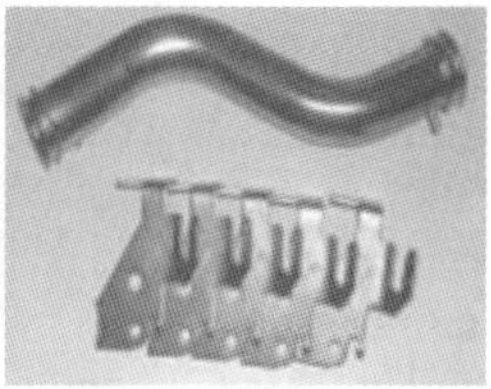
丰田、大众公司锌镍合金彩色

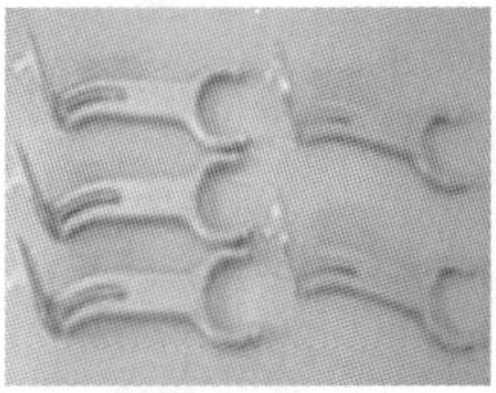
碱性三价铬彩色镀锌

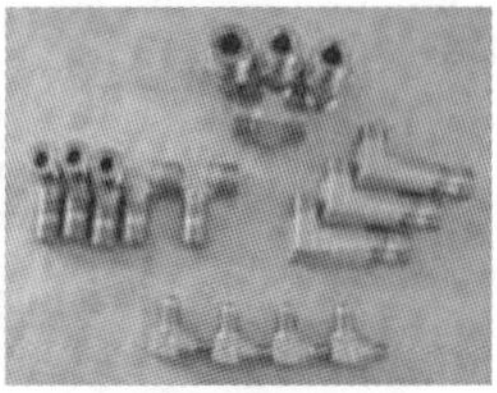
六价铬彩色镀锌

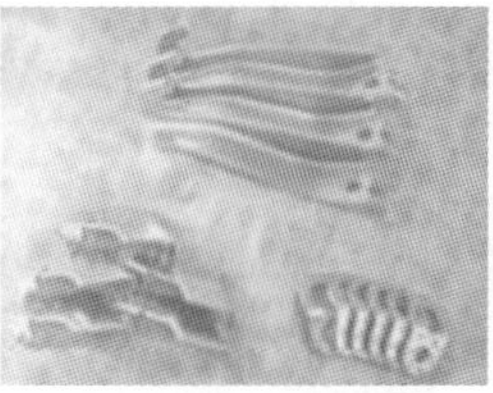
碱性三价铬彩色镀锌

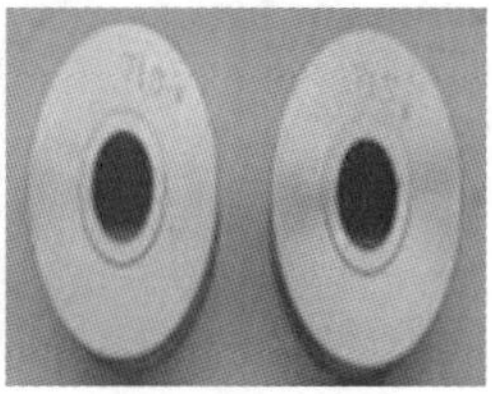
皮带轮锌镍合金三价铬白色

图 30　靖江市永固轿配涂装厂产品

务于客户，并不断引进国际先进工艺，加以创新，开发出具有竞争力的新品种。公司于 2005 年底推行了 ISO 14001:2004 环境管理体系，整体环境得到了很大的改观。为更好地适应市场发展需求，2010 年公司又完成了 TS 16949:2009 质量体系认证，并推行了 6S 现场管理模式，将企业管理提升了到了一个新台阶。

公司 2013 年投资 2 000 万元，新建日处理 1 200 吨的废水处理车间，实现 50% 中水回用，成为泰州地区电镀示范企业。2015 年 8 月，公司投资 1 000 万元新建 1 条全新的阴极电泳自动生产线，自动化程度大大提升，实现清洗水定量供水，大大节约用水量，该线的产能也提升至原有生产线的 2 倍。公司 2015 年产值已达 14 000 万元，利税为 2 200 万元。

2011—2014 年，企业先后获得“靖江市百优企业”“靖江市开票销售收入五十佳企业”“靖江市工业园区纳税十强企业”等称号。2011—2013 年王灿明董事长被市委、市政府表彰为“明星企业家”；2012 年被市委市政府表彰为“慈善之星”先进个人；2012 年当选为市十五届人大代表；2013 年当选为靖江市电镀协会副会长；2014 年 5 月任市总商会兼职副会长。

泰兴市永志电子器件有限公司

泰兴市永志电子器件有限公司始建于 1993 年 5 月，自然人独资企业，是从事集成电路引线框架、铜带、电连接器及 LED 节能灯制造销售的专业公司。该公司是泰兴市骨干企业、中国照明电器协会会员单位、江苏省半导体行业协会会员单位、江苏省表面工程行业协会理事单位。

公司现有职工516人(科技人员153人),占地总面积约56 000平方米,建筑总面积约25 000平方米,拥有总资产13 800万元,固定资产约4 000万元,流动资金9 800万元。主要产品(图31)有T0-92、T0-126、T0-202、T0-220、DIP14L、DIP16L、DIP8L系列集成电路塑封引线框架,LED节能灯三大系列产品。产品广泛用于通讯、广播、电视、电力等行业;城市、工矿、民用、汽车等照明,深受顾客的信赖。

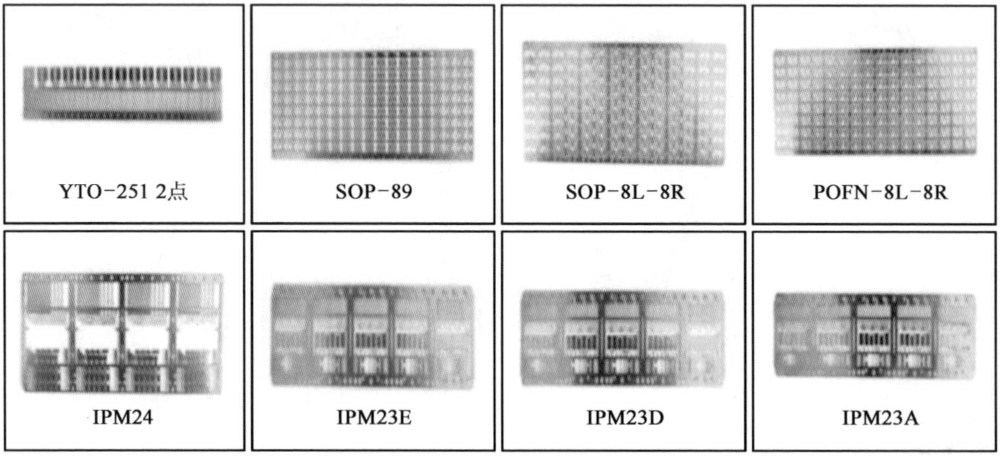

图31 泰兴市永志电子器件有限公司部分产品

该公司全体员工坚持“永远进取,志在千里”的企业理念;坚持自主创新,走民营工业可持续发展的道路;坚持“质量是企业的生命、不断追求持续改进,顾客是我们的上帝、满意是职工的天职”,以合格率100%的产品满足顾客当前和未来的需求,并争取超越顾客的期望,为国家电子工业和资源节约做出贡献。

近几年来,随着该公司加大人才的引进力度、强化科学化的管理模式、加强企业的创新力度、改变产品结构,公司生产经营状况稳步提升。2013年公司实现引线框架年产量25.1亿只,销售2.4亿元;2014年实现引线框架年产量27.5亿只,销售2.5亿元;2015年实现引线框架年产量30亿只,销售收入2.78亿元,缴纳税收1 000万元。

2004年3月,通过ISO 9000认证;2006年11月,通过ISO 14001:2004认证;2008年9月,通过QC 080000认证;2011年4月,通过清洁生产审核;2013年12

月，通过三级安全标准化审核；2014 年 6 月，通过 TS 16949 认证。

泰兴市城西电镀厂

泰兴市城西电镀厂始建于 1984 年 8 月，前身是校办企业，即泰兴市城西中心小学电镀厂，镀种为铜、镍、铬，主要为家具企业配套。1995 年校企分开，该厂实施了第一次搬迁，工艺也进行了改革，有铜、铜镍铬线 4 条和镍铬线 2 条，镀硬铬线 1 条和镀锌线 1 条，另配有打砂和抛光车间，主要产品有羽毛球拍杆、自行车配件、摩托车配件、输变线支架、纺织机配件等。

1998 年工厂改制，由校办企业改变为股份制企业，更名为“泰兴市城西电镀厂”。现工厂占地面积 47 亩，建筑面积近 20 000 平方米，职工总人数 168 人；有镀镍、金、银、锡、铜、镍铬锌和化学镀镍七个镀种，自动生产线 24 条，手工线 1 条；主要从事军工企业接插件镀金、铝壳体镀镍、船舶配件镀锌、汽车扣件、锁具、摩托车钢丝、高压电器件镀银、遥控器钢丝镀镍、电池钢壳镀镍、盖帽镀镍和机床配件、仪表件镀硬铬、建筑扣件和标准件镀锌。年生产 10 000 吨以上，年产值 3 200～3 600 万元；污水处理由原来的混合处理到现在的分质分流处理及其生化处理。2010 年和 2013 年先后两次通过了清洁生产验收；2014 年先后通过了安全标准化和 ISO 14001:2001 环境管理体系认证。

公司现为江苏省表面工程行业协会理事单位。

泰兴市打字机厂

泰兴市打字机厂成立于 1980 年 11 月 25 日，主要生产中文打字机、装订机及电镀加工。起初电镀主要为本厂产品配套服务。2000 年前只有 1 条镀镍(套铬)线，生产工人不足 10 人，全手工操作。2006 年前发展到 3 条镀镍线，1 条为该厂服务，2 条对外加工，生产工人不足 20 人，生产车间 320 平方米。到 2015 年底，电镀分厂占地面积 15 400 平方米，建筑面积 4 800 平方米，其中生产车间 4 000 平方米；有吊镀镍(套铬)线 3 条，滚镀镍线 7 条，吊镀锌线 1 条，滚镀锌线 4 条，镀金线 1 条，镀银线 1 条；设备加工能力镀镍 18 000 吨/年，镀锌 5 000 吨/年，镀金 100 万只，镀银 20 万只；员工 120 人，其中技术人员 18 名。

2015 年根据苏环委办(2014)29 号和泰环委(2014)18 号文件精神，对污水处理设备、车间生产设备、厂区环境进行了全面升级改造，投资 300 万元新上中水回用污水处理设备 1 套，确保污水处理后绝大部分循环回用，安装了主要污染物在线监控设备，雨水排放口设有 pH 在线监控设备；废气收集处理，每条线均配备吸风处理装置，废气处理达标排放；淘汰手动线，改造后的车间设备全部是全自动线；厂区环境全部改造，地面全部硬质化，墙面油漆，厂房整齐。

宿迁威生金属制品厂

宿迁威生金属制品厂成立于 2006 年，是江苏渭西集团公司在宿迁地区投资的一家集生产、加工、销售于一体的企业。公司占地 90 余亩，建筑面积 43 000 平方米，总投资 15 000 万元，目前拥有全自动大型电镀线 2 条，全自动涂装线 1 条。拥有铁线制品机冲床 40 余台，焊接设备 60 多台。现有员工 205 人，可年产各类铁线制品 10 000 吨。采用国际一流的生产设备，并通过和严格执行 ISO 9001—2000 质量管理体系认证，目前公司主要产品有金属网罩系列、户外烧烤架系列、货架展示架系列、宠物笼系列、厨房卫浴架系列、植物架系列、家用电器搁架层架系列、冲压件系列及不锈钢拉丝系列。产品主要出口欧美、东南亚、大洋洲、中东等国家和地区。多年来，工厂产品受到全球各地客户的一致好评。公司拥有自己的表面处理研发中心并拥有一批技术先进，忠诚的技术人才。企业近期又新建了 3 条全自动电镀线，1 条涂装线，1 条搪瓷线和 1 条镀锌线。公司立志发展为江苏省苏北地区最大的表面处理中心。

2015 年，公司钱年生担任宿迁电镀行业协会会长，李国亮为副会长。李国亮还代表公司出任江苏省表面工程行业协会理事。

江苏增钬云表面处理有限公司

江苏增钬云表面处理有限公司(图 32)位于淮安市洪泽区朱坝工业集中区，紧邻宁连高速公路，公司的前身是洪泽县云飞电镀厂(成立于 1986 年)，1997 年企业进行改制成为民营企业，改制后经过 20 多年的发展，企业具有一定的规模。为了进一步扩大企业的知名度，有利于企业对外经济合作交流，2009 年 3 月，企业更名为“江苏增钬云表面处理有限公司”，注册资本 500 万元。目前企业占地面积为 32.4 亩，拥有标准厂房 7 600 平方米，是目前淮安市规模最大的专业从事金属表面处理的企业，其主导产品是电镀无铬钝化铝合金汽车轮毂，主要装配于国际国内各种高档名牌汽车车轮，产品远销美国、日本、德国、澳大利亚等国家和地区。

公司拥有国内先进的铝合金轮毂无铬钝化表面处理生产线和齐全的分析仪器

图 32　江苏增钬云表面处理有限公司领导正在商讨

及检测设备，从而确保了电镀无铬钝化铝合金轮毂产品膜层保护永久，长期光亮永驻。电镀无铬钝化新工艺符合欧盟 RoHS 指令，2009 年 4 月公司电镀无铬钝化产品被淮安市科技局认定为淮安市高新技术产品。公司已成为淮安优秀成长型企业、纳税大户、市高新技术企业，2017—2019 年公司实现销售收入 6 000 多万元，实现利税 500 多万元。

公司先后通过了 ISO 9001:2015 质量管理体系认证和 ISO 14001:2015 环境管理体系认证，也通过了清洁生产验收，2008 年被淮安市评为绿色环保企业。近年来企业注重抓科技创新，研发新工艺，获得授权发明专利 2 项、实用新型专利 10 项，2011 年“铝及铝合金表面处理无铬化学转化膜处理方法”获淮安市科技进步奖，2011 年公司被评定为“江苏省民营科技企业”，2012 年获淮安市高新技术企业认定，2013 年获淮安市高新技术产品认定和江苏省高新技术（后备）企业，现为“淮安市企业技术中心”及“淮安市铝及铝合金表面处理工程技术研究中心”。

公司是成立“江苏省表面工程行业协会”发起单位之一，公司董事长梁学云代表公司出任江苏省表面工程行业协会副会长。

江苏浩博塑业有限公司

江苏浩博塑业有限公司成立于2008年5月5日，公司占地面积为53 280平方米，公司总部坐落在美丽富饶的黄海边——东台市城东工业园，毗邻上海、苏州、无锡、南京等地，临近上海港、大丰港，距上海虹桥机场150分钟，距盐城机场50分钟，与G15沈海高速东台出口相距880米，交通便利、地理位置十分优越。

2012年浩博从塑料制品非标品的生产、销售转型成一家专业从事管阀件的研发、设计、生产、销售和技术服务的高新技术型企业；在2013—2015年三年间，浩博销售额年增长超过30%。浩博主要生产U-PVC、C-PVC、PP、FRPP、PP-H、PVDF管阀件，客户群涵盖到太阳板制造、半导体制造、化工、炼铁、环保、生化、水族馆/海洋、医药品制造等领域。

浩博坚持“为客户创造价值”的理念，保证优良的产品品质，具有精湛的工艺、现代化的管理和全方位立体式售后服务。“工欲善其事，必先利其器”，浩博及时整合经销商队伍，加强品牌的推广是浩博的一次战略方针的升华，以诚为本是浩博全体员工秉承的原则，与客户共同成长。浩博在全国一、二线城市已经拥有了一批实力雄厚的一、二级经销商；另外，国内数十家优秀知名企业已经成为浩博公司的VIP客户。

浩博自成立以来获得了诸多殊荣：江苏省高新技术型企业、盐城市重合同守信用企业、东台市文明单位；同时也是江苏省表面处理行业协会理事单位、中国塑料加工工业协会会员单位、中国防腐蚀技术会会员单位；董事长朱银德被东台市政府授予“东台市优秀科技工作者”称号；公司科研团队研发的产品获得了多项国家专利。

浩博严格执行ISO 9001标准的质量管理体系，产品均送至SGS、国家塑料制品质量检验中心进行检测。

浩博除了在行业中表现优秀外，还是一家极富社会责任感的企业，从创办起就一直在社会公益事业领域身体力行。浩博持续向当地敬老院捐助善款和物品，被东台市政府评为“尊老敬老”模范企业。与此同时，加入东台市义工联等一系列的公益活动持续开展，浩博的公益之路越走越宽，受到社会各界的广泛好评。

伴随着全球网络经济的到来，浩博人放眼世界，大踏步地向前迈进，独特的企业文化，富有朝气的年轻化管理团队，领先的研发、制作工艺，超强的环保意识，为浩博创造了广阔的市场空间。浩博以“科技创造未来”为技术研发宗旨，以“品质创造市场"为产品质量宗旨,以"品牌创造价值"为市场营销宗旨,为客户提供全面优质的产品和服务。浩博的目标是成为全球管阀行业顶尖技术企业。

江苏绿源工程设计研究有限公司

江苏绿源工程设计研究有限公司成立于2002年,注册资本5 000万元,现有固定资产1亿元。经多年发展,现已成为集咨询、评估、研究、认证、设计及工程总承包于一体的综合性技术服务公司。

公司为国家甲级设计院,现有《工程设计资格证书》《建设项目环境影响评价资格证书》《安全评价机构资质证书》《工程咨询单位资信证书》《压力管道设计资格证书》《房屋建设工程施工总承包资质》《市政工程施工总承包资质》《石油化工设备管道安装专业承包资质》《环保工程专业承包资质》,以及江苏省的社会稳定风险评估、环境监理、清洁生产等资质资格证书。

公司现有专业技术人员180余人,其中工程设计类工程师14人、建筑类国家注册工程师9人、注册咨询工程师12人、注册环境影响评价工程师24人、注册安全评价师20人、环境监理工程师11人、国家清洁生产审核师10人、国家认定压力管道设计审批人员8人及各专业高级工程师35人。目前多项技术居于国内领先水平,凭借强有力的技术团队,公司在清洁生产、关键生产工序的自动控制、高浓度有机废水处理、重金属废水处理、有毒恶臭气体处理等方面有技术专长。

公司旗下有3个全资子公司:

① 江苏天达绿源安全评价有限公司,注册资本1 000万元,现有固定资产1 500余万元,公司拥有安全评价机构乙级资质。公司原名"江苏省天达华宇安全评价咨询有限公司",依托江苏省燃气协会成立,拥有众多工艺、工程、管道、安全等领域的知名技术专家。公司拥有专职安全评价师20名,其中高级职称7名,中级职称8名。

② 江苏国正检测有限公司,注册资本1 000万元,投资2 000万元,建成集环境检测、职业卫生检测与评价、公共场所卫生检测、节能检测、生态生物检测、污染治理技术于一体的大型现代实验室。江苏国正实验室面积2 500平方米,配备有先进的检验检测仪器350余台套。其中包括气相色谱、原子吸收、气相色谱-质谱联用仪、离子色谱、ICP等大型的进口先进分析仪器,基本覆盖水和废水、空气和废气、噪声、土壤固废、公共场所卫生、工作场所、生物群居等大部分检测能力。江苏国正检测实验室现有检测能力范围包括水和废水检测、空气和废气检测、噪声检测、工

作场所检测、辐射检测、节能检测、公共场所卫生检测、生态系统监测、泄漏检测与修复(LDAR)、土壤调查检测与修复等 10 个方面,检测项目参数达 800 余项。

③ 山东国正检测认证有限公司,投资 1 500 万元建成集环境监测、职业卫生检测、公共场所检测技术于一体的大型现代实验室。山东国正具有雄厚的技术力量及人才储备,有专业技术人员 60 人,其中高级职称或博士 10 人、中级职称或硕士 20 人。实验室致力于打造集分析测试、科学研究和科技开发于一体的理化检测中心。国正现有检测能力类别包括水和废水检测、空气和废气检测、噪声检测、土壤固体废物检测、工作场所检测、辐射检测等 6 个方面,检测产品 46 大项,检测项目参数达 500 余项。2018 年,公司被评为山东省高新技术企业。

二、
江苏省电镀人物介绍

史，记人记事也。江苏电镀行业能有今天的规模、水平与地位，是江苏省电镀行业界人士长期共同拼搏努力的结果，为了铭记他们对行业的贡献，我们在此篇中刊登了部分电镀工作者的简单介绍。其中有长期默默奉献于行业协会工作的同志，有在科研、教学一线成果卓著的学者、专家，也有在企业一线努力拼搏成绩骄人的企业家。他们的岗位虽然不同，但无一例外都具有无私奉献、爱岗敬业、刻苦钻研的精神，不少前辈将其一生献给了他们钟爱的电镀事业。他们这种精神是推动行业进步的重要动力，值得我们学习并发扬光大。

（一）江苏省表面工程行业协会历届主要领导

协会是政府与企业之间的桥梁。江苏省表面工程行业协会始建于 1986 年，从筹建那一天起，就有一批业内人士，以协会工作为己任，以服务于广大会员单位为宗旨，奔走于政府与企业之间，执着于行业发展。几十年中，协会几易其名，所遇困难重重，但他们始终初心不改，坚守岗位，为江苏省表面工程行业协会的生存发展而不懈努力，他们值得大家尊重和学习，他们是协会的创建者和历届主要负责人。

余彧强

余彧强，男，1934 年生，原江苏省机械工业厅科技质量处副处长，高级工程师，1959 年毕业于清华大学金属压力加工及其设备专业，本科学历，专业擅长金属压力加工、粉末冶金。曾任中国机械工程学会理事、省机械工业工艺研究会理事长、省机械工程学会副理事长和省科协第三、四届委员。1988、1992 年先后获机械电子工业部“工艺工作先进工作者”“‘七五’工艺工作先进工作者”的称号，1992 年 10 月被评为高级工程师。

余彧强是部、省重点项目“圆弧齿圆柱蜗杆减速机系列”研究、“粉末冶金推广运用”及“江苏省机械工业系统技术引进项目消化吸收调研”的主要参加者，前一项于 1988 年获江苏省重大科技成果二等奖，后两项于 1987 年分获江苏省重大科技成果三等奖、机械委科技情报成果二等奖。独著《金属超塑性技术》《江苏省粉末冶金制品行业检查分析》等多篇论文，合著《机械工业能源利用的问题和节能意见》等数篇论文。

1985 年，受江苏省经委委托，作为主要负责人负责筹建电镀、涂装、粉末冶金等六个基础工艺性行业协作组（协会），主持江苏省电镀行业协作组筹备、成立全过程，并作为省机械工业厅代表当选江苏省电镀行业协作组第一、第二届组长，江苏省机械工艺管理研究会电镀专业委员会主任委员（第三届）及江苏省机械工业工艺协会电镀分会理事长（第四届）。

作为主要筹备人及负责人，余彧强先生为江苏省电镀行会的成立及初期的运作贡献卓著。

黄正标

黄正标，男，1960 年生，合肥工业大学机械工程系本科毕业，南京大学哲学系研究生结业，研究员级高级工程师、国务院政府特殊津贴专家。历任江苏省机械工业厅质量标准处科长、副处长，江苏省农业机械研究所所长等职，现为中国质量认证中心南京分中心技术负责人。

黄正标曾担任江苏省机械工业质量与工艺管理研究会秘书长、江苏省农机协会副会长等职务，是江苏省经贸委工业发展规划咨询委员会专家、省科技厅科技咨询注册专家、中国强制性产品认证高级检查员。

多年来，先后参加江苏省机械产品、数控机床及环保设备的研发、评价和管理工作，还参加国家质检总局对“小家电产品、汽车内饰件、基于物联网的电子电器”等项目的认证技术研究及“全国知名品牌示范区”评价工作。

先后获省机械工业“科技进步奖”一等奖、省优秀工程咨询成果二等奖等成果奖 8 项，获国家级省先进工作者等表彰近 10 次，拥有国家发明专利 5 项、国家新型实用专利 1 项。

2001—2003 年期间任江苏省机械工业工艺协会电镀分会理事长。

袁 华

袁华，男，1954 年生，大专学历，工程师职称。

1971 年进入轻工业部直属南京轻工业机械厂工作。历任班组长、车间技术员、工艺处工艺员、厂研究所电镀设备工艺研究所副所长、所长。1993 年调至电镀设备分公司任副总经理、总经理。1995 年任南京轻机集团南京四方电镀设备厂总经理、法人代表。2006 年，袁华任改制后的南京四方表面技术有限公司董事长、法人代表至今。

2002 年主持设计了中国第一条国产化的年产 10 万吨耐指纹板的耐指纹板自动电镀线；与南京航空航天大学共同研制了适用于电镀行业的机械压缩式蒸发器，其蒸发成本比其他种类蒸发器下降了 50%，为电镀废水实现零排放提供了重要手段。参与江苏省表面工程行业协会和南京四方表面技术有限公司合作编制的中国首项电镀生产装置安全技术条件，该标准已由国家正式颁布实施。拥有名为《一种在钢卷板连续生产过程中进行双层电镀锌的工艺方法》发明专利。1998 年主持设计的《单油缸提升环形电镀线》获当时轻工业部颁发的轻工业新科技进步二等奖。

1995—2014 年先后担任江苏省机械工业工艺协会电镀分会秘书长、江苏省机械工业联合会表面工程分会会长、江苏省机械行业协会表面工程分会会长；2000—2014 年任中国表面工程协会电镀分会副会长，2014—2019 年任中国表面工程协会会长，2019 年任中国表面工程协会名誉会长。

林益庭

林益庭，男，1953 年生，中国共产党党员，毕业于上海外国语大学德语系，并获得译审职称。

林益庭曾长期担任瑞士迅达电梯首席翻译官以及技术转让部经理，并在德国和瑞士工作、生活多年。自 1997 年起，担任 Helmut Fischer 集团大中华区及南通菲希尔测试仪器有限公司 CEO 一职至今。其间带领公司团队不断研究和探索中国的表面处理行业的特点，带头创建了获得 ISO/IEC 17025:2005 认证的应用实验室；并根据国内行业的特点，协助德国总部开发了 MP0、X 射线、PCB 等系列仪器，产品受到国内市场的一致好评。

除了技术上的认真探索，林益庭非常热心于支持国内表面处理行业的发展，积极参与和组织相关协会的工作，先后担任中国表面工程协会副理事长、中国表面工程协会智能制造委员会主任委员、中国表面工程协会电镀分会副理事长、中国印制电路行业协会副理事长、香港电镀行业商会名誉会长、江苏省机械行业协会表面工程分会副理事长、上海印制电路行业协会副理事长等职务。

林益庭于2012年起任江苏省机械行业协会表面工程分会常务副会长，于2014年起积极推动协会重组升格工作，并于2015年6月江苏省表面工程行业协会成立时被推任江苏省表面工程行业协会首任会长。

张升达

张升达，男，1935年生，高级工程师，1959年本科毕业于南昌航空工业学校电化学专业，同年被分配至南京511厂电镀车间，先后任工艺员、电镀车间工艺室主任，1983年8月调至南京电镀厂任厂长，1985年改任为该厂总工程师。

1987年5月到南京南安表面技术有限公司任副总经理至1994年退休。

1995年成立南京晶晶表面技术有限公司，任董事长兼总经理，专营镀铬添加剂的开发、生产、销售至2009年。

1987年起先后任江苏省电镀行业协作组秘书长、江苏省机械工业工艺管理研究会电镀专业委员会总干事至1994年。

1988年张升达组织江苏省镀协有关人士编写《电镀及环保技术》(上、下册)，为电镀技术进步起了推动作用。

在《材料保护》等杂志上先后发表《战斗机发动机冷却器零件化学镀镍》《常温硬质阳极化》等论文百余篇。

桑保华

桑保华，男，1948年生，高级工程师，1970年4月由上海机械高等专科学校毕业分配至南京仪表机械厂，先后任机械工、热处理工、表面处理工艺员。1984年调南京市仪器仪表工业公司(局)历任科员、主任科员、技术质量处副处长、处长。1993—2000年兼任南京市仪器仪表工业发展总公司党委书记、常务副总。在此期间，多次被评为省及机械工业部新产品、工艺工作先进个人。

1985年，代表南京市仪器仪表工业公司参加江苏省电镀行业协作组筹备，为主要筹建人之一。先后兼任江苏省电镀行业协作组、江苏省机械工业工艺管理研究会电镀专业委员会、江苏省机械工业工艺协会电镀分会、江苏省机械工业联合会表面工程分会常务副秘书长；江苏省机械工业联合会表面工程分会副会长兼秘书长；江苏省机械行业协会表面工程分会副会长兼秘书长；江苏省表面工程行业协会副会长兼秘书长，前后长达30余年。

1986年参与创办行业刊物《江苏电镀》(后更名为《江苏表面工程》)，2006年主持建立了“江苏表面工程”网站，代表协会出任中国表面工程协会理事、中国表面工程协会电镀分会常务理事、中国表面工程协会清洁生产指导委员会委员、中国表面工程协会市场工作委员会顾问、江苏省机械行业协会副会长。2005年被认定为“国家清洁生产审核师”，2017年被聘为中国表面工程协会电镀分会顾问。

桑保华推动组织参与编写了《电镀化学品运输、储存、使用安全规程》(AQ 301P—2008)、《电镀生产安全操作规程》(AQ 5202—2008)及《电镀生产装置安全技术条件》(AQ 5203—2008)等三项行业安全标准申报、编写等工作。曾在《表面工程资讯》《电镀与涂饰》《中国电镀》《宁波电镀》《江苏电镀》及《江苏表面工程》等业内刊物上发表关于清洁生产及园区建设等方面的文章近10篇，2014年起，桑保华牵头组织《江苏电镀史》编写工作。他还是协会重组升格的主要推动者和组织者，曾先后获中国表面工程协会“协会工作成就奖”“行业风云人物”及“长三角协会联盟贡献奖”等行业荣誉。

顾　敏

顾敏，男，1936年生，1980年在无锡市经济委员会专业化办公室工作；1984年任无锡表协常务副会长；1985年在无锡市经济委员会调整办公室任副处长；2000年退休。

1984年10月8日无锡电镀协会成立，1994年3月更名为“无锡表协”。1984—2000年间(协会第一届至第四届)，顾敏一直担任协会常务副会长。在工作期中，顾敏尤其对电镀生产许可证颁发，做了大量的工作，同时对创优评选、技术交流培训等方面也作出较大成绩。

顾敏于1996年6月至2000年4月期间任江苏省机械工业工艺协会电镀分会副理事长。在顾敏的支持下，江苏省表面工程行业协会与无锡表协建立了良好的合作关系，多次联合举办相关年会、交流，推动了无锡及全省表面工程行业的发展。

许金福

许金福，男，1939年生，1962年8月毕业于江苏师范学院(苏州大学前身)化学系，毕业后分配到部队任文职干部，中尉军衔。1971 年转业到苏州，先后在苏州市委宣传部、苏州市环保局任职，1985 年调苏州市经委工艺专业化办公室任副主任，主抓铸造、锻造、热处理、电镀、模具等基础行业的工艺专业化工作。

1985 年 12 月 20 日，许金福发起筹建苏州市电镀协会，他把苏州电镀行业的企业组织起来，使电镀企业有了自己的行业组织，有了与政府沟通的桥梁与纽带。在苏州市电镀协会第一届理事会上当选为副理事长，第二届、第三届理事会上当选为常务副理事长，在第三届七次理事(扩大)会议上当选为理事长，第四届理事会上连任理事长，于 2003 年 12 月第五届理事会上改任名誉理事长。2008 年 11 月 14 日因病逝世。

在许金福的带领下，苏州市电镀协会协助政府实施电镀生产许可证，开展电镀企业升级达标活动，举办电镀工艺培训、技术咨询服务，组织国内外行业技术交流活动，出版发行《苏州电镀通讯》，在编写电镀论文集、协会大事记等方面做了大量的工作，使苏州市电镀协会的工作多次受到了中国表面工程协会电镀分会的肯定和好评。

1987 年开始，许金福组织了由市经委牵头，环保局、工商局、中国人民银行和公安消防大队共同参加的电镀生产许可证检查、验收及换证领导小组，对全市电镀企业进行了清理整顿，这对苏州市电镀行业的规范管理、合理布局、提高质量和治理污染等方面起到了很大作用。

许金福对苏州市电镀协会的成立、壮大和发展倾注了极大的精力和心血，把大好年华献给了苏州电镀事业，为苏州电镀行业的发展做出了重大贡献。

徐金玉

徐金玉，男，1936 年生。

1950 年 3 月—1955 年 8 月于徐方记徐泰电镀厂，担任工人职位。

1955 年 8 月—1962 年 9 月于上海光学仪器厂，任技术支部工会副主席、技术支部团支委。

1962 年 9 月—1964 年 5 月，任常州市永红陈渡街北队副队长、队长。

1964 年 5 月—1967 年 10 月，任西林、金坛、北港电镀厂技术负责人。

1968—2006 年间，担任过常州市电镀厂厂长兼书记、中外合资常州兰港电化有限公司董事长兼总经理、中镀协常务理事、中国表面工程协会电镀分会常务理事及副理事长、常州市电镀研究会理事长等。先后连续被常州市人民政府授予“优秀企业家”“环境保护先进个人”,省、市劳动模范等光荣称号。多次被评选为全国电镀行业及江苏省电镀行业“优秀厂长”。

徐金玉参与江苏省电镀行业协作组的筹建工作,并任常务理事。先后任江苏省机械工业工艺管理研究会电镀专业委员会副主任,江苏省机械工业工艺协会电镀分会副理事长。他积极支持、参加协会工作,为行业发展作出很大贡献。

朱剑石

朱剑石,男,1938 年生,1979 年部队转业安排进苏州电镀厂担任厂长至 1989 年。

20 世纪 80 年代,是苏州电镀厂发展的鼎盛期,年上缴利税近百万。在职期间,朱剑石注重抓电镀新工艺的开发应用、质量的升级、设备改造及环保治理。为苏州及周边地区的五金、家电、机械、电子等 130 多家企业产品做好表面处理的配套服务。

改革开放使苏州的工业突飞猛进,厂原有设备厂房已跟不上业务量发展的需要。为此,厂部做出重大决策,引进国外先进的设备和技术,朱剑石厂长亲自抓项目的落实。他不辞辛劳,带领有关人员多次跑国家、省、市计经委,邀请各方专家配合市经委、市轻工局对改造规划做可行性论证,获得了认可和通过。

经省、市经委同意,改造项目总投资 493.40 万元,外汇额度 60 万美元,通过考察和货比三家,于 1987 年 12 月与美国乐思公司签订了合同。引进设备包括全自动电脑控制电镀线 2 套、全自动经典喷漆线 1 套,全自动废水处理设施、铬雾气体空气压缩回收装置等。项目于 1989 年 11 月竣工投产并通过验收,新设备的投产充分满足了客户的需求,特别是一些外资企业及出口产品,投产当年的间接外贸附加值已达 200 多万元。

电镀行业间有交流和学习才能共同发展,电镀协会就是一个很好的平台。苏州电镀厂是苏州市电镀协会的副理事长单位,同时也是中镀协的理事单位。20 世纪 80 年代,朱剑石会同南京电镀厂等筹建了江苏省电镀行业协作组,并担任首届副组长,各级电镀协会组织的年会他都亲自参加、尽力而为,为电镀行业的相互了解、学习、促进和共同发展做了大量工作。

籍正甫

籍正甫,男,1942 年生,中国共产党党员,工程师。

1964年8月南京电镀厂任工人、车间主任；1974年4月起南京塑料四厂任工会副主席、人保科长；1984年5月起南京塑料十三厂任副厂长；1986年4月起南京电镀厂任厂长兼书记；1995年至1997年江苏三启工程有限公司电镀材料分公司任经理；1998年起南京华天精细化工研究所任副所长。

任职期间，籍正甫多次荣获局及企业先进工作者及南京市工会优秀工作者。

1985年，籍正甫代表南京电镀厂参加了江苏省电镀行业协作组的筹建，是主要筹建人之一，并长期担任江苏省电镀行业协作组、江苏省机械工业工艺管理研究会电镀专业委员会、江苏省机械工业工艺协会电镀分会、江苏省机械工业联合会表面工程分会副秘书长(副总干事)，前后达25年之久，在联络会员、组织展销会做了大量工作，四次被评为协会工作先进个人。

（二）省外江苏籍电镀专家

他们是业内翘楚、知名专家，他们工作在各地，他们是常州人、无锡人、南通人……但他们都是江苏人，他们人在外地，心系家乡，为江苏电镀行业的发展、为江苏电镀人才的培养、为江苏省表面工程行业协会的进步建言献策、添砖加瓦。

沈烈初

沈烈初，男，江苏常州人，博士，教授级高级工程师，1953年加入中国共产党。1955年毕业于清华大学机械系。1960年获前民主德国德累斯顿高等工业大学博士学位。回国后，担任过第一机械工业部机床研究所研究室副主任，沈阳第三机床厂副总工程师、副厂长，第一机械工业部机床局副处长、科技司副司长，机械工业部副部长，国务院机电产品出口办公室主任，国家机电产品进口办公室主任，第九届全国政协委员。现任中国电工技术学会名誉理事长、中国机械工业质量管理协会名誉理事长。

沈烈初是中镀协创建人之一。1984年10月，中镀协成立，沈烈初就任理事长；1991年按国家有关规定，调整行业协会，成立中国表面工程协会，沈烈初继续担任理事长。沈烈初先后担任协会主要领导长达23年，贡献了一生很大部分精力。

中国表面工程协会发展到今天，下属10个专业机构，与近50个地方协会密切联系，成为推动中国表面工程行业发展的重要力量，沈烈初居功甚伟。他高超的领导能力、渊博的学识、与时俱进的前瞻意识，特别是强烈的责任心与平易近人的魅力成为中国表面工程行业的佳话。

秦宝兴

秦宝兴，男，1935 年生，江苏武进人，教授级高级工程师，国家突出贡献专家，上海市突出贡献专家，曾任上海市电镀工业公司技术科科员，上海市日用五金公司研究所副所长，上海市制锁公司长征电镀厂新技术开发室主任，上海诺博添加剂有限公司总工程师等。还曾兼任国家科委技术委员会轻工组成员，中国表面工程协会副理事长，中国表面工程协会电镀分会副理事长，中国轻工协会表面处理委员会副主任，上海市电镀协会理事长、名誉理事长，协会常务理事等。

秦宝兴从事表面处理电镀工作至今已有 60 年之久，在技术上不断创新，在学术上有较高造诣，在国内外同行中颇有影响。曾赴阿尔巴尼亚帮助建设，获得国家及阿方的表彰荣誉证书。还帮助越南培训科技专业人员。近 20 多年来，多次赴香港特别行政区、日本、美国、新加坡、澳大利亚等地区和国家参加国际专业技术会议。在国内表面处理电镀技术领域中，不断开拓创新，先后研究成功 20 多项科技成果，曾获得中国轻工业部、上海市重大科技成果奖 8 项，局级重大科技成果奖多项。这些项目中有的填补了国内的空白，在国内得到普遍推广应用，取得了十分显著的经济效益和社会效益。在专业技术杂志及技术会议上曾发表过 20 多篇技术性文章，还参与编写第一部《电镀手册》及其他专业杂志书刊的编委及审稿工作。

秦宝兴自参加工作以来，曾获得全国劳动模范，全国“五一劳动奖章”，15 次获得上海市劳动模范、先进工作者称号，1984 年获得国家人事部授予有突出贡献中青年专家称号，首批享受国务院特殊津贴。曾当选过第六届、第七届、第八届全国人大代表，1983 年当选为第六届全国人大常委会委员，2019 年荣获“庆祝中华人民共和国成立 70 周年纪念章”。

查全性

查全性，男，1925 年生于江苏南京，电化学家，中国科学院学部委员，武汉大学教授、博士生导师。

查全性 1949 年加入中国共产党，1950 年从武汉大学化学系毕业后留校任教。1957 年，他被推荐赴苏联莫斯科大学电化学研究所留学，师从电化学之父、苏联科学院院士 A. H. Frumkin(弗鲁姆金),在其指导下学习电极过程动力学。回国后,他在武汉大学建立了电化学研究所,其研究领域包括“电极/溶液”界面上的吸附、多孔电极极化理论、电化学催化与光电化学催化、粉末微电极、多种电化学材料,及其在化学电源、金属表面处理与防腐、电化学分析与传感器方面的应用等。尽管当时科研条件十分艰苦,但他克服重重困难,以极大的热情开展电化学研究和人才培养工作,使武汉大学成为全国现代电化学研究的重要基地之一。

20 世纪 70 年代中期,在对气体扩散电极深入研究的基础上,查全性科研团队根据国家急需,成功研制出 200W 间接氨空气燃料电池系统,并在微波中继站等方面得到成功应用。80 年代以来,查全性主要从事光电化学催化、高比能锂电池及生物酶电极研究,创建了适用于研究粉末材料电化学性质的粉末微电极方法。他常年奋战在科教第一线,80 岁高龄时还出版了其在化学电源研究领域的重要论著《化学电源选论》,并依然指导研究生做实验。

查全性在电化学领域的卓越贡献深为国内外同行所称道,为中国电化学事业做出了重大贡献。数十年来,查全性在从事有关电化学的教学和研究工作的同时,还先后担任过《化学学报》《物理化学学报》等多个学术期刊编委,国际电化学期刊 *Journal of Applied Electrochemistry* 顾问编委,俄罗斯电化学期刊 *Russian Journal of Electrochemistry* 顾问编委等;是国务院学位委员会第二届学科评议组成员,中国化学会第 22 届常务理事。

作为新中国成立后中国电化学学科发展的主要奠基人之一,并基于他在表面活性剂吸附规律、光电化学和电催化以及金属表面处理与防腐等相关研究领域的突出贡献,1978 年,查全性荣获“全国科技先进工作者”称号;1980 年,当选中国科学院学部委员(现称院士);1987 年,荣获国家自然科学三等奖;2017 年,被授予“中国表面工程行业功勋人物”称号;他还是首届“中国电化学成就奖”的获得者。

查全性还是一位出色的教育家,他长期担任物理化学及电极过程动力学课程主讲,其根据多年教学经验编著的《电极过程动力学导论》先后 7 次印刷,发行数量达 15 000 余册,被公认为中国电化学界影响最广泛的学术著作。

1977 年 8 月,查全性在邓小平同志亲自组织并全程参加的科教工作座谈会上,第一个进言恢复高考并被采纳,因而才有了“查全性:面谏邓小平恢复高考制度第一人”之誉。随后,一代又一代学子通过高考,走向更广阔的人生舞台。中国的教育事业也迎来了一个崭新的时代。

胡如南

胡如南，男，1935年生，江苏宜兴人，1958年毕业于北京航空学院，留校任教，1982年晋升为副教授，1990年晋升为正教授，1996年退休。曾任北京航空航天大学材料科学与工程学院副院长、北京市科学技术协会委员、北京市政府工业顾问、中国航空表面技术委员会副主任。

胡如南长期从事金属腐蚀与防护领域的教学与科研工作，主讲过“电化学”“金属防护学”“电镀理论及工艺”等课程，是北京航空航天大学金属防护专业创始人之一，著名的表面处理专家。曾应邀去日本、美国及苏联讲学及交流，与国外学者有较广泛的联系。目前仍担任“材料保护”等国内5种表面处理主要杂志的编委。

胡如南曾主持过12项重大科研项目，其中“低铬镀铬”“换向脉冲电镀”“无排放印染滚筒镀铬”等曾获省部级科研成果奖；发表论文30余篇；主编出版过《金属防护学》《实用镀铬工艺》《电镀手册》；参编《现代实用电镀技术》；译著有《现代电镀》(美)、《合金电镀》(日)等。

胡如南热心于行业工作，曾任北京电镀学会理事长、中镀协副理事长，现为北京表面工程学会名誉理事长、中国表面工程协会特别顾问。同时，他对家乡的表面处理行业非常关心，多次抽时间参加江苏省表面工程行业协会的重要活动，为江苏表面工程行业的进步助力。

张绍恭

张绍恭，男，1921年生，第一机械工业部第二设计研究院高级工程师，曾任中国表面工程协会电镀分会顾问委员会副主任委员、中国电工技术学会电镀与涂敷专业委员会顾问、电镀老专家工作委员会委员、上海市电镀协会顾问和《电镀与精饰》杂志编委会顾问等。

张绍恭于1941年6月在江苏省立松江高级工业专科学校应用化学专业毕业；1941年7月至1984年1月，先后在英商上海电气音乐实业有限公司(俗称百代唱片公司)、日商上海松下电业株式会社、电信机械修造二厂、华东工业部南京无线电厂及第一机械工业部第二设计研究院等单位从事电镀和电铸的工艺生产、工艺试验研究以及电镀工程设计等工作；1984年至1991年为上海光明电镀厂技术顾问；1984年迄今为无锡出新环保设备厂技术顾问；1978年获全国机械工业科学大会合作成果奖；1980年获上海市重大科研技术成果二等奖；1981年获轻工业部科学技术进步二等奖；1988 年获国家机械工业委员会科学技术进步三等奖；1991 年获中国电工技术学会授予“元老杯”奖；1997 年获中国表面工程协会电镀分会授予“荣誉证”；2004 年获上海电镀协会授予“荣誉证”；从事电镀工作 60 余年。2004 年中国表面工程协会电镀分会授予张绍恭“电镀行业突出贡献老专家”光荣称号。

张绍恭在国内电镀杂志发表论文多篇，并与周宜鼎、李鸿年、李士嘉、沈品华等业内同仁合署或参与《电镀工艺学》《实用电镀工艺》《现代实用电镀技术》《现代电镀手册》的编写；与孙旭辉等合作完成了《化学镀与合金镀》《光泽性电镀》《轻合金的表面处理》《防护装饰性电镀》等译编。

张绍恭是我国第一代电镀工作者，为中国电镀行业的技术进步与行业的经济繁荣及可持续发展等，呕心沥血、辛勤耕耘；1980 年轻工业部在无锡举办电镀培训班，三期共达 600 人左右，每期 15 天，张绍恭等参加授课；1984 年初退休后的 30 年来，仍孜孜不倦、辛勤地在行业中发挥余热，在为“把中国电镀大国变电镀强国”的崎岖的征途中付出了不懈努力。

张绍恭不仅是科研领域的先锋，更是位受人尊敬、爱戴的老专家。他知识渊博却不耻下问、贡献重大却从不居功；也是一位谆谆教导、诲人不倦的好导师。

孙锡琪

孙锡琪，原名孙明远，1915 年生，江苏无锡人，1936 年毕业于上海沪江大学化学系，教授级高级工程师。1936 年 9 月—1937 年 1 月，在无锡启明中学任数理教师；1937 年 2 月—1939 年 9 月，在上海汇明电筒电池厂任工程师；1939 年 9 月—1940 年 6 月，在上海光华大学附中、麦伦中学、怀久女中等任数理教师；1940 年 9 月—1941 年 6 月，在江苏省立无锡工业专业学校任理化教师；1941 年 9 月—1943 年 6 月，在上海沪江大学化学系任助教；1943 年 9 月—1944 年 12 月，在上海粉麦统治委员会任改进科检验股股长；1945 年 1 月—1945 年 12 月，在上海沪江工业社任经理；1946 年 1 月—1954 年 5 月，在上海吴江电池厂任经理；1954 年 5 月—1956 年 3 月，在上海世界电镀厂任经理；1956 年 4 月—1958 年 3 月，在上海电镀工业公司生产技术科任副科长；1958 年 4 月—1958 年 11 月，在上海日用五金工业公司生产科兼电镀实验室任副科长；1958 年 11 月—1979 年 2 月，在上海市轻工业研究所工作，任高级工程师；1979 年退休后继续留所工作至 1984 年。

在技术业务方面的主要成果：

(1) “电镀单层镍铁合金/微孔铬及 791 光亮剂”获 1980 年上海市重大成果三

等奖，1981 年获轻工业部四等奖；

（2）“电镀双层镍铁合金/微孔铬”获中国轻工业部奖状；

（3）“电镀三层镍铁合金/装饰铬”协作单位济南自行车厂，获济南市科技成果一等奖；

（4）RC 镍铁稳定剂、791 铁镍光亮剂、滚镀镍铁合金等工艺。

曾在《电镀与环保》等刊物上发表《钢铁件上酒石酸盐镀铜》《电镀防护装饰性镍铁合金发展概况》《复合电镀》《自行车车圈电镀双层镍铁合金/微孔铬电镀与环保》《滚镀镍铁合金》等论文。

陈永福

陈永福，曾用名陈耀凤，男，1930 年生，江苏丹阳市人，高级工程师。

1953 年，陈永福在上海蓬莱区新业、江潮、顺友、天裕等厂组成的电镀 31 组联合会任工会副主席，后在上海市电镀工业公司组建的新业电镀中心任工会主席。在 20 世纪 50 年代末，在上海市电镀工业公司技术科实验室培训后调到技术科新工艺推广组，开发、推广新技术、新工艺。各区化验站成立后，陈永福担任邑蓬卢区（邑庙区、蓬莱区、卢湾区）化验站站长。20 世纪 60 年代初化验站撤销，陈永福改任南市电镀厂技术科科长，在任期间研制成功挂镀黄铜工艺、微氰黄铜新工艺，第一个研究成功以锡化合物为添加剂的 18K、22K 仿金新工艺，并通过新工艺的鉴定，投入生产；最早研制成功次氯酸法处理氰化物废水，以他为主成立了无氰电镀锌工艺战斗组，研制成功全国领先的无氰焦磷酸盐电镀锌铁合金新工艺（包括全光亮锌铁合金/铬），并在生产上得到大量应用和推广。

1980 年陈永福被公司调任筹建上海日用五金电镀总厂，为筹建领导小组成员之一。在筹建电镀总厂期间，成功研制多项三废处理项目，如电解回收铜、含铬废渣制砖，并负责研制成功碱雾抑雾剂。该项目在 1982 年获得上海市重大科技成果奖。

在筹建电镀总厂的同时，陈永福担任上海市二轻局电镀协调办公室负责人，负责发放和验收二轻局下属 60 多个电镀厂、点的生产许可证。

1984 年陈永福参加组建上海市电镀协会，任上海市电镀协会一届、二届秘书长、三届常务理事，在担任秘书长期间先后召开了二次年会并组织编写了电镀论文集；先后召开了 5 次华东部分城市电镀协会秘书长联席会议。

张炳乾

张炳乾，男，1930年生，上海应用技术大学化工学科副教授，1959年毕业于上海市轻工业学校，后在无锡轻工业学院脱产进修，毕业后在上海轻工业高等专科学校任教，曾任上海轻工业高等专科学校电镀教研室主任、校学术委员会委员、电镀工程研究所所长等职。曾担任全国轻工环保学会理事、上海腐蚀与防护学会理事、上海电镀协会常务理事、教育委员会主任。

在开展科研方面，其主持研制的“塑料电镀非贵金属敏活化工艺的研究”获上海市科技进步二等奖；国家“七五”科技攻关项目子项目“光亮硬银电镀”获国家发明四等奖；“钢铁零件上无氰直接镀铜工艺的研究”获上海市重大科技成果奖；“PEC微电脑控制电镀自动线的设计”获上海市科技进步奖三等奖；参与研制的“871镀镍光亮剂及其工艺的研究”获上海市科技进步奖三等奖；“焦磷酸盐电镀锡-钴-锌三元合金代铬工艺”和“氰化物光亮镀铜工艺的研究”均获轻工业部科技进步奖三等奖。

张炳乾主要著作有《电镀原理与工艺》《电镀液故障处理》《电镀工艺手册》《实用电镀工艺手册》，并在国内外杂志及论文集上发表论文20余篇。

1987年张炳乾应邀参加在美国芝加哥召开的87国际电镀与表面精饰会议，在会上做学术报告；1988年应邀参加在韩国召开的第三届亚太地区电镀与表面精饰会议，在会上做学术报告，并担任第二天上午大会的执行主席。

1989年获全国优秀教师称号及奖章；1992年获国务院颁发的突出贡献专家证书，享受政府特殊津贴。

郁祖湛

郁祖湛，男，1931年生于江苏苏州，复旦大学化学系教授，1956年毕业于大连工学院化工系；1959—1962年留学苏联，毕业于莫斯科有色金属学院研究生班，获副博士学位(联合国教科文组织认定相当于PhD)，1962年9月后一直在复旦大学化学系从事教学研究工作。主要研究领域为金属表面电化学，包括金属表面电沉积和腐蚀、化学电源等。部分参与及指导的课题，曾获得国家级国防科技进步一等奖；电子工业部二等奖；航天部科技进步二等奖、三等奖；国家教委科技三等奖等。在电镀铂、钯镍合金、金钴合金以及镀银光亮剂、超纯镀铜液方面都有研究成果，并均在实际生产中得到应用。在国内外杂志上发表论文70余篇，合编/翻译《电化学测量》,《表面处理工艺手册》(副主编),《应用电化学》,《新电镀层及电解液》等专著多部。

郁祖湛还积极参加国际学术交流活动,曾在苏联、立陶宛、美国 AMP 及 IBM 公司做过学术报告。曾任国际表面精饰(Interfinish)大会科学委员会委员;莫斯科国际电化学及表面技术大会科学委员会委员。在 1999 年第 8 届国际(东京)电子电路世界大会上,所做"陶瓷上激光制作金线图形"报告获最受欢迎口头报告奖。

郁祖湛在完成教学科研工作以外,为推动中国电镀技术的发展,热心于中国电镀行业的学术交流和行业协会活动。自中镀协成立以来,一直担任理事、常务理事,上海市电镀协会常务理事和副理事长,现任中国表面工程协会理事、中国表面工程协会电镀分会、常务理事、上海市电子学会电子电镀专委会主任委员、上海市电镀协会顾问、《电子电镀》编委会主任、《材料保护》和《表面技术》编委会副主任、《电镀与环保》编委等。2004 年发起成立了上海市电子学会电子电镀专业委员会,组织了 2009 年和 2011 年全国电子电镀及表面处理学术交流会,两次大会均有国内外专家及专业人士 200 余人参加,成为当时业界公认的中国在这方面水平最高和最具影响力的会议。

沈亚光

沈亚光,男,1939 年生,江苏人,1959 年毕业于上海轻工业学校化工专业。曾任上海滚镀二厂技术股长、上海振光电镀总厂滚镀分厂技术厂长、上海振光电镀总厂技术科长、上海振光电镀材料经营公司总经理。系中国防护学会会员、中国轻工表面处理专业委员会学术部秘书、中国轻工环保学会电镀专委会委员、上海电镀协会常务理事、上海闸北区化工学会理事长等。

沈亚光多年从事电镀工艺的技术管理及科研工作。出版了《铝及其合金彩色氧化》《电镀车间设备》《防护与装饰性电镀》《电镀典型案例分析》《特色电镀工艺汇编》等专业书籍;并参与《电镀工艺》的编写。在 1989 年,参与编写《上海电镀发展史》,随后参与第二版、第三版《上海电镀发展史》的编写。发表论文 56 篇,参加上海市经委组织的《电镀工培训上岗制度》的编写,其论文有《碱性锌酸盐镀锌》《铜及其合金氧化》等。他还多次参加电镀与环保讲学活动,为上海市及全国培训电镀人才 2 000 多名。成功解决上海万体馆及援助苏丹大厦大型灯具表面技术处理;解决冷气机大型冷却管表面处理技术问题以及轻工小件滚镀工艺;为美化五金制件,试验成功古铜镀层;1988年研制成功888多功能金属常温除油清洗剂,达到进口产品水平,已在全国各地推广使用。主持完成轻工业部下达的“中高档产品表面处理”项目和市科委下达的“出口产品表面处理”项目的科研工作,并通过有关专家组鉴定。他的科研成果“碱性镀锌废水化学沉淀法”获轻工业部化学奖;“W为添加剂氯化钠镀锌”与“83-1常温除油剂”获上海市轻工业局重大科研奖。

沈宁一

沈宁一,男,1931年生,江苏启东人,教授级高级工程师,1951—1952年就读于大同大学化学系,1957—1958年,在复旦大学化学系进修;1958年脱产参加复旦大学科委举办的第一期《金属腐蚀与保护》讲习班;1958—1959年,在华东化工学院化学系进修;1961年参加第二期《金属腐蚀与保护》讲习班。1981年上海市业余工大卢湾分校科技日语班毕业。沈宁一是上海市科技协会第三届、第四届代表大会代表,中国轻工协会第一届代表大会代表。

沈宁一于1949年10月进入开源化工厂当练习生、技术员,1951年10月进入上海波斯化工厂担任工程师;1956年3月调入重工业二局技术处;1956年6月调入上海市电镀工业公司研究室;1958年1月—1992年8月任上海市轻工业研究所副主任、高级工程师。其间负责轻工业部电镀工程师进修班教学工作,担任上海工业大学电镀硕士研究生副导师、上海市轻工业局高级职称评委会委员、上海市机械工程协会副理事长、上海市电镀协会副理事长。

沈宁一主要科研成果有:1953年负责“锌制品滚镀新工艺”项目;1955年负责“滚镀锌铬合金新工艺”的科研项目;1955—1957年负责“电镀代镍镀层”项目的试验及推广,填补了当时国内空白;1966年担任“电镀锌铜镍三元合金”课题组长;1975—1976年“电镀马口铁”项目获1978年轻工业局科技成果奖;1977—1978年“电镀镍封闭”项目获1980年轻工业部科研成果四等奖;上海市科委下达的“电镀金合金新工艺”项目1983年获轻工业部重大科技三等奖、上海市科技进步三等奖;“金属眼镜架镀白色光亮钯镍合金代金工艺”项目1983年获轻工业部重大科技四等奖,系国内首创;电子表“印刷线路板电镀钯镍合金”项目节约了大量黄金,促进了电子表工艺的发展,获1985年上海市科技进步三等奖;上海市科委重点科研项目“电镀贵金属合金新工艺”,铑钌合金填补了国内空白,获1988年上海市科技进步二等奖。

其主要著作有《电镀钯镍合金》《电镀金合金》《电镀三层光亮金合金》《电镀白

色光亮性钯镍合金》《多层镍电镀新工艺》《大力发展轻工业产品的贵金属电镀》等发表于《电镀与环保》及第一届、第二届亚洲金属表面处理会议；1984 年主持完成《上海市十五年科技发展规划、电镀行业调研、预测、论证报告》；1985 年主持完成《上海市电镀行业七五规划》；1985—1989 年分别出版《镀镍技术问答》《表面处理新工艺》《表面处理工艺手册》《上海市机械工业技术引进指南》等。

沈一宁高工从事表面处理工作几十年，经历中华人民共和国成立以来电镀工艺的整个发展阶段，熟悉电镀专业知识，能解决电镀专业中较重大的技术问题，在电镀行业享有较高的声誉。

（三）江苏省内电镀技术专家

江苏电镀史源远流长，其中作出了奉献的人物不知凡几。这里囊括了解放以来在电镀技术上颇有建树的部分专家介绍，他们中间有院校里教学科研成绩突出的教授，有研究机构技术成就非凡的学者，也有在企业一线不断提升的技术专家。他们在各自的岗位上数十年如一日，刻苦钻研、兢兢业业，为江苏电镀行业的发展做出了贡献。记录他们的人生，一睹他们的风采，希望业界记住他们的业绩，传承他们的工匠精神，沿着他们的路继续砥砺前行。

李士嘉

李士嘉，男，1928 年生，江苏常州人，教授。1946 年 7 月—1950 年 7 月，先后在上海工业专科学校、国立政治大学、上海复旦大学学习，1950 年 9 月—1952 年 7 月在北京大学化学系学习并毕业。1952 年 8 月分配至南京航空工业专科学校任教；1956 年校改院后，升任南京航空学院化学教研室主任、基础课部副主任、任副教授；1986 年任教授，是中国首批国务院特殊津贴获得者；1993 年学院升格为大学后，任南京航空航天大学材料科学与工程系（九系）主任。

李士嘉有很高的英语水平，并自学德语。“文化大革命”后，在较短时间内，编写了多部专业教材，极大地提高了青年教师的教学水平。他编写《物质结构》一书，还给教研室的老师们进行了为期一年多的培训，大家受益匪浅。因其对南航建设与发展所做的贡献，曾于 1989 年 7 月获国家航空工业部“教育事业 30 周年”先进工作者荣誉称号。

在校期间，除带出一批研究生，李士嘉还多次组织短训班，对江苏省内电镀企业的技术骨干进行培训，这些人员先后成为企业技术工作的带头人。1985—1987年，他在任系主任期间促成南京表面处理研究会与南京航空航天大学联办了电化学大专班（三年期）并亲自参加授课，经过三年的培养，该班的41名学员大多成了企业的技术管理中坚力量。

通过长期不懈的研发工作，李士嘉组织参与的原机械工业部无氰镀锌攻关项目——氯化钾镀锌通过了国家航空工业部组织的技术鉴定，在相当部分企业得到应用；在20世纪80年代初，他开创性地提出复合电沉积技术，将金属陶瓷（氧化铝）粉体弥散强化镍基合金涂层用于航空发动机上要求耐高温腐蚀的零件，取得了成功，获得了航空工业部科技成果三等奖；80年代中期，李士嘉在国内率先开展稀土元素增强电镀锌层耐蚀性研究，研究成果获得原国家航空总公司科技进步三等奖。

1994年李士嘉退休后，仍坚持科研不辍，其开发的锌酸盐镀锌工艺、配方及相应的添加剂在南京518厂等若干电镀企业得到很好的推广和应用。

李士嘉曾任南京表面处理研究会副会长、南京市航空学会常务理事、江苏省表面处理专业标准化技术委员会常务副主任。

董　愚

董愚，男，1928年生，原南京普天通信股份有限公司高级工程师。1949年11月参加中国人民解放军空军，在空军华东气象训练班学习（1949—1953年），毕业后至空六师担任气象预报员。1958年转业到上海邮电局工作，1960年调南京通讯器材厂（邮电518厂、现为南京普天通信股份有限公司）历任技术员，工艺科长、车间主任等职务。

金属表面处理对于当时的工厂是一片空白，董愚作为工厂为数不多的中专生，从头学起，迅速进入角色，负责在电镀车间上马了镀锌、镀铜、镍、铬、镀金及镀银等电镀工种，还有喷漆和印刷线路板加工，以满足工厂日益增加的通信设备表面处理需求。该厂的镀锌自动化生产线工艺，镀锌低铬钝化工艺、处于同行业领先水平，受到各界好评，来厂参观者络绎不绝。

董愚热爱电镀工作，热心交流传播新技术，还积极参加社会公益活动，他是南京电镀新技术学习、科技普及经验交流活动的积极参与者和组织者。他毫无保留，无私传授，对提高南京电镀技术水平起到了积极作用，受到上级组织的褒奖，光荣地出席了南京市第三届科学技术大会。

1977 年他得知南京大学络合物研究所在无氰电镀研究中有新发现，他跑北京、进南大，终于促成南京大学和邮电部标准化工业研究所的合作，邮电部拨专项科研经费，并抽调邮电部在各地的研究所、工厂的技术人员和一线工人来到南京，在南大老师的指导下开始了无氰电镀科研会战。这研究项目历时 4 年，邮电部 1 所、10 所、邮电 503 厂、505 厂、506 厂、508 厂、511 厂、513 厂、515 厂、518 厂、519 厂、520 厂、523 厂、524 厂、536 厂和 540 厂等单位先后派员 30 余人参加通用络合剂 HEDP 镀锌、镀铜、镀镉、铜锡合金、化学镀铜、化学镀锡等无氰电镀新工艺科研生产试验，还完成了 ATM 化学镀铜等等。董愚是整个会战的策划组织者。国家科委成果办 1982 年的《南京大学、邮电部通用络合剂研究报告》专辑，详细报道了该科研活动，对全国的无氰电镀工作影响极大。这项成果获得江苏省 1981 年科学大会技术进步三等奖，1984 年 1 月 23 日，获南京市总工会技协委员会表彰。

董愚参与储荣邦编著的《光亮氯化钾镀锌》一书，由上海科技文献出版社于 1991 年 11 月出版，为推动无氰无铵氯化钾镀锌又作出了新的贡献。

董愚长期担任南京表面处理研究会秘书长并负责《南京电镀通讯》和论文汇编工作。他刻苦钻研、善于学习，诲人不倦，为人谦和，与各地同行建立了广泛深厚的友谊，为电镀事业做出了突出的贡献。

庄瑞舫

庄瑞舫，男，1927 年生，浙江鄞县人，1950 年金陵大学化学系毕业，南京大学配位化学研究所教授。曾经担任中国表面工程协会电镀分会顾问、中国电子电镀专业委员会委员、南京市表面处理研究会副理事长、美国电镀与表面精饰者协会国际分会会员、《电镀与精饰》编委。

庄瑞舫长期从事无机化学专业的教学及配位化学和表面处理的研究，曾讲授稀有元素化学、无机选读和配合物电化学等课程，主要研究金属与非金属材料的功能性表面处理、化学修饰电极和高 TC 氧化物超导材料的化学制备及性能研究等。其中“通用电镀铬合剂 HEP 的研究”“STP 系列添加剂高稳定性宽温度酸性光亮镀锡”曾分获江苏省 1978、1988 年度重要科技成果三等奖。另外，已有多项研究成果应用于生产。他在国内外学术会议及期刊上发表论文 80 余篇，著有《配位化学》、《中国大百科全书》化学卷配位化学部分条目、《通用络合物 HEDP 镀铜和铜锡合金》。

1983年，庄瑞舫获省化学化工学会“对省化学化工实业有重大贡献者”荣誉证书，1990年获国家教委授予“从事高校研究工作40年成绩者”荣誉证书。

王春林

王春林，男，1930年生，浙江杭州人，高级工程师。

王春林1949年6月毕业于上海中华工商专科学校；1949年6月—1950年9月，上海空军部学习大队学习，华东航空处航空工程研究室学习工作；1950年9月—1958年，先后在空军21厂、511厂任技术员；1958—1983年，在511厂历任25车间副主任、主任，冶金科副科长、技术科副科长、工厂技改办公室组长；1983—1990年2月为511厂冶金科主任工程师。

王春林在工厂曾负责防锈处理、厂房技改，为工厂发展做出了贡献；借助于英、俄、德、日等扎实的外语功底，成功翻译了表面处理方面的相关标准、规范及手册20余万字；20世纪80年代初，推荐论证将镉钛合金镀层用于飞机舵机受力零件，效果很好，组织分析镀镉弹簧脆性分析，提出了很好的解决方案；其提出的《喷丸强化对不锈钢弹簧疲劳性能的影响》论文，在第二届国际喷丸大会上宣读，并收录于中国航空科技文献，他的著作《松孔镀铬》一书，1962年由中国机械工业出版社出版。

王春林热心于行业工作，20世纪90年代后期，他实际担任了江苏行业刊物《江苏电镀》的主编工作，并为之付出大量心血，其翻译并连载于《江苏电镀》上的《汉英分类表面工程常用技术词汇》、参加编写的《现代电镀实用技术》手册至今仍是业内技术人员的案头工具资料。

蔡建宏

蔡建宏，男，1933年生，1953年毕业于浙江大学化工系，毕业后至南京重工业部兵工署所属第307厂工作，从事兵器产品的表面处理技术工作。1965年，企业改属航天工业部，由于产品变更，他的工作随之转变为从事航天型号产品的表面处理科研与实践。1980年担任表面处理车间副主任，1982年晋升为研究员级高工，1983年调任厂冶金科科长，同年获得航天一等功奖，后还获得航天科技进步四等奖一项。1985年工厂成立工艺研究所，担任首任所长，后又兼任工厂副总工艺师。1992年获国务院颁发的政府津贴，1993年底退休。

蔡建宏参加工作不久就受命在厂内创建电镀硬铬工艺，推广苏联的工具镀铬经验,以提高工厂生产中刃具、量具、模具的使用寿命。1954 年受命筹建表面处理车间,蔡建宏边学习、边负责表面处理车间的工艺设计以及各种非标设备、通风设备、废水处理设施的技术设计。几十年里,由于工厂多次的改扩建和更新产品,有机会多次承担表面处理车间改扩建的工艺设计和非标设备设计,积累了工厂设计方面的经验和工作能力。由于工厂的产品持续进步和更新,也使蔡建宏在实践中积累了许多新材料的表面处理技术和新工艺的知识。1975 年为了突破某型号产品研制生产的难题,蔡建宏和团队一起努力,解决了大型铝合金构件内壁型腔深度精确化铣的技术难关。1986 年蔡建宏和团队一起参加了香港天坛大佛工程建设,承担在大佛表面进行古铜色和防腐处理。

蔡建宏热爱表面处理这个行业,热心表面处理技术交流。1955 年就开始参加南京市总工会电镀技术交流活动,1956 年被邀参与活动的组织工作,并担任电镀交流队副队长,1974 年担任队长。1983 年牵头筹组南京表面处理研究会,获选担任首届副理事长兼秘书长和第二、三届理事长,2000 年,改任名誉理事长。1999 年牵头筹组南京表面处理行业协会,并获选任首届理事会副理事长,第二届理事会上,被推举为终身名誉理事长。在担任电镀交流队、南京表面处理研究会、南京表面处理行业协会的领导职务期间,积极推动南京市的表面处理技术交流活动,主办《南京表面处理》内部交流刊物,推动南京市与国内各主要城市间的电镀技术交流活动,主办过地区性和全国性的大型技术交流会。2003 年获中国表面工程协会电镀分会颁发的突出贡献奖,2011 年获协会工作成就奖。

蔡建宏曾翻译“苏联电镀丛书”中的《电镀基本知识》《镀锌与镀镉》等内容;担任《现代电镀实用技术》副主编,参加数章编写,并参与《电镀手册》的修订工作。

戴昭文

戴昭文,男,1940 年生,工程师,1956—1959 年在 1014 所表面处理新产品研制组工作,开发出镀高锡青铜、低锡青铜及锌锌合金工艺代替镍镀层;应用、推广塑料镀槽代替传统的铁槽。1959 年调入南京 720 厂,负责筹建电镀车间,设计电镀工艺。1983 年调入南京电镀厂任副厂长,1984 年调至南京洗衣机厂任副厂长。

戴昭文在镀镍工艺中,较早引进丁炔二醇,大大提高了镀镍层的光亮度,并在南京乃至全国得到推广。他率先应用 620 除油抑雾剂及 F-53 镀铬抑雾剂改善了车间环境,减少了污染;在镍铁合金代镍电镀中,通过大量实践,确定了镍铁镀液中 Fe^{3+} 含量在 8%～18%时,可以得到合格的镍铁合金镀层,纠正了当时认为镀液中

Fe^{3+}越少越好的错误观念，并摸索出在同一个镍铁镀槽中镀出高铁及低铁两种镍铁合金镀层的工艺，并形成组合镀层，不但有较好的结合力及耐腐蚀性，还大幅降低了生产成本。

戴昭文将光亮氰化镀厚铜工艺开创性地用在军品、警戒雷达上的焊有多根铝导管的底座处理中，解决了当时的一个难题，为国防做了贡献，同时开发出在铝基体上的瓷质氧化工艺，用于军品，效果很好。

戴昭文热心电镀工艺技术的推广，1965年曾被聘为南京技协技术委员会成员，任电镀培训班教员，也是1980—1981年轻工业部举办的两届电镀培训班的教员。

戴昭文长期担任江苏省表面工程行业协会的技术顾问及《江苏表面工程》(原《江苏电镀》)杂志的编委，为行业技术进步做了大量工作。

余良才

余良才，男，1940年生，江苏江阴人，1956年进入十四研究所工作，先后任工人、工艺员、工艺组长、技术室主任。1982年获国务院科技局“无线电工艺”工程师职称；1989年(原)机械电子部授予“表面处理工艺”工程师职称。自1960年起，从事科研生产一线工艺技术和表面处理工艺研究工作，直至退休。在职期间，长期受聘为十四所技术委员会成员、所职称评审委员会成员和所“QC”评审委员会评委等职。2005年取得国家环保总局/国家清洁生产中心“清洁生产审核师”证书，同时取得中国表面工程协会“清洁生产审核师证”。2006年增补为中国表面工程协会清洁生产指导委员会成员，江苏省环保厅专家库专家，南京市环保局专家库专家。

早在20世纪60年代中，余良才独立完成了十四研究所第一部表面处理专业典型工艺文件《电镀及化学涂覆工艺细则》的编制工作。早在1982年就指导南京尧化电镀厂，对大批量容器桶镀锌生产应用低铬钝化获得成功，开创了南京容器桶镀锌低铬钝化清洁生产工艺的先河，后在全市获得推广应用。1991年主持“十四所电镀技改工程”项目，坚持技术创新，大量引入无毒、低毒工艺和减污、节能技术，设计新型设备，彻底改变电镀车间的传统模式以及老式电镀车间脏乱差的面貌。由于该项目清洁生产绩效突出，获十四研究所有史以来技改工程项目唯一一个科技成果奖。该项目在1991年后的国家环保总局组织评选全国环境十佳城市活动中，连续数年被南京市推荐为环保十佳项目之一。

1998年南京表面处理行业协会正式成立，余良才担任首届秘书长，2004年当选为第二届副会长兼秘书长，第三届继续当选为副会长，第四届被授予名誉副会长。1984 年 1 月获南京市总工会技协积极分子称号；1997 年作为某型号雷达表面镀涂负责人，为该雷达的研制成功作出了"突破性贡献"(获奖证书评语)，获得国家级"科学技术进步二等奖(集体)"；1987 年至 1995 年先后 7 次被评为所、部门先进工作者，获得所技术革新一、二、三等奖 36 项，其中一等奖三项；1990 年获得"南京市革新攻关能手"称号；1996 年被电子工业部评为"电子工业系统工艺工作积极分子"；1997 年获得"江苏省最佳合理化建议能手"称号；2000 年被评为"江苏省电子工业工艺先进工作者"；在质量管理活动中，由其领导的 QC 小组获 1995 年电子部质量信得过班组，后又连续 8 次获江苏省、电子部 QC 成果一等奖、2 次全国优秀质量管理奖；以 QC 小组攻关形式完成了电镀前处理的两个老大难课题，分别获得了电子工业部 QC 成果一等奖和国家级 QC 成果奖。此后，又完成了旨在减少污染产生、提高产品质量的课题两项，再次获得了部级和国家级 QC 成果奖；1999 年获中国电子质协"电子工业质量管理优秀推动者"称号；2006 年获南京市经济委员会"工业行业协会先进个人"称号；2012 年获中国电镀行业"协会工作成就奖"。

丁国柱

丁国柱，男，1927 年生，江苏淮阴人，7—8 岁时读私塾 2 年，1942 年到南京洪武路私营顺利电镀厂从事电镀工作。

1947 年，丁国柱考入科学仪器制造所，并负责电镀生产筹备工作。开始只有一台抛光机、一个 20～30 升的镀镍槽，电源由数台蓄电池供应，再由汽车用直流发电机向蓄电池充电，设备筹备、零件抛光、清洗、电镀都由一人完成，到 1948 年又增加一名工人。1949 年南京解放，工厂更名为"教学仪器厂"，20 世纪 60 年代由第一机械工业部接管，更名为"江南光学仪器厂"。从 20 世纪 50 年代开始，工厂得到很大的发展，为了各种镀液能正常生产，废水治理能达标排放，丁国柱负责建立了化验室，定期对各种镀液及废水进行化验，解决了多起技术问题。

丁国柱为江南光学仪器厂的电镀发展做出了很大贡献，是工厂多年的车间主任、老技师；他积极参加南京市电镀技术交流队活动，后又担任南京表面处理研究会技术咨询服务部主任十年之久，为当时人员培训及企业技术改进做了大量工作，为行业发展做出了贡献。丁国柱是南京电镀发展的亲历者、见证人。

吴元康

吴元康，男，1937 年生，江苏南京人，原东南大学(南京)材料科学与工程学院教授，在东南大学从事材料科学与工程的教学与科研工作。曾承担并完成江苏省自然科学基金“新型超塑性功能材料的研究”及江苏省应用基础科学基金“银基纳米晶金刚石颗粒增强电接触复合镀层材料的研究”，经鉴定为达到国内领先水平。“钢铁无熔盐覆盖法热浸镀铝新技术”项目在1994年通过了江苏省科学技术鉴定，同年荣获江苏省科技进步二等奖，并于1995年经国家科学技术委员会批准为《国家级科技成果重点推广计划》项目；1998年荣获国家发明四等奖，“锌和锌合金用抗氧化添加剂”于1994年通过江苏省科学技术鉴定，并于1995年获江苏省科技进步四等奖。

吴元康已获得4项发明专利，另有3项实用新型专利也已获权。其在国内外期刊已发表科技论文80余篇，主要内容为金属材料的表面工程技术“热浸镀铝、镀锌及其合金在钢铁件中的应用”“纳米晶金刚石的爆炸合成及其在表面技术中的应用”，以及“鎏金、鎏银和鎏富锡铜在青铜器表面鎏镀的应用”。

参加编写《超硬材料》《现代电镀手册》等专著，主审机械工业部1995年重点教材的《机械工程材料》等。

2019年荣获“庆祝中华人民共和国成立70周年纪念章”。

曾担任《江苏表面工程》一届、二届编委会编委，现为该杂志顾问。

金品充

金品充，男，1932年生，上海人，工程师。

20世纪70年代国家大力发展自行车行业，轻工业部指令南京轻工业机械厂承接长沙自行车厂3条电镀线的设计制造任务。担当这个任务设计组所有人员从未见过电镀生产线是什么样。金品充和设计组人员从参观上海自行车厂开始搜集点滴资料着手，日夜奋战，完成了设计、制造和调试任务的全过程。此后，设计组扩大独立成为电镀工程设计研究分所和一个专业制造车间，金品充为首任所长。南京轻工业机械厂成为最早设计和制造电镀生产线的中央直属企业。

由金品充领导的研究所研发完成环形线的驱动系统，将原来九只大小油缸，改成两个油缸，大大简化了设备结构、降低了制作成本、方便了操作调试和增加了运行的安全可靠性。

1984年参与同美国安美特公司洽谈合作成立了中美合资南安电镀技术工程有限公司并任董事。1987年完成了全机械式环形电镀线（集成电路镀锡工艺）的设计与制造，为无锡华晶公司从日本人手里争得了这个项目。

金品充曾担任原中镀协设备与环保工作委员会副主任。退休后到无锡相关企业从事电镀生产线的设计、组织、指导，培育出一批电镀专业人才。80岁以后，他在中镀协同仁的启发和支持、鼓励下，还主编了《电镀生产线的设计与应用》一书。该书总结了他毕生从事设计和制造电镀生产线的经验，汇集了电镀线主要部分的命名及其技术要素，内容全面详实。其中关于槽体的章节，不仅介绍各种材质槽体的结构设计，还分析了在周边固定状态的矩形薄板的受力情况，推导出电镀槽体的刚度和强度的计算公式，并与已在生产使用中的槽体结构进行相应验算，为槽体设计计算提供了科学依据。

储荣邦

储荣邦，男，1939年生，江苏宜兴人，高级工程师。1956年上海市市东中学高中毕业，1961年9月南京大学化学系物化专业毕业，1961年考入武汉大学，成为中科院院士查全性的首名电化学研究生，1966年毕业。1966年至七院25所工作，1974年在南京724所工作至1999年退休。

在武大期间，储荣邦曾从事典型有机表面活性物质在汞、铅、镉电极上吸附行为的研究，其论文成为毕业论文范例。1974—1976年期间参加四机部无氰电镀公关，以储荣邦为主试制成功载波微分电容测定仪，并形成产品销售，推动了电极表面电化学研究，促进了电镀添加剂的研究与开发。

在25所工作期间，储荣邦参加了以惰性阳性代替沉重的牺牲锌阳极等科研，解决了舰艇所需，荣获七院科技二等奖，成果以论文形式发表于《雷达技术》《电镀与涂饰》等业内刊物。

调入724所工作后，先后解决了铜波导与铝波导间的接触腐蚀、大功率行波管易坏、铝波导导电氧化、聚氨酯防腐半成品防锈及纯水制备等技术工艺难题，故成为724所首批高工职称获得者。

储荣邦热心于行业工作，积极参与省、市表面工程、环境保护协会、学会活动，为相关企业解决技术难题、推广新工艺新技术、提高环保水平和加强企业管理等方面做了大量实际工作，先后担任多家企业顾问，在氯化钾镀锌添加剂的开发与推广、铁丝连续镀、锌铁合金与锌铁磷三元合金、粉末冶金件电镀、钕铁硼电磁材料电镀，镍合金、钛基体上电镀、化学镀镍及电泳生产等方面都有涉足并取得不少成果。

储荣邦是多家专业刊物或协会刊物的编委、积极投稿人。主编或参与编写的有《现代电镀手册(下)》《电镀污染综合防治资料选编》《喷雾干燥》《表面工程手册》

《现代电镀工程手册》《表面物理化学原理与应用》《简明电镀工手册》。储荣邦自2005年起担任《江苏表面工程》杂志的编委兼主编，并以专家身份参与省表协组织的园区环评、资质认定、标准评定等工作。

万云生

万云生，1939年生于湖南衡阳，1965年毕业于北京航空学院，随后分配到国营南京七二〇厂，从事表面处理工作，在厂期间历任技术员、工程师、高级工程师。曾是中国电子学会电镀分会的常委、顾问，江苏省表面工程行业协会的常务理事。2002年被评为中国表面处理行业协会的"优秀厂长经理"。在国内各种期刊上，曾发表过关于高速局部电镀金的工艺、多层镍、镍铁合金及磷化工艺等方面的论文十几篇。

1974年—1975年6月，万云生被抽调参加南京市经委组织的"无氰碱性镀锌"攻关组。其成果"以NJ-2和NJ-45为添加剂的无氰碱性镀锌新工艺"在南京多家工厂推广使用，成为当时国内无氰碱性镀锌的三大主要品牌之一。

1975年10月—1976年7月，参加由四机部组织的"无氰电镀攻关组"。万云生担任攻关组组长，负责这个组的研究方向和技术指导，参加的单位有四机部工艺研究所、第十设计院、贵州083基地、天津大学、厦门大学、南京55所及天津754厂等16家单位的专家、教授和工人代表共20多人进行了紧张的试验、研讨、检测和试产等多个环节，历时9个多月。这在国内表面处理的发展史上是一件绝无仅有的盛事。向四机部科技司提交了无氰镀银、无氰镀金、低铬镀铬(槽液含50克/升铬酸酐)、无氰碱性镀锌、镀锌低铬酸钝化等经过验证可行的新工艺配方共十多种，建议在部属厂内推广使用，有的现在仍在使用。

1989年由常州景泰蓝工艺厂承制，由万云生技术指导，制造了美国亚特兰大奥运会的全套纪念章。1990年由广东顺德飞马金属制品厂承制，由万云生技术指导制作了世界第一届女足运动会的全套纪念章(镀厚金和镀间金式样)。

1994年初，与南京军区后勤部所属单位合作，成立了新华江精细化工研究所，万云生任所长。1998年，研究所由万云生个人承接经营，改名为"华天精细化工研究所"。

万云生曾任两届江苏省表面工程行业协会常务理事及两届《江苏表面工程》刊物编委。

方景礼

方景礼，男，1940年生，福建建瓯人，教授，投身表面精饰领域50多年。1962年南京大学化学系本科毕业，1965年南京大学化学系研究生毕业，师从于中国化学会创始人、中国科学院院士戴安帮教授。

1965—1995年间，方景礼在南京大学化学系从事教学和科研，在配位化学、应用化学、无氰电镀、化学镀、电镀添加剂、金属抛光、刷镀技术、印制板表面处理及废水处理新技术等方面均有建树，曾在国内外刊物上发表论文约300篇，有数十篇被国际SCI引用。出版著作10余部，代表性的有《电镀配合物——理论与应用》《电镀添加剂——理论与应用》《电镀添加剂总论》《多元络合物电镀》《金属材料抛光技术》《刷镀技术》《表面处理工艺手册》等。获中国专利4项，美国、新加坡、我国台湾地区专利和香港特别行政区专利各1项。1979年12月，他在中国电子学会第一届电子电镀年会上提出镀液的配位方式为多元配合物，配方设计的中心是调整金属离子电沉积速度的多元配合物电镀理论。他多次代表中国参加国际学术会议，其"银层变色机理的研究"曾获1985年在日本东京举行的亚洲金属精饰会议大奖，当时的《科学报》《新华日报》《南京日报》等均有报道，并在《中国科学》中、英文版上刊出。其他研究成果也获多项科技奖，并在工业上获得广泛应用。如他的"刷镀技术"的研究获原中国人民解放军总后勤部(2016年更名为"中国共产党中央军事委员会后勤保障部")一等奖，并在原中国人民解放军总后勤部每个汽车修理所配备2台刷镀设备；他的"通用电镀铬合剂HEDP无氰电镀的研究"获江苏省重大科技成果三等奖；《表面活性剂法处理镀铬废水》获科学大会奖；《银层的变色与防护》获江苏省科技进步二等奖；《防变色工艺品》获扬州市科技一等奖；《系列酸性光亮镀锡新工艺》获国家教委科技进步三等奖等。

方景礼曾是联合国环保署表面精饰工作组中国代表，澳大利亚金属精饰学会(AIMF)、英国金属精饰学会(IMF)和美国电镀与表面精饰学会(AESF)会员，是《应用化学》《表面技术》《电镀与涂饰》《中国腐蚀与防护学报》等杂志的编委。

1995—2002年，方景礼应邀到新加坡高科技公司(GulTech)任首席工程师，主持印制板化学品制造及废水处理新工艺的开发与应用，成功开发了多项印制板表面处理及废水处理新工艺。2002年方景礼任新加坡柏士胜化学公司(Plaschem)首席技术官，其间对各种印制板和五金表面处理药液配方进行了改良。2002—2004年在中国台湾上村股份有限公司任高级技术顾问，指导印制板化学镀镍金、金属保焊剂OSP(抗氧化剂)、陶瓷电阻电容和电感的中性镀锡、化学镀镍/金层的退除与返修等新工艺进行开发与改良,同时获得了印制板涂覆有机保焊剂的台湾地区发明专利。2005—2007年任香港集华国际有限公司技术总监,负责印制板化学镀银全套工艺和电镀锡新工艺的开发与推广,使这两项新工艺在英国和国内获得广泛应用,同时获得了印制板微碱性化学镀银的香港特别行政区和内地发明专利。2008—2010年回国组建了福州诺贝尔表面技术有限公司,研究成功印刷电路板厂各种含铜废水一起转化为铜粉的技术,开发了螯合沉淀剂回收铜矿酸性含铜废水中铜和铁的新技术并获得了中国专利。2009年11月,获中国电子电镀学会"突出贡献奖"。2012年后任新加坡Epson公司、中国哈福集团、中国恩森集团、上海新阳半导体材料公司等多家企业的高级技术顾问。

2016年,方景礼在第19届世界表面精饰大会评优活动中获得"终身成就"荣誉称号;2019年获得中国电子学会电子制造与封装技术分会颁发的"终身成就奖"。方景礼是《福建表面工程》杂志的高级顾问兼金牌编委、广东省环境科学学会清洁生产专家组成员、广东省深圳市环境科学技术中心清洁生产专家组成员,曾主持福建省、广东省两地印制板厂和电镀厂清洁生产的验收。

陈　亚

陈亚,男,1943年生,江苏盐城人。1963年就读于北京航空航天大学金属腐蚀和防护专业,1968年毕业分配至中国船舶工业总公司国营874厂,从事表面处理工作,1987年担任表面处理分厂副厂长,1992年晋升为高级工程师。1990年在安美特化学有限公司的中国合资企业——南京南安电镀技术工程有限公司任技术部经理。1999年在南京四方表面工程有限公司任副总经理。2001年在南京轻工业机械厂正式退休。退休后于2002年创立南京天行表面技术有限公司,继续经营金属表面处理剂业务并代理美国哥伦比亚化工公司(Columbia Chemical)镀锌产品与技术,在该公司工作至今。

陈亚在表面处理行业内工作50年,积累了丰富的实践经验,获得了多项科技成果。

1983—1987年,陈亚参加了"某型号鱼雷壳体用铝合金阳极氧化工艺研究",该项目获中国船舶工业总公司的部级鉴定和科技成果二等奖。

1985—1988年,以陈亚为组长的某型产品的发动机铝合金活塞电镀铅锡铜三元减磨合金镀层课题组,成功地解决了该型产品这一关键技术,获中国船舶工业总公司一零九指挥部科研攻关奖，并荣立省级劳动竞赛三等功。

在八七四厂工作期间，陈亚成功地推广无氰电镀新工艺，实现无氰镀锌、无氰镀镉和无氰镀铜，并担任省国防工办晋南、吕梁地区无氰电镀推广站站长，负责该地区无氰电镀推广工作。

在无氰电镀推广过程中，陈亚还解决了某型产品深 1 230 毫米的盲孔内轴内外表面镀锌和安全阀弹簧镀锌后无氰镀铜等技术难关。

在南安公司工作期间，他负责安美特产品技术服务、部分产品的生产工艺和质量控制，以及新产品的技术推广工作。在国内率先推广先进的多层镍装饰性镀铬技术，首推高效快速镀硬铬和塑料直接电镀新工艺，为国内企业产品升级换代创造条件。

陈亚积极参加表面处理专业技术交流和标准制订、修订工作。1987 年他参加了国家标准《金属覆盖层钢铁上的镉电镀层》的制订工作。2011 年参与国家标准《金属及其他无机覆盖层钢铁上经过处理的锌电镀层》的制订工作，并作为主要起草人受到全国覆盖层标委会表彰。自 1997 年至今受全国金属与非金属覆盖层标委会聘请，担任《电镀与精饰分标委会》第三至七届委员，参加《电镀与精饰》国家标准的制订、修订和审查工作。其主编的《现代实用电镀技术》受到电镀界同仁的好评。

1981 年 9 月，他在中国兵工学会防腐包装学会《金属镀复学术交流会》发表论文《锌及锌合金电镀》；2000 年，陈亚与苗艺等在《电镀与环保》发表《我国高效硬铬电镀技术的应用和发展》(2000 年 20 卷 3 期 P5－8)；2006 年，陈亚在《电镀与环保》发表《新型碱性无氰镀锌新工艺》(2006 年 26 卷 1 期 P14－17)。

梅天庆

梅天庆，男，1954 年生，江苏东台人。1978 年 10 月—1982 年 6 月就读于天津大学化工系(现化学化工学院)电化学专业；1982 年 6 月—1985 年 9 月，就职于中国人民解放军第 1002 工厂，任电镀车间技术员；1985 年 10 月—2014 年 10 月，就职于南京航空航天大学材料科学与技术学院应用化学系，任副教授。

梅天庆先后承担的本科生课程有普通化学、物理化学(化学化工类)、化学电源、电镀工艺学、电镀车间设备与设计、金属腐蚀与防护等；承担的研究生课程有电化学研究方法、腐蚀电化学等。主持和第一合作参加教学改革研究项目各一项，其中普通化学于 2002 年 12 月获得江苏省高等院校二类优秀课程奖(主持人)；另外两次获得南京航空航天大学教学优秀奖。

梅天庆长期从事金属电沉积、化学沉积、金属腐蚀、锂离子电池电极材料等领域的科研工作，指导和协助电镀、电铸企业组织生产、解决生产技术问题 20 多家，主持和承担金属电沉积和金属腐蚀领域的各类科研课题 10 余项。在国内外期刊(检索类以上级别)上发表研究论文 30 余篇。申报专利 2 项(1 项已经授权，1 项已公开，为触摸屏 ITO 玻璃导电化前处理及化学镀镍方面)。

梅天庆兼任南京表面处理研究会秘书长、南京表面处理行业协会理事、中国航空表面工程专业委员会委员、《电镀与精饰》编辑委员会委员，是江苏省表面工程行业协会技术委员会委员和《江苏表面工程》杂志编委。

高长青

高长青，男，1962 年生，江苏如东人。1984 年 7 月毕业于南昌航空工业学院金属材料腐蚀与防护专业，1984 年 8 月分配到中航工业金城集团有限公司表面处理分厂担任表面处理工艺员，1996 年任金城集团高级工程师，2010 年任研究员级高级工程师。

1993 年，高长青任金城集团表面处理分厂工艺室主任，1999 年起任金城集团表面处理分厂副厂长。2009 年任南京机电液压工程研究中心热表分厂书记、厂长。2011 年任研究中心制造技术部副部长，后改任高级业务经理，还曾任南京表面处理研究会副会长、南京表面处理行业常务理事、江苏省表面工程行业协会技术顾问。

自参加工作以来，高长青长期从事航空机载领域、金属材料、表面处理的生产技术及科研工作。对金属材料的腐蚀与防护、运动部件的润滑与减磨、运动部件的磨损与密封、镁合金材料的转化膜与涂层、铝合金材料的硬质阳极化、电镀废水处理及减排等均有较深的涉猎；对表面处理生产组织、材料定额、工时定额、成本控制、价格定制等工作有深入的实践和思考。

高长青长期得益于原 511 厂表面处理老前辈的帮助与指导，全面传承与发扬了 511 厂表面处理专业并提升了其在全行业的影响力。曾去乌克兰培训，参与 Su－27 飞机国产化工作，并对 Su－27 飞机表面处理实现国产化做出了较大的贡献。2005 年主持并完成了上海市科委电镀废水零排放课题的攻关工作。自 1985 年开始连续十多年，指导南京航空航天大学表面处理专业大学生的毕业实践工作，与王玲、梅天庆合著了《高级电镀工技术与实例》。高长青同志对表面处理专业怀有很深的感情，期望通过省表面工程协会平台，为行业发展、技术进步作出更大的贡献。

吴　浩

吴浩，男，1963 年生，中国腐蚀与防护学会常务理事、第十届全国化学镀会议组织委员会副主任、全国表面覆盖层 SAC/TC57/SC 标准化委员会委员、江苏表面工程协会常务理事、《腐蚀与防护之友》及《江苏表面工程》编委、中国计量大学兼职教授。

吴浩曾就职于中国石化金陵石化设备研究院，历任助理工程师、工程师、研究室副主任。中国石化金陵石化设备研究院副院长、高级工程师。中国石化金陵分公司研究院副院长、高级工程师。武汉科技大学兼职教授。他还曾发表过《一种槽外化学镀的方法及应用》《一种用于化学镀的封头》《石油化工腐蚀与防护》《大型反应釜化学镀镍处理》等多篇论文。

近几年，吴浩主要从事功能材料（纳米包覆、金属陶瓷、球型粉末）、节能减排与环保技术的研发与应用。已获发明专利 16 项、实用新型专利 16 项，申请 PCT4 项，已获美国、欧洲、日本等授权 4 项。此外还获得省科技进步奖三等奖 1 次，南京市二等奖 1 次、三等奖 3 次；1995 年江苏省科技标兵、1997 年南京市劳动模范、1997 年共青团中央全国青年岗位能手；1999 年在中国石化系统享受特岗特薪待遇。

吴浩在功能材料制备及功能性应用方面具有深刻理解，在纳米材料制备、材料催化、表面改性、粉末包覆、球型粉末制备、高效节能减排、高难度废水（高盐、重金属）处理、地表水治理与生态修复等方面均有自己的见解、研究成果及应用经验。

陈智栋

陈智栋，男，1964 年生，博士生导师，教授。1993—1997 年在日本国立高知大学攻读硕士学位，2000 年获日本国立山口大学博士学位，攻读硕士和博士期间获日本文部科学省奖学金。2000—2002 年间在日本大阪表面研究所工作，2002 年至今工作于常州大学，曾任材料学院院长和“应用电化学”江苏省高校“青蓝工程”科技创新团队负责人，现为常州大学科技处处长。

陈智栋是《电镀与精饰》《江苏表面工程》等杂志的编委，国家自然科学基金、浙江省自然科学基金和重庆市自然科学基金等评审专家，任中国电子电镀专家委员会副主任，获江苏省“青蓝工程”中青年学术带头人，江苏省“333 工程”中青年科学技术带头人，江苏省高校“青蓝工程”科技创新团队带头人。主讲材料分析测试技术、应用电化学、工业分析技术等课程，主要从事储能材料、电子功能材料及化学修饰电极材料等的研究工作，先后主持和参与了国家自然基金项目3项、主持了日本文部科学技术省项目2项、主持和参与了江苏省科技厅项目3项、江苏省教育厅项目和常州市科技局等项目；获得省部级奖2项。近年来发表论文120余篇，其中被SCI收录论文80余篇，目前发明专利公开34项，获授权发明专利16项。

陈智栋现任江苏省表面工程行业协会技术委员会主任委员。

祁瑞听

祁瑞听，男，1940年生，工程师，1961年毕业于常州工业专科学校，1974年前在水电部、交通部南京水利科学研究所工作。1974年调到铁道部戚墅堰机车车辆厂工作，筹建电镀车间，完成内燃机修复一期、二期电镀车间工艺设计，并为铁道部兰州工厂、襄樊工厂、唐山工厂培训电镀工艺人员。他在企业车间内积极开展无氰电镀工艺试验，成为常州市最早实现无氰化钠的电镀车间，开展镀铁工艺试验，降低内燃机配件修理成本。主持的240活塞修复项目，得到铁道部双车四新三等奖。

祁瑞听积极参加电镀界社会活动，历任常州市电镀研究会副理事长，江苏省表面处理专业标准化技术委员会委员。多次为常州、武进电镀研究会电镀学员讲课，传授电镀电化学知识。他还是江苏省表面工程行业协会刊物《江苏表面工程》杂志一、二届编委会成员。

严怀友

严怀友，男，1936年生，1958年到常州油漆社工作，1963年油漆社改造时分配到水关桥常州电镀厂工作。由于他对磨光工作有一定的基础，所以先从电镀的前处理抛光工作做起，后来在上海专家吴顺山、秦宝兴的指导下，刻苦钻研电镀技术，成为常州电镀厂技术科的负责人。1975年常州电镀厂撤并时被分配到卷尺厂，仍旧负责电镀工作。不久卷尺厂也并入常州自行车，严怀友在自行车厂技术科负责电镀技术工作，是常州金狮自行车创名牌的有功之人。20世纪70年代初，常州市科协成立轻工学会，电镀是轻工学会下面的一个分会，严怀友任理事长，他平易近人，团结广大电镀工作者，积极发展会员，使学会不断壮大，多次受到市科协学会部负责人的表扬。1979年成立常州市电镀研究会，常州电镀厂徐金玉任理事长，严怀友任秘书长，继续任劳任怨为行业工作。

严怀友是常州电镀事业的创始人之一。早在1978年就开始试验酸性镀铜工艺，并到上海参加工艺鉴定，严怀友在常州电镀界有很高的威信，多次带领大家去上海、扬州、南通、连云港参加电镀技术交流会，对推动常州武进地区电镀工作发展起到积极作用。

周培良

周培良，男，1936年生，高级工程师。1962年本科毕业于南京师范学院化学专业；1962—1964年在中国人民解放军6313部队担任实习排长；1964—1984年在无锡市电镀厂任技术副厂长；1984—1996年任无锡市自行车厂高级工程师。

周培良在无锡电镀厂工作期间，主要从事技术工作，并用业余时间为无锡市创办技术类杂志《无锡电镀》；负责市、县电镀专业人员的技术培训工作；参与自行车厂电镀质量攻关，在6个月内取得明显效果。在自行车厂工作期间，在全国专业杂志《电镀与环保》上发表了《光亮镀镍净化新方法》等3篇论文，在全市范围内推广无氰电镀新工艺，并通过努力获得了高级工程师职称，还参与了《无锡电镀史》的编写工作。

王祖源

王祖源，男，1940年生，江苏无锡人。1958—1960年在常熟化工专科学校学习；1960至2003年分别在常熟铁红厂、无锡市金笔厂、无锡市锁厂及广东汕头安达铝型材厂工作。在2001年成立的无锡市晶辉表面工程科技开发有限公司任业务经理，为无锡及周边进行表面处理领域的技术开发、培训及相关服务，做了不少工作。2008年5月病逝。

王祖源对铝和铝合金氧化和表面处理有相当高的造诣，是无锡表协专家组成员。数十年来，把自己全部时间和精力都用到了他钟爱的电镀特别是铝氧化事业上。多年来，他在广东、浙江特别是在江苏颇有建树，扶持了不少铝氧化项目，积累了丰富的实践经验，在中国铝氧化处理界名气不小，曾有人称之为“江苏铝氧化第一人”。

他撰写过十余篇铝氧化方面的论文，并与沈亚光合著《铝及铝合金彩色氧化工艺》，刊于无锡轻工科协有关资料中；在沈品华撰写，储荣邦、张立茗、张绍恭等编制的《现代电镀手册》中撰写了第五篇《铝和铝合金的表面氧化处理》。

顾福林

顾福林,男,1941年生,研究员级高工,无锡表协名誉会长,机械行业清洁生产专家。他大力推广无氰无毒、低毒电镀工艺代替氰化剧毒工艺,在无锡新区和滨湖区26家企业获得成功,实现了节能减排、降耗减污,该成果获中国管理学会一等奖。

1966年毕业于江南大学化工系(5年制本科),进入国营第721厂工作,历任技术员、工程师;1987年晋高级工程师;2003年评定为研究员级高工;1983年任721厂表面处理分厂厂长;1993年以后历任机械分公司、市场部、医电公司、技改处中层干部;1998年担任厂科技咨询公司总经理和厂科协秘书长直至2003年。2003年起曾任无锡表协专职副会长兼秘书长,一直到2010年担任名誉会长、清洁生产审核中心常务副主任、《无锡电镀与涂装》杂志常务副主编。是国家发改委、环保部聘任国家清洁生产专家库专家,曾任中镀协常务理事、学术委员会委员、中国表面工程协会清洁生产指导委员会委员、江苏省表面工程协会顾问。

顾福林曾主编《无锡市电镀初、中、高级工教材》,参编《电子设备金属防腐蚀设计手册》,主持《中国表面工程协会清洁生产指导委员会成立暨首次大会会刊》《无锡表面工程精饰大全》汇编。他累计撰写论文近50篇,《科技咨询技术服务实践体会》《无锡电镀行业清洁生产审核综述》《整治重金属污染保护环境造福人民》等先后获中国管理科学优秀论文、优秀学术成果一等奖;并曾荣获"新中国成立60周年科技自主创新杰出贡献奖"及"中国电镀行业协会工作成就奖"等。

顾福林曾是《江苏表面工程》杂志编委会副主任。

赵永武

赵永武,男,1962年生,山东嘉祥人,教授、博士生导师。1989年6月毕业于清华大学,获工学博士学位。1989年8月—1998年9月,任天津大学机械工程学院副教授,硕士生导师。

赵永武主要从事先进制造技术、精密与超精密加工技术和表面工程的研究。1998—2002年在美国Pennsylvania State University机械和化学工程系任博士后研究员,主要从事绿色超精密加工技术和先进复合材料开发等方面的研究。2002年10月任江南大学"太湖学者"特聘教授、博士生导师,主要从事绿色超精密加工、摩擦学与表面工程和先进复合材料等方面的研究。兼任 *ASME Journal of*

Tribology 国际论文评阅人，美国 ASME/STLE 学会会员，教育部留学回国启动基金评委，无锡市机械工程学会副理事长等职。曾任《江苏表面工程》第二届编委会主任委员。

毛志贤

毛志贤，男，上海水力发电设计院大专毕业，1958 年分配到无锡市电镀总厂至退休，从事电镀工作已有 50 余年，长期从事新工艺、新技术开发应用。他在代镍层工艺上发展二元、三元合金镀层应用，推广低氰、无氰工艺，并将其用到工业生产上，以减低有毒排放、节约成本，在这方面做了大量的工作。

毛志贤经常到企业中的实际电镀生产线上解决问题，同时积极参加协会主办专业知识讲座，提高理论知识及交流实际生产上排除故障的经验。

于新家

于新家，男。毕业于南京大学，进入无锡市无线电变压器厂工作，创建电镀车间及化学分析室。曾历任电镀车间负责人、技术科电镀工程师、情报标准化室主任；又被调任为无锡市电镀中心(后称为电镀总厂)技术科长；后在无锡市经济委员会、无锡市城乡投资发展总公司等单位工作。

1983—1984 年间，于新家赴日本海外技术研修中心研修涂装专业，其中于日本大阪府立工业技术研究所东大阪分所，在导师小西三郎工业博士的带领下，完成了微裂纹镀铬的科研项目并发表了相关论文。1984 年于新家获无锡市科学技术进步三等奖；江苏省科学技术进步奖三等奖；江苏省电子厅新工艺成果奖。1985 年发表在《材料保护》上的电镀论文，被无锡市评为“无锡市 1982—1984 年度自然科学优秀学术论文”。

于新家积极参加行业工作，曾参与江苏省电镀行业协作组筹建，任协作组副组长，并曾任无锡市电镀协会副秘书长、《无锡市表面处理》等行业期刊编委。

毛治国

毛治国，男，高级工程师。1955 年武汉市一中毕业；1958 年南昌航空工业专科学校表面处理专业毕业；1958—1972 年 112 厂冶金科工作；1972—1985 年在无锡电镀厂工作；1985—1997 年无锡轻工环境监测站工作。

毛治国在 20 世纪 80 年代主持设计无锡电镀厂新厂的工艺、环保工程(初步设计与施工设计)；90年代主持无锡彩印厂、洗衣机厂、绘图仪器厂、电镀二厂、普华镀业、广益电镀厂、贵州无线电厂、昆山杜姆斯印刷公司等单位的电镀污水处理站的设计。

毛治国曾在轻工业部环保培训中心主持技术培训工作并授课；曾获得无锡市环保先进工作者称号和无锡市科技三等奖、中国国防科工委三等奖。

杨仲兴

杨仲兴，男。杨仲兴曾在721厂从事电镀质量检验，任车间副主任；曾在无锡电镀厂任副厂长，分管电镀技术与质量。他熟悉各镀种工艺及质量检验，解决生产中技术问题，热心行业技术交流，多次参加江苏省行业活动，是江苏省电镀行业协作组早期骨干成员之一。

陆志勇

陆志勇，男，1941年生，上海人，高级工程师。从事电镀生产技术、科研、设计等工作40多年，在电镀操作员、化验员、工艺员、电镀项目设计员、电镀车间副主任、技术科副科长、副总工程师、副厂长等不同岗位上，都能立足本职，追求工作实效，不断创新，为企业多贡献，先后完成了多项电镀基建、技改、科研任务，为企业高质、低耗、减少污染、改善环境、减轻劳动强度提高生产效率，发挥了很大作用。其中“数控无氰电镀一步法自动生产流水线”“以CNI为添加剂的铝合金电镀工艺”“含铬废水循环处理工艺在镀铬自动线上应用”等项目，分别获市、局授予的重要科技成果奖、环保科技奖、技改成果奖，“电镀与油漆复合装饰新工艺”荣获轻工业部金龙腾飞奖，在总结项目实践经验的基础上他还撰写了有关论文资料，并分别在省部级期刊上发表。

由于工作成绩突出，陆志勇1978年被评为苏州市先进工作者，1979—1985年连续五次被评为苏州市劳模，1982年和1984年连续两次(2年评一次)被评为江苏省劳模，1986年分别被授予全国五一劳动奖章、全国优秀科技工作者和江苏省先进工作者光荣称号；1987年被评为轻工业部全国劳模，还当选了苏州市平江区第八、九、十届人大代表，是电镀行业的先进代表人物。

陆志勇曾担任苏州市电镀协会第一至四届理事会副理事长，苏州市科技协会电镀学会副会长，江苏轻工学会苏州机械分会学组组长，江苏机械工程学会苏州分会表面处理学组副组长，中国轻工协会电镀与环保专业委员会委员，中国轻工协会表面处理专业委员会常务委员等职。

陆志勇曾在专业性刊物及专业会议上发表数篇技术性文章，为有关部门举办的电镀工艺培训班担任教师。尤其是为电镀生产许可证的发放、电镀技术咨询服务、推广电镀新工艺的应用、改进电镀三废治理、提高电镀清洁生产水平做了大量卓有成效的工作，为电镀行业的改革、创新、发展做出了应有的贡献。

陈观炎

陈观炎，男，1944 年生，江苏苏州人。1964 年 5 月进入苏州电镀厂(时称“苏州公益电镀厂”)，在厂学徒 3 年，从事滚镀生产 9 年，陈观炎熟悉并掌握了铜锡、铜锌、镍、锡等工艺技术，其间还参与了滚镀设备从手工线改变成自动的设计。

后陈观炎被调入“五号工程”车间(即省直六飞机苏州零部件的表面处理)，参与了工艺文件的编制定规。1978 年他进入技术科分管环保工作。

1980 年，为推行企业全面质量管理，厂部建立了质量管理科，陈观炎被安排主抓全厂质量工作，制定了一系列质量检验和管理的规章制度，健全了各类检测手段。1984 年 5 月，陈观炎调任副厂长，主抓生产、技术、质量。1995 年内退离职离厂。

陈观炎积极参与电镀行业发展和交流。1985 年，参加了由市经委牵头的苏州市电镀协会成立大会，当选为第一、二届副理事长。其间，他参与了苏州电镀厂和南京电镀厂等协同发起的江苏省电镀行业协作组的筹建。苏州电镀厂还任该会的副组长单位，还是中镀协的理事单位。

在全国、省、市电镀协会举办的各届年会，陈观炎都认真准备，积极参与。在企业管理、技术交流、新技术应用推广方面做了不少工作。为电镀行业的相互了解、共同发展做出了贡献。

戎馨亚

戎馨亚，女，1963 年生，江苏靖江人。1982 年 7 月毕业于南昌航空工业学院，同年 7 月就职于苏州长风机械总厂。1996 年晋升为高级工程师，2011 年晋升为研究员级高级工程师，2018 年退休。

戎馨亚曾任苏州长风机械总厂热表处理厂厂长、苏州市电镀协会副理事长，曾为江苏省“333 高层次人才培养工程”第三层次培养者。

从事表面处理专业工作 36 年、环保工作 15 年，研发和推广应用新工艺、技术攻关项目36项，获省/部级多项荣誉，其中参与研究的锡-铋合金镀层新工艺填补国内空白；参与的表面处理生产线和污水处理设施建设获中航工业优秀工程设计二等奖；开展的清洁生产审核工作获政府最高嘉奖。编制企业标准6份、电镀专业内部培训教材1份，撰写论文多篇，其中《铝青铜材料钝化工艺》一文被国际权威情报CA刊物收录，《化学镀镍废液的回收利用》一文获中航工业集团环境优秀论文一等奖。

戎馨亚热心于行业工作，是环境应急预案、环评、清洁生产专家库成员。经常参加政府机关部门组织的环境监理、环境影响评价、环境应急预案评审和行业整治的检查和省、部级行业标准的评审工作，为行业的发展助力。

（四）江苏省内电镀行业企业家

制造业是国家工业发展的基础，而企业家正是制造业的脊梁。他们头顶着天，脚踩着地，撑起了表面处理行业的一片天，推动了制造业以及民族工业的发展与腾飞。他们创造的业绩为世人所瞩目，他们的名字也应该被历史所铭记，在此我们收集到24位在江苏省内创业的企业家们的简要介绍，以期能略窥这些企业家的风采，弘扬他们的企业精神，以彰显他们在履行历史使命和人民重托时，对国家和地区发展前景所表现出的高度责任感，以及他们的个人成就与不断进取的精神境界。

余　波

余波，男，1962年生，江苏南京人，曾就读于南京雨花台区职工业余学校机械专业、北京财贸金融函授学院工业会计专业、南京东南大学投资经济方向专业。

1991年，余波任南京江宁绿洲化工厂厂长。1997年创建南京海波电镀器材有限公司，任董事长兼总经理。2006年创建中外合资南京海波科兹表面技术有限公司，任董事长。2011年创建南京大洋金属表面技术有限公司任董事长。2012年任东方商学院海波分院院长。

余波还是南京市雨花台区第六七届政协委员，中国表面工程协会市场工作委员会第二届理事会常务理事兼常务副秘书长，江苏省机械工业联合会表面工程分会第二届理事会常务副会长，江苏省表面工程行业协会第一届会员代表大会监事会主席。多次获得江苏省表面工程行业“优秀经理”称号。

1998 年，余波发明了移动式镀液过滤机。2001 年组织改进铁丝连续镀锌设备，首先用钾盐镀锌新工艺在铁丝上应用，并与储荣邦高工在《材料保护杂志》2002 年第 5—12 期上连续发表相关的文章《铁丝连续镀锌的生产实践》，深受业内人士欢迎。2004 年组织研制成功光亮无氰镀铜工艺，经多家使用可取代氰化镀铜，经江苏省科技查新咨询中心查新，结论是环保电镀技术、符合绿色产业发展方向。2009 年组织研制成功“汽车管路高速镀锌自动线”取代进口，国内市场占有率达 1/3。

2011 年，在卢秉林教授指导下，余波组织研制成功金属阳极压制系统。该系统环保、节能，已成为海波强势产品之一。2016 年组织研制“滚挂一体柔性电镀线”，该生产线实用、稳定、经济、方便，是国内首创；最适应多品种、小批量用户使用，可同时满足不同需求的产品。

2019 年，余波与储荣邦高工联名发表《紧固件锌镍合金镀层的温热试验结果》，刊登于《表面工程与再制造》杂志第 4—5 期上，该文深受同行的好评。同年组织制定《海波发展规划》，为海波的长期发展奠定了基础、拟定出方向。

周新币

周新币，男，1955 年生，现任宣城中航表面科技有限公司董事长，1971 年进入南京电镀厂实习，专业学习各种电镀工艺，1990 年升任车间主任，1994 年从南京电镀厂离职，同年在南京大石山创办南京宁联通讯设备厂。

周新币的企业创办初期名为“南京宁联通讯设备厂”，在成立初期，其规模不大，只有几个员工，年产值 10 万左右。2003 年，企业规模扩大，迁入南京市麒麟镇，初具规模，年产值也在逐步提高。2008 年工厂迁入靖安镇，更名为“南京宁联表面处理有限公司”，经过多年的沉淀，企业已经走上正轨。2013 年，由于政府政策要求，从靖安镇搬出，在南京浦口区过渡两年，于 2016 年正式迁入安徽省郎溪县，更名为“宣城中航表面科技有限公司”，企业拥有电镀标准厂房两幢，生产面积达 10 000 多平方米，员工 130 人。2019 年产值突破新高，达到 5 000 多万，是一家专业从事各种金属零件部件表面处理的专业厂家。

宣城中航公司镀种齐全，工艺节能环保，配有中高级知识结构的工程师，专业的技术和检验人员，是南京周边地区乃至华东地区为军工企业配套的规模最大的表面处理企业，并已于 2017 年通过质量体系认证，不仅有基本镀种工艺，更有许多特殊工艺，是许多军工单位、科研院所的电镀第一选择。

倪恩来

倪恩来，男，1951 年生。倪恩来于 2010 年创办南京佳盛金属表面处理有限公司，其当时是江苏省规模较大的一家电镀企业。经过 10 年的艰苦创业，目前一个崭新的大型电镀企业已在南京市红山表面处理中心建立起来，成为南京市金属表面处理行业的标志企业。

倪恩来是南京佳盛机电器材制造有限公司董事长，该公司主要从事电力和通信机柜的生产，服务于南瑞集团、南瑞继保、金智科技、北京四方、中国移动等高端客户。在经营该公司的过程中，公司经常遇到的一个头痛问题是始终找不到合适的电镀配套厂家。倪恩来看准了电镀行业的市场，决定投资电镀行业。

10 年来，倪恩来所在的公司大量投入，以标准高、自动化、绿色环保进行建设。目前公司拥有绝大多数镀种的表面处理能力。主要镀种有镀锌、镀锌镍合金、铝氧化、镀铜镍铬、镀硬铬、镀锡、镀锡铈合金、铜包铝镀锡、铜包铝镀镍、铜包铝镀银、钛合金清洗、钛合金镀金镀银及（铁基、铝基、铜基）化学镀镍、热镀锌、镀金、镀银、不锈钢酸洗钝化、钢铁件发蓝磷化、铜件酸洗钝化等。2018 年 10 月，倪恩来收购南京润埠水处理有限公司，为南京红山表面处理中心电镀厂污水处理提供保障，可保证生产过程中产生的污水处理后达标排放。

倪恩来现担任江苏省表面工程行业协会理事、南京市表面处理行业协会理事、南京剧毒易制爆化学品管理协会副会长。

朱富顺

朱富顺，男，1960 年生，中国共产党党员。

朱富顺 1980 年进入丹阳市轻工电镀厂前身从事电镀工作，任带班班长。1981 年参加全国电镀协会在兰州举办的函授，经丹阳市电镀协会考核成为一级电镀技术员并在电镀刊物上发表一些论文。1983 年原厂与界牌朝阳电镀厂合并成立丹阳市轻工电镀厂，朱福顺任生产技术科长。1986 年在南京大学干部培训班学习。1987 年任丹阳市轻工电镀厂技术生产副厂长。1989 年任丹阳市轻工电镀厂厂长兼任厂党委书记。1990 年获省“十佳青年”称号，并带丹阳市轻工电镀厂团队多次获省、市、县级表彰。

1993 年，朱富顺带领企业开始从事摩托车配件的生产、电镀、销售一体化的配套。经过不断打拼，与国内“南京金城”“大长江集团”“钱江摩托”等知名企业建立了配套合作关系。

2001 年，朱富顺组建省级集团“振宇集团”，下辖“丹阳市轻工电镀厂”“丹阳市摩托车配件厂”“丹阳市摩托车油箱厂”“江苏振宇汽车部件有限公司”“振誉物流中心”“明都超市”等企业。

朱富顺先后当选丹阳市、镇江市人大代表，2001—2002 年全国电镀行业优秀厂长，获江苏省 2000 年、2003 年、2005 年、2010 年行业先进个人称号。1996 年起历任江苏省机械工业工艺协会电镀分会理事，江苏省机械工业联合会表面工程分会常务理事、副会长，江苏省机械行业协会表面工程分会副会长，江苏省表面工程行业协会副会长，对江苏省行业工作给予了多方支持。

杭冬良

杭冬良，男，1962 年生于江苏丹阳，是江苏梦得新材料科技有限公司董事长、丹阳市政协委员、优秀民营企业家、中国表面工程协会杰出人物、江苏省表面工程协会副会长。

20 世纪 90 年代初期，正值国家刚刚解放思想、改革开放。杭冬良认为必须重新认识自我，与时俱进、奋发作为。杭冬良决定开始从事具有挑战性的电镀化学品销售工作，经过一段时间的磨炼，更加坚定了他将一生从事这个行业的决心。杭冬良先生始终认为信念一定，人生就成功了一大半。

凭借着苦心经营和努力上进，杭冬良于 1996 年 7 月正式创立丹阳市延陵梦得助剂厂并创立“梦得”品牌。随之企业开始迅速发展，2000 年 7 月注册成立江苏梦得电镀化学品有限公司，2016 年 1 月更名为“江苏梦得新材料科技有限公司”。目前梦得公司蒸蒸日上，不仅持续通过 ISO 质量管理体系认证，而且于 2017 被认定为“高新技术企业”，已成为国内生产电镀中间体、添加剂的重要厂商之一。

杭冬良曾获得丹阳市私营个体经济协会“优秀会员”、中国表面工程协会电镀分会“优秀厂长(经理)”、中国表面工程十佳杰出人物等荣誉。

杭冬良在担任丹阳市政协委员期间，积极参政、议政，广泛听取群众的意见，为丹阳的发展出谋划策，被市政协评为“优秀委员”。作为一名共产党员，在发展梦得公司的同时，不忘回报社会，捐款数十万元用于村镇的道路建设，出资数万元用于文化、体育事业的发展。每年资助贫困生数万元，被政府评为“优秀共产党员”“双强党员”。此外，他还积极支持教育事业的发展，担任常州工学院创业指导教师，搭建了常工院大学生创业就业实践平台。

杜庆新

杜庆新，男，1965 年生于江苏省扬中县，1981 年 12 月工作于地方国营扬中县电镀厂。曾历任电镀车间主任、副科长、热镀锌业务科长。1999 年 9 月任扬中市永新镀业有限公司企业法人、董事长。

2015 年，杜庆新当选为江苏省表面工程行业协会副会长。2019 年，当选中国表面工程协会常务理事，中国表面工程协会热浸镀锌分会副理事长和秘书长。

罗川生

罗川生，男，1951 年生，常州市太平洋电镀有限公司董事长。1970—1976 年于部队服役；1977—1981 年任大队支部书记；1982—1994 年任武进第二电镀厂厂长；1983 年、1984 年获评优秀厂长，优秀党员；1985—1987 年受省政府嘉奖函；1988—1992 年镇、县先进模范厂长称号；1993—1998 年镇、市优秀厂长，优秀党员，获原武进市劳动模范称号；1995 年起任常州市太平洋电镀有限公司董事长、总经理、党支部书记；2000—2015 年被总工会评为优秀厂长、经理，关爱职工好领导。

2004 年起，罗川生历任江苏机械工业联合会表面工程分会、江苏省机械行业协会表面工程分会、江苏省表面工程行业协会常务理事，多次被评为省行业优秀经理，太平洋电镀有限公司也多次被评为行业优秀企业。

王建刚

王建刚，男，1956 年生，江苏常州人，工程师，常州威登电子设备有限公司总经理。

1986 年，王建刚在北京高级管理干部学院进修。曾任常州力达电子设备有限公司副总经理，1990 年任威登电子设备有限公司总经理，并多次参与中华人民共和国政府代表团出国考察研讨。现任江苏省表面工程行业协会理事、南京市表面处理行业协会副会长。

王建刚曾主持设计生产 PCB 铜箔抛刷机、助焊剂涂覆机并通过部级鉴定，发明过氯化铜空气三级再生还原设备及废水吸收铜离子设备，为企业直接创造了显著的经济效益，在 PCB 行业上设计镀加厚铜及触点插件镀金设备，后发展到五金表面处理。他对特殊工艺设备有独特的设计创新能力，并长期为军工航空产业表面处理设计生产各镀种现代化全自动设备，现已被很多军工企业认定表面处理设备合格供应商及标杆工程，并受到其他用户的一致好评。此外，王建刚热心于行业工作，自 1983 年以来在本行业各种技术研讨会上发表过多篇论文，解决了诸多难以解决的实际问题。他为 PCB 行业及表面处理行业解决关键性技术难题，起到了主导性作用。

曾　湧

曾湧，男，1944 年生，1960 年高中二年级休学后担任生产队会计，生产队农技员，生产队队长 10 年，1982 年出任濒临倒闭的村办企业出新化工电镀设备厂改名的无锡出新环保设备厂厂长至今。

三十六年中，曾湧勤于学习，勇于创新，锐意改革，使工厂有了大发展。员工从 19 人增至 400 人，厂房从 1 000 平方米增至 35 000 平方米，1988 年 8 月建成无锡乡镇企业首家自建宾馆出新宾馆，1991 年成立了无锡首家村企合资企业无锡出新路华电镀设备有限公司。1999 年公司实施了股份制改造，曾湧一直担任董事长，在曾湧的带领下，无锡出新环保设备有限公司从一个名不见经传的小厂，发展成年产值近亿的全国知名的民企，在业内赢得了良好口碑，产品走出了国门，并带动了当地近 40 家各有特色、各具优势的企业，形成了表面装备制造产业群，为地方共同富裕奠定了基础。

曾湧的努力与贡献，得到各级领导与业界的认可。他先后被评为镇、县和无锡市优秀企业家，无锡市劳动模范；获《材料保护》评“十佳企业家”；2006—2011 年出新公司连续五届获“慧聪网”评“电镀、环保设备十佳供应商”。他还被中国表面工程协会电镀分会评为先进个人、2008 年年度新闻人物、2009 年十佳电镀风云人物，数次获江苏省表面工程行业协会授予的“优秀厂长”称号。

曾湧多年来先后出任中国表面工程协会常务理事，中国表面工程协会电镀分会、涂装分会、特种涂层分会设备材料委员会副理事长、无锡表协会长，是江苏省表面工程行业协会第六至第九届常务理事。

匡优新

匡优新，男，1963 年生，高级经济师，无锡星亿智能环保装备股份有限公司董事长，水处理工程师，国家清洁生产中心“电镀行业清洁生产审核师”。

匡优新 2011 年 1 月毕业于西南科技大学经济管理专业，自 1998 年来一直从事环保技术和电镀设备产品开发研究和生产，擅长利用现代科学理论和方法，实现企业的战略转型、技术升级、结构优化和人才队伍建设。以持续创新的理念，提高企业的运行效率和经营效益，使企业走上可持续发展的良性轨道。

匡优新主持开发国家级重点新产品一项，国家火炬计划项目一项，江苏省高新技术产品三项；牵头申请专利共 40 项，其中发明专利 22 项，现已授权的有效专利 24 项，其中发明专利 12 项。他主持研发的清洁环保型电镀生产线实现了电镀生产线水、电、汽能耗的有效降低，电镀生产线整体技术性能指标达到了国际先进水平。

匡优新曾获中国表面工程设备材料行业十佳杰出人物奖；中国表面工程协会电镀分会“优秀厂长”；无锡市环境保护局环保产业“优秀企业家”；无锡市惠山区工商行政管理局“光彩之星”；无锡市惠山区人民政府“自主创业先进个人”；无锡市惠山区工商联“优秀企业家会长”；无锡市惠山区就业再就业工作领导小组“无锡市惠山区创业明星”等荣誉称号，获 2003 年、2005 年、2010 年江苏省表面工程行业优秀厂长称号。

匡优新曾任江苏省机械工业联合会表面工程分会理事、江苏省机械行业协会表面工程分会理事，2015 年起任江苏省表面工程行业协会副会长。

吴　欲

吴欲，男，1971 年生，江苏无锡人，江苏宏联环保科技有限公司党支部书记、董事长，中国表面工程协会智能制造专业委员副主任委员、中国表面工程协会电镀分会副理事长、江苏省表面工程行业协会副会长及智能制造委员会副主任委员、无锡市军民融合企业协会副会长、无锡表协副会长、无锡市凤翔实验学校理事会理事长、无锡市惠山区堰桥街道 2013—2015 年度优秀共产党员、2009 年度十佳电镀风云人物。

通过自身的努力和不断的积累，吴欲在 2005 年创办了江苏宏联环保科技有限公司。在十多年的精心经营中，凭借其对品质的不懈追求，宏联公司从一个名不见经传的小厂，发展成为注册资金 2018 万元、年产值逾 8 000 万元的行业内规模型领先企业，以雄厚的技术实力和完善的服务赢得了航空、航天、兵器、中船、中电、汽车零部件、高铁零部件等行业内诸多用户的一致好评，为国内表面处理装备行业的发展做出了重大贡献。公司先后被评为国家级高新技术企业、中航工业长沙设计研究院有限公司表面处理设备研发制造基地、江苏省质量信得过企业（产品）、江苏省节能减排科技创新示范企业、无锡市 AAA 级重合同守信用企业，部分产品已选入

《军民两用高新技术民营企业及产品推荐目录(第五册)》。并拥有12项国家发明专利、11项实用新型专利、1项软件著作权、3项高新技术产品。2017年,由宏联自主研发的"HJZ智能环保型表面处理生产线",经过省、市、区经信部门推荐、专家评审、现场核查等程序,已被认定为江苏省业内唯一的"2017年江苏省首台(套)重大装备及关键部件"。

多年来,吴欲始终把报效社会作为企业发展的出发点和立足点。他认为,企业是社会的组成部分,企业回报社会是应有的义务。受无锡市凤翔试验学校邀请,他担任该校首届理事会会长一职,在学校设立了"理事会教育发展基金",用于奖励该校的优秀教师和优秀学生,鼓励他们更好地工作和学习,为下一代的培养贡献一份力量。

应建军

应建军,男,1965年生,现任宜兴市星光陶瓷研究所所长,无锡化工职大中技学历。1982年进入宜兴市湖汊公社城泽化工厂技术员,从事酸铜电镀添加剂生产。1988年在宜兴市星光助剂厂任厂长,生产镀锌光亮剂、稀土镀铬添加剂。2006年成立宜兴星光陶瓷研究所,任所长,专业从事陶瓷隔膜、素烧筒研发、生产。2010年成立无锡宜奥龙环保设备有限公司任总经理,研制并生产三价铬电解机、镀铬液除杂器、镀铬液回收水浓缩蒸发器、粗化过滤机、PVDF浮球。

1993年在《上海电镀》第1期、1994年在《上海电镀》第3期发表镀锌光亮剂、稀土镀铬添加剂论文各一篇;2009年在《材料保护》第8期发表论文一篇;2010年在《江苏表面工程》第111期发表文章一篇。

应建军所在企业曾被中国表面工程协会设备材料委员会授予"民族品牌奖"。应建军现为江苏省表面工程行业协会理事。

张梅生

张梅生,男,1964年生,江苏昆山人。1982年毕业于昆山第一中学,1999年毕业于江苏省委党校经济管理系。1983年起先后担任昆山同心电镀厂技术员、车间主任、副厂长,1995年至今担任昆山同心表面科技有限公司董事长兼总经理,同时担任中国表面工程协会电镀分会副理事长、苏州市电镀协会理事长、昆山市人大代表、玉山镇商会副会长等职务。

伴随着昆山改革开放、外向型经济的飞速发展,张梅生通过对市场形势的分析研究，确立了在民用五金、装饰电镀的基础上，将企业向电子产品功能性电镀转移。并亲自带领他的技术团队开发光亮镀锡等与电子产品相配套的电镀新工艺，使企业在电子元器件、电脑、印制线路板、含金电镀工艺等方面独具特色，成为我国台湾地区、日本、欧美等大企业的合作伙伴。公司“全光亮镀锡工艺研究”和“铅锡合金工艺研究”分别于1991年、1995年被江苏省政府授予省科技进步四等奖，张梅生本人也于1994年被江苏省计划经济委员会授予省优秀技术开发（设计）奖，1995年被江苏省乡镇企业管理局授予省优秀青年科技创新奖，1999年被国家科技部授予“全国农村青年星火计划带头标兵”等荣誉。

张梅生带领企业坚守科学管理、诚信经营、技术创新、集团化经营的发展理念，一步一个脚印，扎扎实实地完成了企业的可持续性发展。2013年公司销售额超过了4亿元，利税2 000多万元，2003年同心电镀厂被苏州市政府授予先进私营企业的荣誉称号，成为当时苏州市电镀行业唯一获此殊荣的企业。目前，同心表面科技有限公司无论是经营规模、技术水平、经济效益、集团管理，还是企业形象、社会影响等诸多方面，均为华东地区乃至全国电镀行业的排头兵，张梅生也被公认为新时期企业家的楷模。

张梅生从2003年起连任三届苏州市电镀协会理事长，在任职期间按照市场化运作的总体要求，逐步建立体制完善、结构合理、行为规范、法制健全的行业协会体系。为行业和会员服务，充分发挥了电镀协会在行业和政府之间的桥梁与纽带作用，成为全国知名的先进地方协会，2006年和2014年被中国表面工程协会电镀分会授予苏州市电镀协会为“优秀行业协会”称号。张梅生带领苏州市电镀协会300多家会员单位，积极研究推广表面处理的新工艺、新技术、新设备，开展清洁生产、节能减排，进行技术培训、学术交流，举办了十届表面处理展览会等活动，为行业的可持续发展做出了贡献。

近年来，张梅生还先后获得“昆山市劳动模范”“昆山青年科教启明星”“昆山市乡镇优秀专业人才”“中国表面工程协会电镀分会先进厂长、经理、优秀个人”等称号。

吴文明

吴文明，男，1975年生，1995年任江苏省吴县物资局科员，2002年任苏州市力王胶粘制品有限公司总经理，2007年任苏州日昌科技有限公司总经理，2011年任苏州联科纳米净化科技有限公司董事长至今。

2017 年，“电镀废水高效生化处理-膜生物系统构建关键工艺研究与产业化”技术，被安徽省科技厅列入安徽省科技重大专项项目。2018 年，吴文明带领公司完成电镀工业园 8 000 吨/日污水处理工程，取得了多项成果，经评审被中国环境保护产业协会评为 2018 年重点环境保护实用技术示范工程。2019 年该技术被评为“国家环境技术进步二等奖”。吴文明带领公司至 2019 年已取得 8 项发明专利和 8 项实用新型专利技术。

此外，吴文明还有多项发明专利：一种焦磷酸铜电镀废水处理方法、一种离子交换树脂再生方法、一种丙烯酸酯类压敏胶的制备方法、丙烯酸酯类热熔胶组合物及 UV 交联热熔胶的制备方法、化学镀镍废水处理方法、一种从胶体活化钯活化后的酸钯废液中回收钯的工艺、一种化学镀镍老化液处理工艺、一种利用铬系再生液制备重铬酸钠的方法。另有实用新型专利：电解单元数量可调的高酸高铜电镀废水用旋流电解设备、一种化学镀镍老化液处理设备、一种带过滤及尾气喷淋装置的化学镀镍老化液处理设备、一种电镀废水中含铜、镍废硝酸的回收处理设备、一种处理高酸高铜电镀废水用旋流电解桶、一种处理高酸高铜电镀废水用旋流电解设备、一种用于电镀废水尾水处理的生化装置等。

邵建生

邵建生，男，1962 年生，江苏镇江人，1979 年 6 月在镇江无线电元件一厂电镀车间工作，从电镀工到电镀技术员。1986 年 6 月从元件厂调到市电子电镀厂先后担任车间主任，技术科长兼厂办公室主任，厂长助理、技术副厂长，工程师。

1990 年，邵建生参加全国成人高考，考入江苏大学化学系就读应用化学专业（原名镇江师专），同年加入中国共产党。

在电子电镀厂期间对电子电镀方面积累了丰富的经验，特别是电镀银及银氧化镧和电镀锡、锡铈、锡锑合金的电镀工艺中，克服了当时电子行业的电镀锡可焊性差和银镀层打火、易磨损问题，一度解决了电子行业靠进口才能解决的难题。

1996 年受扬州伟扬建筑五金公司的聘请，到扬州双桥电镀标牌厂任技术厂长直到 2010 年，一直从事五金铰链装饰电镀的工艺技术工作，对仿金镀、仿古铜、仿古银、沙丁镍和黑镍的装饰电镀有独特的研究。

2010 年 5 月经扬州环保局介绍，受聘于扬州精泽汽配有限公司，任常务副总经理，直到 2016 年底，专业从事汽车零部件的镀锌和锌镍合金电镀。由于汽车配件的生产需要有一套完整的质量管理体系，企业必须获得 ISO - IATF 16949 管理体系的认证，经过长达一年的努力，于 2012 年为公司拿到了认证证书，并且本人也通过了 IATF 内审员资质和 CQ－11 外审员资质。2018 年至今，在仪征华扬电镀有限公司担任技术顾问，为该公司的汽车零部件镀锌，提供了强有力的技术支持和质量管理体系保证。

邵建生曾担任江苏省表面工程行业协会常务理事。

倪祥珍

倪祥珍，男，1951 年生，1968 年 7 月进入江都市吴桥电镀厂学习，1982 年回村创办江都市太平电镀厂并任厂长。

1999 年，江都市吴桥金属电镀厂改制，倪祥珍入股 50%，2003 年江都市吴桥金属电镀厂应当地镇政府发展需要，搬迁至工业园区，并更名为“扬州祥龙电镀有限公司”，占股 75%。

张临苏

张临苏，男，1970 年生，江苏扬州人，扬州佳境环境科技股份有限公司董事长、法定代表人，1992 年 7 月毕业于东南大学环境工程专业。张临苏持有国家注册投资咨询师、环境影响评价师、环保工程师等证书。多年从事环境工程设计、规划、建造及建设项目的环境影响评价工作，先后主持相关工程的技术服务工作超过 200 项。长期致力于污染物零排放研究，工程实践及产品开发。在重金属资源回收、废水零排放等方面获得多项专利。

张临苏于 2010 年 1 月 29 日创建扬州佳境环境设备有限公司。2015 年 1 月 27 日公司完成股份制改制，成立扬州佳境环境科技股份有限公司。佳境科技主要从事工业废水处理系统设备特别是重金属废水处理系统的研发、制造和销售以及设备的运营管理。核心技术主要包括膜技术、重金属废水处理系统，以及对重金属废水处理过程和系统运行状况的远程监控和维护等，其来源和取得方式均是自主研发积累，公司已获得授权的专利 28 项。佳境科技是江苏省高新技术企业、江苏省科技型中小企业，建有江苏省企业研究生工作站、江苏省及扬州市企业院士工作站、江苏省及扬州市重金属废水处理技术开发中心。佳境科技通过了 ISO 9001—2015 质量管理体系认证、ISO 14001:2015 环境管理体系认证、OHSAS 18001:2007 职业健康安全管理体系认证。经过多年的行业积累，该公司已具备工业废水处理系统 100 台套/年的批量生产能力，年销售额保持在 7 000 万以上。

印国林

印国林，男，1954年生，原泰兴市国星表面技术有限公司董事长、总经理，1972年毕业于泰兴市大生中学，高中学历。

1973年被泰兴市广播站录用，分配在天星镇广播站工作，因村办企业发展需要，1974年1月回泰兴市洋思五七学校五金皮件厂做工人；1976年4月—1979年7月调任村办厂会计，同年村办厂更名为天星电镀厂，1979年8月—1983年8月任副厂长，后任天星电镀厂厂长；2012年，村企改制为股份有限公司，并更名为"泰兴市国星表面技术有限公司"，印国林任公司董事长。

1976年，领军一班人去上海新安中学学习电镀专业技术，首次为村办企业引进了塑料电镀工艺，为收录机旋钮和电风扇内饰圈进行塑料电镀，奠定了电镀企业发展的基础。

随着企业的不断发展，1988—1989年，公司先后与上海自行车零件二厂、上海振光电镀厂紧密合作，引进了两条半自动电镀铜镍铬生产流水线，使年电镀自行车轴皮量达到2 000万套，占全国年产自行车总量的2/3，号称"轴皮电镀大王"。

多年来，公司先后荣获江苏省AAA级信用企业、重合同守信用企业、文明单位等荣誉称号。2000年通过了ISO 9001质量体系认证，连续几年被评为清洁生产达标企业。印国林连续多年被评为镇优秀党员、泰兴市优秀企业家、扬州市明星企业家、泰州市优秀厂长等。曾任江苏省表面工程行业协会常务理事。

王友林

王友林，男，大专学历，高级经济师。

王友林1993年前在村任职，1993年起任原姜堰市龙沟电镀有限公司总经理、法人代表；1998年该公司技改投入1 000万元新上了20条摩托车配件电镀生产线，年增销售2 000万元；2000年技改投入1 000万元新上了4条镍网生产线，年增销售2 000万元；2002—2006年的4年间技改投入6 000多万元，新上了4条铝轮毂电镀生产线，年增销售过亿元，从此企业步入了亿元企业行业，2007—2015年累计该公司投入1 000多万元改造环保治理设施，取得了良好的经济和社会效益。

2001年、2006年王友林、张友德、钱中银团队分别起草制定了《印花镍网》《汽车铝轮毂电镀层》标准。2014年，以王友林、李庭福、钱中银、丁章进、王小云、陈龙喜、丁文银、陈广华为主的团队获得"一种铝合金轮毂电镀工艺"发明专利1件、"分体式铝合金轮毂镀铬挂具”实用新型专利1件。2006年起多次获得江苏省机械工业联合会表面工程分会优秀厂长、经理称号，曾任江苏省表面工程行业协会常务理事；曾当选为市、镇人大代表、党代表，获优秀共产党员、富民创业先进个人、泰州市劳动模范等荣誉称号。

王灿明

王灿明，男，1951年生。

1970—1989年，王灿明就职于靖江市医药公司，历任统计员、计划员、门市部经理；1985年参加全国经济师考试，获助理经济师；1989—2016年任靖江市永固轿配涂装厂总经理；2006年5月至2016年任靖江市永丰精密机件制造有限公司董事长；2012—2016年，王灿明参与筹建靖江市电镀集中区，为靖江市重金属的污染防治工作献计献策，并任靖江市华晟重金属防控中心首任总经理。

仇士学

仇士学，男，曾任南通市申海工业技术科技有限公司董事长，中国共产党党员，高级经济师。

20世纪70年代初，仇士学从江苏省海门中学校办厂起步，四十余年来，将工厂打造成为国内材料表面处理行业中生产规模大、加工镀种全、科技含量高的知名民营企业，拥有国内最为先进的各类电镀自动生产流水线50多条，年加工各种镀饰件产能达到2.3亿件，成为国内生产规模最大的电镀企业之一。企业市场特色鲜明，一是涉及当代尖端高新科技领域，二是涉及国民经济行业的重要领域，三是涉及国际科技合作领域，四是涉及绿色环保领域。企业产品高端，遍及汽车、航空、航天、高铁、核电、超导等重要领域。

仇士学领衔研发的多项电镀工艺产品为国内唯一，被收录于《中国电镀史》的“中国电镀大事记”中的有：参与国际热核聚变实验反应堆计划合作计划（ITER）项目，独家承担全部PF铌钛（NbTi）与TF铌三锡（Nb_3Sn）超导线材的电镀，研发的“ITER超导股线电镀工艺”为国内首创。申海公司是迄今为止国内唯一获得美国航天航空和国防工业特殊产品及工艺认证（NADCAP）表面处理企业；申海公司与安美特（中国）合作完成的绿色电镀系统示范工程项目、清洁生产先进技术“示范类”和“运用类”项目通过验收；开发的核三代（AP1000）不锈钢部件电镀工艺，获美国能源部颁发的核电产品表面处理认定书；起草国标《核聚变超导股线及铜线连续电镀铬工艺》(GB/T 6352—2012)、《核聚变超导股线及铜线连续电镀镍工艺》(GB/T 6522—2012)、《电镀生产安全操作规程》(AQ 5202—2008);开发的镀饰笔件被用作 1997 年香港回归纪念笔、2008 年北京奥运会纪念笔、2001 年 APEC 会议元首礼品笔、2012 年中共 18 大专用选举笔和纪念笔、外交部国事签约笔等。

因其杰出贡献,仇士学先后获得全国轻工行业劳动模范、中国表面工程领域十佳企业家、江苏省优秀企业家、江苏省机械工业劳动模范、江苏省机械行业优秀企业家、南通市劳模、南通市五一劳动奖章获得者、南通市优秀教育工作者、海门市劳模及多次省表面工程行业优秀个人等光荣称号,并先后担任中国表面工程协会电镀分会常务理事、江苏省机械工业联合会表面工程协会副会长等社团职务。

汪 建

汪建,男,1958 年生,江苏南通人,中国共产党党员,1991 年南京大学行政管理专业毕业,1984 年起任南通市第五棉纺织厂"两办"主任;1992 年起任南通中南纺织有限公司办公室主任;1996 年起兼任南通中南实业有限公司监事会主席;2003 年 3 月调任南通木原配管有限公司副总经理;2006 年 3 月创建南通绮丽镀饰有限公司,并出任总经理兼党支部书记;2017 年 4 月兼任南通伊原流体系统科技有限公司副总经理;2018 年兼任南通爱慕希机械股份有限公司副总经理。

汪建从事金属表面处理工作已有 10 余年,对碱性无氰镀锌工艺有较深的研究,有较强解决生产实际问题的能力和水平。目前,他所主管的企业拥有全自动挂镀生产线 3 条、滚镀生产线 1 条、电泳生产线 1 条,半自动磷化生产线、喷漆和喷粉生产线各 1 条;镀种有镀锌、镀锌镍,同时具有蓝白、银白、本色、黑色、彩色等纯化工艺;年产值 8 000 余万元;其中,产品间接出口达到 80%以上;得到客户的一致好评。

多年来,他注重质量管理,有较强的环保意识和社会责任感。南通绮丽镀饰有限公司 2009 年被南通市环保局评为"绿色企业";2012 年起被推选为江苏省表面工程行业协会理事单位。同年,被评为江苏省电镀行业清洁生产"优胜企业"。企业自 2010 起先后获得 ISO 9001 质量管理体系、ISO 14000 环境管理体系、OHSAS 18001 职业健康安全管理体系、IATF 16949 质量管理体系以及清洁生产、安全标准化等荣誉证书。

汪建热衷于行业工作,曾担任江苏省表面工程行业协会副秘书长,积极参与江苏省表面工程协会重大活动的组织和策划,2016 年本人荣获江苏省表面工程协会优秀贡献奖。现任江苏省表面工程行业协会理事。

梁学云

梁学云，男，1953年生，江苏淮安人，1975年5月参加工作，中国共产党党员，在职大专学历，经济师职称。现任江苏增钬云表面处理有限公司总经理、党支部书记，洪泽县十二届、十三届、十四届人大代表，县工商联五届、六届副会长、副主席。先后被评为市创业之星、乡镇企业家、优秀企业厂长（经理），县、镇优秀党员、优秀人大代表，公司先后被评为市、县优秀民营企业、环保绿色企业、纳税大户、全国优秀民营企业家等。

1984—1993年任洪泽县电镀厂厂长。1993—1997年为朱坝镇工业办公室副主任兼镇劳动就业所副所长。1997—2009年任洪泽县云飞电镀厂厂长。2009年3月16日任江苏增钬云表面处理有限公司总经理。

作为当地表面处理企业领军人，梁学云投资新建了具有国内领先水平的铝合金汽车轮毂表面处理生产线，与上海轻工业研究所等高校科研院所建立了长期稳定的合作关系，攻克了铝及铝合金、镁及镁合金表面处理的难点。近几年，公司研发经费占年均销售收入的4.8%以上，建立"淮安市企业技术中心""淮安市铝及铝合金表面处理工程技术研究中心"，公司获得发明专利2项，实用新型专利10项。"表面处理无铬化学转化膜处理方法"获淮安市科技进步奖。作为民营企业家，梁学云不但善待企业员工，还热心公益事业，20多年来已为公益事业累计捐款150多万元。

增钬云公司及其前身多次被评为江苏省表面工程行业优秀企业，梁学云也多次获"优秀厂长"称号。2010年起曾先后任江苏省机械工业联合会表面工程分会、江苏省机械行业协会表面工程分会理事。2015年起出任江苏省表面工程行业协会副会长。

朱银德

朱银德，男，1976年生于江苏东台，中国共产党党员，市人大代表，现任江苏浩博塑业有限公司法人兼总经理。

朱银德1996年毕业于东台市技工学院，次年进入世界500强企业——富士康（昆山）电脑接插件有限公司——电镀设备部，从事表面处理设备制造。知识就是力量，具有前瞻战略眼光的他因觅得商机，2002年从富士康离职，开始创业之路——从事表面处理行业。他善于开拓、敢于创新、重视人才，大胆投入，赢得市场竞争力。

2008 年，朱银德创办江苏浩博塑业有限公司，主要从事非金属类工业管阀生产与销售，实现自己和企业的双重跨越。自创业以来，在守法诚信的同时，他还积极投身公益慈善事业，连续不断地参加慈善捐赠和社会服务活动，自觉履行社会责任，充分展现出当代民营企业家的责任与担当。

因为专注，所以更专业。朱银德深刻认识到只有超越同行的产品质量和效果才能使企业永远立于不败之地。为此，作为一个企业的带头人，他重视人才，尊重科学，每年给员工提供带薪学习的机会，为企业技术力量的提升、操作技能提升，生产能力提高打下了稳固的基础。朱银德先生依靠个人努力和其独特的人格魅力，以“科技创造未来”为宗旨，带领团队获得了多项产品专利，被东台市政府授予“东台市优秀科技工作者”称号。

编后语

在诸多同仁的共同努力下,《江苏电镀史》终于问世了,在我心中躁动了十几年的愿望终于完成了,心中可谓五味杂陈、难以言表。

江苏省是业内公认的电镀大省,是中国电镀的发祥地之一,有着百年以上的电镀历史,但记载这一段历史的资料、文字却鲜见。因此在2000年我任江苏省表面工程行业协会专职人员后,就萌生了编写江苏电镀史的愿望,认为这是协会的责任和义务。2002年时曾拟就了编写计划,并找了部分老同志进行了酝酿,但因种种原因,未能启动,2014年启动后又因种种原因,编写停顿了三年之久。

编写过程中,最难的是收集资料,实在困难重重,由于不少老同志已经驾鹤西去,档案都难以查找,有些虽然在世,但因年事已高或疾病缠身,难以提供相关资料。因此内容存在不少缺失,虽然做了多方努力,却难以弥补,甚是遗憾。

这次编写工作,首先要感谢的是菲希尔测试仪器有限公司的慷慨解囊,保证了编写基本费用;其次,我要感谢储荣邦、胡振国、顾福林、祁瑞听、万云生、杭冬良、王万、章伟国、侯爱东、刘建华、陆军、邵建生、曹金喜等各地业内人士鼎力相助,他们负责各自地区电镀史的编写,为江苏电镀史编写提供了基础资料,特别是储荣邦高工,八十高龄仍以满腔热情参加了编写工作,不但参加了调研、座谈,还积极与熟悉的老同志沟通,提供、审核资料,付出了巨大的劳动,可以说江苏电镀史的问世,储荣邦先生功不可没。

赵挺、王灿明、王学新、葛中华、印国林、龚镇、何建平、唐玉红、杜庆新、张辉强、万云生、李勤忠、杜书文等为本书编写提供资料、线索及有关帮助,协会秘书处的杨萍、张冠军女士参与编写及资料征集整理工作，认真、严谨，在此也一并感谢。

江苏省表面工程行业协会原秘书长
副会长　桑保华

2021 年 2 月 26 日

鸣谢单位

1. 南通菲希尔测试仪器有限公司
2. 南京四方表面技术有限公司
3. 南通恒瑞电镀有限公司
4. 库特勒自动化系统(苏州)有限公司
5. 无锡星亿智能环保装备股份有限公司
6. 江苏梦得新材料科技有限公司
7. 江苏宏联环保科技有限公司
8. 海安润泽金属表面处理有限公司
9. 扬中市永新镀业有限公司
10. 扬州佳境环境科技股份有限公司
11. 南京海波电镀器材有限公司
12. 江苏秀博新材料有限公司
13. 常州威登电子设备有限公司
14. 无锡表面工程协会
15. 苏州湛清环保科技有限公司
16. 宜兴市星光陶瓷研究所
17. 南京宁美新材料科技有限公司
18. 常州特耐斯环保科技有限公司
19. 江苏浩博塑业有限公司